JN412102

東洋古典譯註叢書 115

譯註 二程全書 3

著者 程顥·程頤
책임번역 崔錫起
공동번역 姜導顯

전통문화연구회

國譯委員

責任飜譯　崔錫起
共同飜譯　姜導顯
常任原文校閱　吳圭根
潤　　文　南賢熙
校　　訂　金曉東 李孝宰
出　　版　郭成龍
裝　　幀　김진디자인

國譯管理

弘報管理　李和春
普　　及　徐源英

東洋古典譯註叢書를 발간하면서

우리의 古典國譯事業은 민족문화 진흥의 기초사업으로 1960년대부터 政府 支援으로 古文獻 現代化 작업을 추진하여 많은 成果를 거두었다. 당시 이 사업 추진의 先行課題로 東洋古典이라 일컬어지는 중국의 基本古典을 먼저 飜譯하여야 한다는 學界의 주장이 있었음에도 불구하고 우리 고전이 아니라는 일부의 偏狹한 視角과 財政 事情 등으로 인하여 배제되어 왔다.

전통적으로 중국의 기본고전은 우리 歷史와 함께 숨쉬며 각종 교육기관의 敎科書로 활용됨은 물론이고 지식인들의 必讀書가 되어 왔으며, 우리 文化의 基底에 자리잡고 거의 모든 방면의 體系와 根幹을 형성하여 왔다. 그래서 학문연구의 기본서 역할을 해 왔을 뿐만 아니라 오늘날에도 우리의 國學徒 및 東洋學 研究者들에게 같은 역할을 하고 있음은 주지의 사실이다. 그럼에도 불구하고 中國古典은 우리 것이 아니라 하여 專門機關의 飜譯對象에 포함하지 않음으로써, 대부분 原典에서의 직접 번역이 아닌 重譯이나 拔萃譯의 방식이 주를 이루면서 敎養水準으로 出版되어 왔다

오늘날 東洋 三國 중에서 우리의 東洋學 연구가 가장 부진한 이유는, 東洋基本古典에 대한 폭넓은 이해의 부족과 漢文古典 讀解力의 저하에 기인함을 우리는 솔직히 인정하여야 한다. 따라서 이들 중국고전에 대한 신뢰할 만한 國譯이 이루어지는 것이 한국학 연구를 촉진시키는 시급한 先行課題라 할 수 있다.

이에 韓國學 및 東洋學의 연구와 古典現代化의 基盤構築을 위해서는, 전문기관으로 하여금 동양고전을 단기간에 각 분야의 專門 研究者와 漢學者가 상호 협동하여 연구번역하여 飜譯의 傳統性과 效率性, 研究의 專門性을 높일 수 있도록 政策的 配慮가 있어야 한다.

이에 本會에서는 元老 및 中堅 漢學者와 斯界의 專攻者로 하여금 協同硏究飜譯하여 공부하는 사람들이 믿고 引用하거나 깊이 있는 註釋 등을 활용할 수 있게 하고, 知識人들의 敎養을 증진시켜 줄 수 있는 東洋古典의 國譯書 간행을 지속적으로 추진해 왔다. 근래에 다행히 이 사업에 대하여 각계 지도층의 폭넓은 이해와 지원에 힘입어 2001년도부터 國庫補助를 받아 東洋古典譯註叢書를 간행하게 되었다. 이를 계기로 우리 先學의 註釋과 見解를 반영하는 등 국역사업의 內實을 기하게 되었음을 이 자리를 빌어 衷心으로 감사드리며, 아울러 國譯에 參與하신 관계자 여러분의 勞苦에 깊은 謝意를 표한다.

끝으로 우리의 이러한 작업은 오랜 역사 위에 축적된 先賢들의 業績과 現代學問을 이어주는 튼튼한 架橋와 礎石이 되어 진정한 韓國學과 東洋學 발전에 기여할 것을 굳게 믿으며, 21세기를 우리 文化의 世紀로 열어 가는 밑거름이 되도록 우리의 力量을 本 事業에 경주하고자 한다. 江湖諸賢의 부단한 관심과 지원을 기대해 마지않는다.

社團法人 傳統文化硏究會 理事長 李啓晃

凡 例

1. 본서는 ≪譯註 二程全書≫의 제3책이다.
2. 본서의 底本은 ≪二程全書≫(徐必達 校, 서울대 규장각 奎中 1470)이며, ≪二程全書≫(서울대 규장각 一簑古 181.1-j463i, 이하 '一簑古本'으로 약칭)와 ≪二程全書≫(국립중앙도서관 일산古3745-50, 이하 '國中本'으로 약칭)와 ≪二程集≫(王孝魚 點校, 中華書局, 1981, 이하 '中華書局本'으로 약칭) 등을 참고하였다.
3. 底本에서 校勘에 참고한 書目의 略稱은 初本・胡本・元本・陳本・時本・昭遠本・吳本・趙本・羅本으로, ≪遺書≫와 ≪外書≫의 目錄에 의하면 胡本은 胡安國(1074~1138)의 家本이고, 陳本은 陳淵(?~1145)의 기록이고, 時本은 時紫芝(?~?)의 기록이고, 羅本은 羅從彦(1072~1135)의 기록이며, 나머지는 자세하지 않다.
4. 본서는 원전의 傳統性과 번역의 現代性을 구현하기 위해 노력하였다.
5. 原文은 저본의 체제에 따라 단락을 구분하고, 각 단락마다 일련번호를 부여하였다.
6. 原文에는 우리나라 전통 방식으로 懸吐하고, 小註에는 標點하였다.
7. 번역은 原義에 충실하게 하되, 이해가 어려운 부분은 意譯 또는 補充譯을 하였다.
8. 번역문은 한글과 한자를 혼용하였으며, 맞춤법과 띄어쓰기는 한글 맞춤법과 표준어 규정을 따르는 것을 원칙으로 하였다.
9. 譯註는 인용문의 出典, 故事, 역사적 사건, 전문용어, 人物, 制度, 難解語, 校勘 등에 관한 사항을 밝혔다.
10. 校勘은 원문의 誤字, 脫字, 衍字, 倒文 등을 대상으로 하였으며, 校勘의 근거는 譯註에서 밝혔다.
11. 본서의 校勘에 사용된 符號는 다음과 같다.

( )〔 〕: (저본의 誤字)〔교감한 正字〕

12. 본서에 사용된 주요 符號와 略號는 다음과 같다.

" ": 引用, 對話

' ': " " 안의 再引用, 對話, 强調

「 」: ' ' 안의 再引用, 對話, 强調

( ): 원문에서는 讀音이 특수한 글자나 僻字의 音
번역문에서는 간단한 譯註

〔 〕: 번역문과 뜻은 같으나 音이 다른 漢字 및 字句, 譯註에서 인용하여 번역한 原文

≪ ≫: 書名, 典據

〈 〉: 篇章名, 作品名, 補充譯

○ : 저본에 사용된 단락 구분 표시 遵用

13. 본서에 사용된 標點은 다음과 같다.

, : 한 문장 안에서 句나 節의 구분이 필요한 곳

. : 문장의 종결

· : 대등한 명사나 구절의 병렬

" ": 1차 인용, 대화

' ': 2차 인용, 대화, 강조

「 」: 3차 인용, 대화, 강조

參考書目

◇ 底本 및 교감서

- ≪二程全書≫, 徐必達 校, 서울대 규장각(奎中 1470)
- ≪二程全書≫, 서울대 규장각(一簑古 181.1-j463i)
- ≪二程全書≫, 국립중앙도서관(일산古3745-50)
- ≪二程全書≫, 국립중앙도서관(古貴3745-22-1-15)
- ≪二程集≫, 王孝魚 點校, 中華書局, 1981.
- ≪二程集≫, 臺灣 漢京文化事業有限公司, 1983.

◇ 經部

- ≪論語注疏≫, 十三經注疏整理委員會 整理, 北京大學校出版社, 2000.
- ≪論語集註大全≫, 朱熹(宋) 集註, 胡廣(明) 等 編, 影印本, 成均館大學校出版部, 1998.
- ≪大學章句大全≫, 朱熹(宋) 集註, 胡廣(明) 等 編, 影印本, 成均館大學校出版部, 1998.
- ≪孟子精義≫, 朱熹(宋), 景印文淵閣四庫全書, 商務印書館, 1983~1986.
- ≪孟子注疏≫, 十三經注疏整理委員會 整理, 北京大學校出版社, 2000.
- ≪孟子集註大全≫, 朱熹(宋) 集註, 胡廣(明) 等 編, 影印本, 成均館大學校出版部, 1998.
- ≪毛詩正義≫, 十三經注疏整理委員會 整理, 北京大學校出版社, 2000.
- ≪尙書正義≫, 十三經注疏整理委員會 整理, 北京大學校出版社, 2000.
- ≪書傳大全≫, 蔡沈(宋) 集註, 胡廣(明) 等 編, 影印本, 學民文化社, 1990.
- ≪詩傳大全≫, 朱熹(宋) 集傳, 胡廣(明) 等 編, 影印本, 學民文化社, 1989.
- ≪禮記正義≫, 十三經注疏整理委員會 整理, 北京大學校出版社, 2000.

- ≪禮記集說大全≫, 陳澔(元) 集說, 胡廣(明) 等 編, 影印本, 學民文化社, 2000.
- ≪周禮注疏≫, 十三經注疏整理委員會 整理, 北京大學校出版社, 2000.
- ≪周易大全≫, 程頤(宋) 傳, 朱熹(宋) 本義, 胡廣(明) 等 撰, 影印本, 學民文化社, 2008.
- ≪中庸章句大全≫, 朱熹(宋) 集註, 胡廣(明) 等 編, 影印本, 成均館大學校出版部, 1998.
- ≪春秋尊王發微≫, 孫復(宋), 景印文淵閣四庫全書, 商務印書館, 1983~1986.
- ≪春秋左傳正義≫, 十三經注疏整理委員會 整理, 北京大學校出版社, 2000.
- ≪孝經注疏≫, 十三經注疏整理委員會 整理, 北京大學校出版社, 2000.

◇ 史部

- ≪史記≫ 司馬遷(漢), 中華書局, 1997.
- ≪漢書≫, 班固(後漢), 中華書局, 1997.
- ≪後漢書≫, 范曄(南朝 宋), 中華書局, 1997.
- ≪三國志≫, 陳壽(晉), 中華書局, 1997.
- ≪晉書≫, 姚思廉(唐), 中華書局, 1997.
- ≪舊唐書≫, 劉煦(後晉), 中華書局, 1997.
- ≪新唐書≫, 歐陽脩(宋), 中華書局, 1997.
- ≪資治通鑑≫, 司馬光(宋), 中華書局, 2010.

◇ 子部

- ≪古今事文類聚≫, 祝穆(宋), 景印文淵閣四庫全書, 商務印書館, 1983~1986.
- ≪孔子家語≫, 王肅(魏), 影印本, 學民文化社, 2001.
- ≪近思錄≫, 朱熹・呂祖謙(宋), 影印本, 學民文化社, 1995.
- ≪近思錄釋疑≫, 金長生(朝鮮), 木板本, 국립중앙도서관 소장본.
- ≪南華經≫, 莊周(戰國 宋), 影印本, 學民文化社, 1993.
- ≪老子道德經≫, 王弼(魏), 景印文淵閣四庫全書, 商務印書館, 1983~1986.
- ≪論衡≫, 王充(漢), 景印文淵閣四庫全書, 商務印書館, 1983~1986.
- ≪宋元學案≫, 黃宗羲(淸), 台灣商務印書館, 1968.

- 《荀子》, 荀况(周), 景印文淵閣四庫全書, 商務印書館, 1983~1986.
- 《揚子法言》, 揚雄(漢), 景印文淵閣四庫全書, 商務印書館, 1983~1986.
- 《列子》, 列禦寇(戰國), 景印文淵閣四庫全書, 商務印書館, 1983~1986.
- 《雲笈七籤》, 張君房(宋), 景印文淵閣四庫全書, 商務印書館, 1983~1986.
- 《陰符經考異》, 朱熹(宋), 景印文淵閣四庫全書, 商務印書館, 1983~1986.
- 《張子全書》, 張載(宋), 景印文淵閣四庫全書, 商務印書館, 1983~1986.
- 《占察善惡業報經》, 菩提燈(隋) 譯, 국립중앙도서관 웹정보자료.
- 《程書分類》, 宋時烈(朝鮮), 影印本, 學民文化社, 1994.
- 《朱子語類》, 黎靖德(宋) 等 編, 中華書局, 1986.
- 《中說》, 王通(隋), 景印文淵閣四庫全書, 商務印書館, 1983~1986.
- 《化書》, 譚峭(南唐), 景印文淵閣四庫全書, 商務印書館, 1983~1986.
- 《皇極經世書》, 邵雍(宋), 景印文淵閣四庫全書, 商務印書館, 1983~1986.
- 《黃帝內經素問》, 王冰(唐) 注, 景印文淵閣四庫全書, 商務印書館, 1983~1986.

◇ 集部

- 《擊壤集》, 邵雍(宋), 景印文淵閣四庫全書, 商務印書館, 1983~1986.
- 《御定全唐詩》, 景印文淵閣四庫全書, 商務印書館, 1983~1986.
- 《五百家注昌黎文集》, 魏仲擧(宋) 編, 景印文淵閣四庫全書, 商務印書館, 1983~1986.
- 《集千家註杜工部詩集》, 景印文淵閣四庫全書, 商務印書館, 1983~1986.

◇ 번역서 및 연구서

- 賈豊臻, 《中國理學史》, 臺灣商務印書館公司, 1987.
- 岡田武彦, 《宋明哲學の本質》, 木耳社, 1984.
- 岡田武彦, 《中國思想における理想と現實》, 木耳社, 1973.
- 今井宇三郎, 《宋明易學の研究》, 明治圖書出版株式會社, 1958.
- 楠本正繼, 《宋明時代儒學思想の研究》, 廣池學園事業部, 1962.
- 楠本正繼 著, 김병화 외 譯, 《송명유학사상사》, 예문서원, 2005.

- 勞思光, ≪中國哲學史≫, 三民書局, 1981.
- 勞思光 著, 鄭仁在 譯, ≪中國哲學史 - 宋明篇 -≫, 探求堂, 1987.
- 牟宗三, ≪心體與性體≫, 正中書局, 1968.
- 蒙培元, ≪理學範疇系統≫, 人民出版社, 1989.
- 潘富恩, 徐餘慶, ≪程顥程頤理學思想研究≫, 復旦大學出版社, 1988.
- 徐遠和, ≪洛學源流≫, 齊魯書社出版, 1987.
- 徐志銳, ≪宋明易學槪論≫, 遼寧古籍出版社, 1997.
- 石訓 外, ≪北宋哲學史≫, 河南人民出版社, 1987.
- 狩野直喜 著, 吳二煥 譯, ≪中國哲學史≫, 乙酉文化社, 1986.
- 市川安司, ≪程伊川哲學の研究≫, 東京大學出版會, 1978.
- 안은수, ≪程頤 : 중국 송대의 신유학자≫, 성균관대학교 출판부, 2002.
- 野口豊太, ≪二程遺書全譯≫, V2solution, 2016.
- 余敦康, ≪內聖外王的貫通 - 北宋易學的現代闡釋≫, 學林出版社, 1997.
- 이향준 외 譯, ≪이정유서 Ⅰ · Ⅱ · Ⅲ≫, 발해그래픽스, 2019.
- ___________, ≪이정외서≫, 발해그래픽스, 2019.
- 이현선, ≪장재와 이정형제의 철학 : 기철학과 리철학의 대립≫, 문사철, 2013.
- 張岱年, ≪中國哲學大綱≫, 中國社會科學出版社, 1982.
- 張德麟 著, 박상리 등 譯, ≪정명도의 철학≫, 예문서원, 2004.
- 張立文 主編, ≪中國學術通史 - 宋元明卷 -≫, 人民出版社, 2004.
- 張立文, ≪宋明理學研究≫, 人民大學出版社, 1985.
- 陳來, ≪宋明理學≫, 遼寧教育出版社, 1991.
- 陳來 著, 안재호 譯, ≪송명성리학≫, 예문서원, 1997.
- 蔡方鹿, ≪程顥程頤與中國文化≫, 貴州人文出版社, 1996.
- 蔡仁厚, ≪宋明理學 - 北宋篇 -≫, 臺灣學生書局, 1983.
- 土田健次郎 著, 성현창 譯, ≪북송도학사≫, 예문서원, 2006.
- 馮友蘭, ≪中國哲學史新編≫, 人民出版社, 1988.
- 韓鍾文, ≪中國儒學史 - 宋元卷 -≫, 廣東教育出版社, 1997.

- 侯外廬 主編, ≪中國思想通史≫, 人民出版社, 1957.
- A.C. Graham, *Two Chinese philosophers : Cheng Ming-tao and Cheng Yi-chuan*, Lund Humphries, 1958.(이현선 譯, ≪정명도와 정이천의 철학≫, 심산, 2011.)
- Bruce, J. Percy, *Chu Hsi and His Masters: an introduction to Chu Hsi and the Sung School of Chinese Philosophy*, Probsthain & co., 1923.
- ________________, *Two Chinese philosophers : the metaphysics of the brothers Cheng*, Open Court, 1992.
- Kidder Smith Jr & Peter K. Bol & Joseph A. Adler & Don J. Wyatt, *Sung Dynasty Uses of the I Ching*, Princeton University Press, 1990.
- Robin R. Wang & L. Michael Harrington, *The Yi River Commentary on the Book of Changes*, Yale University Press, 2019.
- Thomas F. Cleary, *I Ching : The Tao of Organization*, Shambhala, 1988.
- Yong Huang, *Why be moral? : learning from the neo-Confucian Cheng Brothers*, State University of New York Press, 2014.

◇ 해제 및 연구논문

- 김동민, 〈程伊川의 理學的 ≪春秋≫ 이해에 관한 연구〉, ≪유교사상문화연구≫ 60, 한국유교학회, 2015.
- 김문갑, 〈程明道의 天理에 관한 小考〉, ≪유학연구≫ 8, 충남대 유학연구소, 2000.
- 김연재, 〈義理學的 해석에서 본 程伊川의 道學 및 그 易學的 범주〉, ≪동양철학연구≫ 46, 동양철학연구회, 2006.
- 김필수, 〈程頤 철학의 位置와 易傳 出版의 意義〉, ≪역학연구≫ 5, 한국주역학회, 2000.
- 김홍수, 〈≪河南程氏遺書≫·≪河南程氏外書≫·≪河南程氏粹言≫의 作者不明語錄 鑑別〉, ≪동아인문학≫ 28, 동아인문학회, 2014.
- ______, 〈二程語錄考證及思想異同研究〉, 중국 南開大學 박사논문, 2005.
- ______, 〈二程思想 연구에 있어서 ≪程書分類≫의 자료적 가치와 유용성〉, ≪中國과

中國學≫ 3, 영남대학교 중국연구센터, 2005.

- ______, 〈≪程書分類≫와 그 철학적 의의〉, ≪東亞人文學≫ 29, 동아인문학회, 2014.
- 민병삼, 〈程伊川의 風水地理思想硏究〉, ≪동양철학연구≫ 59, 동양철학연구회, 2009.
- 박길수, 〈程明道의 人性論과 儒學史的 意義〉, ≪공자학≫ 25, 한국공자학회, 2013.
- ______, 〈程明道의 仁說 연구〉, ≪양명학≫ 41, 한국양명학회, 2015.
- 박양자, 〈二程의 思想的 特性〉, ≪공자학≫ 1, 한국공자학회, 1995.
- 박호석, 〈程伊川의 생애와 문제의식〉, ≪동양예학≫ 11, 동양예학회, 2003.
- ______, 〈程伊川 '理'哲學의 이론적 체계에 관한 연구〉, 대구한의대학교 박사학위논문, 2015.
- 성백효, 〈≪程書分類≫ 解題〉, ≪程書分類≫, 학민문화사, 1994.
- 손영식, 〈程伊川 철학에 있어서의 理와 그 實踐〉, 서울대학교 석사학위논문, 1982.
- 송봉구, 〈程伊川의 心性·居敬窮理論 硏究〉, ≪동양고전연구≫ 18, 한국고전학회, 2003.
- ______, 〈程伊川의 修養論 연구〉, ≪동양문화연구≫ 1, 영산대 동양문화연구원, 2007.
- 심의용, 〈程伊川 철학에서 행위 방식으로서의 義理의 특성〉, ≪동서철학연구≫ 31, 한국동서철학회, 2004.
- ______, 〈북송시대 사대부들의 변화와 程伊川 철학의 특성〉, ≪동서철학연구≫ 36, 한국동서철학회, 2005.
- 안동섭, 〈伊川 程頤의 窮理 연구〉, 연세대학교 석사학위논문, 2012.
- 양승무, 〈程明道의 哲學思想 硏究〉, ≪유교사상문화연구≫ 7, 한국유교학회, 1994.
- ______, 〈程伊川의 格物致知說 연구〉, ≪한중철학≫ 3, 한중철학회, 1997.
- ______, 〈程伊川의 철학사상 연구－理氣論·中和說을 중심으로〉, ≪공자학≫ 3, 한국공자학회, 1998.
- 엄연석, 〈程頤 易傳의 易學理論에 관한 연구〉, 서울대학교 박사학위논문, 1999.
- 오종일, 〈程明道의 心性說〉, ≪동양철학연구≫ 17, 동양철학연구회, 1997.
- 이선열, 〈程伊川 性卽理說 연구〉, 서울대학교 박사학위논문, 1998.
- 이승환, 〈論程明道思想中'價値'之根據與其實踐的問題〉, 대만대학교 석사학위논문, 1984.
- ______, 〈송명유학 수양론에서 未發說의 형성과 전개－程門의 미발설과 求中 공부〉,

≪철학연구≫ 38, 고려대 철학연구소, 2009.

• 이원태, 〈王弼과 伊川의 義理易 비교 연구〉, 연세대학교 박사학위논문, 1998.
• 이정환, 〈程學 전통에서의 格物, 致知, 窮理 - 二程 4대 初傳弟子들의 해석과 주자 재해석의 의의 -〉, ≪동양학≫ 60, 단국대 동양학연구원, 2015.
• 이천일, 〈程伊川 教育論에 관한 고찰〉, ≪동방학≫ 21, 한서대 동양고전연구소, 2011.
• 인현정, 〈程伊川의 생의 원리와 感通의 문제〉, 이화여자대학교 석사학위논문, 2009.
• 장승구, 〈伊川 易學과 사대부의 윤리사상〉, ≪이천역학 국제학술대회 자료집≫, 한국주역학회, 1999.
• 정병련, 〈程明道의 '理有善惡' 眞詮〉, ≪유교사상문화연구≫ 8, 한국유교학회, 1996.
• 정병석, 〈≪易程傳≫을 통해 본 程伊川의 政治的 思惟〉, ≪주역연구≫ 5, 한국주역학회, 2000.
• ______, 〈≪伊川易傳≫에 보이는 程伊川의 國家論〉, ≪중국학보≫ 63, 한국중국학회, 2011.
• 정상봉, 〈程明道의 천리와 인성에 대한 이해〉, ≪한국철학논집≫ 40, 한국철학사연구회, 2014.
• 정종모, 〈정명도의 ≪주역≫ 해석과 그 경학사적 의미〉, ≪양명학≫ 45, 한국양명학회, 2016.
• 정종복, 〈程明道의 哲學思想 研究〉, ≪청주대학교 논문집≫ 15, 청주대학교, 1982.
• 정해민, 〈易의 哲學體系에 관한 研究 - 程伊川의 易學을 중심으로〉, 부산대학교 석사학위논문, 1987.
• 조장연, 〈程伊川 易學思想에 관한 研究〉, 성균관대학교 석사학위논문, 1993.
• 주광호, 〈程伊川 太極觀 연구 - 太極에서 理로〉, ≪고려대학교 한자한문연구소 연구발표회≫, 2008.
• 천병돈, 〈程明道 ≪定性書≫에 대한 霞谷의 이해〉, ≪양명학≫ 15, 한국양명학회, 2005.
• ______, 〈程明道 易學思想〉, ≪동양철학연구≫ 58, 동양철학연구회, 2009.
• 최영성, 〈南冥 曺植의 程朱學 受容樣相 - 二程과 관련하여 ≪學記類編≫을 중심으로〉, ≪남명학연구≫ 24, 경상대 남명학연구소, 2007.

- 허 벽, 〈程明道의 天理思想 형성에 관한 연구〉, ≪유교문화연구≫ 17, 성균관대 유교문화연구소, 2010.
- ______, 〈程明道의 天理思想 硏究〉, 성균관대학교 박사학위논문, 2011.
- 홍원식, 〈程伊川의 格物致知說〉, ≪철학연구≫ 13, 고려대 철학연구소, 1989.
- 황태현, 〈≪대학≫ 聽訟章의 이해 - 伊川과 朱子를 중심으로〉, ≪동양문화연구≫ 24, 영산대 동양문화연구원, 2016.
- 羅 光, 〈程顥的哲學思想〉, ≪人文學報≫, 輔仁大學文學院, 1976.
- 張岱年, 〈正確評價二程洛學〉, ≪中州學刊≫, 河南省社會科學院, 1998.
- 陳榮捷, 〈論朱熹與程頤之不同〉, ≪中國哲學≫, 三聯書店, 1983.
- 李景林, 〈二程心性論之異同與儒學精神〉, ≪中州學刊≫, 河南省社會科學院, 1991.
- Barry Keenan, *Reverence and Cheng-Zhu Ecology, Dao,* A Journal of Comparative Philosophy Vol.17, 2018.
- Feng Youlan, *Cheng Hao and Cheng Yi*, Contemporary Chinese Thought Vol.13, 1981.
- Hans van Ess, *The Compilation of the Works of the Ch'eng Brothers and its Significance for the Learning of the Right Way of the Southern Sung Period,* T'oung pao Vol.90, 2004.
- Wai-Ying Wong, *The Status of Li in the Cheng Brothers' Philosophy, Dao,* A Journal of Comparative Philosophy Vol.3, 2003.
- ______________, *Morally bad in the philosophy of the Cheng Brothers,* Journal of Chinese philosophy, Vol.36, 2009.
- Wing-Tsit Chan, *Patterns for Neo-Confucianism : Why Chu Hsi differed from Ch'engi,* Journal of Chinese Philosophy, Vol.5, 1978,
- Wing-Tsit Chan & A.C. Graham, *Two Chinese Philosophers : Ch'eng Ming-tao and Ch'eng Yi-ch'uan,* Journal of the American Oriental Society Vol.79, 1959.
- YI Feng, *Cheng Hao and Cheng yi*, Chinese Studies in Philosophy Vol.13, 1982.

- Yong Huang, *Cheng Yi's Neo-Confucian Ontological Hermeneutics of Dao*, Journal of Chinese philosophy, Vol.27, 2000.
- ___________, *Cheng Brothers' Neo-Confucian Virtue Ethics : The Identity of Virtue and Nature*, Journal of Chinese philosophy, Vol.30, 2003.
- ___________, *Confucian love and global ethics : How the Cheng Brothers would help respond to Christian criticisms*, Asian Philosophy, Vol.15, 2005.
- ___________, *Neo-confucian political philosophy : The Cheng Brothers on li (propriety) as political*, psychological, and metaphysical, Journal of Chinese philosophy, Vol.34, 2007.
- ___________, *The Cheng Brothers' Onto-theological Articulation of Confucian Values*, Asian philosophy, Vol.17, 2007.
- ___________, *Neo-Confucian Hermeneutics at Work : Cheng Yi's Philosophical Interpretation of Analects 8.9 and 17.3*, The Harvard theological review, Vol.101, 2008.
- ___________, *"WHY BE MORAL?" The Cheng Brothers' Neo-Confucian Answer*, The Journal of religious ethics, Vol.36, 2008.
- ___________, *The Cheng Brothers on Virtue(de, 德) : Is a Virtuous Person Self-Centered?*, Journal of Sino-Western communications, Vol.2, 2010.
- Zheng Zemian, *Two Kinds of Oneness : Cheng Hao's Letter on Calming Nature in Contrast with Zhang Zai's Monism*, Philosophy east and west, Vol.65, 2015.

◇ 사전 및 공구서

- ≪道教思想辭典≫, 金勝東 編著, 釜山大學校出版部, 2004.
- ≪佛教・印度思想辭典≫, 金勝東 編著, 釜山大學校出版部, 2001.
- ≪宋元語言詞典≫, 龍潛庵, 上海辭書出版社, 1985.

- ≪語錄解三種校本合刊≫, 尹昭晶·潘牧天 編, 學古房, 2015.
- ≪註解語錄總覽≫, 白斗鏞·尹昌鉉, 太學社, 1978.

◇ 데이터베이스(DB) 자료

- 국립중앙도서관 디지털화 자료.
- 규장각 한국학연구원 (http://kyujanggak.snu.ac.kr)
- 동양고전종합DB (http://db.cyberseodang.or.kr)
- 성균관대 존경각 (http://east.skku.edu)
- 한국고전종합DB (http://db.itkc.or.kr)
- 電子版 文淵閣四庫全書, 上海古籍出版社.

目 次

東洋古典譯註叢書를 발간하면서
凡　　例
參考書目

二程全書 卷20
遺書 伊川先生語 五
楊遵道의 기록　楊遵道錄 / 19

二程全書 卷21
遺書 伊川先生語 六
周伯忱의 기록　周伯忱本 / 79

二程全書 卷22
遺書 伊川先生語 七上
스승의 말씀　師說 / 82

二程全書 卷23
遺書 伊川先生語 七下
師說 뒤에 붙이다　附師說後 / 101

二程全書 卷24
遺書 伊川先生語 八上
伊川의 어록　伊川語錄 / 111

二程全書 卷25
遺書 伊川先生語 八下
雜錄 뒤에 붙이다　附雜錄後 / 181

二程全書 卷26
遺書 伊川先生語 九
鮑若雨의 기록　鮑若雨錄 / 208

二程全書 卷27
遺書 伊川先生語 十
鄒德久의 기록　鄒德久本 / 226

二程全書 卷28
遺書 伊川先生語 十一
暢潛道의 기록　暢潛道本 / 241

二程全書 卷29
遺書 附錄

명도선생행장 明道先生行狀 / 275
명도선생의 문인과 벗들이 서술한 글을 차례로 배열함 明道先生門人朋友敍述序 / 299
行狀 뒤에 쓰다 書行狀後 / 317
애사 哀詞 / 324
명도선생묘표 明道先生墓表 / 326
이천선생연보 伊川先生年譜 / 328
제문 祭文 / 354
주장 奏狀 / 358

〔附 錄〕

1. ≪二程全書 3≫ 圖版目錄 / 363
2. ≪二程全書≫ 解題(QR코드) / 365
3. ≪二程全書≫ 總目次(QR코드) / 365
4. 二程 年譜(QR코드) / 365

二程全書 卷20

遺書 伊川先生語 五

明 後學 嘉興 徐必達 校正

楊遵道[1)]의 기록　楊遵道錄

1. 선생에게 물었다.

"'사물에 이른다.〔格物〕'[2)]라는 것은 外物에 이르는 것입니까? 本性 안의 物에 이르는 것입니까?"

선생이 말하였다.

"모두 구애받지 않는다. 눈에 보이는 모든 것이 物 아닌 것이 없으니, 物마다 모두 이치가 있다. 예컨대 불이 뜨거운 이유와 물이 차가운 이유부터 君臣과 父子의 관계에 이르기까지 모두 이러한 이치가 있다."

또 물었다.

"하나의 物을 궁구하여 이 하나의 物의 이치를 보기만 하면 바로 여러 物의 이치를 알 수 있습니까?"

선생이 말하였다.

"모름지기 여러 物의 이치를 두루 구해야 하니, 顔子 같은 분도 하나를 듣고 열을 알 수 있었을 뿐이다. 만약 훗날 이치를 통달하게 되면 억만 가지 이치라도 통달할 수 있다."

또 물었다.

"예컨대 荊公(王安石)이 物을 궁구한 것은 ≪字解≫[3)] 한 부인데, 대부분 五行에서 추

---

1) 楊遵道 : 楊迪(1055~1104)이다. 遵道는 그의 자이며, 南劍 將樂 사람이다. 楊時의 맏아들로, 태학에 들어가 공부하다가 程頤에게 나아가 수학하였다.

2) 사물에 이른다 : ≪大學≫에 보인다.

3) 字解 : 王安石의 저서인 ≪字說≫로, 字義를 풀이한 책이다. ≪宋史≫ 〈王安石列傳〉에서는 "穿鑿하고 附會한 것이 많다."라고 하였고, 왕안석이 실각한 뒤에 禁書가 되었다.

론하여 지어낸 것입니다. 지금 이치를 궁구하는 일도 그저 이와 같이 공부할 뿐이니 이는 어떻습니까?"

선생이 말하였다.

"형공이 예전에 한 말은 확실히 깨달은 것이었는데, 나중에는 도리어 스스로 옳지 않다고 여겼고, 만년에 하는 말은 모두 지리하였다."

問호되 格物은 是外物이니잇가 是性分中物이니잇가 曰 不拘라 凡眼前無非是物이니 物皆有理라 如火之所以熱과 水之所以寒하여 至於君臣父子間하야도 皆是理라 又問호되 只窮一物하여 見此一物이면 還便見得諸理否잇가 曰 須是徧求니 雖顏子라도 亦只能聞一知十이라 若到後來達理了면 雖億萬이라도 亦可通이라 又問호되 如荊公窮物은 一部字解인대 多是推五行生成이라 如今窮理도 亦只如此著工夫니 如何잇가 曰 荊公舊年說話는 煞得이러니 後來엔 却自以爲不是요 晚年엔 盡支離了라

2. 선생에게 물었다.

"'옛날의 배우는 자들은 자기를 위한 실질적인 학문을 하였다.'[4)]라고 하였는데, 모르겠습니다만 처음 마음을 먹을 적에 자기를 위한 학문을 해야 합니까? 남을 위한 학문을 해야 합니까?"

선생이 말하였다.

"우선 자기를 위한 학문을 해야 남에게 미칠 수 있다. 처음 배우는 자는 단지 자기를 위한 학문을 할 뿐이다. 鄭宏中[5)]이 말하기를 '배우는 자는 먼저 仁을 구해야 한다.'라고 하였는데, 仁은 남을 사랑하는 것이니, 이 말은 그야말로 전도된 설이다."

問호되 古之學者는 爲己라하니 不知케라 初設心時에 是要爲己이니잇가 是要爲人이니잇가 曰 須先爲己라야 方能及人이라 初學은 只是爲己라 鄭宏中이 云호되 學者는 先須要仁이라한대 仁은 所以愛人이니 正是顚倒說却이라

4) 옛날의……하였다 : ≪論語≫ 〈憲問〉에 孔子가 말하기를 "옛날의 학자들은 자기를 위한 학문을 하였는데, 요즘의 학자들은 남에게 보이기 위한 학문을 한다.〔古之學者 爲己 今之學者 爲人〕"라고 하였다.

5) 鄭宏中 : 鄭穆(1018~1092)이다. 宏中은 그의 자이며, 福建省 사람이다. 陳襄・陳烈・周希孟과 함께 '閩中四先生'으로 일컬어졌다. 1053년 진사가 되어 壽安主簿가 되었으며, 國子監直講이 되어 集賢館의 서적을 편수하였다. 國子祭酒・寶文閣待制 등을 지냈다.

3. "백성을 새롭게 한다."[6]라는 것은 明德으로 백성을 새롭게 하는 것이다.

新民은 以明德으로 新民이라

4. 선생에게 물었다.

"'날마다 새롭게 한다.'[7]라는 것은 진보함이 있다는 뜻입니까? 아니면 단지 폐단이 없다는 뜻입니까?"

선생이 말하였다.

"진보함이 있다는 뜻이다. 배우는 자가 유익함이 있기를 구한다면 모름지기 날마다 자신을 새롭게 해야 한다."

問호되 日新은 有進意잇가 抑只是無弊意잇가 曰 有進意라 學者가 求有益이어든 須是日新이라

5. 선생에게 물었다.

"'마음에 성내는 바, 두려워하는 바, 걱정하는 바가 있으면 마음이 그 바름을 얻지 못한다.'[8]라고 하였는데, 이 몇 가지 감정을 없애면 마음이 바르게 됩니까?"

선생이 말하였다.

"이는 이런 감정을 없애야 한다고 말하는 것이 아니다. 단지 이러한 감정 때문에 그 마음을 동요하지 않는 것이다. 배우는 자가 마음을 동요하지 않는 경지에 아직 이르지 않았다면 모름지기 자기의 의지를 잡고 지켜야 한다."

問호되 有所忿懥恐懼憂患이면 心不得其正이라한대 是要無此數者면 心乃正乎잇가 曰 非是謂無라 只是不以此動①其心이라 學者가 未到不動處어든 須是執持其志라

①〈動은〉 어떤 판본에는 '累'로 되어 있다.
一本作累.

6. "군대를 출동하되 규율에 맞게 해야 하니, 그렇지 않으면 승리하더라도 흉하리라."[9]

---

6) 백성을……한다 : ≪大學≫에 보인다.
7) 날마다……한다 : ≪大學≫의 "苟日新 日日新 又日新"에서 나왔다.
8) 마음에……못한다 : ≪大學≫에는 "身有所忿懥 則不得其正 有所恐懼 則不得其正 有所好樂 則不得其正 有所憂患 則不得其正"으로 되어 있으며, 程子는 '身'을 '心'으로 보아야 한다고 주장하였다.

라고 하였는데, 규율에는 두 가지 의미가 있다. 군대를 출동할 적에 義로써 하지 않는 경우가 있고, 군대를 움직이면서 호령과 절제가 없는 경우가 있으니, 모두 규율을 잃은 것이다. 군대를 출동할 적에는 마땅히 규율에 맞게 해야 하니, 그렇지 않으면 비록 승리하더라도 흉한 것이다. 요즘 사람들이 군대를 운용하는 것은 오직 이기고자 할 따름이다.

師出以律이니 否면 臧이라도 凶하리라한대 律有二義라 有出師不以義者요 有行師而無號令節制者니 皆失律也라 師出은 當以律이니 不然이면 雖臧이라도 亦凶이라 今人用師는 惟勝而已[10]라

7. "子弟들이 여럿이 주장하면 하는 일이 바르더라도 흉하리라."[11]라고 하였다. 長子가 군대를 거느렸는데 지금 자제들이 여럿이 그 일을 주장한다면 또한 이는 규율을 잃은 것이다. 그러므로 하는 일이 바르더라도 흉한 것이다.

弟子輿尸하면 貞이라도 凶하리라 帥師以長子한대 今以弟子衆主之어든 亦是失律이라 故로 雖貞이라도 亦凶也라

8. "멧돼지를 거세하여 이빨을 쓰지 못하게 한다."[12]라고 하였으니, 멧돼지의 이빨은 사람을 매우 잘 깨물어 해치지만, 단지 그 이빨만을 다스려서 어떻게 멧돼지를 제압할 수 있겠는가? 요즘 사람들이 惡을 행할 적에 단지 그의 악행만을 금지시키면 근원적인 악을 금지할 길이 없다. 여기에서 聖人이 긴요하게 여긴 점을 볼 수 있다.

豶豕之牙라하니 豕牙는 最能嚙害人이나 只制其牙하여 如何制得이리오 今人爲惡할새 却只就他惡禁之면 便無由禁止라 此見聖人機會處라

9. "羊을 和易함에서 잃는다."[13]라고 하였다. 양은 무리지어 다니면서 사물을 떠받는다.

---

9) 군대를……흉하리라 : 《周易》 師卦 初六爻辭에 보인다.
10) 惟勝而已 : 一蓑古本에는 '惟務勝而已'로 되어 있다.
11) 子弟들이……흉하리라 : 《周易》 師卦 六五爻辭에 보인다.
12) 멧돼지를……한다 : 《周易》 大畜卦 六五爻辭에 "멧돼지를 거세하여 이빨을 쓰지 못하게 함이니, 吉하다.〔豶豕之牙 吉〕"라고 하였다.
13) 羊을……잃는다 : 《周易》 大壯卦 六五爻辭에 "羊을 和易함에서 잃으면 뉘우침이 없으리라.〔喪羊于易 无悔〕"라고 하였다.

大壯卦는 여러 陽이 함께 나아가는 형상인데, 六五爻가 陰으로서 임금 자리에 거처하니 오직 和易한 뒤에 양을 잃을 수 있다. 易는 難易의 易가 아니라, 和易·樂易의 易이다.

喪羊于易(이)라 羊은 群行而觸物이라 大壯은 衆陽竝進이어늘 六五가 以陰居位하니 惟和易然後에 可以喪羊이라 易는 非難易之易요 乃和易樂易(낙이)之易라

10. ≪周易≫은 1백여 개의 학파가 있어 그 설을 두루 살펴보기가 어렵다. 만약 평소 ≪주역≫을 읽지 않으면 글의 의미를 깨닫지 못한다. 또 반드시 王弼·胡先生(胡瑗)·荊公(王安石) 三家의 설을 보고서 글의 의미를 이해하고, 또 숙독을 한 뒤에야 마음을 쓸 곳이 있게 된다.

易은 有百餘家니 難爲徧觀이라 如素未讀이어든 不曉文義라 且須看王弼胡先生荊公三家하여 理會得文義하고 且要熟讀이라야 然後에 却有用心處라

11. ≪周易≫을 읽을 적에는 모름지기 卦의 體를 먼저 알아야 한다. 예컨대 乾卦는 元·亨·利·貞 네 가지 德이 있는데, 이 중에 하나라도 없으면 乾卦가 아니니, 모름지기 이 점을 잘 알아야 한다.

讀易은 須先識卦體라 如乾은 有元亨利貞四德한대 缺却一箇면 便不是乾이니 須要認得이라

12. "반복하기를 道로써 한다."[14)]라는 것은 종일토록 힘쓰고 반복하는 것이 모두 도를 말미암는다는 말이다. 三位[15)]가 二體(內卦와 外卦)의 가운데에 있어 나아가 올라갈 수도 있고, 물러나 내려갈 수도 있다. 그러므로 반복한다고 말한 것이다. "이를 곳을 알아 그곳에 이른다."[16)]라는 것은 지금 배우는 자가 이를 곳이 있는 것을 먼저 알게 되면 이로부터 그곳에 이르는 것과 같으니, 이것이 "더불어 기미를 알 수 있다."라는 것이다.

---

14) 반복하기를……한다 : ≪周易≫ 乾卦 〈象傳〉에 "종일토록 힘쓴다는 것은 반복하기를 道로써 함이다.〔終日乾乾 反復道也〕"라고 하였다.

15) 三位 : 여기서는 九三爻의 지위를 말한다.

16) 이를……이른다 : ≪周易≫ 乾卦 〈文言傳〉 九三爻辭에 "이를 바를 알아 그곳에 이르므로 더불어 기미를 알 수 있고, 마칠 바를 알아 그것을 마치므로 더불어 義를 보존할 수 있다.〔知至至之 可與幾也 知終終之 可與存義也〕"라고 하였다.

기미를 아는 자가 아니라면 어찌 이를 곳을 먼저 알 수 있겠는가? "마칠 바를 알아 그것을 마친다."라는 것은 배움이 마치는 곳을 알아 그것을 마치는 것이니, 그러한 뒤에 더불어 義를 지킬 수 있다. 王荊公(王安石)이 말하기를 "九三爻는 九五爻의 지위가 이를 만한 것임을 알아 거기에 이른다."라고 하였는데, 이런 해석은 대단히 일을 그르친다. 가령 人臣이 항상 이러한 마음을 품으면 이는 세상을 크게 어지럽히는 道이고, 또한 湯·武를 알지 못하는 것이다. "이를 바를 알아 그곳에 이른다."라는 것은 단지 그 도에 이르는 것일 뿐이다.

反復道也는 言終日乾乾往來가 皆由於道也라 三位在二體之中하여 可進而上하고 可退而下라 故로 言反復이라 知至至之는 如今學者且先知有至處면 便從此至之니 是可與幾也라 非知幾者면 安能先識至處리오 知終終之는 知學之終處而終之니 然後에 可與守義라 王荊公이 云호되 九三은 知九五之位可至而至之라하니 大煞害事라 使人臣이 常懷此心이면 大亂之道요 亦自不識湯武라 知至至之는 只是至其道也라

13. 荊公(王安石)이 "用九[17]는 단지 上九爻 한 爻에 해당된다."라고 말한 것은 옳지 않다. 여섯 효가 모두 九를 쓴다. 그러므로 "여러 龍을 보되 앞장서지 말면 길하리라."[18]라고 한 것이다. 九를 쓰는 것은 곧 강건함을 행하는 것이다. "用九는 天德은 우두머리가 되어서는 안 된다는 것이다."[19]라는 것은 '乾은 지극히 강건하니, 또한 어찌 다시 남보다 앞장설 수 있겠는가?'라는 말이다. 남보다 앞장서면 禍가 있으니, 이른바 "감히 천하 사람보다 앞장서지 않는다."[20]라는 것이다. 乾은 때에 순응하여 움직이니, 지나치지 않는 것이 곧 우두머리가 되지 않는 것이다. 乾卦는 여섯 효가 모두 동일하다.

荊公이 言호되 用九는 只在上九一爻라함은 非也라 六爻는 皆用九라 故로 曰 見群龍호되 无首하면 吉하리라 用九는 便是行健處라 天德은 不可爲首라함은 言乾以至剛健하니 又安可更爲物先이리오 爲物先이면 則有禍하니 所謂不敢爲天下先이라 乾順時而動이니 不過處가 便是不爲首라 六爻皆同이라

17) 用九 : 用九는 《周易》 乾卦 上九爻辭 다음에 보이는 용어로, 乾卦 六爻가 모두 老陽인 九를 썼다는 말이다.
18) 여러……길하리라 : 《周易》 乾卦 爻辭에 보인다.
19) 天德은……안 된다 : 《周易》 乾卦 〈象傳〉에 보인다.
20) 감히……않는다 : 《道德經》에 "나에게는 세 가지 보배가 있으니, 그것을 지키고 보존한다. 첫째는 자비요, 둘째는 검약이요, 셋째는 감히 천하 사람보다 앞장서지 않는 것이다.〔我有三寶 持而保之 一曰慈 二曰儉 三曰不敢爲天下先〕"라고 하였다.

14. 선생에게 물었다.

"胡先生(胡瑗)[21]은 乾卦 九四爻를 太子로 풀이하였는데, 이는 卦의 뜻이 아닌 듯합니다."

선생이 말하였다.

"그 또한 무방하니, 단지 어떻게 쓰는지를 볼 뿐이다. 태자로 보는 것이 합당하면 태자로 보는 것이다. 만약 九四爻가 임금에 가까우면 태자로 보더라도 무방하다. 다만 한 가지에 구애되어서는 안 되니, 만약 한 가지 일만 고집한다면 384爻가 단지 384건의 일이 되는 데에서 그칠 뿐이다."

問호되 胡先生은 解九四하여 作太子한대 恐不是卦義니이다 先生이 云호되 亦不妨하니 只看如何用이라 當儲貳면 則做儲貳라 使九四近君이면 便作儲貳라도 亦不害라 但不要拘一이니 若執一事면 則三百八十四爻가 只作得三百八十四件事便休也라

15. 〈선생이 말하였다.〉

"≪周易≫을 볼 적에는 우선 때를 알아야 한다. 무릇 한 卦의 여섯 爻는 사람마다 용도가 따로 있다. 聖人에게는 성인의 용도가 있고, 賢人에게는 현인의 용도가 있다. 일반인에게는 일반인의 용도가 있고, 학자에게는 학자의 용도가 있다. 임금에게는 임금의 용도가 있고, 신하에게는 신하의 용도가 있어 통하지 않는 바가 없다."

인하여 선생에게 물었다.

"坤卦는 신하의 일이니, 임금이 쓸 곳이 있겠습니까?"

선생이 말하였다.

"어찌 쓸 곳이 없겠는가? 예컨대 '두터운 덕으로 만물을 실어준다.'[22]라는 것을 임금이 어찌 쓰지 않을 수 있겠는가?"

看易에 且要知時라 凡六爻는 人人有用이니 聖人은 自有聖人用하고 賢人은 自有賢人用하고 衆人은 自有衆人用하고 學者는 自有學者用하고 君有君用하고 臣有臣用하여 無所不通이라 因問호되 坤卦는

---

21) 胡先生 : 胡瑗(993~1059)이다. 자는 翼之, 별호는 安定으로, 泰州 海陵사람이다. 湖州教授로 있을 때 經義齋와 治事齋를 설치하였는데, 제자가 수백 명에 이르렀다. 가르칠 때 법도가 있고 제도가 잘 갖추어져서 慶曆 연간(1041~1048) 太學을 중흥할 때 그 법도를 채택하기도 하였다. 太學博士·太子中允 등을 역임했고 太常博士로 致仕했다. 1531년 孔子廟에 배향되었고, 孫復·石介와 함께 宋初三先生으로 일컬어진다.

22) 두터운……실어준다 : ≪周易≫ 坤卦 〈象傳〉에 "地勢가 坤이니, 군자가 이를 보고 두터운 덕으로 만물을 실어준다.〔地勢坤 君子以 厚德載物〕"라고 하였다.

是臣之事니 人君이 有用處否잇가 先生曰 是何無用이리오 如厚德載物을 人君이 安可不用이리오

16. 陰은 小人이고 利는 不善이나, 일률적으로 논해서는 안 된다. 陰이 陽을 도와 만물을 이루는 것이 君子이고, 陰이 陽을 해치는 것이 小人이다. 利가 義에 조화로운 것이 善이고, 利가 義를 해치는 것이 不善이다.

陰爲小人이요 利爲不善이나 不可一概論이라 夫陰助陽以成物者가 君子也요 其害陽者가 小人也라 夫利和義者가 善也요 其害義者가 不善也라

17. 〈선생이 말하였다.〉

"'利와 貞은 性情이다.'[23]라는 것은 利와 貞이 곧 乾의 性情임을 말한다."

인하여 선생에게 물었다.

"이 利와 '利를 근본으로 삼는다.'[24]라는 말의 利는 같습니까?"

선생이 말하였다.

"무릇 글자는 하나이지만 쓰임에는 같지 않음이 있으니, 어떻게 쓰는지를 볼 뿐이다. 무릇 이치에 순응하여 해침이 없는 것이 곧 利이니, 君子는 일찍이 利를 바라지 않은 적이 없다. 그러나 孟子가 '하필 利를 말씀하십니까?'[25]라고 말한 경우는 대개 利만을 마음에 두면 해로움이 있기 때문이다. 예컨대 '윗사람과 아랫사람이 서로 利를 취한다면 나라가 위태로울 것이다.'[26]라는 것은 바로 해로움이 있는 것이다. '仁하면서도 자기 어버이를 버리는 자는 있지 않으며, 의로우면서도 자기 임금을 뒤로하는 자는 있지 않다.'[27]라고 하였으니, 자기 어버이를 버리지 않고 자기 임금을 뒤로하지 않는 것이 곧 利이다. 仁과 義는 일찍이 이롭지 않은 적이 없다."

---

23) 利와……性情이다 : ≪周易≫ 乾卦 〈文言傳〉에 보인다.
24) 利를……삼는다 : ≪孟子≫ 〈離婁 下〉에 맹자가 말하기를 "천하 사람들이 性을 말하는 것은 이미 그러한 자취일 뿐이니, 이미 그러한 자취는 순리로써 근본을 삼는다.〔天下之言性也 則故而已矣 故者以利爲本〕"라고 하였다.
25) 하필……말씀하십니까 : 孟子가 梁 惠王을 만나볼 적에 왕이 "노인께서 천 리를 멀리 여기지 않고 오셨으니, 또한 장차 무엇으로써 우리나라를 이롭게 하시겠습니까?"라고 하자, 맹자가 "왕은 하필 利를 말씀하십니까? 仁과 義가 있을 뿐입니다."라고 하였다.(≪孟子≫ 〈梁惠王 上〉)
26) 윗사람과……것이다 : ≪孟子≫ 〈梁惠王 上〉에 보인다.
27) 仁하면서도……않다 : 上同.

利貞者는 性情也라함은 言利貞이 便是乾之性情이라 因問호되 利與以利爲本之利는 同否잇가 先生曰 凡字只有一箇나 用有不同하니 只看如何用이라 凡順理無害處가 便是利니 君子未嘗不欲利라 然孟子言何必曰利者는 蓋只以利爲心이면 則有害일새라 如上下交征利而國危는 便是有害라 未有仁而遺其親이며 未有義而後其君이라하니 不遺其親하고 不後其君이 便是利라 仁義는 未嘗不利라

18. 謝師直(謝景溫)[28]은 長安의 漕司[29]이고 明道는 鄠縣[30]의 主簿였을 적에 ≪周易≫과 ≪春秋≫를 논하였는데, 명도가 말하기를 "轉運使께서는 ≪춘추≫에는 오히려 장점이 있으나, ≪주역≫은 전혀 이해를 못하십니다."라고 하였다. 師直이 어느 날 선생에게 그 말을 하자, 선생이 답하였다.

"제가 보기로는 두 분 모두 ≪주역≫을 깊이 아는 분입니다."

사직이 말하였다.

"어째서입니까?"

선생이 말하였다.

"전운사로서 능히 절조를 굽혀 일개 주부에게 물었으며, 일개 주부로서 전운사에게 ≪주역≫을 알지 못한다고 감히 말하였으니, ≪주역≫의 도를 깊이 아는 사람이 아니라면 그렇게 할 수 없습니다."

謝師直은 爲長安漕하고 明道는 爲鄠縣簿할새 論易及春秋라 明道가 云호되 運使는 春秋엔 猶有所長이나 易은 則全理會不得이라 師直이 一日說與先生하니 先生이 答曰 據某所見건내 二公皆深知易者라 師直曰 何故아 先生曰 以運使能屈節問一主簿하고 以一主簿敢言運使不知易하니 非深知易道者어든 不能이라

19. "구름이 가고 비가 내린다."[31]라는 것은 乾이 형통한 것이다.

---

28) 謝師直 : 謝景溫(1021~1098)으로, 師直은 그의 자이며, 吳江 사람이다. 1049년 진사가 되어 通判・轉運使・刑部尙書 등을 지냈고, 王安石의 新法을 지지하였다.

29) 漕司 : 조세의 징수, 錢糧의 출납, 漕運 등의 일을 관장하던 관청이나 관원이다. 北宋 때는 轉運司, 南宋 때는 漕司, 金・元・明 때는 漕運司라고 하였다.

30) 鄠縣 : 陝西省에 있던 고을이다.

31) 구름이……내린다 : ≪周易≫ 乾卦 〈彖傳〉에 "구름이 가고 비가 내려 만물이 형체를 갖춘다.〔雲行雨施 品物流形〕"라고 하였다.

雲行雨施는 是乾之亨處라

20. 乾卦의 여섯 爻에서 만일 聖人이 일찍이 실천한 점을 보고자 한다면 마땅히 舜임금의 일에서 볼 수 있다. 순임금이 미천한 지위[32]에 있었던 것이 곧 '潛'[33]이고, 질그릇을 굽고 물고기를 잡았을 때[34]가 곧 '見'[35]이고, 그윽한 덕이 위로 올라가 알려진 때[36]가 곧 '乾乾'[37]이고, 大麓에 들어갔을 때[38]가 곧 '躍'[39]이다.

乾六爻에 如欲見聖人曾履處어든 當以舜可見이라 在側陋가 便是潛이요 陶漁時가 便是見(현)이요 升聞時가 便是乾乾이요 納于大麓時가 便是躍이라

21. 介甫(王安石)는 武王이 군대를 사열한 것[40]을 乾卦 九四爻의 의미로 여겼으니, 이는 대단히 의리가 없다. 아울러 무왕이 군대를 사열했다는 설 또한 본래 그런 일이 없었다. 만약 오늘 天命이 끊어졌다면 오늘 바로 獨夫이니, 그가 다시 3년 동안 제위에 머무는 것을 어찌 용납하겠는가? 오늘 天命이 아직 끊어지지 않았다면 아직 임금이니, 신하된

32) 미천한 지위 : 堯임금이 四岳에게 "현달한 자를 밝히며 미천한 자를 천거하라.〔明明 揚側陋〕"라고 하자, 四岳이 舜을 천거하였다. 이에 요임금이 순을 시험하기 위해 자신의 두 딸을 그에게 시집보내어 그를 살펴보았다.(≪書經≫ 〈虞書 堯典〉)

33) 潛 : 乾卦 初九爻辭의 '潛龍勿用'의 '潛'을 가리킨다.

34) 질그릇을……때 : ≪孟子≫ 〈公孫丑 上〉에 舜임금에 대해 "善을 남과 함께 하여 자신을 버리고 남을 따르며 남에게서 취하여 善을 행함을 좋아하였다. 밭 갈고 곡식을 심으며 질그릇을 굽고 물고기를 잡을 때부터 황제가 될 때까지 남에게서 취하지 않음이 없었다.〔善與人同 舍己從人 樂取於人以爲善 自耕稼陶漁 以至爲帝 無非取於人者〕"라고 한 데서 나왔다.

35) 見 : 乾卦 九二爻辭의 '見龍在田'의 '見'을 가리킨다.

36) 그윽한……때 : ≪書經≫ 〈虞書 舜典〉에 "옛 帝舜을 상고하건대 거듭 빛나심이 帝堯에게 합치되니, 깊고 명철하고 문채나고 밝으시며, 온화하고 공손하고 성실하고 독실하시어 그윽한 덕이 올라가 알려지시니, 帝堯가 마침내 職位를 명하셨다.〔曰若稽古帝舜 曰重華協于帝 濬哲文明 溫恭允塞 玄德升聞 乃命以位〕"라고 한 데서 나왔다.

37) 乾乾 : 乾卦 九三爻辭의 '君子乾乾'의 '乾乾'을 가리킨다.

38) 大麓에……때 : 堯임금이 舜에게 직책을 맡긴 것을 말한다. ≪書經≫ 〈虞書 舜典〉에 "五典을 삼가 아름답게 하라 하니 五典이 능히 순하게 행해지며, 百揆에 들어가게 하니 百揆가 제때에 행해지며, 四門에서 빈객을 응접하게 하니 四門이 화목하며, 大麓에 들어가게 하니 烈風과 雷雨에도 혼미하지 않았다.〔愼徽五典 五典克從 納于百揆 百揆時敍 賓于四門 四門穆穆 納于大麓 烈風雷雨弗迷〕"라고 하였다.

39) 躍 : 乾卦 九四爻辭의 '或躍在淵'의 '躍'을 가리킨다.

40) 武王이……것 : ≪史記≫ 〈周本紀〉에 "9년 武王이 畢에서 제사를 올리고 동쪽으로 가서 군대를 사열하고 孟津에 이르렀다.〔九年 武王上祭于畢 東觀兵 至于盟津〕"라고 한 것을 말한다.

자가 어찌 군대를 이끌고 자기 임금을 협박할 수 있겠는가. 어찌 이런 의리가 있겠는가. 또 紂는 사나움이 이와 같았는데 太史公은 紂에게 70만의 병력이 있었다고 하였으니,[41] 옳은지 알 수 없다. 그러나 ≪書經≫에 또한 "紂의 무리가 숲처럼 많다."[42]고 하였으니, 3년 동안 그가 어찌 武王이 이와 같이 하는 것을 용납하여 내버려두려고 하였겠는가. 단지 〈泰誓〉 한 편의 前序에 '十有一年'[43]이라 하고, 그 뒤 正經에 '惟十有三年'[44]이라 하여 先儒들이 잘못 인식해서 드디어 군대를 사열했다는 설로 변한 것이다. 先王은 군대를 사열한 일이 없었으니, 前序의 '一'자가 잘못된 것이 아니라면 그 뒤 正經의 '三'자가 잘못된 것이다.

介甫는 以武王觀兵으로 爲九四하니 大無義理요 兼觀兵之說도 亦自無此事라 如今日天命絶이면 則今日便是獨夫니 豈容更留之三年이리오 今日天命未絶이면 便是君也니 爲人臣子가 豈可以兵脅其君이리오 安有此義리오 又紂鷙很若此한대 太史公謂有七十萬衆이라하니 未知是否라 然書亦自云호되 紂之衆若林이라하니 三年之中에 豈肯容武王如此便休得也리오 只是太誓一篇前序云 十有一年이라하고 後面正經에 便說惟十有三年이라하여 先儒誤妄하여 遂轉爲觀兵之說이라 先王은 無觀兵之事니 不是前序一字錯却이면 便是後面正經三字錯却이라

22. 先儒가 六을 老陰이라 하고 八을 少陰이라 하였으니, 참으로 옳지 않다. 介甫(王安石)는 '君子를 나아가게 하고 小人을 물러나게 하는 것'이라고 여겼으니, 이는 聖人이 문득 義理를 안배한 것이 된다. 이는 陰陽의 수를 정한 것이니, 어찌 의리를 말한 것이겠는가. 九와 六은 단지 純陰과 純陽에서 취한 것이다. 오직 六만이 純陰이 되니, 단지 河圖의 數에서 취하여 살펴보건대 六을 지나면 하나의 陽이 생겨나니, 八에 이르면 곧 純陰이 아니다.

先儒가 以六爲老陰하고 八爲少陰하니 固不是라 介甫는 以爲進君子而退小人하니 則是聖人旋安

---

41) 太史公은……하였으니 : ≪史記≫ 〈周本紀〉에 "紂는 武王이 왔다는 소식을 듣고 70만 명의 군대를 내어 무왕에 대항하였다.〔帝紂聞武王來 亦發兵七十萬人距武王〕"라고 하였다.

42) 紂의……많다 : ≪書經≫ 〈周書 武成〉에 "甲子日 먼동이 틀 무렵 受가 그 군대를 거느리되 숲처럼 많이 하여 牧野에 모였다.〔甲子昧爽 受率其旅 若林 會于牧野〕"라고 한 것을 가리킨다.

43) 十有一年 : ≪書經≫ 〈周書 泰誓〉 序에 "11년 武王이 殷나라를 정벌하였다.〔惟十有一年 武王伐殷〕"라고 한 것을 가리킨다.

44) 惟十有三年 : ≪書經≫ 〈周書 泰誓 上〉에 "13년 봄에 孟津에서 크게 모였다.〔惟十有三年春 大會于孟津〕"라고 한 것을 가리킨다.

排義理也라 此는 且定陰陽之數니 豈便說得義理리오 九六은 只是取純陰純陽이라 惟六爲純陰이니 只取河圖數見之컨대 過六則一陽生하니 至八이면 便不是純陰이라

23. 혹자가 "小畜卦는 신하가 임금을 저지하는 것이고, 大畜卦는 임금이 신하를 저지하는 것이다."라고 하자, 선생이 말하였다.

"반드시 그러한 것은 아니다. 大畜卦는 저지하는 바가 크고 小畜卦는 저지하는 바가 작을 뿐이니, 한 가지 일로 지목하여 확정할 필요는 없다. 임금이 신하를 저지하고 신하가 임금을 저지하는 것 모두 이러한 도리이니, 大小에 따라 쓴 것이다.

或以小畜爲臣畜君하고 以大畜爲君畜臣하여 先生이 云호되 不必如此라 大畜은 只是所畜者大요 小畜은 只是所畜者小니 不必指定一件事라 便是君畜臣과 臣畜君이 皆是這箇道理니 隨大小用이라

24. 陳瑩中(陳瓘)[45]이 吳國華에게 답한 편지에서 "하늘이 산 가운데 있다."[46]라는 구절을 "곧 '겨자씨에 須彌山이 들어 있다.'[47]는 의미이다."라고 설명하였는데, 선생이 南北의 방위를 바로잡는 설을 말하면서 "수미산은 형체가 없는데 겨자씨는 한량이 없구나."라고 하였다.

陳瑩中答吳國華書에 天在山中을 說호되 云便是芥子納須彌之義라하여늘 先生謂正南北說할새 却須彌無體나 芥子無量이로다

25. 〈陳瓘이〉 선생에게 물었다.

---

45) 陳瑩中 : 陳瓘(1057~1124)으로, 瑩中은 그의 자이며, 호는 了翁, 시호는 忠肅으로, 南劍州 沙縣 사람이다. 1079년 진사가 되어 幕職官·太學博士 등을 지냈다. 蔡卞 등이 《資治通鑑》 판본을 훼손하는 것을 저지하였고, 校書郞이 되어 紹述에 대해 반대하다가 滄州通判으로 쫓겨났다. 徽宗이 즉위하자 右正言·左司諫에 올라 蔡京과 章惇이 조정을 어지럽히는 것에 대해 극론하였고, 이들의 배척을 받아 파직되어 楚州에서 죽었다. 저술로 《兩漢議論》, 《四明尊堯集》, 《了齋易說》 등이 있다.

46) 하늘이……있다 : 《周易》 大畜卦 〈象傳〉에 "하늘이 산 가운데 있는 것이 大畜이니, 君子가 보고서 옛 성현들의 말씀과 지나간 행실을 많이 알아 덕을 쌓는다.〔天在山中 大畜 君子以 多識前言往行 以畜其德〕"라고 하였다.

47) 겨자씨에……있다 : 《維摩詰所說經》 〈不思議品〉에 "보살이 이러한 해탈에 머무르면 높고 넓은 수미산을 겨자씨 안에 넣더라도 커지지도 작아지지도 않고 수미산은 본래 모습과 변함이 없다.〔若菩薩住是解脫者 以須彌之高廣 內芥子中 無所增減 須彌山王本相如故〕"라고 한 데서 나왔다.

"저는 일찍이 ≪文中子≫의 '혹자가 ≪周易≫을 배우는 방법을 묻자, 文中子가 乾卦의 「종일토록 부지런히 힘쓴다.〔終日乾乾〕」라는 말이 좋다고 하였다.'[48)]라는 구절을 좋아하였으니, 이 말이 매우 극진합니다. 文王이 聖人이 된 까닭도 바로 종일 힘쓰며 그치지 않았기 때문이겠지요?"

선생이 말하였다.

"무릇 경전의 뜻을 해설할 적에 차례차례 미루어 올라가면 극진함을 알 수 있을 것이나, '종일토록 부지런히 힘쓴다.'라고 한 말이 ≪주역≫을 터득하는 데 극진한 것은 아니다. 이 한 구절에 의거하면 九三爻의 뜻에 부림을 받게 될 뿐이다. 만약 '힘쓰는 것〔乾乾〕은 그치지 않는 것〔不已〕이고, 그치지 않는 것은 또한 道이다.'라고 하여 점점 미루어 간다면 자연히 극진해지겠지만, 다만 이치상으로는 이와 같지 않다."

問호되 瑩中은 嘗愛文中子에 或問學易한대 子曰 終日乾乾이 可也라하니 此語最盡이라 文王所以聖도 亦只是箇不已로소이다 先生曰 凡說經義에 如只管節節推上去면 可知是盡이나 夫終日乾乾은 未盡得易이라 據此一句면 只做得九三使라 若謂乾乾是不已요 不已又是道라하여 漸漸推去면 則自然是盡이나 只是理不如此라

26. 〈선생이 말하였다.〉

"孔子가 시냇가에 계시면서 '흘러가는 것은 이와 같구나.'라고 말씀한 것[49)]은 道의 본체가 이와 같음을 말한 것이니, 이 속에서 스스로 터득해야 한다."

張繹[50)]이 말하였다.

"이는 곧 다함이 없는 것입니다."

선생이 말하였다.

---

48) 혹자가……하였다 : 文中子가 "≪周易≫에 대한 걱정은 두려워하고 게을리하지 않는 것이니, 하늘을 두려워하고 사람들을 근심하면 사유가 그때에 미쳐서 움직이게 된다.〔易之憂患 業業焉 孜孜焉 其畏天憫人 思及時而動乎〕"라고 하자, 繁師玄이 "고원합니다. 제가 ≪주역≫의 道를 보건대 어찌 그리 어렵겠습니까?〔遠矣 吾視易之道 何其難乎〕"라고 하여, 문중자가 웃으며 말하기를 "이와 같다. 종일 부지런히 힘쓰는 것이 옳으니, 보는 것이 선하지 않으면 나의 생각은 고원하지 않게 된다.〔有是夫 終日乾乾 可也 視之不臧 我思不遠〕"라고 하였다.(≪中說≫ 〈周公篇〉)

49) 孔子가……것 : ≪論語≫ 〈子罕〉에 "孔子가 시냇가에 계시면서 말씀하였다. '흘러가는 것은 이와 같구나. 밤낮으로 그치지 않는구나.'〔子在川上曰 逝者如斯夫 不舍晝夜〕"라고 하였다.

50) 張繹 : 자는 思叔이며, 壽安 사람이다. 程頤에게 수학하였으며, 尹焞과 함께 정이가 만년에 얻은 두 제자로 일컬어진다.

“참으로 道는 다함이 없다. 그러나 어찌 다함이 없다는 한 가지로 곧 道를 이해하겠는가.”

子在川上曰 逝者如斯夫인저라함은 言道之體①如此니 這裏須是自見得이라 張繹曰 此便是無窮이니이다 先生曰 固是道無窮이라 然怎生一箇無窮便了得他리오②

①〈體는〉 어떤 판본에는 ‘往’으로 되어 있다.
一作往.
②〈便了得他는〉 어떤 판본에는 ‘便道了却他(곧 道를 말하겠는가.)’로 되어 있다.
一作便道了却他.

27. 선생에게 물었다.

“括囊[51]의 일은 지위에 있을 적에도 쓸 수 있습니까?”

선생이 말하였다.

“六四爻는 지위가 정히 위에 있다. 그러나 坤卦의 六四爻는 重陰이다. 그러므로 ‘賢人이 은둔한다.’[52]라고 하니, 곧 지위에 있으면서는 그 일을 할 수 없다.”

또 물었다.

“후세 사람이 이 말을 근거로 朝隱者[53]가 있다고 말할 듯합니다.”

선생이 말하였다.

“어찌 이런 이치가 있겠는가. 예전에 林希[54]가 일찍이 이런 말을 하였으니, 楊雄을 일러 祿隱[55]이라 하였다. 후세 사람은 단지 양웅의 저서만 보고서 곧 그를 옳다고 여기려 하지만, 어찌 그가 옳을 수 있겠는가.”

인하여 선생에게 물었다.

“〈劇秦美新〉[56]과 같은 글은 지어서는 안 되는 것이 아닙니까?”

---

51) 括囊 : 주머니의 주둥이를 묶듯이 난세에 지혜를 감추고 드러내지 않는 것을 말한다. ≪周易≫ 坤卦 六四爻辭에 “주머니의 주둥이를 묶듯이 하면 허물도 없으며 칭찬도 없으리라.〔括囊 无咎 无譽〕”라고 하였다.

52) 賢人이 은둔한다 : ≪周易≫ 坤卦 〈文言傳〉에 보인다.

53) 朝隱者 : 하급 관직에 자원하여 隱者의 삶을 사는 사람을 말한다. 官隱이라고도 한다.

54) 林希 : 1035~1101. 자는 子中, 호는 醒老로, 福州 福淸 사람이다. 1057년 진사가 되어 涇縣主簿・吏曹尙書 등을 지냈고, 中書舍人이 되어 ≪神宗實錄≫을 편수하였다. 元祐黨人을 축출하는 데 깊이 관여하였다.

55) 祿隱 : 앞에서 말한 朝隱과 비슷한 뜻으로, 관직을 맡아 녹을 받고 있으나 은자처럼 지내는 것을 말한다.

56) 劇秦美新 : 王莽이 漢나라의 제위를 찬탈하여 新을 세웠을 때 楊雄이 지어 올린 글로, 秦나라의 정

선생이 말하였다.

"혹자는 王莽을 찬미한 것이 아니라 그를 기롱한 것이라고 말한다. 그러나 왕망은 훗날 친족을 모조리 주살하였으니, 말할 가치도 없는데 또 어찌 기롱하겠으며, 기롱한들 무슨 소용이 있겠는가. 혹자는 이 글을 지어 죽음을 면했다고 말한다. 그러나 그는 이미 스스로 '明哲함이 빛나고 빛난다.'[57]라는 뜻을 알지 못했으니, 어찌 몸을 보전할 수 있었겠는가. 그가 ≪太玄經≫을 지은 것은 본래 ≪周易≫의 뜻을 밝히려 한 것이지만, 도리어 원래의 ≪주역≫처럼 더욱 어둡게 하였다. 실로 유익함이 없으니, 바로 지붕 아래에 지붕을 얹고 침상 위에 침상을 쌓은 격이다. 그는 단지 ≪주역≫에서 하나의 數를 얻어 ≪태현경≫을 만들었을 뿐이니, 曆法에 비록 합하는 바가 있더라도 무익할 뿐이다. 지금 다시 ≪주역≫에서 미루어 나간다면 1백 가지 ≪태현경≫을 만드는 것도 할 수 있고, 밝히기가 더욱 어려운 것도 밝힐 수 있겠지만, 단지 일을 성사시키지는 못할 것이다."

問호되 括囊事는 還做得在位使否잇가 先生曰 六四位正在上이라 然이나 坤之六四는 却是重陰이라 故云 賢人隱이라하니 便做不得在位라 又問호되 恐後人緣此하여 謂有朝隱者니이다 先生曰 安有此理리오 向林希가 嘗有此說하니 謂楊雄爲祿隱이라 楊雄은 後人只爲見他著書하여 便須要做他是나 怎生做得是리오 因問호되 如劇秦文은 莫不當作이니잇가 先生云 或云 非是美之니 乃譏之也라 然이나 王莽將來族誅之하니 亦未足道한대 又何足譏며 譏之濟得甚事리오 或云 且以免死라 然이나 已自不知明哲煌煌之義니 何足以保身이리오 作太玄은 本要明易이나 却尤晦如易이라 其實無益하니 直屋下架屋이요 牀上疊牀이라 他只是於易中得一數爲之니 於曆法에 雖有合이라도 只是無益이라 今更於易中推出來어든 做一百般太玄亦得하고 要尤難明亦得이나 只是不濟事라

28. "시작과 끝을 크게 밝힌다."[58]라고 하였으니, 사람이 능히 乾卦의 시작과 끝을 크게 밝히면 六位가 제때에 이루어져 제때에 여섯 龍을 타고 天道를 행하는 일을 감당함을 알게 될 것이다.

치를 비난하고 新나라를 찬양하였다.

57) 明哲함이……빛난다 : ≪法言≫ 〈問明篇〉에 "明哲함이 빛나고 빛나, 두루 비추어 끝이 없네.〔明哲煌煌 旁燭無彊〕"라고 하였다.

58) 시작과……밝힌다 : ≪周易≫ 乾卦 〈彖傳〉에 "시작과 끝을 크게 밝히면 六位가 제때에 맞게 이루어지니, 제때에 여섯 龍을 타고서 하늘을 날아다닌다.〔大明終始 六位時成 時乘六龍 以御天〕"라고 하였다.

大明終始라하니 人能大明乾之終始면 便知六位時成하여 却時乘六龍하여 以當天事라

29. "먼저 하면 혼미하고 뒤에 하면 얻는다."라는 것이 한 구절이고, "이로움을 주장한다."라는 것이 한 구절이니,[59] 대개 坤道는 오직 이로움을 주장한다. 〈文言傳〉에 "뒤에 하면 얻어서 주장하여 떳떳함이 있다."라는 부분은 '利'자 하나가 빠진 것이다.[60]

先迷後得이 是一句요 主利가 是一句니 蓋坤道는 惟是主利라 文言에 後得하여 主而有常處는 脫却一利字라

30. 介甫(王安石)가 "곧고 방정하고 위대하다."[61]라는 것을 풀이하여 말하기를 "物의 본성을 따라 그 物을 낳으니 곧고, 物의 형체를 이루어 바꿀 수 없으니 방정하다."라고 하였다. 사람들은 이를 보고서 좋다고 여기지만, 이는 이치를 알지 못하는 것일 뿐이다. 이와 같다면 物에는 먼저 본성이 있고, 坤卦는 그것을 인하여 그 物을 낳는 것이니, 이 무슨 의리인가? 전혀 이치를 알지 못한 말이다.

介甫가 解直方大하여 云호되 因物之性而生之니 直也요 成物之形而不可易이니 方也라 人見似好나 只是不識理라 如此면 是物에 先有箇性하고 坤因而生之니 是甚義理아 全不識也라

31. 〈선생이 말하였다.〉

"'至大'·'至剛'·'以直'[62] 이 세 가지는 하나라도 빠뜨릴 수 없으니, 하나라도 빠뜨리면 浩然之氣가 아니다. 坤卦의 이른바 '곧고 방정하고 위대하다.〔直方大〕'라는 것이 이것이다. 다만 坤卦에서는 剛을 말할 수 없으니, 剛을 말하면 坤의 본체를 해친다. 그러나 孔

---

59) 먼저……구절이니 : ≪周易≫ 坤卦 卦辭에 "먼저 하면 혼미하고 뒤에 하면 얻으리니, 이로움을 주장한다.〔先迷後得 主利〕"라는 것을 말한다.

60) 文言傳에……것이다 : "뒤에 하면 얻어서 이로움을 주장하여 떳떳함이 있다.〔後得 主利而有常〕"라고 보아야 한다는 말이다.

61) 곧고……위대하다 : ≪周易≫ 坤卦 六二爻辭에 "곧고 방정하고 위대하다. 익히지 않더라도 이롭지 않음이 없다.〔直方大 不習 無不利〕"라고 하였다.

62) 至大·至剛·以直 : ≪孟子≫ 〈公孫丑 上〉에 "浩然之氣는 그 氣됨이 지극히 크고 지극히 강하여 정직하다. 잘 길러 해침이 없으면 天地 사이에 꽉 차게 된다.〔其爲氣也 至大至剛以直 養而無害 則塞于天地之間〕"라고 한 데서 나왔다.

子는 〈文言傳〉에 '坤은 지극히 유순하되 동함이 剛하다.'라고 하였으니, 方이 곧 剛이다."

인하여 선생에게 물었다.

"李籲[63]가 明道先生의 말씀을 기록한 것을 보니, 선생의 말씀과 다릅니다. 至剛을 풀이하여 '강하기로는 〈그 무엇으로도〉 굽힐 수 없다.'라고 하였으니,[64] 이는 至剛에 이미 直의 의미를 띠고 있는 것입니다. 또 '정직한 도리로써 이치에 순응하여 이 호연지기를 기른다.'라고 하였으니, 이는 '直'자를 아래 구절에 연결하여 배우는 자가 공부하는 입장에서 말한 것입니다."

선생이 말하였다.

"先兄께서는 이러한 말씀이 없으셨으니, 강론하면서 이런 말씀을 하시지 않았을 것이다. 예전에 일찍이 배우는 자들로 하여금 이와 같이 기록하게 하지 않았으니, 얼핏 들은 것이 바뀌어서 곧 달라진 것이다. 예전에 보니 오직 이유의 기록에만 잘못된 기술이 없었다. 다른 사람은 대부분 선형께서 말씀하실 때에 그대로 기록하고서 감히 고치지 않았으나, 간혹 한두 글자를 빠뜨리거나 잊어버리면 내용이 크게 달라졌다. 이유는 도리어 그 뜻을 터득하여 선형의 말씀에 구애되지 않아도 종종 기록한 것이 모두 옳았다. 혹여 이런 말씀이 있었는지는 모르겠지만 '강하기로는 〈그 무엇으로도〉 굽힐 수 없다.'라는 말은 온당치 않다."

至大至剛以直 此三者는 不可闕一이니 闕一이면 便不是浩然之氣라 如坤所謂直方大가 是也라 但坤卦는 不可言剛이니 言剛이면 則害坤體라 然이나 孔子는 於文言에 又曰 坤至柔而動也剛이라하니 方卽剛也라 因問호되 見李籲錄明道語中하니 却與先生說別이니이다 解至剛處하여 云호되 剛則不屈이라하니 則是於至剛已帶却直意라 又曰 以直道로 順理而養之라하니 則是以直字로 連下句라 在學者著工夫處說却이니이다 先生曰 先兄은 無此言하니 便不講論到此라 舊嘗令學者不要如此編錄하니 纔聽得이 轉動便別일새라 舊曾看하니 只有李籲一本無錯編者라 他人은 多只依說時하여 不敢改動이나 或脫忘一兩字면 便大別이라 李籲는 却得其意하여 不拘言語라도 往往錄得都是라 不知尙有此語나 只剛則不屈은 亦未穩當이라

32. 孔子는 사람을 가르칠 적에 각각 그 재질에 맞게 가르쳤으니, 政事로 입학한 자도

63) 李籲 : 자는 端伯, 호는 緱山으로, 緱氏(구지) 사람이다. 二程의 문하에서 수학하였으며, 劉絢과 함께 문하에서 명망이 높았다. 진사시에 합격하여 秘書省校書郎을 지냈다.

64) 至剛을……하였으니 : ≪遺書≫ 〈二先生語 一 拾遺〉에 보인다.

있고, 言語로 입학한 자도 있고, 德行으로 입학한 자도 있다.

孔子敎人할새 各因其材하니 有以政事入者요 有以言語入者요 有以德行入者라

33. 性은 하늘에서 나오고 재질은 氣에서 나오니, 氣가 맑으면 재질이 맑고 氣가 탁하면 재질이 탁하다. 비유하자면 나무와 같아서 휘거나 곧은 것은 性이고, 마룻대와 들보가 될 수 있고 서까래가 될 수 있는 것은 재질이다. 재질에는 善과 不善이 있지만, 性에는 不善이 없다. "오직 上智와 下愚는 변화시킬 수 없다."[65]라고 한 것은 그들을 변화시킬 수 없다는 말이 아니지만, 변화시킬 수 없는 이치가 있다. 변화시킬 수 없는 까닭에는 두 가지가 있으니, 自暴하거나 自棄하여 배우려 하지 않기 때문이다. 만일 그가 배우려 하여 自暴하거나 自棄하지 않으면 어찌 변화시킬 수 없겠는가?

性出於天하고 才出於氣하니 氣淸則才淸하고 氣濁則才濁이라 譬猶木焉하니 曲直者는 性也요 可以爲棟梁하고 可以爲榱桷者는 才也라 才則有善與不善이나 性則無不善이라 惟上智與下愚는 不移라함은 非謂不可移也나 而有不移之理라 所以不移者는 只有兩般이니 爲自暴自棄하여 不肯學也라 使其肯學하여 不自暴自棄면 安不可移哉리오

34. 楊雄과 韓愈가 性을 말한 것[66]은 바로 재질을 말한 것이다.

楊雄韓愈說性은 正說著才也라

35. 韓退之(韓愈)의 설에 "叔向의 모친이 楊食我가 태어났다는 말을 듣고서 그가 반드시 종족을 멸망시킬 것을 알았다."[67]라고 하였다. 이는 괴이할 것이 없으니, 그가 태어날 때 악한 氣를 품부받으면 곧 종족을 멸망시킬 이치가 있게 되니, 그 때문에 그의 울음소리를 듣고 그것을 안 것이다. 만약 그가 능히 배워 그의 氣를 이기고 그의 性을 회복하였다면 이러한 근심이 없을 수 있었을 것이다.

---

65) 오직……없다 : ≪論語≫ 〈陽貨〉에 보인다.
66) 楊雄과……것 : 楊雄은 性善惡混淆說을 주장하였고, 韓愈는 性三品說을 주장하였다.
67) 叔向의……알았다 : 韓愈의 〈原性〉에 "楊食我가 태어나자 叔向의 모친이 그의 울음소리를 듣고 반드시 그 종족을 멸망시킬 것을 알았다.〔楊食我之生也 叔向之母 聞其號也 知必滅其宗〕"라고 하였다.

韓退之說에 叔向之母가 聞楊食我之生하고 知其必滅宗이라 此無足怪니 其始에 便稟得惡氣면 便有滅宗之理니 所以聞其聲而知之也라 使其能學하여 以勝其氣하고 復(복)其性이면 可無此患이라

36. "性은 서로 비슷하다.'[68]라고 하였으니, 이는 품부받은 性을 말하지, 性의 본연을 말한 것이 아니다. 孟子가 말한 것[69]은 바로 性의 본연을 말한 것이다.

性相近也라하니 此言所稟之性이요 不是言性之本이라 孟子所言은 便正言性之本이라

37. 선생에게 물었다.

"선생께서 말씀하기를 '性에는 不善이 없고 재질에 善과 不善이 있는데, 楊雄과 韓愈는 모두 재질을 말하였다.'라고 하였습니다. 그러나 孟子의 의도를 보면 재질 또한 不善이 있지 않은 듯하니, 불선하게 되는 이유를 말한 곳에서 단지 '내버려두면 본성을 잃는다.'[70]라고 했을 뿐이요, 처음 품부받을 적에 불선한 재질이 있다고 말하려 하지 않았습니다. 예컨대 '하늘이 재질을 내림이 이처럼 다른 것이 아니다.'[71]라고 하였으니, 불선함이 재질에 있는 것이 아니라, 다만 흉년을 만나 그 마음을 불선한 데에 빠뜨렸기 때문일 뿐입니다. 또 살펴보건대 '牛山의 나무에 대해 사람들은 그 민둥산만을 보고 일찍이 산에 좋은 재목이 있었던 적이 없다고 여기니, 이 어찌 산의 본성이겠는가?'[72]라고 하였으니, 이는 산의 본성은 일찍이

孟子

68) 性은……비슷하다 : ≪論語≫ 〈陽貨〉에 孔子가 말하기를 "性은 서로 비슷하나, 습관에 의해 서로 멀어진다.〔性相近也 習相遠也〕"라고 하였다.

69) 孟子가……것 : ≪孟子≫ 〈告子 上〉에 보이는 告子와 性에 대해 논쟁한 말을 가리킨다.

70) 내버려두면……잃는다 : ≪孟子≫ 〈盡心 上〉에 孟子가 말하기를 "구하면 얻고 내버려두면 잃으니, 이런 구함은 얻음에 유익함이 있으니, 자신에게 있는 것을 구하기 때문이다. 구함에 道가 있고 얻음에 命이 있으니, 이런 구함은 얻음에 유익함이 없으니, 밖에 있는 것을 구하기 때문이다.〔求則得之 舍則失之 是求 有益於得也 求在我者也 求之有道 得之有命 是求 無益於得也 求在外者也〕"라고 하였다.

71) 하늘이……아니다 : ≪孟子≫ 〈告子 上〉에 孟子가 말하기를 "풍년에는 자제들이 대부분 선해지고, 흉년에는 자제들이 대부분 포악해지니, 하늘이 재질을 내림이 이처럼 다른 것이 아니라, 그 마음을 빠뜨리는 것이 그렇게 만드는 것이다.〔富歲 子弟多賴 凶歲 子弟多暴 非天之降才爾殊也 其所以陷溺其心者然也〕"라고 하였다.

좋은 재목이 없었던 적이 없으나 단지 도끼와 자귀, 소와 양이 그것을 해쳤기 때문일 따름입니다. 또 '사람들은 그 금수 같은 행동만 보고 일찍이 훌륭한 재질이 있지 않았다고 여기니, 이것이 어찌 사람의 情이겠는가?'[73]라고 하였으니, 훌륭한 재질이 없는 까닭은 단지 낮에 하는 행위가 또한 그것을 속박하여 잃어버리게 하였기 때문입니다. 또 '그 情으로 말하면 선하다고 할 수 있으니, 이것이 내가 말하는 善이다. 이를테면 不善을 하는 것은 재질의 죄가 아니다.'[74]라고 하였으니, 情의 측면으로 보면 재질은 일찍이 불선한 적이 없습니다.

이 몇 구절을 보면 아마도 재질은 善을 행하는 하나의 바탕인 듯하니, 비유하자면 하나의 器械를 만들 적에 모름지기 기계의 재료가 있어야 만들 수 있는 것과 같습니다. 예컨대 '惻隱之心은 仁이다.……그러므로 「구하면 얻고 내버려두면 잃는다.」라고 하니, 혹 서로의 거리가 두 배, 다섯 배가 되어 계산할 수 없는 것은 그 재질을 다하지 못했기 때문이다.'[75]라고 하였으니, 四端은 바로 善을 행하는 재질이고, 불선한 까닭은 이 四端의 재질을 능히 다하지 않기 때문입니다. 맹자의 의도를 보건대, 性·情·재질〔才〕 세 가지는 모두 不善이 없다고 말한 듯하며, 또한 품부받은 바에서 不善을 말하려 하지 않았습니다. 그런데 지금 선생께서는 재질에 善과 不善이 있다고 말씀하시니, 어째서입니까? 혹자가 말하기를 '善의 경지가 바로 性이고, 善을 행하려 하는 것이 바로 情이고, 善을 능히 행하는 것이 바로 재질〔才〕이다.'라고 하였으니, 이 설은 어떠합니까?"

선생이 말하였다.

"上智와 下愚[76]가 바로 재질이고, 堯가 임금이 되었는데도 象과 같은 사람이 있었으며, 瞽瞍가 아버지가 되었는데도 舜과 같은 아들이 있는 것[77]이 또한 재질이다. 그러나 맹자가 단지 '재질의 죄가 아니다.'라고 말한 것은 대개 公都子가 性이 선함을 바로 물었을 적에 맹자가 그에게 바른 의미를 답해 주려 하였으나 하나하나 논변할 겨를이 없었고, 또 그 본래의 의미를 잃을까 염려했기 때문인 듯하다. 예컨대 萬章이 질문한 象이 舜을 죽이려 한 일[78]은 堯임금이 이미 舜에게 두 딸을 시집보내어 서로 賓主가 되었

---

72) 牛山의……본성이겠는가 : ≪孟子≫ 〈告子 上〉에 보인다.
73) 사람들은……情이겠는가 : 上同.
74) 그……아니다 : ≪孟子≫ 〈告子 上〉에 보인다.
75) 惻隱之心은……때문이다 : ≪孟子≫ 〈告子 上〉에 보인다.
76) 上智와 下愚 : ≪論語≫ 〈陽貨〉의 "오직 上智와 下愚는 변화시킬 수 없다.〔唯上知與下愚 不移〕"라는 데서 나왔다.
77) 堯가……것 : ≪孟子≫ 〈告子 上〉에 보인다.

으니, 당시에 舜은 이미 임금과 가까이 있었는데 어찌 다시 창고를 고치고 우물을 파는 일이 있었겠는가. 象이 두 형수로 하여금 잠자리를 돌보게 하고자 하였다는 것도 당시 堯임금이 위에 있었으니, 방도를 찾아 舜을 죽인 후에 두 형수를 취하는 일을 象이 스스로 계획했다면 堯임금이 그를 내버려 두었겠는가. 이런 일은 결코 없었다. 그러나 맹자는 그와 더불어 논변할 겨를이 없어 이처럼 수준을 낮추어 답한 것이다."

問호되 先生이 云호되 性無不善하고 才有善不善이어늘 楊雄韓愈는 皆說著才라하니이다 然이나 觀孟子意컨대 却似才亦無有不善이니 及言所以不善處하얀 只是云 舍則失之라하고 不肯言初稟時有不善之才라 如云 非天之降才爾殊라하니 是不善不在才요 但以遇凶歲陷溺之耳라 又觀컨대 牛山之木을 人見其濯濯也하고 以爲未嘗有才焉하니 此豈山之性이리오하니 是山之性未嘗無才요 只爲斧斤牛羊害之耳라 又云호되 人見其禽獸也하고 以爲未嘗有才焉하니 是豈人之情也哉리오하니 所以無才者는 只爲旦晝之所爲又梏亡之耳일새라 又云호되 乃若其情則可以爲善矣니 乃所謂善이라 若夫爲不善은 非才之罪也라하니 則是以情觀之면 而才未嘗不善이라 觀此數處컨대 切疑才是一箇爲善之資하니 譬如作一器械할새 須是有器械材料라야 方可爲也라 如云 惻隱之心은 仁也라[①] 故曰 求則得之하고 舍則失之라하니 或相倍蓰而無算者는 不能盡其才也라하니 則四端者는 便是爲善之才나 所以不善者는 以不能盡此四端之才也일새라 觀孟子意컨대 似言性情才三者皆無不善이요 亦不肯於所稟處說不善이라 今謂才有善不善하시니 何也잇가 或云호되 善之地便是性이요 欲爲善便是情이요 能爲善便是才라하니 如何잇가 先生이 云호되 上智下愚가 便是才요 以堯爲君而有象하며 以瞽瞍爲父而有舜이 亦是才라 然이나 孟子只云非才之罪者는 蓋公都子正問性善할새 孟子且答他正意나 不暇一一辨之하고 又恐失其本意라 如萬章問象殺舜事는 夫堯已妻之二女하여 迭爲賓主하니 當是時에 已自近君한대 豈復有完廩浚井之事리오 象欲使二嫂治棲도 當是時에 堯在上하니 象還自度得道殺却舜後에 取其二女어든 堯便了得否아 必無此事라 然이나 孟子未暇與辨하여 且答這下意라

① 운운하였다.
云云.

38. 〈선생이 말하였다.〉
"태어나면서 아는 것과 배워서 아는 것[79]은 또한 재질이다."

78) 萬章이……일 : ≪孟子≫ 〈萬章 上〉에 보인다.

선생에게 물었다.

"태어나면서 아는 자도 배우려 합니까?"

선생이 말하였다.

"태어나면서 아는 자는 꼭 배울 필요는 없다. 그러나 聖人은 반드시 배우려 한다."

生而知之와 學而知之는 亦是才라 問호되 生而知之도 要學否잇가 先生曰 生而知는 固不待學이라 然이나 聖人은 必須學이라

39. 선생은 매번 司馬君實(司馬光)과 이야기를 나눌 적에 그냥 넘어간 적이 없었다. 范堯夫(范純仁)[80]와는 열 가지 일에 단지 서너 가지만 논쟁하면 바로 그만두었다. 선생이 말하기를 "군실은 거리낌 없는 말을 잘 받아들이기 때문에 모든 사람이 그의 뜻을 거슬러도 끝내 노여워하지 않으니, 바로 그의 좋은 점이다."라고 하였다.

先生은 每與司馬君實說話할새 不曾放過라 如范堯夫는 十件事에 只爭得三四件이면 便已라 先生曰 君實은 只爲能受盡言하여 儘人忤逆이라도 終不怒니 便是好處라

司馬光

40. 君實(司馬光)이 일찍이 선생에게 물었다.

"給事中[81] 한 명을 제수하려 하는데, 누가 적임자이겠습니까? 원컨대 저를 위해 한 사람을 말씀해 주십시오."

선생이 말하였다.

---

79) 태어나면서……것 : ≪論語≫ 〈季氏〉에 孔子가 말하기를 "태어나면서 아는 자가 上等이고, 배워서 아는 자가 그 다음이고, 곤궁하여 배우는 자가 또 그 다음이니, 곤궁한데도 배우지 않으면 그런 사람은 이에 下等이 된다.〔生而知之者 上也 學而知之者 次也 困而學之 又其次也 困而不學 民斯爲下矣〕"라고 하였다.

80) 范堯夫 : 范純仁(1027~1101)이다. 堯夫는 그의 자이고, 시호는 忠宣이며, 蘇州 吳縣 사람이다. 范仲淹의 둘째 아들로, 1049년 진사가 되어 侍御史·同知諫院·給事中·同知樞密院事 등을 지냈고, 나중에 재상에 올랐다. 王安石의 新法에 대해 격렬하게 비판하다가 좌천되기도 하였다. 家學을 이어받았고, 胡瑗·孫復의 학문을 계승하였다.

81) 給事中 : 門下省의 요직으로, 잘못된 政令·用人의 논박과 시정을 담당하였다.

"相公께서는 어찌하여 이와 같은 말씀을 하십니까. 애초 인재를 범범하게 논하는 경우라면 추천할 수 있겠지만, 지금 이와 같이 말씀하시니 제가 비록 적임자를 알더라도 어찌 말할 수 있겠습니까."

군실이 말하였다.

"공의 입에서 나와서 저의 귀로 들어갈 뿐이니, 또 무엇이 문제가 되겠습니까?"

선생은 끝내 말하지 않았다.

君實이 嘗問先生云호되 欲除一人給事中하니 誰可爲者리오 願爲光說一人하노이다 先生曰 相公은 何爲若此言也오 如當初泛論人才면 却可커니와 今旣如此하니 某雖有其人이라도 何可言이리오 君實曰 出於公口하여 入於光耳니 又何害리오 先生終不言이라①

①〈先生終不言은〉 어떤 판본에는 "先生曰 某斷不說(선생이 말하였다. "저는 결단코 말하지 않을 것입니다.")"라고 되어 있다.
一本云 "先生曰 '某斷不說.'"

41. '先進'·'後進'[82]은 요즘 사람들이 '前輩'·'後輩'라고 말하는 것과 같다. "선배들이 禮樂에 대하여 한 것"은 옛날 선배들이 예악에 대하여 한 것이 지금의 관점으로 보면 질박하고 촌스럽다는 말이며, "후배들이 예악에 대하여 한 것"은 지금 후배들이 예악에 대하여 한 것이 지금의 관점으로 보면 군자답다는 말이다. 君子라는 것은 문채와 바탕이 잘 어우러진 명칭이다. 대개 周나라 말에 문채가 성대하였기 때문에 前人을 촌스럽다고 여기고 스스로 당시 사람들을 군자답다고 여긴 것이지만, 그들은 문채에 지나친 것을 알지 못했다. 그러므로 孔子가 "나는 선배들이 한 것을 따르겠다."라고 한 것이다.

先進後進은 如今人說前輩後輩라 先進於禮樂은 謂舊時前輩之人於禮樂이 在今觀之컨대 以爲朴野요 後進於禮樂은 謂今晩進之人於禮樂이 在今觀之컨대 以爲君子라 君子者는 文質彬彬之名이라 蓋周末文盛이라 故로 以前人爲野하고 而自以當時爲君子나 不知其過於文也라 故로 孔子曰 則吾從先進이라

82) 先進·後進 : ≪論語≫ 〈先進〉에 孔子가 말하기를 "선배들이 禮樂에 대하여 한 것을 野人이라고 하고, 후배들이 禮樂에 대하여 한 것을 君子라고 한다. 만약 禮樂을 쓴다면 나는 선배들이 한 것을 따르겠다.〔先進於禮樂 野人也 後進於禮樂 君子也 如用之則吾從先進〕"라고 한 데서 나왔다.

42. 孔子의 제자들은 질문을 잘하였으니, 곧바로 그 이치를 궁구하여 끝까지 이르렀다. 예컨대 "고을 사람들이 모두 그를 좋아하면 어떻습니까?"라고 묻자, "옳지 않다."라고 하여, 바로 다시 "고을 사람들이 모두 그를 미워하면 어떻습니까?"라고 물었다.[83] 또 공자가 "식량을 풍족하게 하고, 군대를 충분하게 갖추면 백성들이 그를 믿을 것이다."라고 하자, 바로 묻기를 "반드시 부득이해서 버린다면 이 세 가지 중에 무엇을 먼저 버려야 합니까?"라고 하여, 공자가 "군대를 버려야 한다."라고 하자, 바로 묻기를 "부득이해서 버린다면 이 두 가지 중에 무엇을 먼저 버려야 합니까?"라고 하였다. 이런 질문에는 본래 聖人이 아니면 능히 답할 수 없으니, 바로 "식량을 버려야 하니, 예로부터 누구나 죽음이 있지만 백성들이 믿지 않으면 그 자리에 설 수 없다."라고 하였다.[84] 공자의 제자가 아니면 이와 같이 물을 수 없고, 성인이 아니면 이와 같이 답할 수 없다.

孔子弟子는 善問하니 直窮到底라 如問호되 鄕人皆好之면 (如何)〔何如〕[85]잇고하니 曰 未可也라하여늘 便又問호되 鄕人皆惡(오)之면 何如잇고 又說호되 足食足兵이면 民信之矣리라하니 便問호되 必不得已而去인댄 於斯三者에 何先이리잇고 纔說호되 去兵이라하니 便問호되 不得已而去인댄 於斯二者에 何先이리잇고 自非聖人이면 不能答이니 便云호되 去食이니 自古皆有死어니와 民無信不立이라 不是孔子弟子어든 不能如此問이요 不是聖人이어든 不能如此答이라

43. ≪禮記≫의 〈儒行〉과 〈經解〉는 전혀 옳지 않다. 이로 인하여 呂與叔(呂大臨)[86]의 해석에 또한 "〈유행〉의 과장된 말은 孔子의 말씀이 아니다. 그러나 義理를 해치지는 않는다."라고 한 것을 거론하면서 선생이 말하였다.

"이는 의리를 매우 해친다. 〈經解〉에 바로 ≪周易≫의 교화는 '정결하고 정미하다.'라

---

83) 예컨대……물었다 : ≪論語≫ 〈子路〉에 子貢이 묻기를 "고을 사람들이 모두 그를 좋아하면 어떻습니까?"라고 하자, 孔子가 "옳지 않다."라고 하였다. "고을 사람들이 모두 그를 미워하면 어떻습니까?"라고 하자, 공자가 말하기를 "옳지 않다. 고을 사람 중에 선한 자가 좋아하고, 선하지 못한 자가 미워하는 것만 못하다.〔未可也 不如鄕人之善者好之 其不善者惡之〕"라고 하였다.

84) 또 하였다 : ≪論語≫ 〈顔淵〉에 보인다. 政事에 관한 子貢과 孔子의 문답이다.

85) (如何)〔何如〕 : 底本에는 '如何'로 되어 있으나, 四庫全書本과 ≪論語≫ 〈子路〉에 의거하여 '何如'로 바로잡았다.

86) 呂與叔 : 呂大臨(1040~1092)이다. 與叔은 그의 자이며, 京兆 藍田 사람이다. 張載에게 배웠고, 뒤에 二程에게 배웠다. 謝良佐・游酢・楊時와 함께 程門四先生으로 일컬어진다. 門蔭으로 太常博士・秘書省正字 등을 지냈다. 특히 禮學에 밝았다. 呂大忠・呂大防・呂大鈞과 함께 藍田呂氏四賢으로 일컬어졌다.

고만 하고, ≪詩經≫의 교화는 '온유하고 돈후하다.'라고만 한 것[87]은 모두 옳지 않다."

禮記儒行經解는 全不是라 因擧呂與叔解亦云호되 儒行誇大之語는 非孔子之言이라 然이나 亦不害義理라 先生曰 煞害義理라 恰(恨)〔限〕[88]易便只潔淨精微了却하고 詩便只溫柔敦厚了却은 皆不是也라

44. ≪禮記≫ 〈祭法〉에 "夏后氏가 鯀에게 郊제사를 지냈다."[89]라는 한 구절은 모두 근거할 만한 것이 아니다.

祭法에 如夏后氏郊鯀一片은 皆未可據라

45. 선생에게 물었다.

"聖人이 가난 때문에 벼슬한 경우가 있습니까?"

선생이 말하였다.

"孔子가 乘田과 委吏가 된 것[90]이 이런 경우이다."

또 물었다.

"혹자가 말하기를 '乘田과 委吏가 된 것은 가난 때문이 아니라, 至治의 조짐을 행한

---

87) 經解에……것 : ≪禮記≫ 〈經解〉에 "그 나라에 들어가면 그 가르침을 알 수 있다. 그 사람됨이 溫柔敦厚한 것은 ≪詩經≫의 가르침이요, 疏通知遠한 것은 ≪書經≫의 가르침이요, 廣博易良한 것은 ≪樂經≫의 가르침이요, 潔靜精微한 것은 ≪周易≫의 가르침이요, 恭儉莊敬한 것은 ≪禮經≫의 가르침이요, 屬辭比事한 것은 ≪春秋≫의 가르침이다.〔入其國 其敎可知也 其爲人也 溫柔敦厚 詩敎也 疏通知遠 書敎也 廣博易良 樂敎也 潔靜精微 易敎也 恭儉莊敬 禮敎也 屬辭比事 春秋敎也〕"라고 하였다.

88) (恨)〔限〕 : 底本에는 '恨'으로 되어 있으나, 中華書局本에 의거하여 '限'으로 바로잡았다.

89) 夏后氏가……지냈다 : ≪禮記≫ 〈祭法〉에 "祭法에 有虞氏는 黃帝에게 禘제사를 지내고 帝嚳에게 郊제사를 지내며, 顓頊을 祖로 삼고 堯를 宗으로 삼았다. 夏后氏 또한 黃帝에게 禘제사를 지내고 鯀에게 郊제사를 지내며, 顓頊을 祖로 삼고 禹를 宗으로 삼았다.〔祭法 有虞氏禘黃帝而郊嚳 祖顓頊而宗堯 夏后氏亦禘黃帝而郊鯀 祖顓頊而宗禹〕"라고 하였다.

90) 孔子가……것 : 乘田은 苑囿를 관리하고 가축 사육을 담당하는 하급 관리이고, 委吏는 창고를 주관하는 하급 관리이다. ≪孟子≫ 〈萬章 下〉에 孟子가 말하기를 "벼슬하는 것은 가난 때문이 아니지만, 때로 가난 때문인 경우가 있으며, 아내를 얻는 것은 봉양을 위해서가 아니지만, 때로 봉양을 위한 경우가 있다. 가난 때문에 벼슬하는 자는 높은 자리를 사양하고 낮은 자리에 처하며, 봉록이 많은 것을 사양하고 적은 데에 처해야 한다.……孔子께서 일찍이 委吏가 되어서는 '會計를 마땅하게 할 뿐이다.'라고 하셨고, 乘田이 되어서는 '소와 양을 잘 키울 뿐이다.'라고 하셨다. 지위가 낮으면서 말을 높게 하는 것이 죄요, 남의 조정에서 벼슬하면서 道가 행해지지 않는 것이 부끄러운 일이다."라고 하였다.

것[91]이다.'라고 하였습니다."

선생이 말하였다.

"乘田과 委吏가 된 것은 至治의 조짐을 행한 것이 아니니, 魯나라 司寇가 된 것이 바로 至治의 조짐을 행한 것이다."

선생이 인하여 말하였다.

"근래에 사람들이 공자가 乘田과 委吏가 된 것으로써 서로 권면하는 경우가 많은데, 내가 그들에게 답하기를 '굶주려서 門戶를 나갈 수 없을 때[92]에는 별도로 구제할 방도를 생각해 보아야 한다.'라고 하였다."

問호되 聖人有爲貧而仕者否잇가 曰 孔子爲乘田委吏가 是也라 又問호되 或云 乘田委吏는 非爲貧이요 爲之兆也라하나이다 先生曰 乘田委吏는 却不是爲兆니 爲魯司寇가 便是爲兆라① 先生因言호되 近煞有人以此相勉하여 某答云호되 待飢餓不能出門戶時하야 當別相度이라

① 어떤 판본에는 이 아래에 다음의 16자가 있다. "어떤 사람이 말하기를 '선생이 國子監에 제수하는 명을 받지 않은 것은 지향이 굳세서이다.'라고 하였다.〔有人云 先生除國子監之命不受 是固也〕"
一本, 此下有十六字云 "有人云 '先生除國子監之命不受, 是固也.'"

46. 荀況과 楊雄은 性을 알지도 못했는데,[93] 다시 무슨 道를 말했겠는가?

荀楊은 性已不識한대 更說甚道리오

---

91) 至治의……것 : ≪孟子≫ 〈萬章 下〉에 萬章이 "공자는 어째서 魯나라를 떠나지 않으셨습니까?"라고 묻자, 孟子가 말하기를 "〈道를 행하는〉 조짐을 보여주기 위해서였으니, 조짐이 도를 족히 행할 수 있었는데 도가 행해지지 않은 뒤에야 떠나셨다.〔爲之兆也 兆足以行矣 而不行而後去〕"라고 하였다.

92) 굶주려서……때 : ≪孟子≫ 〈告子 下〉에 陳子가 옛날 군자의 出仕에 대해 묻자, 孟子가 "나아가는 경우가 세 가지요, 떠나는 경우가 세 가지이다. 그를 맞이할 적에 공경을 극진히 하여 禮가 있으며, 간언하면 장차 그의 말을 행하려 하면 나아가고, 그를 대하는 禮貌가 아직 쇠하지 않았더라도 말이 시행되지 않으면 떠난다. 그 다음은 비록 그의 말을 시행하지 않으나, 맞이할 적에 공경을 극진히 하여 禮가 있으면 나아가고, 禮貌가 쇠하면 떠난다. 그 아래는 아침도 먹지 못하고 저녁도 먹지 못하여 굶주려서 門戶를 나갈 수 없게 되었을 적에, 임금이 그 소식을 듣고 '내가 크게는 그의 道를 행하지 못하고, 또 그의 말을 따르지 못하여 내 땅에서 굶주리게 하는 것을 내 부끄러워한다.'라고 하고 구휼해주면 또한 그것을 받을 수 있거니와, 죽음을 면할 정도만 받을 뿐이다.〔所就三 所去三 迎之致敬以有禮 言將行其言也 則就之 禮貌未衰 言弗行也 則去之 其次 雖未行其言也 迎之致敬以有禮 則就之 禮貌衰 則去之 其下 朝不食 夕不食 飢餓不能出門戶 君聞之曰 吾大者 不能行其道 又不能從其言也 使飢餓於我土地 吾恥之 周之 亦可受也 免死而已矣〕"라고 한 데서 나왔다.

93) 荀況과……못했는데 : 荀況은 性惡說을 주장하였고, 楊雄은 性善惡混淆說을 주장하였다.

47. 鄧文孚가 물었다.

"孟子도 聖人이라고 할 수 있습니까?"

선생이 말하였다.

"감히 바로 '맹자는 성인이다.'라고 할 수는 없다. 그러나 학문이 이미 지극한 곳에 이르렀다."

또 물었다.

"≪孟子≫의 글 중에 옳지 못한 곳이 있습니까?"

선생이 말하였다.

"門人이 기록할 적에 한두 글자를 잘못 기록하였을 뿐이다. 예컨대 '大人에게 유세할 적에는 그를 하찮게 여긴다.'[94]라고 하였는데, 군자는 언제나 공경하지 않음이 없으니 만일 마음으로 다른 사람을 하찮게 여김이 있다면 옳지 않다. 또 맹자가 伯夷와 柳下惠를 말하면서 '모두 옛 聖人이다.'[95]라고 하였는데, 이는 반드시 잘못된 글자이다. 만약 백이와 유하혜를 聖之淸(성인의 맑은 부분을 지닌 자), 聖之和(성인의 조화로운 부분을 지닌 자)라고 한다면 괜찮지만, 바로 성인이라고 한다면 옳지 않다. 맹자의 의도를 보면 분명 백이와 유하혜를 성인으로 여기지 않았다. 伊尹과 같은 경우는 또한 이들과 구별된다. 처음에는 밭이랑 사이에서 농사를 짓다가 湯임금이 사람을 시켜 聘問하자, 그가 말하기를 '내 어찌 탕임금의 폐백과 빙문으로 벼슬길에 나아가겠는가?'라고 하였으니,[96] 이는 벼슬하려 하지 않은 것이다. 탕임금이 예를 극진히 하자, 그런 뒤에 돌연히 마음을 바꾸어 그를 따랐으니,[97] 또한 聖之時(성인의 제때에 맞게 하는 점을 지닌 자)이다. 예컨대 이윤이 다섯 번 탕임금에게 나아가고 다섯 번 桀에게 나아간 것[98]은 그 뒤의 일이다. 대개 이미 출사했다면 마땅히 탕임금의 마음으로 자기 마음을 삼아야 하니, 다섯 번 걸에게 나아간 것도 이와 같지 않을 수 없었기 때문이다."

鄧文孚가 問호되 孟子還可爲聖人否잇가 曰 未敢便道他是聖人이라 然이나 學已到至處라 又問호되 孟子書中에 有不是處否잇가 曰 只是門人錄時에 錯一兩字라 如說(세)大人則藐之는 夫君

94) 大人에게……여긴다 : ≪孟子≫ 〈盡心 下〉에 孟子가 말하기를 "大人에게 유세할 적에는 그를 하찮게 여기고 그의 높은 신분을 보지 말아야 한다.〔說大人則藐之 勿視其巍巍然〕"라고 하였다.

95) 모두……聖人이다 : ≪孟子≫ 〈公孫丑 上〉에 보인다.

96) 처음에는……하였으니 : ≪孟子≫ 〈萬章 上〉에 보인다.

97) 탕임금이……따랐으니 : 上同.

98) 이윤이……것 : ≪孟子≫ 〈告子 下〉에 보인다.

子無不敬하니 如有心去藐他人이면 便不是也라 更說夷惠處云호되 皆古聖人이라하니 須錯字라 若以夷惠爲聖之淸聖之和則可커니와 便以爲聖人則不可라 看孟子意컨대 必不以夷惠爲聖人이라 如伊尹은 又別이라 初在畎畝에 湯使人問之어늘 曰 我何以湯之幣聘爲哉리오하니 是不肯仕也라 及湯盡禮하야 然後에 幡然而從之하니 亦是聖之時라 如五就湯하며 五就桀은 自是後來事라 蓋已出了면 則當以湯之心爲心이니 所以五就桀도 不得不如此일새라

48. 荊公(王安石)이 일찍이 明道와 더불어 정사를 논할 적에 의견이 맞지 않았다. 그로 인하여 명도에게 말하기를 "공의 학문은 벽을 오르는 것과 같습니다."라고 하였으니, 행하기 어렵다는 말이다. 명도가 말하기를 "參知政事의 학문은 바람을 잡는 것과 같습니다."라고 하였다. 형공이 훗날 자기편에 서지 않는 자들을 축출하였는데, 오직 명도만을 원망하지 않았다. 명도가 또 말하기를 "이 사람은 비록 道를 알지 못하나, 또한 忠信한 사람이다."라고 하였다.

荊公이 嘗與明道論事할새 不合이라 因謂明道曰 公之學은 如上壁이라하니 言難行也라 明道曰 參政之學은 如捉風이라 及後來逐不附己者하야 獨不怨明道라 且曰 此人雖未知道나 亦忠信人也라

王安石

49. 張戩[99]이 일찍이 政事堂[100]에서 介甫(王安石)와 더불어 정사를 쟁론할 적에 경전의 말을 끌어다 증명하였다. 개보가 이에 말하기를 "나는 책을 제대로 읽지 못했는데, 그대는 책을 제대로 읽었나 봅니다."라고 하니, 장전이 능히 답하지 못하였다. 선생이 그로 인하여 말하기를 "말이 道를 향하지 않았으니, 이것이 바로 책을 제대로 읽지 못한 것이다."라고 하였다.

張戩(전)이 嘗於政事堂與介甫爭辨事한새 因擧經語引證이기 介甫가 乃曰 安石却不會讀書한데

99) 張戩 : 1030~1076. 자는 天祺이며, 鳳翔 郿縣 사람이다. 張載의 아우로, 關中의 학자들이 두 형제를 '二張'이라 불렀다. 진사가 되어 知靈寶・知流江・知金堂 등을 지냈다. 王安石의 新法을 亂法이라며 반대하였다.

100) 政事堂 : 唐宋 시대에 재상이 정무를 총괄하여 처리하던 곳이다. 北宋 때에는 中書內省에 정사당을 두고 中書라 약칭하였으며, 樞密院과 政事와 軍事를 나누어 관장하여 二府라고 불렀다.

賢却會讀書라 戩不能答이라 先生因云호되 却不向道니 只這箇便是不會讀書라

50. 佛家에 印證의 설이 있는데, 매우 우습다. 내가 이 道理를 깨달은 뒤에 다른 사람이 이를 옳다고 말해야 바야흐로 옳고, 다른 사람이 이를 옳지 않다고 말하면 옳지 않은 이치가 어찌 있겠는가? 또한 五祖가 六祖로 하여금 三更에 오게 하여 법을 전하려 하자 육조가 기약한 시간에 찾아가 바로 법을 전수받았으니,[101] 어찌 이런 이치가 있겠는가?

佛家에 有印證之說하니 極好笑라 豈有我曉得這箇道理後에 因他人道是了라야 方是하고 他人道不是면 便不是아 又五祖令六祖三更時來傳法하여 如期去便傳得하니 安有此理아

51. 謝良佐[102]가 張繹에게 말하기를 "나는 山林 속 고요한 곳에 이르면 문득 기쁜 마음이 생겼는데, 이것이 옳지 않다는 것을 깨달았습니다."라고 하였다.

선생이 말하였다.

"사람들이 神廟나 佛殿에 이를 때마다 공경한 마음이 드는 것은 어째서인가? 이는 늘 마음을 공경히 하지 않다가 그것을 보고서 공경한 마음이 드는 것이다. 만약 늘 마음을 공경히 한다면 佛殿나 廟宇에 이르러도 그와 같을 것이다. 시끄러운 곳에 있을 적에는 이 物(敬)이 어디에 있는지 모르다가 바로 조용한 곳에 이르러서야 이에 깨달은 것이다."

장역이 말하였다.

"그 말씀은 이런 것들을 깨달음이 있다는 것입니까?"

선생이 말하였다.

---

101) 五祖가……전수받았으니 : 五祖는 중국 禪宗의 5代 祖師 弘忍이고, 六祖는 6代 祖師 慧能이다. 혜능은 일찍이 땔나무를 팔아 모친을 봉양하였는데, 저자에서 누가 ≪金剛經≫을 외우는 것을 듣고 蘄州 黃梅山의 五祖 홍인을 찾아가 귀의하였다. 홍인은 그가 비범한 사람임을 알아보고, 그를 방앗간에 가서 일하게 하였다. 8개월 후 홍인은 제자들을 모아 偈頌을 지어 올리게 하고, 크게 깨달은 자가 있으면 六祖로 삼겠다고 하였다. 당시 上座 神秀가 지은 게송을 듣고 혜능이 다시 게송을 지었는데, 홍인이 그것을 듣고 남몰래 방앗간을 찾아갔다. "쌀을 다 찧었느냐?"라고 물으니, "다 찧었지만 키질을 하지 못했습니다."라고 하자, 홍인은 주장자로 방아를 세 번 치고 뒷짐을 지고 나갔다. 혜능이 그 뜻을 알아차리고 그날 밤 삼경에 방으로 찾아가니, ≪금강경≫을 설해주고 의발을 전수해주었다.

102) 謝良佐 : 1050~1103. 자는 顯道, 시호는 文肅으로, 上蔡 사람이다. 程顥가 知扶溝事로 있을 때 수학하였다. 二程의 문하에서 배웠으며, 游酢・呂大臨・楊時와 함께 程門四先生으로 일컬어졌다. 上蔡學派의 鼻祖이며, 陸九淵의 心學의 선구적 역할을 하였다.

"자네의 식견이 예전에 비하면 장족의 진보를 했네. 이런 것들을 깨달았다는 것은 참으로 옳으나, 만약 '이런 것들이 있어서'라고 말한다면 감히 그 깨달음을 믿을 수 없네."

謝良佐與張繹說호되 某到山林中靜處면 便有喜意하니 覺著此不是라 先生曰 人每至神廟佛殿處에 便敬은 何也오 只是每常不敬이라가 見彼乃敬이라 若還常敬이면 則到佛殿廟宇하야도 亦只如此라 不知在閙處時에 此物安在나 直到靜處하여 乃覺이라 繹이 言호되 伊云只有這些子已覺이니잇가 先生曰 這回比舊時煞長進이라 這些子已覺은 固是나 若謂只有這些子면 却未敢信이라①

① 胡本의 注에 "朱子權(朱巽)[103]이 謝先生(謝良佐)를 직접 만나 보았는데, 선생이 말하기를 '나는 일찍이 이와 같이 말한 적이 없다.'라고 하였으니, 아마도 기록을 전할 때 잘못된 듯하다."라고 하였다.
胡本注云 "朱子權親見謝先生, 云 '某未嘗如此說.' 恐傳錄之悞也."

52. "식량이 자주 떨어졌다.〔屢空〕"[104]라는 것은 두 가지 의미를 겸한다. 오직 顔淵이 마음속을 능히 비웠기 때문에 식량이 자주 떨어진 것이다. 재화를 늘리면 이익을 따지는 마음이 생겨나니, 이익을 따지게 되면 命을 받지 못한다. 命을 받지 못하는 것은 正命을 순순히 받을 수 없는 것이다.

呂與叔(呂大臨)은 이에 대해 子貢이 재화를 늘린 것과 같다고 풀이하였다. 그러자 선생이 말하기를 "전하는 기록 중에 자공이 재화를 늘린 것을 언급한 곳이 또한 많으니, 이는 자공이 젊었을 때의 일이다."라고 하였다.

顔淵

屢空은 兼兩意라 惟其能虛中하여 所以能屢空이라 貨殖하면 便生計較하니 纔計較면 便是不受命이라 不受命者는 不能順受正命也라 呂與叔解作如貨殖이어늘 先生이 云호되 傳記中에 言子貢貨殖處亦多하니 此子貢始時事라

103) 朱子權 : 朱巽이다. 子權은 그의 자이며, 호는 二朱, 湖北省 荊門軍 사람이다. 謝良佐의 문하에서 가장 이름난 朱震(1072~1138)의 아우이다.
104) 식량이……떨어졌다 : ≪論語≫ 〈先進〉에 孔子가 말하기를 "顔回는 道에 거의 가까웠는데, 식량이 자주 떨어졌다. 賜는 命을 받지 않고서도 재화를 늘렸으나, 억측하면 자주 적중하였다.〔回也其庶乎 屢空 賜 不受命而貨殖焉 億則屢中〕"라고 하였다.

53. 만물은 모두 良能[105)]이 있다. 예컨대 보통 날짐승 중에는 둥지를 만드는 새가 있는데 매우 솜씨가 좋다. 이는 그들의 良能이니 배우지 않아도 가능하다. 사람이 처음 태어나면 젖을 먹는 한 가지 일만 배우지 않고, 그 외에는 모두 배운다. 사람은 다만 지혜가 많아지기 때문에 良能을 해친다.

萬物은 皆有良能이라 如每常禽鳥中에 做得窠子한대 極有巧妙處라 是他良能이니 不待學也라 人初生에 只有喫乳一事는 不是學이요 其他는 皆是學이라 人只爲智多害之也라

54. '人心'은 私欲이고, '道心'은 正心이다.[106)] '危'는 편안하지 않음을 말하고, '微'는 精微함을 말한다. 오직 그 마음이 이와 같기 때문에 정밀하고 전일하게 하려는 것이다. '惟精惟一'은 오로지 그것을 정밀하고 전일하게 하려는 것이다. 정밀하고 전일하게 해야 진실로 그 중도를 잡을 수 있다. '中'은 지극한 곳이다. 혹자가 말하기를 "介甫(王安石)는 '전일함으로써 지키고 중용의 도로써 행한다.'고 말하였다."라고 하니, 개보는 사사건건 두 가지로 나누어 보려 한 것이다.

人心은 私欲也요 道心은 正心也라 危는 言不安이요 微는 言精微라 惟其如此하여 所以要精一이라 惟精惟一者는 專要精一之也라 精之一之라야 始能允執厥中이라 中은 是極至處라 或云호되 介甫說以一守요 以中行이라하니 只爲要事事分作兩處라

55. ≪詩經≫의 小序는 당시 國史가 지은 것이다. 만일 당시에 짓지 않았다면 孔子라 하더라도 능히 알 수 없었을 것이니, 하물며 子夏야 말해 무엇 하겠는가? 大序 같은 것은 聖人이 아니면 지을 수 없다.

詩小序는 便是當時國史作이라 如當時不作이면 雖孔子라도 亦不能知니 況子夏乎아 如大序는 則非聖人이면 不能作이라

56. "이 시를 鄕人에게도 쓰고, 邦國에도 썼다."[107)]라고 하였으니, 二南의 詩와 大雅・

---

105) 良能 : ≪孟子≫ 〈盡心 上〉에 보이는 말로, 본연적으로 능한 것을 말한다.

106) 人心은……正心이다 : 人心과 道心은 ≪書經≫ 〈虞書 大禹謨〉에 "人心은 오직 위태롭고 道心은 오직 은미하니, 오직 정밀하게 하고 오직 전일하게 하여야 진실로 그 中道를 잡을 수 있다.〔人心惟危 道心惟微 惟精惟一 允執厥中〕"라고 한 데서 나왔다.

小雅 같은 것은 당시 上下를 통틀어 모두 사용한 詩이다. 그 내용은 대개 修身·治家의 일이다.

用之鄕人焉하고 用之邦國焉이라하니 如二南之詩及大雅小雅는 是當時通上下皆用底詩라 蓋是修身治家底事라

57. "〈關雎〉는 淑女를 얻어서 君子의 짝으로 삼은 것을 즐거워한 것이다."[108]라고 하였으니, 淑女는 곧 后妃이다. 그러므로 '짝한다.〔配〕'고 말한 것이다. '마름나물〔荇菜〕'은 后妃의 유순함을 일으킨 것이다. "좌우로 마름나물을 찾는다.〔左右流之〕"라고 하였는데, 左右는 냇물을 따라가는 모양이다. "좌우로 마름나물을 뜯는다.〔左右采之〕"라는 것은 냇물을 따라가며 뜯는 것이며, "좌우로 마름나물을 가린다.〔左右芼之〕"라는 것은 냇물을 따라가며 가려 뜯는 것이니, 이는 모두 마름나물의 유순한 모양을 말하여 后妃의 德을 일으킨 것이다. "거문고와 비파로 벗한다.〔琴瑟友之〕"는 것과 "종과 북으로 즐긴다.〔鍾鼓樂之〕"는 것은 后妃가 君子의 짝이 되어 화락함이 이와 같다는 말이다.

關雎는 樂得淑女하여 以配君子라하니 淑女는 卽后妃也라 故로 言配라 荇菜는 以興后妃之柔順이라 左右流之라하니 左右者는 隨水之貌라 左右采之者는 順水而采之요 左右芼之者는 順水而芼之니 皆是言荇菜柔順之貌하여 以興后妃之德이라 琴瑟友之와 鍾鼓樂之는 言后妃之配君子하여 和樂如此也라

58. "근심이 어진 이를 진출시키는 데 있어서 여색에 빠지지 않았다. 窈窕淑女를 서글퍼하고 어진 인재를 생각하여 善을 손상시키는 마음이 없다."[109]라고 하였으니, 본래 〈關雎〉의 뜻이 이와 같다는 것이지, 后妃를 말한 것은 아니다. 이 한 문장이 매우 분명

107) 이……썼다 : ≪詩經≫ 〈周南 關雎〉 小序에 "〈關雎〉는 后妃의 德을 읊은 것이요, 風化의 시초이니, 천하를 風動하고 夫婦를 바로잡는다. 그러므로 이 시를 鄕人에게도 쓰고, 邦國에도 쓴 것이다.〔關雎 后妃之德也 風之始也 所以風天下而正夫婦也 故用之鄕人焉 用之邦國焉〕"라고 하였다.

108) 關雎는……것이다 : ≪詩經≫ 〈周南 關雎〉 小序에 "〈關雎〉는 淑女를 얻어서 君子의 짝으로 삼은 것을 즐거워한 시이니, 근심이 어진 이를 진출시키는 데 있어서 여색에 빠지지 않은 것이다. 窈窕淑女를 서글퍼하고 어진 인재를 생각하여 善을 손상시키는 마음이 없다. 이것이 〈관저〉의 뜻이다.〔關雎 樂得淑女 以配君子 憂在進賢 不淫其色 哀窈窕 思賢才 而無傷善之心焉 是關雎之義也〕"라고 하였다.

109) 근심이……없다 : 上同.

한데, 사람들이 스스로 잘못 이해한다.

憂在進賢하여 不淫其色하여 哀窈窕하고 思賢才하여 而無傷善之心焉이라하니 自是關雎之義如此요 非謂后妃也라 此一行甚分明이어늘 人自錯解却이라

59. 입과 눈과 귀와 코와 사지가 하고자 하는 것이 性이지만 거기에는 분수가 있어 내가 반드시 얻는다고 말할 수 없으니, 이것이 바로 命이 있는 것이다. 仁·義·禮·智는 天道가 사람에게 있는 것인데 命을 품부받을 적에 厚·薄이 있으니, 이것이 命이다. 그러나 여기에는 性이 있어 배울 수 있기 때문에 君子는 그것을 命이라 말하지 않는다.[110)]

口目耳鼻四支之欲이 性也라 然이나 有分焉하여 不可謂我須要得하니 是有命也라 仁義禮智는 天道在人이로되 賦於命에 有厚薄하니 是命也라 然이나 有性焉하여 可以學이라 故로 君子不謂命이라

60. "〈여력이 있으면〉 글을 배운다."[111)]라는 것은 讀書하는 것을 말한다. 사람이 태어나 父子·兄弟가 있는 것을 알면 먼저 孝悌를 극진히 해야 한다. 그런 뒤에 독서하니, 그 전에 독서해서는 안 된다는 말이 아니다.

則以學文은 便是讀書라 人生便知有父子兄弟어든 須是先盡得孝弟라 然後에 讀書하니 非謂已前不可讀書라

61. 禮가 지나치면 마음이 離反된다.[112)] 그러므로 "禮의 用은 和가 귀하니, 先王의 道

110) 입과……않는다 : ≪孟子≫ 〈盡心 下〉에 孟子가 말하기를 "입이 맛에 있어서와 눈이 색깔에 있어서와 귀가 음악에 있어서와 코가 냄새에 있어서와 사지가 편안함에 있어서는 性이지만, 거기에는 命이 있기 때문에 군자는 그것을 性이라 말하지 않는다. 仁이 父子에 있어서와 義가 君臣에 있어서와 禮가 賓主에 있어서와 智가 賢者에 있어서와 聖人이 天道에 있어서는 命이지만, 거기에는 性이 있기 때문에 군자는 그것을 命이라 말하지 않는다.〔口之於味也 目之於色也 耳之於聲也 鼻之於臭也 四肢之於安佚也 性也 有命焉 君子不謂性也 仁之於父子也 義之於君臣也 禮之於賓主也 智之於賢者也 聖人之於天道也 命也 有性焉 君子不謂命也〕"라고 한 데서 나왔다.

111) 글을 배운다 : ≪論語≫ 〈學而〉에 孔子가 말하기를 "弟子가 들어가서는 효도하고 나와서는 공경하며, 행실을 삼가고 말을 믿음직스럽게 하며, 널리 사람들을 사랑하되 仁한 사람을 친히 해야 하니, 이것을 행하고 여력이 있으면 글을 배운다.〔弟子入則孝 出則弟 謹而信 汎愛衆 而親仁 行有餘力 則以學文〕"라고 하였다.

112) 禮가……離反된다 : ≪禮記≫ 〈樂記〉에 "樂은 똑같게 하는 것이고, 禮는 다르게 하는 것이다. 같으면 서로 친하고, 다르면 서로 공경한다. 樂이 지나치면 방탕한 데로 흐르고, 禮가 지나치면

는 이로써 아름답게 되었는지라 크고 작은 일이 모두 이것을 말미암았다."[113]라고 한 것이다. 樂이 지나치면 방탕한 데로 흐른다. 그러므로 "행하지 않아야 할 것이 있으니, 和가 귀한 것인 줄만을 알아서 和만 하고 禮로써 그것을 절제하지 않으면 이 또한 행할 수 없는 것이다."라고 한 것이다. 禮는 和를 귀하게 여긴다. 그러므로 先王의 道는 이것을 아름답게 여겨 크고 작은 일이 모두 이것을 말미암았다. 그러나 행하지 않아야 할 것이 있으니, 和가 귀한 것인 줄만을 알아서 和만 하고 禮로써 절제하지 않는 것이다. 그러므로 또한 그런 것을 행할 수 없는 것이다.

禮勝則離라 故로 禮之用이 和爲貴하니 先王之道는 斯爲美라 小大由之라하니라 樂勝則流라 故로 有所不行하니 知和而和요 不以禮節之면 亦不可行이라하니라 禮以和爲貴라 故로 先王之道는 以此爲美하여 而小大由之라 然이나 却有所不行者하니 以知和而和요 不以禮節之라 故로 亦不可行也라

62. "道를 보고서도 보지 못한 듯이 여기셨다."[114]라는 것은 文王이 백성을 다친 사람처럼 여겼으나 紂가 윗자리에 있기 때문에 천하에 道가 있는 것을 보고서도 보지 못한 것처럼 여겼다는 말이다. "湯임금은 中道를 잡았고, 武王은 가까운 이를 친압하지 않았다."라는 것은 무왕이 능히 中道를 잡지 않고, 탕임금이 가까운 이를 친압했다고 말한 것이 아니다. 대개 각각 한 가지 일로써 말한 것이다. 각각 그들의 가장 성대한 점을 거론한 것이라고 사람들이 말한 것은 옳지 않다. 聖人은 또한 성대하지 않음이 없다.

마음이 離反된다. 마음을 합하고 외모를 꾸미는 것이 禮樂의 일이다.〔樂者爲同 禮者爲異 同則相親 異則相敬 樂勝則流 禮勝則離 合情飾貌者 禮樂之事也〕"라고 하였다.

113) 禮의……말미암았다 : ≪論語≫ 〈學而〉에 有子가 말하기를 "禮의 用은 和가 귀하니, 先王의 道는 이로써 아름답게 되었는지라 크고 작은 일이 모두 이것을 말미암았다. 그러나 행하지 않아야 할 것이 있으니, 和가 귀한 것인 줄만을 알아서 和만 하고 禮로써 그것을 절제하지 않으면 이 또한 행할 수 없는 것이다.〔禮之用 和爲貴 先王之道 斯爲美 小大由之 有所不行 知和而和 不以禮節之 亦不可行也〕"라고 하였다.

114) 道를……여기셨다 : ≪孟子≫ 〈離婁 下〉에 孟子가 말하기를 "禹임금은 맛있는 술을 싫어하고 善言을 좋아하셨다. 湯임금은 中道를 잡으시며, 어진 이를 세우되 일정한 方所가 없으셨다. 文王은 백성을 다친 사람처럼 여겼으며, 道를 보고서도 아직 보지 못한 듯이 여기셨다. 武王은 가까운 이를 친압하지 않으셨으며, 멀리 있는 자를 잊지 않으셨다. 周公은 세 王을 겸하여 네 가지 일을 시행할 것을 생각하시되, 부합하지 않는 것이 있으면 우러러 생각하여 밤으로써 날을 이었으며, 다행히 터득하면 그대로 앉아 날이 새기를 기다리셨다.〔禹 惡旨酒而好善言 湯 執中 立賢無方 文王 視民如傷 望道而未之見 武王 不泄邇 不忘遠 周公 思兼三王 以施四事 其有不合者 仰而思之 夜以繼日 幸而得之 坐以待旦〕"라고 하였다.

望道而未之見은 言文王視民如傷이나 以紂在上하여 望天下有道而未之見이라 湯은 執中하시며 武王은 不泄邇하시다함은 非謂武王不能執中하고 湯却泄邇라 蓋各因一件事言之라 人謂各擧其最盛者는 非也라 聖人亦無不盛이라

63. 魯나라는 天子의 禮樂을 쓸 수 있었으니, 만일 周公이 살아있었다면 반드시 그 예악을 받으려 하지 않았을 것이다. 그러므로 孔子가 말하기를 "周公의 道가 쇠미해졌구나!"[115)]라고 한 것이다. 공자는 이것을 주공의 도가 쇠미해진 것이라고 여겼으니, 이는 成王의 잘못이다. 介甫(王安石)는 주공에게 신하로서 능히 할 수 없는 功業이 있었기 때문에 신하로서 쓸 수 없는 禮를 쓸 수 있었다고 말하니, 옳지 않다. 신하의 일신상에는 분수 밖의 지나친 일이 없다. 무릇 舜과 曾子가 孝를 행하였다고 말할 적에 증자와 순이 孝에 지나쳤다고 말해서는 안 된다.

魯得用天子禮樂하니 使周公在면 必不肯受라 故로 孔子曰 周公之衰乎인저하니라 孔子以此爲周公之衰니 是成王之失也라 介甫는 謂周公有人臣不能爲之功이라 故로 得用人臣所不得用之禮라하니 非也라 臣子身上에 沒分外過當底事라 凡言舜言曾子爲孝할새 不可謂曾子舜過於孝也라

64. "능히 큰 德을 밝힌다."[116)]라고 한 것은 능히 큰 덕을 밝힌 사람을 말한 것이다. "무릇 천하와 국가를 다스리는 데에는 九經이 있으니, 자신을 닦는 것〔修身〕, 어진 이를 존중하는 것〔尊賢〕, 친족을 친애하는 것〔親親〕이다."[117)]라고 하였으니, 대개 먼저 어진 이를 존중한 뒤에 친족을 친애할 수 있다. 친족을 친애하는 것은 참으로 먼저 해야 할 것이다. 그러나 먼저 어진 이를 존중하지 않으면 친족을 친애하는 방법을 알 수 없다.

115) 周公의……쇠미해졌구나 : ≪禮記≫ 〈禮運〉에 "魯나라가 郊제사와 禘제사를 지낸 것은 禮가 아니니, 周公의 道가 쇠미해졌구나!〔魯之郊禘 非禮也 周公其衰矣〕"라고 하였다.

116) 능히……밝힌다 : ≪書經≫ 〈堯典〉에 "능히 큰 德을 밝혀 九族을 친히 하시니 九族이 이미 화목하거늘, 백성을 평화롭고 彰明하게 하시니 백성이 덕을 밝히며, 萬邦을 합하여 고르게 하시니 黎民들이 아! 변하여 이에 화목하였다.〔克明俊德 以親九族 九族旣睦 平章百姓 百姓昭明 協和萬邦 黎民於變時雍〕"라고 하였다.

117) 무릇……것이다 : ≪中庸≫에 "무릇 천하와 국가를 다스리는 데에는 九經이 있으니, 자신을 닦는 것〔修身〕, 어진 이를 존중하는 것〔尊賢〕, 친족을 친애하는 것〔親親〕, 대신을 공경하는 것〔敬大臣〕, 여러 신하를 체찰하는 것〔體群臣〕, 서민들을 자식처럼 사랑하는 것〔子庶民〕, 여러 공인들을 오게 하는 것〔來百工〕, 멀리 있는 사람을 회유하는 것〔柔遠人〕, 제후들을 품어주는 것〔懷諸侯〕이다."라고 하였다.

≪禮記≫에 "능히 큰 덕을 밝힌다.", "이 하늘의 밝은 命을 돌아본다.", "모두 스스로 덕을 밝히는 것이다."라고 말한 것[118]은 모두 덕을 밝히는 것을 말미암는다.

克明峻德은 只是說能明峻德之人이라 凡爲天下國家에 有九經하니 曰修身也와 尊賢也와 親親也라하니 蓋先尊賢하고 然後에 能親親이라 夫親親은 固所當先이라 然이나 不先尊賢이면 則不能知親親之道라 禮記에 言호되 克明峻德과 顧諟天之明命과 皆自明也者는 皆由於明也라

65. "百姓을 평화롭고 彰明하게 했다."[119]라고 하였는데, 백성은 民이다. 무릇 백성을 말한 곳은 모두 民을 말한 것이다. 백성을 百官의 族姓으로 본 것[120]은 이전에는 이런 설이 없었다.

平章百姓이라한대 百姓은 只是民이라 凡言百姓處는 皆只是民이라 百官族姓은 已前無此說이라

66. 陳平은 요행으로 성공한 것일 뿐이니, 당시 呂氏들을 따른 것은 또한 죽음을 두려워한 것이다.[121] 漢나라의 제후와 신하 가운데 이 당시 어찌 순박하고 성실하게 社稷을 위하는 자가 있었겠는가. 가령 후에 少帝[122]가 황제의 자리에 있을 적에 사변[123]이 일어났을 때에는 그는 또 사변을 일으킨 자를 따랐다. 周勃로 하여금 먼저 北軍에 들어가게 한 일[124]은, 진평이 공을 미루어 능력 있는 이에게 양보하는 사람이 아니었으니, 단

---

118) 禮記에……것 : ≪禮記≫ 〈大學〉에 "〈康誥〉에 말하기를 '능히 덕을 밝힌다.'라고 하였으며, 〈太甲〉에 말하기를 '이 하늘의 밝은 命을 돌아본다.'라고 하였고, 〈帝典〉에 '능히 큰 덕을 밝힌다.'라고 하였으니, 이는 모두 스스로 덕을 밝히는 것이다.〔康誥曰 克明德 太甲曰 顧諟天之明命 帝典曰 克明峻德 皆自明也〕"라고 하였다.

119) 百姓을……했다 : 53쪽 각주 116번 참조.

120) 백성을……것 : ≪尙書正義≫ 〈堯典〉 '平章百姓'의 疏에 "또 현신으로 하여금 百官의 族姓을 和協하고 顯明해지게 하니, 백관의 족성이 교화를 입어 모두 예의를 가짐으로써 밝게 나타났다.〔又使之和協顯明於百官之族姓 百姓蒙和 皆有禮義 昭然而明顯矣〕"라고 하였다.

121) 陳平은……것이다 : 漢 惠帝가 죽은 뒤 실권을 잡은 呂太后가 呂氏들을 제후로 세우고자 하였는데, 당시 우승상 王陵은 반대하였고, 陳平은 여태후에게 동의하였다. 이 일로 왕릉은 우승상에서 물러나고 진평이 우승상에 올랐다.(≪史記≫ 卷9 〈呂太后本紀〉, 卷56 〈陳丞相世家〉)

122) 少帝 : 前漢 제3대 황제 劉恭과 제4대 황제 劉弘은 어린 나이에 즉위하여 少帝라 하였다. 여기서는 劉弘을 가리킨다.

123) 사변 : B.C. 180년에 진평과 주발이 呂氏의 난을 진압한 것을 가리킨다.

124) 周勃로……일 : 周勃은 군사를 통솔하는 최고 책임자인 太尉에 있었으나, 장군의 印綬가 없어 呂祿이 장악하고 있던 北軍에 들어갈 수 없었다. 그래서 승상 陳平과 상의해 여록을 속이고 북군에 들어가 군권을 장악하였다.

지 자신이 편의를 차지하고 주발로 하여금 먼저 어려운 일을 해보게 한 것일 뿐이다. 그의 계책은 매우 졸렬하였으니, 그 뒤에 성공한 것 또한 요행이었다. 人臣의 의리로는 마땅히 王陵을 바르게 여겨야 한다.

陳平은 只是幸而成功이니 當時順却諸呂는 亦只是畏死라 漢之君臣이 當恁時에 豈有樸實頭爲社稷者리오 使後來少主在에 事變却時어든 他也則隨却이라 如令周勃先入北軍은 陳平亦不是推功讓能底人이니 只是占便宜요 令周勃先試難也라 其謀甚拙하니 其後成功亦幸이라 如人臣之義는 當以王陵爲正이라

67. 周勃이 당시 처음 北軍에 들어갔을 때의 조처[125]는 또한 매우 졸렬하였다. 무슨 일로 왼쪽 어깨를 벗게 한 것인가? 갑자기 당시에 모두 오른쪽 어깨를 벗었다면 그 뒤에는 어떻게 할 것인가? 당시에 반드시 군사들이 왼쪽 어깨를 벗으리라고 생각했다면 또한 어찌 굳이 다시 호령을 하였는가? 만일 미리 이 점을 생각하지 않았다면 어찌 변고가 생기지 않았겠는가? 단지 의리로써 그들을 인도하여 따르는 자와 따르지 않는 자를 통제했어야 했다.

周勃이 當時初入北軍은 亦甚拙이라 何事令左袒則甚고 忽然當時皆右袒이면 後還如何오 當時已料得必左袒이면 又何必更號令고 如未料得이면 豈不生變이리오 只合驅之以義하여 管它從與不從이라

68. 韓信이 처음 도망할 적에 蕭何가 그를 뒤쫓아 갔다.[126] 漢 高祖는 양손을 잃은 듯

125) 周勃이……조처 : 呂太后가 죽은 뒤 呂氏들을 숙청하기 위해 太尉 周勃이 황제의 칙명을 사칭하여 北軍에 들어가 "여씨를 위하는 자는 오른쪽 어깨를 벗고, 劉氏를 위하는 자는 왼쪽 어깨를 벗어라."라고 하니, 군사들이 모두 왼쪽 어깨를 벗어 유씨를 따르고자 하였다.(≪史記≫ 卷9 〈呂太后本紀〉)

126) 韓信이……갔다 : 韓信은 처음에 項羽의 휘하에 있었는데, 항우가 그의 계책을 받아들이지 않아 劉邦이 蜀에 들어왔을 때 漢나라에 귀순하였다. 夏侯嬰의 추천으로 治粟都尉가 되었으나 유방은 그를 특별하게 여기지 않았다. 한신은 蕭何와 자주 이야기를 하였는데, 소하는 한신을 뛰어나다고 여겼다. 南鄭에 이르렀을 때 여러 장수들이 도망하였는데, 한신은 소하가 자신을 여러 차례 유방에게 추천하였지만 등용하지 않는다고 생각하여 도망쳤다. 소하는 유방에게 알리지 못하고 한신을 쫓아갔고, 돌아와 유방에게 추궁을 당하였다. 소하는 천하를 얻고자 한다면 한신이 필요하니 예를 갖추어 한신을 중용할 것을 역설하였고, 유방을 소하의 말에 따라 한신을 大將에 임명하였다.(≪史記≫ 卷92 〈淮陰侯列傳〉)

하였으나, 이틀간 그들을 뒤쫓지 않았다. 소하가 돌아오자 그에게 물었다.

"어째서 도망쳤는가?"

소하가 말하였다.

"신은 도망친 것이 아니라 도망친 자를 쫓은 것입니다."

당시 한 고조가 어찌 이 두 사람을 알지 못했겠는가. 곧 그들을 추방하여 項羽에게 가게 하려고 이틀간 쫓지 않았겠는가. 이는 소하와 고조 두 사람이 상의하여 한신이 사력을 다하게 하고자 한 것이다. 당시 史官은 이미 한 고조에게 속은 것이고, 후세 사람들은 또 사관에게 속은 것이다.

蕭何

韓信初亡할새 蕭何追之라 高祖如失左右手나 却兩日不追라 及蕭何反하여 問之曰 何亡也아 曰 臣非亡이요 乃追亡者也니이다 當時高祖가 豈不知此二人이리오 乃肯放與項羽하여 兩日不追邪아 乃是蕭何與高帝二人商量做來하여 欲致韓信之死爾라 當時史官已被高祖瞞過하고 後人又被史官瞞이라

69. 애석하구나! 韓信과 項羽, 諸葛亮과 司馬仲達(司馬懿)이 일찍이 서로 싸워보지 않은 것이여. 이 두 전투에서 몇 가지 陣을 펼쳤다면 볼 만한 것이 있었을 것이다.

惜乎라 韓信與項羽와 諸葛亮與司馬仲達이 不曾合戰이여 更得這兩箇戰得幾陣이면 不妨有可觀이리라

70. 선생은 매번 史書를 읽을 적에 절반쯤에 이르면 문득 책을 덮고 사색하며 그 成敗를 헤아렸다. 그런 뒤에 다시 읽다가 합당하지 않은 곳이 있으면 또 다시 정밀하게 사색하였다. 그 사이에는 요행히 성공한 일도 있고 불행히 실패한 일도 많이 있다. 요즘 사람들은 단지 성공한 일을 보면 옳다 여기고 실패한 일을 보면 그르다 여기니, 성공한 일에도 옳지 못한 점이 많이 있고 실패한 일에도 옳은 점이 많이 있는 줄을 모른다.

先生은 每讀史할새 到一半하얀 便掩卷思量하여 料其成敗라 然後에 却看有不合處면 又更精思라

其間에 多有幸而成하고 不幸而敗라 今人은 只見成者어든 便以爲是하며 敗者어든 便以爲非하니 不知成者煞有不是하고 敗者煞有是底라

71. 史書를 읽을 적에 모름지기 聖賢이 보존한 治・亂의 기틀과 賢人・君子의 出・處・進・退를 보아야 하니, 이것이 곧 사물에 이르는 것이다. 요즘 사람들은 단지 성공한 일을 보면 옳다고 여기니, 그 안에 사람을 그르치는 곳이 많이 있음을 알지 못한다.

讀史에 須見聖賢所存治亂之機와 賢人君子出處進退니 便是格物이라 今人은 只將他見成底事면 便做是使하니 不知煞有誤人處라

72. 선생이 經筵官으로 있을 적에 典錢[127]을 사용한 적이 있어 諸公이 묻기를 "필시 俸給이 매우 부족해서 빌린 것입니까?"라고 했는데, 나중에 부임한 뒤 봉급을 청구하지 않았음을 알았다. 諸公이 마침내 戶部에 공문서를 보내 俸錢을 지급하지 않은 것을 물었다. 호부에서 前任曆子[128]를 요구하자, 선생이 "나는 초야에서 나와 前任曆子가 없다."라고 하여, 마침내 호부로 하여금 券曆[129]을 발급하게 하였다. 호부에서 봉급을 깎아서 주려고 하자, 諸公이 또 그 사실을 알고서 館閣[130]에서 오히려 현금을 청구하였으니, 어찌 經筵官의 봉급을 깎아서 청구하는 일이 있겠는가. 또 전례를 살펴보니 이미 崇政殿 說書는 봉급이 없던 적이 많았다. 호부가 마침내 결정하여 이전에 청구하지 못한 것은 깎아서 지급하고, 지금부터는 새로 현금을 지급하기로 하였다. 선생이 나중에 涪陵에서 돌아와 관직에 복귀하고 반 년 동안 봉급을 청구하지 않았다. 糧料院[131]의 아전이 갑자기 찾아와 券曆을 청구하는 문서를 요구하자, 선생이 말하기를 "나는 지금까지 그런 문서를 써 본 적이 없소."라고 하였다. 담당 아전이 가지 않자, 자제들에게 관직을 받은 날짜를 써서 주라고 하였을 뿐이다.

先生이 在講筵에 嘗典錢使하여 諸公因問호되 必是俸給大段不足이라한대 後乃知到任不曾請

127) 典錢 : 물건을 전당 잡히고 빌린 돈이다.
128) 前任曆子 : 전직에 있을 때의 인사기록부이다.
129) 券曆 : 녹을 받는 사람에게 증거로 주는 표이다.
130) 館閣 : 北宋 때 昭文館・史館・集賢殿의 三館과 秘閣・龍圖閣 등의 閣을 통틀어 이르는 말로, 圖書・經籍과 역사 편찬의 사무를 나누어 관장하였다.
131) 糧料院 : 文武百官과 諸軍의 봉급과 양식을 담당하던 관청이다.

俸이라 諸公이 遂牒戶部하여 問不支俸錢이라 戶部索前任曆子하여 先生이 云호되 某起自草萊하여 無前任曆子라하여① 遂令戶部自爲出(卷)〔券〕[132]曆이라 戶部只欲與折支하니 諸公又理會하여 館閣尙請見錢하니 豈有經筵官只請折支리오 又檢例하니 已無崇政殿說書多時라 戶部遂定하여 已前未請者는 只與折支하고 自後爲始하여 支見錢이라 先生後自涪陵歸하여 復官半年에 不曾請俸이라 糧料院吏人이 忽來索請券狀子하니 先生이 云호되 自來不會寫狀子라 受事人不去하여 只令子弟錄與受官月日이라

① 舊例에는 京官으로 처음 들어올 적에 문서를 사용하여 給料錢曆[133]을 제출하게 하였다. 선생의 의도는 조정이 나를 기용하였다면 마땅히 창고지기가 곡식을 계속 대주고, 푸줏간의 사람이 고기를 대주어야 한다고[134] 여긴 것이다.
舊例, 初入京官時, 用下狀, 出給料錢曆. 其意謂朝廷起我, 便當廩人繼粟, 庖人繼肉也.

73. 선생이 經筵官으로 있을 적에 趙侍郎,[135] 范純甫(范祖禹)[136]와 함께 後省[137]에 있었는데, 가다가 曉示[138]를 보니 명절을 맞이하여 命婦[139]는 表文을 올려 太皇后, 太后, 太妃에게 하례하라고 하였다. 조 시랑과 범순보가 준비할 것을 묻고서 인하여 선생에게 묻자, 선생이 말하였다.

"저희 집에는 命婦가 없습니다."

두 公이 깜짝 놀라며 물었다.

"어찌하여 봉작을 받지 않았습니까?"

선생이 말하였다.

---

132) (卷)〔券〕: 底本에는 '卷'으로 되어 있으나, 문맥과 一蓑古本에 의거하여 '券'으로 바로잡았다.
133) 給料錢曆 : 급료를 기록한 문서이다.
134) 창고지기가……한다고 : ≪孟子≫ 〈萬章 下〉에 萬章이 國君이 君子를 봉양하는 방법을 묻자, 孟子가 말하기를 "군주의 명에 따라 물건을 가져오면 신하는 再拜하고 머리를 조아리면서 받으며, 그 뒤에는 창고지기가 곡식을 대주며 푸줏간의 사람이 고기를 대주어서, 君命을 거론하지 않고 갖다 준다.〔以君命將之 再拜稽首而受 其後 廩人繼粟 庖人繼肉 不以君命將之〕"라고 한 데서 나왔다.
135) 趙侍郎 : 趙彦若을 가리키는 듯하다.
136) 范純甫 : 范祖禹(1041~1098)이다. 자는 純甫 또는 純夫이고, 시호는 正獻이며, 成都 華陽 사람이다. 1063년 진사가 되었다. 司馬光의 문인으로 ≪資治通鑑≫ 편수를 도왔고, 사마광의 천거로 秘書省正字에 임명되었다. 哲宗 때 著作佐郎이 되어 ≪神宗實錄≫ 편찬의 검토관을 맡았고, 給事中・翰林學士를 지냈다.
137) 後省 : 門下省과 中書省의 外省의 별칭이다.
138) 曉示 : 조정에서 신하들에게 어떤 일을 알리는 공지이다.
139) 命婦 : 封爵을 받은 부인의 통칭이다.

"저는 당시 초야에서 나와 세 번 사양한 뒤에 命을 받았으니, 어찌 오늘 아내를 위해 봉작을 구할 이치가 있겠습니까?"

선생에게 물었다.

"요즘 사람들이 恩例를 청원하는 것은 의리상 당연한 것이 아닙니까? 사람들이 모두 이는 本分이어서 해가 되지 않는다고 여깁니다."

선생이 말하였다.

"단지 오늘날의 士大夫들이 '乞'자를 말하는 데 익숙해서 걸핏하면 청원할 뿐입니다."

내가 이로 인하여 선생에게 물었다.

"아버지와 할아버지를 봉작해 줄 것을 청원하는 것은 어떠합니까?"

선생이 말하였다.

"이는 事體가 또한 다르다."

두세 번 더 말씀해주기를 청하자, 선생은 단지 "그 설이 매우 장황하니, 훗날 말해주겠다."라고 하였다.

先生在經筵時에 與趙侍郎范純甫와 同在後省한대 行見曉示어늘 至節令하얀 命婦進表하여 賀太皇及太后太妃하라하니라 趙范更問備辦하고 因問先生하니 先生이 云호되 某家엔 無命婦라 二公이 愕然하여 問何不敍封아 先生曰 某當時起自草萊하여 三辭然後受命하니 豈有今日乃爲妻求封之理리오[①] 問호되 今人陳乞恩例는 義當然否아 人皆以爲本分者不[②]爲害라 先生曰 只爲而今士大夫道得箇乞字慣却하니 動不動又是乞也라 因問호되 陳乞封父祖는 如何오 先生曰 此事體又別이라 再三請益하니 但云호되 其說은 甚長하니 待別時說이라

① 선생의 부인은 지금까지 封號가 없다.
其夫人, 至今無封號.

② 〈不은〉 어떤 판본에는 '不以'로 되어 있다.
一作不以.

74. 范堯夫(范純仁)가 蜀의 漕使였을 적에 成都의 府帥가 죽어 요부가 成都府를 임시로 맡았다. 이때 선생이 侍從으로 성도를 지나갔다. 요부가 나와서 전송할 적에 선생이 이미 2리나 가버려서 급히 사람을 보내 쫓아가 발걸음을 돌려 성문 근처의 절에서 서로 만났다.

요부가 인하여 물었다.

"선생께서 이곳에 계시면서 무언가 들은 말씀이 있으십니까?"

선생이 말하였다.

"공이 일찍이 '마땅히 三軍의 병사들로 하여금 帥君을 섬기는 것은 부모를 섬기는 것과 같다는 것을 알게 해야 한다.'라고 한 말을 들었는데, 모르겠습니다만 이런 말을 하였습니까?"

요부가 깜짝 놀라 그 말이 잘못된 것인지 의심하자, 선생이 말하였다.

"공이 과연 이런 말을 하였다면 온 나라의 복입니다."

요부가 그제서야 기뻐하자, 선생이 말하였다.

"아마도 공은 사람들로 하여금 이와 같이 하게 할 수 없을 것입니다."

요부가 그 이유를 거듭 묻자, 선생이 말하였다.

"예컨대 전날 공이 성도부를 임시로 맡았을 적에 전임 府帥가 죽었는데 곧 다른 신하로 하여금 음악을 연주하며 연회를 베풀게 하였으니, 이 일을 당시 그만두게 할 수 없었습니까?"

요부가 말하였다.

"저는 당시 연회 자리에 가지 않고, 단지 通判으로 하여금 어울려 앉아 있게 하였습니다."

선생이 말하였다.

"이는 더욱 옳지 않습니다."

요부가 매우 놀라 곧 대답하였다.

"처음부터 제물을 나누어 주는 것이 옳았다고 후회합니다."

선생이 말하였다.

"이 또한 옳지 않습니다. 小人의 마음속은 단지 작은 것이라도 얻었을 적에는 곧 기뻐하고, 얻지 못하면 곧 부족하게 여깁니다. 그들은 어떤 물건을 얻지 못하면 돌아가서 '무엇 때문에 이 물건을 얻지 못했을까?'라고 생각합니다. 원래 이 일은 帥君을 위한 것입니다. 소인은 모름지기 자기에게 절실해야만 생각할 줄 압니다. 만약 단지 그들에게 물건을 주기만 할 뿐이라면 그들이 돌아가서 어찌 다시 생각할 줄 알겠습니까."

요부가 이에 탄식하며 말하였다.

"오늘 나오지 않았다면 어찌 이런 말씀을 들을 수 있었겠습니까."

范堯夫爲蜀漕할새 成都帥死하여 堯夫權府라 是時에 先生隨侍過成都라 堯夫出送할새 先生已行二里하여 急遣人追及之하여 回至門頭僧寺相見이라 堯夫因問호되 先生在此하여 有何所聞고 先生曰 聞公嘗言호되 當使三軍之士로 知事帥君은 如事父母라하니 不知케라 有此語否아 堯夫愕然하여 疑其言非是라 先生曰 公果有此語어든 一國之福也라 堯夫方喜하니 先生却云호되 恐公未能使人如此라 堯夫再三問之하니 先生曰 只如前日公權府할새 前帥方死한대 便使他臣子張樂大排하니 此事當時莫可罷아 堯夫云 便是純仁當時不就席하고 只令通判伴坐라 先生曰 此尤不是라 堯夫驚愕하여 卽應聲曰 悔當初只合打散便是라 先生曰 又更不是라 夫小人心中은 只得些物事時便喜하고 不得便不足이라 他旣不得物事어든 却歸去思量하여 因甚不得此物이라 元來是爲帥君이라 小人須是切己라야 乃知思量이라 若只與他物事면 他自歸去에 豈更知有思量이리오 堯夫가 乃嗟嘆曰 今日不出이어든 安得聞此言이리오

75. 선생이 말하였다.

"韓持國(韓維)[140]이 의리에 승복하는 것은 매우 보기 어려웠다. 하루는 내가 持國·范夷叟(范純禮)[141]와 함께 穎昌[142]의 西湖에서 배를 띄우고 놀았는데, 잠시 후 客將[143]이 말하기를 '한 관원이 글을 올려 大資[144]를 뵙고자 합니다.'라고 하였다. 나는 무슨 급박하고 긴절한 公事가 있으리라 생각했는데, 자기를 알아주기를 구하는 것이었다. 내가 말하기를 '大資가 벼슬자리에 있으면서 인재를 구하지 않고, 사람들로 하여금 찾아와 자기를 알아주기를 구하게 하니, 이 무슨 道理입니까?'라고 하자, 夷叟가 말하기를 '다지 正叔이 너무 고집스러운 것이니, 추천서를 구하는 것은 항상 있는 일입니다.'라고 하였다. 내가 말하기를 '그렇지 않습니다. 일찍이 구하지 않는 자에게는 주지 않고, 와서 구하는 자에게는 주었기 때문에 마침내 사람들이 이와 같이 하는 것입니다.'라고 하니, 지국이 곧 승복하였다."

---

140) 韓持國 : 韓維(1017~1098)이다. 持國은 그의 자이며, 호는 南陽으로, 雍丘 사람이다. 재상의 천거로 벼슬길에 나아가 門下侍郎·太子少傅 등을 지냈으며, 南陽郡公에 봉해졌다.

141) 范夷叟 : 范純禮(1031~1106)이다. 자는 夷叟 또는 彝叟이고, 시호는 恭獻이며, 蘇州 吳縣 사람이다. 范仲淹의 셋째 아들이다. 父蔭으로 秘書省 正字가 되었고, 遂州知州를 지냈다. 哲宗 때 給事中이 되었고, 王安石의 新法을 완전히 없애는 것에 반대하였다. 徽宗 때 龍圖閣 直學士·尚書右丞을 지냈다. 王詵의 무고를 받아 좌천되었다가 후에 左朝議大夫로 복귀하였다.

142) 穎昌 : 지금의 河南省 許昌市 동쪽 지방이다.

143) 客將 : 빈객의 접대를 관장하는 관리이다.

144) 大資 : 韓維가 당시 資政殿 大學士를 지내고 있었으므로, 大資라 하였다.

先生이 云호되 韓持國服義는 最不可得이라 一日에 某與持國范夷叟로 泛舟于穎昌西湖한대 須臾客將云호되 有一官員이 上書하여 謁見大資라 某將謂有甚急切公事러니 乃是求知己라 某云호되 大資居位하여 却不求人하고 乃使人到來求己하니 是甚道理오 夷叟가 云호되 只爲正叔①太執이니 求薦章은 常事也라 某云호되 不然이라 只爲曾有不求者不與하고 來求者與之하여 遂致人如此라하니 持國이 便服이라

①〈正叔은〉 어떤 판본에는 '姨夫'로 되어 있다.
一作姨夫.

76. 선생이 당초 벼슬을 받았을 때 휴가를 내고 이리저리 의원을 찾아다니려 하고 그런 뒤에 직무를 수행하였다. 門人 尹焞[145]이 심각하게 따지기를 "직무를 수행하는 것이 옳지 않습니다."라고 하자, 선생이 말하였다.

"새로운 임금[146]이 즉위하여 제일 먼저 임금의 은혜를 입어 2천 리 밖에서 풀려나 돌아오게 되었으니, 또한 벼슬을 받지 않을 도리가 없었다. 내가 이전 조정[147]에서 벼슬한 것은 나를 알아주는 경우였다. 당시 집정 대신이 모두 서로 아는 사람이었기 때문에 이와 같이 벼슬을 받는 것은 마땅하지 않았다. 지금은 집정 대신이 모두 서로 모르는 사람들이니, 조정의 뜻은 단지 나의 가난을 가엾게 여겨 이 땅에서 굶주리게 하지 않으려는 것[148]이다. 나는 그 조정의 두터운 마음을 받아들여 한 달 치의 料錢을 받았다. 그러나 벼슬살이는 내가 반드시 잘할 수 있는 것이 아니다. 이미 그 임명장을 받고 직무를 수행하지 않는 것은 벼슬을 받지 않는 것과 같다. 그래서 직무를 수행하는 데에

145) 尹焞 : 1071~1142. 자는 彦明·德充, 호는 和靖으로, 洛陽 사람이다. 程頤에게 수학하였다. 1089년 과거에 응시했는데, 元祐諸臣들을 誅戮해야 한다는 試題를 보고서 돌아와 다시는 과거에 응시하지 않았다. 種師道의 천거로 京師에 와서 和靖處士란 호를 하사받았다. 高宗 때 崇政殿說書·禮部侍郎·徽猷閣待制 등을 지냈다. 金나라와의 화의를 극력 반대하다가 致仕를 청하였다.
146) 새로운 임금 : 徽宗을 가리킨다.
147) 이전 조정 : 哲宗朝를 가리킨다.
148) 나의……것 : ≪孟子≫ 〈告子 下〉에 陳子가 군자의 出仕에 대해 묻자, 孟子가 "나아가는 경우가 세 가지요, 떠나는 경우가 세 가지이다.……그 아래는 아침도 먹지 못하고 저녁도 먹지 못하여 굶주려서 門戶를 나갈 수 없게 되었을 적에, 임금이 그 소식을 듣고 '내가 크게는 그의 道를 행하지 못하고, 또 그의 말을 따르지 못하여 내 땅에서 굶주리게 하는 것을 내 부끄러워한다.'라고 하고 구휼해주면 또한 그것을 받을 수 있거니와, 죽음을 면할 정도만 받을 뿐이다.〔所就三 所去三……其下 朝不食 夕不食 飢餓不能出門戶 君聞之曰 吾大者 不能行其道 又不能從其言也 使飢餓於我土地 吾恥之 周之 亦可受也 免死而已矣〕"라고 한 데서 나왔다.

며칠을 보내어 그 조정의 선의를 받들어 따르고, 그런 뒤에 오직 내가 하고자 하는 것을 할 뿐이다."

先生初受命에 便在假하여 欲迤邐尋醫하고 既而供職이라 門人尹焞이 深難之하여 謂供職非是하니 先生曰 新君卽位하여 首蒙大恩하여 自二千里放回하니 亦無道理不受라 某在先朝는 則知某者也라 當時執政大臣이 皆相知라 故로 不當如此受라 今則皆無相知하니 朝廷之意는 只是怜其貧하여 不使飢餓於我土地라 某須領他朝廷厚意하여 與受一月料錢이라 然이나 官則某必做不得이라 既已受他誥하고 却不供職은 是與不受同이라 且略與供職數日하여 承順他朝廷善意了하고 然後에 惟吾所欲이라

77. 선생이 인하여 말하였다.

"오늘날 직무를 수행할 적에 가장 중요한 것은 그런 일을 해서는 안 되는 것이다. 아전이 轉運司에 신고하는 글에 서명하라고 하는데, 나는 일찍이 서명하지 않았다. 國子監은 본래 臺省[149]에 속하고 臺省은 조정의 관사에 속하니, 外司가 일이 있으면 마땅히 신고하는 글을 올려야지, 어찌 臺省에서 거꾸로 外司에 신고하는 이치가 있겠는가. 이전 사람들이 오직 利害만을 따지고 事體를 따지지 않았기 때문에 곧바로 이렇게 된 것이다. 모름지기 聖人이 名分을 바로잡고자 한 부분[150]을 보아야 하니, 名分이 바르지 못할 때에는 곧 禮樂이 일어나지 못하게 된다고 말씀한 것을 보면 자연히 관례에 따를 수 없다. 禮樂이 어찌 옥과 비단을 주고받으며 종과 북을 울리는 것이겠는가?[151] 오늘날의 가장 중요한 것은 이와 같은 일이다. 사람들은 이런 이치를 알지 못하여 한결같이 그렇게 하기를 좋아한다. 나는 다른 직책은 수행할 수 없으나, 만약 그런 일을 하게 될 때에는 하나하나 이치를 이해할 것이다."

149) 臺省 : 尙書省의 이칭이다.

150) 聖人이……부분 : 孔子가 子路에게 名分을 바로잡는 것에 대해 말하기를 "명분이 바르지 못하면 말이 순하지 못하고, 말이 순하지 못하면 일이 이루어지지 못하고, 일이 이루어지지 못하면 禮樂이 일어나지 못하고, 예악이 일어나지 못하면 형벌이 알맞지 못하고, 형벌이 알맞지 못하면 백성들이 손발을 둘 곳이 없어진다.〔名不正 則言不順 言不順 則事不成 事不成 則禮樂不興 禮樂不興 則刑罰不中 刑罰不中 則民無所措手足〕"라고 하였다.(≪論語≫ 〈子路〉)

151) 禮樂이……것이겠는가 : ≪論語≫ 〈陽貨〉에 孔子가 말하기를 "'이것이 禮이다, 이것이 禮이다.'라고 하지만, 禮가 어찌 玉帛을 받드는 것을 말하는 것이겠는가? '이것이 樂이다, 이것이 樂이다.'라고 하지만, 樂이 어찌 鍾鼓를 연주하는 것을 말하는 것이겠는가?〔禮云禮云 玉帛云乎哉 樂云樂云 鍾鼓云乎哉〕"라고 하였다.

先生이 因言호되 今日供職에 只第一件便做他底不得이라 吏人이 押申轉運司狀이어늘 某不曾簽이라 國子監은 自係臺省이요 臺省은 係朝廷官이라 外司有事어든 合行申狀이니 豈有臺省倒申外司之理리오 只爲從前人이 只計較利害하고 不計較事體하여 直得恁地라 須看聖人欲正名處니 見得道名不正時에 便至禮樂不興이면 自然住不得이라 夫禮樂이 豈玉帛之交錯과 鍾鼓之鏗鏘哉리오 今日第一件便如此라 人不知하여 一似好做作只這些子라 某便做他官不得이나 若做他底時엔 須一一與理會라

78. 謝良佐가 일찍이 물었다.

"涪州로 유배가신 것[152]은 그 이유를 알겠으니, 族子와 故人 때문일 것입니다."

선생이 답하여 말하였다.

"族子는 지극히 어리석으니 책망할 것이 없고, 故人은 지극히 돈후하니 감히 의심할 것이 없다. 孟子는 이미 天命을 알았으니, 어찌 臧氏를 허물했겠는가.[153]"

그로 인하여 물었다.

"邢七(邢恕)[154]이 비록 악행을 저질렀지만 반드시 선생을 모함하려 한 것은 아닐 것입니다."

선생이 말하였다.

"그러하다. 형칠도 나에게 편지를 보내어 '여러 번 權宰에게 말하였습니다.'라고 하였으니, 자신이 言官이 된 것도 잊고서 이런 말을 한 것이다. 그가 나를 모함했는지 모함하지 않았는지는 모르겠으나, 다만 구제할 바와 구제하지 않아야 할 바가 곧 그 사이에 있다."

또 물었다.

---

152) 涪州로……것 : 程頤는 哲宗 초 司馬光·呂公著 등의 천거로 1086년 비서성 교서랑에 제수되어 講官으로 있다가 1090년 사직하고 귀향하였다. 철종이 親政을 하면서 新法에 반대한 奸黨에 포함되어 1094년 四川省 涪州로 유배되었다가 徽宗 초에 풀려났다.

153) 孟子는……허물했겠는가 : 魯나라 平公이 孟子를 만나려 하자, 嬖人 臧倉이 맹자는 어머니의 상을 아버지의 상보다 후하게 지냈으니 만나지 말 것을 청하여 평공이 그렇게 하였다. 맹자의 제자인 樂正子가 그 사실을 고하자, 맹자가 말하기를 "행하는 것이 혹 누가 시켜서이기도 하고, 멈추는 것이 혹 누가 막아서이기도 하지만, 행하고 멈추는 것은 사람이 할 수 있는 것이 아니다. 내가 노나라 임금을 만나지 못한 것은 하늘의 뜻이니, 臧氏의 아들이 어떻게 나로 하여금 임금을 만나지 못하게 할 수 있겠는가.〔行 或使之 止 或尼之 行止 非人所能也 吾之不遇魯侯 天也 臧氏之子焉能使予不遇哉〕"라고 한 데서 나왔다.(≪孟子≫ 〈梁惠王 下〉)

154) 邢七 : 邢恕이다. 자는 和叔이다. 程顥의 문하에 출입하며 명성을 얻었는데, 司馬光의 客이 되었다가 章惇과 蔡京 등에게 붙어 스승을 배반하고 모함하였다.

"형칠이 오랫동안 선생을 따랐으나, 생각하건대 지식이 전혀 없어 뒤에 지극히 낭패할 것입니다."

선생이 말하였다.

"그를 전혀 지식이 없다고 말하는 것은 불가하다. 단지 義理가 利欲의 마음을 이길 수 없어 곧 이와 같은 지경에 이른 것이다."

謝某가 曾問호되 涪(부)州之行은 知其由來하니 乃族子與故人耳니이다① 先生이 答云호되 族子至愚하니 不足責이요 故人至②厚하니 不敢疑라 孟子既知③天하니 安用尤臧氏리오 因問호되 邢七雖爲惡이나 然必不到更傾先生也니이다 先生曰 然이라 邢七亦有書到某云호되 屢於權宰處言之라하니 不知身爲言官하고 却說此話라 未知傾與不傾이나 只合救與不救가 便在其間이라 又問호되 邢七이 久從先生이로되 想都無知識하여 後來極狼狽니이다 先生曰 謂之全無知則不可라 只是義理不能勝利欲之心하여 便至如此也라

① 族子는 程公孫을 말하고, 故人은 邢恕를 말한다.
族子謂程公孫, 故人謂邢恕.

② 〈至는〉 어떤 판본에는 '情'으로 되어 있다.
一作情.

③ 〈既知는〉 어떤 판본에는 '繫之'로 되어 있다.
一作繫之.

79. 선생이 말하였다.

"나는 17~18세부터 ≪論語≫를 읽었는데, 당시에 이미 글의 뜻을 환히 알았다. 읽는 것이 오래될수록 단지 氣味가 더욱 심장하다는 것을 깨달을 뿐이었다. ≪논어≫는 읽은 뒤에도 전혀 아무 일이 없는 자가 있고, 읽은 뒤에 그중 한두 구절을 얻어 기뻐하는 자가 있고, 읽은 뒤에 그것을 알고 좋아하는 자가 있고, 읽은 뒤에 자기도 모르게 손으로 춤추고 발로 뛰는 자가 있다."

先生이 云호되 某自十七八讀論語한대 當時已曉文義라 讀之愈久에 但覺氣味深長이라 論語는 有讀了後全無事者요 有讀了後其中得一兩句喜者요 有讀了後知好之者요 有讀了後不知手之舞之足之蹈之者라

80. 요즘 사람들은 책을 제대로 읽을 줄 모른다. 예컨대 "≪詩經≫ 3백 편을 외우면서도 정사를 맡겼을 적에 통달하지 못하며, 四方에 使臣을 가서 혼자 일을 처결하지 못한다면 비록 시를 많이 외운들 어디에 쓰겠는가?"[155]라고 하였으니, 모름지기 ≪시경≫을 아직 읽지 않았을 적에는 정사를 맡겨도 통달하지 못하며 사방에 사신을 가도 혼자 일을 처결하지 못했더라도, ≪시경≫을 읽은 뒤에는 곧 정사에 통달하고 사방에 사신을 가서 능히 혼자 일을 처결할 수 있어야 비로소 ≪시경≫을 제대로 읽은 것이다. "사람으로서 周南과 召南을 배우지 않으면 담장을 정면으로 마주하여 서 있는 것과 같다."[156] 라고 하였으니, 모름지기 周南과 召南을 아직 읽지 않았을 적에는 한결같이 담장을 마주한 듯하다가도 읽은 뒤에는 곧 담장을 마주한 듯하지 않아야 바야흐로 효험이 있는 것이다. 대저 글을 읽을 적에는 단지 이것이 곧 그 방법이다. 예컨대 ≪論語≫를 읽을 적에 예전 읽지 않았을 적에도 이러한 사람이요, 읽은 뒤에도 단지 이런 사람이라면 이는 읽은 적이 없는 것이다.

今人은 不會讀書라 如誦詩三百호되 授之以政에 不達하며 使(시)於四方에 不能專對하면 雖多나 亦奚以爲리오하니 須是未讀詩時엔 授以政不達하며 使四方에 不能專對라도 旣讀詩後엔 便達於政하며 能專對四方이라야 始是讀詩라 人而不爲周南召南이면 其猶正墻面而立인저하니 須是未讀周南召南이면 一似面墻이라도 到讀了後엔 便不面墻이라야 方是有驗이라 大抵讀書는 只此便是法이라 如讀論語에 舊時未讀是這箇人이요 及讀了後에도 又只是這箇人이면 便是不曾讀也라

81. 대개 上一爻는 모두 師保[157]의 직책이니, 이 한 爻를 감당하기에 충분하다.

大率上一爻는 皆是師保之任이니 足以當此一爻也라

82. 佛學을 배우지 않으려면 모름지기 그것이 보잘것없는 것임을 깨달으면 자연히 배우지 않을 것이다.

若要不學佛이면 須是見得他小어든 便自然不學이라

155) 詩經……쓰겠는가 : ≪論語≫ 〈子路〉에 보인다.
156) 사람으로서……같다 : ≪論語≫ 〈陽貨〉에 보이는 말로, 孔子가 아들 孔鯉에게 한 말이다.
157) 師保 : 제왕을 보필하며 왕실 자제를 교육시키는 관직이다.

83. 文中子(王通)[158]는 본래 한 명의 덕을 숨긴 군자인데, 세상 사람들이 종종 그의 의론을 얻어 견강부회하여 책을 만들었다. 그중에는 格言도 많으니, 荀子와 楊子도 말하지 못한 것이다. 또한 한 가지 사안이 있으면 절반은 좋고 절반은 좋지 못하다. 예컨대 "魏徵이 묻기를 '聖人도 근심함이 있는가?'라고 하자, 문중자가 '천하 사람들이 모두 근심하니, 나만 홀로 근심하지 않을 수 있겠는가?'라고 하였다. 또 의심함에 대해 묻자, 문중자가 '천하 사람들이 모두 의심하니, 나만 홀로 의심하지 않을 수 있겠는가?'라고 하였다. 위징이 물러간 뒤 문중자가 董常에게 말하였다. '天道를 즐거워하고 天命을 아니 내 어찌 근심하겠으며, 이치를 궁구하고 본성을 극진히 하니 내 어찌 의심하겠는가?'"[159]라고 하였으니, 이 말은 지극히 좋다. 아래 절반은 도리어 "위징이 질문한 것은 행적이고, 내가 너에게 알려준 것은 마음이다. 마음과 행적이 나누어진 지가 오래되었다."[160]라고 하였으니, 이는 道를 어지럽히는 말이다.

王通

魏徵

文中子는 本是一隱君子나 世人이 往往得其議論하여 附會成書라 其間에 極有格言하니 荀楊道不到處라 又有一件事면 半截好요 半截不好라 如魏徵이 問호되 聖人有憂乎아하니 曰 天下皆憂하니 吾獨得不憂리오 問疑하니 曰 天下皆疑하니 吾獨得不疑리오 徵退하니 謂董常曰 樂天知命하니 吾何憂리오 窮理盡性하니 吾何疑리오하니 此言極好라 下半截은 却云호되 徵所問者는 迹也요 吾告汝者는 心也라 心迹之判이 久矣라하니 便亂道라

---

158) 文中子 : 王通(584~617)이다. 隋나라 때의 학자로, 자는 仲淹, 시호는 文中子이다. 조정에 〈太平十二策〉을 올렸으나 쓰이지 않자, 물러나 河水와 汾水 사이에서 살며 후학을 양성하였다. 저술로 ≪中說≫이 있다.

159) 魏徵이……의심하겠는가 : ≪中說≫ 〈問易篇〉에 보인다.

160) 위징이……오래되었다 : 上同.

84. 文中子가 말하기를 "封禪[161]의 비용은 옛 제도가 아니니, 그것은 秦·漢의 사치스러운 마음이다."[162]라고 하였는데, 이 말은 지극히 좋다. 옛날의 封禪은 나라가 잘 다스려지는 것을 자랑함을 일컫는 것이 아니라 本分에 의거하여 天地에 제사 지내는 것이었는데, 후세에는 이것을 가지고 하나의 자랑거리로 삼았다. 예컨대 周頌에서 成功을 고하는 것은 先王의 功德을 진술하는 것이지, 자기의 공덕을 자랑함을 말하는 것이 아니다.

文中子가 言호되 封禪之費는 非古也니 其秦漢之侈心乎인저하니 此言이 極好라 古者에 封禪은 非謂誇治平이요 乃依本分祭天地니 後世便把來做一件矜誇底事라 如周頌告成功은 乃是陳先王功德이요 非謂誇自己功德이라

85. 文中子의 續經[163]은 매우 이치에 어긋나니, 아마도 이 글은 본래 없었던 듯하다. 예컨대 ≪續書≫는 漢나라에서 시작하는데, 한나라 이래의 制誥가 어찌 기록할 만한 것이겠는가. ≪續詩≫는 6代의 시를 수록하였는데, 晉·宋·後魏·北齊·後周·隋나라의 詩와 같은 것이 어찌 채집할 만한 것이겠는가.

文中子續經은 甚謬니 恐無此라 如續書始於漢이어늘 自漢已來制誥가 又何足記리오 續詩之備六代어늘 如晉宋後魏北齊後周隋之詩가 又何足采리오

韓愈

86. 韓退之(韓愈)가 말하기를 "孟子는 순수하고 순수하다."[164]라고 하였으니, 이 말은 지극히 좋다. 孟子의 의도를 깨달은 자가 아니면 또한 이렇게 말할 수 없다. 그가 말하기를 "荀子와 楊子는 크게 순수하면

161) 封禪 : 封禪은 고대에 제왕이 天地에 올리던 제사로, 泰山 위에 단을 쌓아 하늘의 공에 보답하는 것을 封이라 하고, 태산 아래 梁父山에 마당을 만들어 땅의 덕에 보답하는 것을 禪이라 하였다.

162) 封禪의……마음이다 : ≪中說≫ 〈王道篇〉에 "子曰 封禪之費 非古也 徒以夸天下 其秦漢之侈心乎"라고 하였다.

163) 續經 : 王通이 六經을 모방하여 만든 ≪禮論≫, ≪樂論≫, ≪續書≫, ≪續詩≫, ≪元經≫, ≪贊易≫을 말한다.

164) 孟子는……순수하다 : 韓愈의 〈讀荀子〉에 "孟子는 순수하고 순수한 자이며, 荀子와 楊子는 크게 순수하면서도 약간 흠이 있다.〔孟氏 醇乎醇者也 荀與楊 大醇而少疵〕"라고 한 데서 나왔다.

서도 약간 흠이 있다."라고 하였으니, 이 말은 옳지 않다. 순자는 지극히 편협하고 어긋났으니, '性은 악하다.〔性惡〕'라는 한 구절은 大本을 이미 잃었다. 楊子는 비록 허물이 적으나 이미 스스로 性을 알지 못하였으니, 다시 무슨 道를 말하겠는가.

韓退之가 言호되 孟子醇乎醇이라하니 此言은 極好라 非見得孟子意면 亦道不到라 其言에 荀楊은 大醇小疵라하니 則非也라 荀子는 極偏駁하니 只一句性惡은 大本已失이라 楊子는 雖少過나 然已自不識性이니 更說甚道리오

87. 韓退之가 "널리 사랑하는 것을 仁이라 하고, 행하면서 마땅하게 하는 것을 義라 한다. 이를 말미암아 나아가는 것을 道라 하고, 자기에게 만족하여 밖에서 기대함이 없는 것을 德이라 한다."[165]라고 하였으니, 이 말은 좋다. 그러나 그가 "仁과 義는 정해진 이름이고, 道와 德은 공허한 지위이다."[166]라고 한 것은 이치를 어지럽히는 말이다. 다만 〈原道〉 한 편은 지극히 좋다. 한퇴지는 매양 한두 가지 이치를 곧장 정확하게 포착해내어 마치 道를 아는 듯했다. 그러나 그것은 단지 이치를 포착해낸 것일 뿐이었다.

韓退之가 言호되 博愛之謂仁이요 行而宜之之謂義요 由是而之焉之謂道요 足乎己無待於外之謂德이라하니 此言이 却好라 只云호되 仁與義는 爲定名이요 道與德은 爲虛位라함은 便亂說이라 只如原道一篇은 極好라 退之는 每有一兩處를 直是搏得親切하여 直似知道라 然이나 却只是搏也라

88. 선생에게 물었다.

"文中子(王通)가 말하기를 '諸葛亮이 죽지 않았다면 禮樂은 흥성했을 것이다.'[167]라고 하였는데, 제갈량이 예악을 감당할 수 있었겠습니까?"

선생이 말하였다.

"예악은 감히 그에게 바랄 수 없다. 다만 제갈량은 왕을 보좌할 재주에 가까웠을 뿐이다."

또 물었다.

諸葛亮

165) 널리……한다 : 韓愈의 〈原道〉에 보인다.
166) 仁과……지위이다 : 上同.
167) 諸葛亮이……것이다 : ≪中說≫ 〈王道篇〉에 "子曰 使諸葛亮而無死 禮樂其有興乎"라고 하였다.

"예컨대 제갈량이 劉璋의 영지를 취한 일[168)]은 어떠합니까?"

선생이 말하였다.

"단지 이 한 가지 일만은 크게 옳지 못하니, 곧 利害를 따진 것이다. 당시 이 땅을 얻지 않으면 터전을 삼을 곳이 없었기 때문이지만, 그렇다고 어찌 남이 특별히 자신을 맞이하러 나왔는데 앉은 자리에서 그를 사로잡을 수 있겠는가. 대단히 잘못된 처사이니, 이는 이익을 추구한 것이다. 군자는 그렇게 하지 않는다. 단지 하나라도 의리상 불가하면 그만두니, 어찌 구차하게 할 수 있겠는가?"

또 물었다.

"예컨대 湯임금이 약한 자를 겸병하고 몽매한 자를 공격한 것[169)]은 어떠합니까?"

선생이 말하였다.

"약자를 겸병한다는 것은 겸병하여 그 땅을 취함을 말하는 것이 아니라, 단지 약자를 도와 그와 더불어 서로 함께하는 것이다. 몽매한 자는 공격하고, 어지러운 자는 취하고, 망할 조짐이 있는 자는 모욕을 준다."

問호되 文中子가 謂호되 諸葛亮無死어든 禮樂은 其有興乎인저한대 諸葛亮은 可以當此否잇가 先生曰 禮樂은 則未敢望他라 只是諸葛已近王佐라 又問호되 如取劉璋事는 如何잇가 先生曰 只有這一事大不是니 便是計較利害라 當時只爲不得此면 則無以爲資라 然이나 豈有人特地出迎他한대 却於坐上執之리오 大段害事니 只是箇爲利라 君子則不然이라 只一箇義不可便休니 豈可苟爲리오 又問호되 如湯兼弱攻昧는 如何잇가 先生曰 弱者兼之는 非謂幷兼取他요 只爲助他하여 與之相兼也라 昧者는 乃攻이요 亂者는 乃取요 亡者는 乃侮라

89. 張良은 또한 한 사람의 儒者였으니, 나아가고 물러나는 사이에 지극히 道理가 있었다. 사람들은 漢 高祖가 장량을 능히 등용하였다고 말하지만, 도리어 장량이 고조를 능

168) 劉璋의……일 : 諸葛亮이 益州刺史 劉璋의 요청으로 張魯를 토벌하기 위해 익주로 갔는데, 이듬해 유장과 劉備의 전쟁이 일어나 유비가 유장을 몰아내고 익주를 차지하였다. 이 일로 蜀漢의 기반이 이루어졌다.

169) 湯임금이……것 : ≪書經≫ 〈商書 仲虺之誥〉에 "諸侯 중에 賢者를 돕고 덕이 있는 자를 도우시며, 충성스러운 자를 드러내고 어진 자를 이루어 주시며, 약한 자를 겸병하고 몽매한 자를 공격하시며, 어지러운 자를 취하고 망할 조짐이 있는 자에게 모욕을 주어, 망하는 것을 밀어내고 보존하는 것을 튼튼하게 하셔야 나라가 번창할 것입니다.〔佑賢輔德 顯忠遂良 兼弱攻昧 取亂侮亡 推亡固存 邦乃其昌〕"라고 한 데서 나왔다.

히 이용하였음을 알지 못한다. 장량은 계책을 함부로 내지 않았으나, 계책을 내면 반드시 적중하였다. 예컨대 나중에 太子를 세운 일[170]은 모두 한 고조로 하여금 반드시 따르게 하여 그를 왼쪽으로 가게 하면 왼쪽으로 가고 오른쪽으로 가게 하면 오른쪽으로 가게 한 것이니, 어찌 장량이 한 고조를 이용한 것이 아니겠는가. 장량은 본래 한 고조를 섬기지 않았으니,[171] 항상 "韓王을 위해 沛公에게 온 사람입니다."[172]라고 하였다. 장량의 마음을 보면 단지 천하를 위해서 한 고조와 함께 일을 성취한 것이다. 나중에 赤松子[173]와 함께 노닐고자 하였으니, 한 고조를 섬기려 하지 않은 것이 이와 같다.

張良은 亦是箇儒者니 進退間에 極有道理라 人道漢高祖能用張良이나 却不知是張良能用高祖라 良은 計謀不妄發이나 發必中이라 如後來立太子事는 皆是能使高祖必從하여 使之左便左하고 使之右便右니 豈不是良用高祖乎리오 良은 本不事高祖니 常言爲韓王送沛公이라 觀良心컨대 只是爲天下하여 且與成就却事라 後來에 與赤松子遊하니 只是箇不肯事高祖가 如此라

90. 五德의 운행에는 이러한 道理가 있다. 모든 일에는 모두 이 다섯 가지 덕이 있으니, 작은 일에서부터 큰일에 이르기까지 이루 다 셀 수가 없다. 一日로 말하자면 본래 一日의 陰·陽이 있고, 一時로 말하자면 본래 一時의 陰·陽이 있고, 一歲로 말하자면 본래 一歲의 陰·陽이 있고, 一紀[174]로 말하자면 본래 一紀의 陰·陽이 있다. 氣의 운행은

---

170) 太子를……일 : 漢 高祖 劉邦이 처음에 呂后의 아들 劉盈을 태자로 삼았는데, 戚夫人을 사랑하여 그 소생 劉如意를 태자로 삼으려 하였다. 여후가 張良에게 도움을 요청하자, 장량은 황제가 존경하던 商山의 四皓(東園公·綺里季·夏黃公·甪里先生)를 초빙하여 태자를 보필하게 하였다. 고조는 여러 신하의 간언에도 불구하고 마음을 바꾸지 않다가, 四皓가 태자를 따르는 것을 보고서 마침내 그 마음을 거두었다.(≪史記≫ 卷55 〈留侯世家〉)

171) 장량은……않았으니 : 張良은 본래 韓나라 사람으로, 조부와 부친은 모두 한나라의 재상을 지냈다. 秦나라가 한나라를 멸망시키자, 장량은 원수를 갚기 위해 始皇帝를 공격했다가 실패하고 달아나 협객이 되었다가 이후 劉邦의 휘하로 들어갔다.

172) 韓王을……사람입니다 : 秦 二世皇帝 3년(B.C. 207) 楚 懷王이 제일 먼저 函谷關에 들어가 關中을 평정하는 사람을 關中王으로 삼겠다고 하여 마침내 劉邦이 秦王의 항복을 받아 관중을 평정하였다. 항우는 유방이 관중을 평정했다는 것을 듣고 관중을 공격하려 하였다. 이때 항우의 季父인 項伯이 평소 자신과 친분이 있던 張良에게 이 사실을 알려주며 자신과 함께 떠나가자고 하였다. 장량은 "신은 韓王을 위해 沛公에게 온 사람입니다. 패공에게 지금 위급한 일이 있는데, 도망가는 것은 의롭지 못하니, 말하지 않을 수 없습니다."라고 하고서 유방에게 모두 고하고 항백을 만나보게 하였다. 이에 항백의 계책에 따라 유방은 항우에게 사죄하고 관중에서 물러났다.(≪史記≫ 卷7 〈項羽本紀〉, ≪史記≫ 卷8 〈高祖本紀〉)

173) 赤松子 : 전설 속의 신선이다. 神農氏 때의 雨師로, 水晶을 복용하며 불 속에 들어가도 타지 않았으며, 崑崙山에 이르러 늘 西王母의 石室에 머물렀다고 한다.

쉬지 않으니, 예컨대 王者의 一代는 또 하나의 큰 陰·陽이다. 唐나라는 土德이어서 강이 범람하는 근심이 적었고, 本朝는 火德이어서 水災가 많다. 대개 이런 이치가 있는 것도 단지 이 五德의 운행 위에 道理가 있어서이다. 예컨대 關朗이 1백 년 뒤를 점친 것[175]은 매우 좋다. 그 사이에서 '이와 같이 대처하면 길하고, 이와 같이 대처하지 않으면 흉하다.'라고 하였으니, 매사에 이와 같이 하면 대개 天命이라 하더라도 사람이 빼앗을 수 있다. 예컨대 仙家에서 형체를 수양하여 노쇠한 수명을 빼앗고, 聖人은 道가 있어 쇠퇴한 命을 연장시키니, 이러한 道理가 있기 때문이다.

五德之運은 却有這道理라 凡事에 皆有此五般하여 自小至大히 不可勝數라 一日言之면 便自有一日陰陽이요 一時言之면 便自有一時陰陽이요 一歲言之면 便自有一歲陰陽이요 一紀言之면 便自有一紀陰陽이라 氣運不息하니 如王者一代는 又是一箇大陰陽也라 唐是土德이라 便少河患하고 本朝火德이라 多水①災라 蓋亦有此理도 只是須於這上有道理라 如關朗卜百年事는 最好라 其間에 須言如此處之則吉하고 不如此處之則凶이라하니 每事如此어든 蓋雖是天命이라도 可以人奪也라 如仙家養形하여 以奪旣衰之年하고 聖人有道하여 以延已衰之命하니 只爲有這道理일새라

①〈水는〉 어떤 판본에는 '火'로 되어 있다.
一作火.

91. 혹자가 말하였다.

"평소 남이 말하는 어조를 관찰하면 곧 그 사람을 알 수 있습니다."

선생이 말하였다.

"또한 어찌 다 그렇게 할 수 있겠는가. 예전에 橫渠(張載)가 일찍이 이런 것으로 사람을 관찰하였는데, 적중하지 않은 적이 없었다. 그러나 나는 그가 이와 같이 하는 것을 인정하지 않았다. 나중에 그의 아우 張戩도 그에게 배워 이와 같이 하였는데, 사람을 관찰한 것이 모두 적중하지 않았으니, 이 어찌 배울 수 있는 것이겠는가."

張載

174) 一紀 : 12년이다.
175) 關朗이……것 : 關朗은 北魏 때 ≪周易≫에 밝았던 사람으로, ≪關氏易傳≫을 지었다.

或云호되 尋常觀人出辭氣면 便可知人이라 先生曰 亦安可盡이리오 昔에 橫渠가 嘗以此觀人한대 未嘗不中이라 然이나 某不與他如此라 後來에 其弟戩도 亦學他如此한대 觀人皆不中하니 此安可學이리오

92. ≪黃帝內經素問≫의 글의 기상을 살펴보건대 戰國時代의 사람이 지은 것이다. 그것을 三墳의 글[176]이라고 말하는 것은 옳지 않으나, 이 책의 道理는 모두 옳으니, 생각건대 당시에 또한 내력이 있었을 것이다. 그중에 다만 氣運에 대한 설은 쓸 수 없으니, 그 法이 잘못되었다거나 잘못되지 않았다는 점은 말하지 않겠다. 그 법이 잘못이 아니더라도 쓸 수 없다. 그 외 "堯·舜 때에는 열흘에 한 번 바람이 불고, 닷새에 한 번 비가 내렸다."라는 설은 비로소 쓸 수 있다. 또한 장마와 가뭄을 말한 경우, 올해의 氣運으로는 마땅히 장마가 져야 하는데 河北은 장마가 지고 江南은 가뭄이 들 때가 있다. 이는 또한 각각 방위의 氣가 같지 않음이 있는 것이다. 또한 한 州, 한 縣 안에서도 장마와 가뭄이 같지 않은 경우가 있으니, 어찌 확정할 수 있겠는가.

觀素問文字氣象컨대 只是戰國時人作이라 謂之三墳書는 則非也나 道理却總是니 想當時亦須有來歷이라 其間에 只是氣運使不得이니 錯不錯은 未說이라 就使其法不錯이라도 亦用不得이라 除是堯舜時에 十日一風하고 五日一雨는 始用得이라 且如說潦旱은 今年氣運當潦한대 然有河北潦하고 江南旱時라 此且做各有方氣不同이라 又却有一州一縣之中潦旱不同者니 怎生定得이리오

93. 佛學을 배우는 자는 대부분 是非를 잊으려 하지만, 是非를 어찌 잊을 수 있겠는가. 본래 허다한 道理가 있으니, 어찌 잊어버리길 일삼겠는가. 일 밖에 마음이 없고, 마음 밖에 일이 없다. 세상 사람들은 사물에 부림을 당하면 일이 많음을 괴롭게 느낀다. 만약 사물을 각각 사물에 맡겨두면 곧 사물을 부리게 된다. 세상 사람들은 일제히 저 어둡고 미혹한 바다 속이나 얽매이고 집착하는 구덩이 속에 있기 때문에 곧 일마다 마음이 빠져나오지 못하여 자신을 그 속에 매몰시킨다.

學佛者는 多要忘是非나 是非를 安可忘得이리오 自有許多道理니 何事忘爲리오 夫事外無心하고 心外無事라 世人은 只被爲物所役이면 便覺苦事多라 若物各付物이면 便役物也라 世人은 只爲一

176) 三墳의 글 : 三皇의 글을 말한다.

齊在那昏惑迷暗海中하고 拘滯執泥坑裏하여 便事事轉動不得이라 沒著身處라

94. 莊子는 物을 동등하게 보았는데, 物은 본래 동등하니 어찌 네가 동등하게 보기를 기다리겠는가. 무릇 物은 이처럼 다양하니, 만약 동등하게 보려 한다면 특별히 어디로 가서 발을 딛고 손을 쓰겠는가. 이는 이치가 하나임을 미루어나가는 것에 지나지 않는다. 物은 동등하지 않은 적이 없고, 단지 너 자신의 시각이 동등하지 않은 것이니, 物이 동등하지 않은 것과는 상관이 없다.

莊子

莊子齊物한대 夫物本齊하니 安俟汝齊리오 凡物如此多般하니 若要齊時인댄 別去甚處下脚手리오 不過得推一箇理一也라 物은 未嘗不齊요 只是你自家不齊니 不干物不齊也라

95. 선생이 經筵官으로 있을 때 궁궐 아래 後苑에 坊을 만들어 금으로 만든 물통 두 쌍을 가져다 두었다는 말을 듣고서 潞公(文彦博)[177]을 만나 물어보았다. 노공이 말하기를 "그런 것은 없습니다. 내가 일찍이 궁궐에 들어갔을 때 보았던 것은 단지 주홍색 물통뿐이었으니, 금으로 만든 것은 없었습니다."라고 하였다. 선생이 마침내 문서를 찾게 하여 노공에게 보여주니, 노공이 비로소 놀라며 괴이하게 여겼다. 선생은 당시 물어보게 하여 알아내려 하였으나,

文彦博

177) 潞公 : 文彦博(1006~1097)이다. 자는 寬夫, 시호는 忠烈로, 汾州 介休 사람이다. 1027년 진사에 급제하여 樞密副使・參知政事 등을 지냈다. 貝州에서 일어난 王則의 반란을 진압하고 同中書門下平章事에 올랐다. 1051년 탄핵을 받아 재상에서 파직되어 외직으로 나갔다가 1055년 다시 재상이 되었다. 1058년 潞國公에 봉해졌다. 富弼 등과 함께 英宗의 옹립에 진력하여 그 공으로 樞密使가 되었다. 神宗 때 王安石의 新法에 반대하여 쫓겨났다가 1083년 太師로 致仕하였다. 哲宗 즉위 후 舊法黨이 부활하자 司馬光의 추천으로 平章軍國重事가 되었다.

그곳이 長樂宮[178]이라는 말을 듣고서 마침내 그만두었다. 당시 아마도 황제의 閤中이라 여겨 선생이 반드시 알고자 한 것이다.

先生이 在經筵할새 聞禁中下後苑作坊하여 取金水桶貳隻하고 因見潞公問之라 潞公이 言호되 無라 彦博이 曾入禁中에 見只是朱紅이니 無金爲者라 某遂令取文字하여 示潞公하니 潞公始驚怪라 某當時便令問하여 欲理會나 却聞得是長樂宮하고 遂已라 當時恐是皇帝閤中이니 某須理會라

96. 선생이 예전에 筵席에서 강론할 적에 ≪論語≫의 "南容이 〈白圭〉 시를 세 번 반복해 외다."[179]라는 부분을 강설하였는데, 內臣이 '容'자에 종이를 붙여 가렸다. 그리하여 그에게 물으니, 內臣이 말하기를 "이는 성상의 舊名입니다."라고 하였다. 선생은 강설을 마치고 나서 그 일로 인하여 아뢰기를 "마침 신이 글을 강론할 적에 內臣이 '容'자에 종이를 붙여 가리는 것을 보았습니다. 임금은 천하의 존엄한 지위에 처하며 억조창생의 위에 있는지라, 사람들이 존숭하여 받드는 것이 지나쳐서 교만한 마음이 생기는 것을 꺼리고 두려워하니, 이는 모두 좌우에 있는 가깝고 친밀한 사람들이 길러내는 것입니다. 일찍이 仁宗 때를 보건대, 宮嬪이 正月을 始月이라 하고 蒸餠을 炊餠이라 한 것이 모두 이런 유형입니다. 청컨대 이후로는 단지 正名만을 避諱하고, 嫌名[180]과 舊名은 피휘하지 마십시오."라고 하였다.

이렇게 아뢰고 다음 날 孫莘老(孫覺)[181]가 ≪논어≫를 강론할 적에 '子畏於匡'[182]을 '子畏於正'으로 읽었다. 선생이 말하기를 "이는 地名을 말한 것이니, '子畏於正'이라 하면 무슨 의미가 있겠습니까."라고 하였다.

또 "임금이 祭飯[183]하시면 〈孔子께서는〉 먼저 밥을 맛보았다."[184]라는 구절을 강론

178) 長樂宮 : 漢나라 때 太后가 거처하던 궁궐이다.

179) 南容이……외다 : ≪論語≫ 〈先進〉에 "南容이 〈白圭〉 시를 세 번 반복해 외우니, 孔子가 자기 형의 딸을 그에게 시집보냈다."라는 구절을 말한다.

180) 嫌名 : 글자는 다르나 음이 비슷한 이름을 말한다.

181) 孫莘老 : 孫覺(1028~1090)이다. 莘老는 그의 자이며, 高郵 사람이다. 젊어서 胡瑗에게 수학하였다. 1049년 진사가 되어 合肥主簿에 제수되었다. 神宗때 右正言·知諫院·修起居注·知審官院을 역임했다. 青苗法에 반대하여 廣德知軍으로 쫓겨나 湖州와 廬州 등지의 知州로 옮겨 다니다가 다시 太常少卿·秘書少監이 되었다. 哲宗 때 御史中丞·龍圖閣學士에 이르렀다.

182) 子畏於匡 : ≪論語≫ 〈先進〉에 "孔子가 匡 땅에서 경계하는 마음을 품고 계실 적에 顔淵이 뒤처졌는데, 〈만나고 나서〉 공자가 말하기를 '나는 네가 죽은 줄만 알았다.'라고 하니, 안연이 '선생님이 계시는데, 제가 어찌 감히 죽겠습니까?'라고 하였다.〔子畏於匡 顔淵後 子曰 吾以女爲死矣 曰 子在 回何敢死〕"라는 구절을 말한다.

할 적에 인하여 아뢰기를 "옛사람은 음식을 먹을 적에 반드시 제반하였습니다. 곡식을 먹을 적에는 반드시 처음 농사를 지은 사람을 생각하고, 채소를 먹을 적에는 반드시 처음 채소를 기른 사람을 생각하였으니, 先王이 그 德에 보답하지 않음이 없는 것이 이와 같았습니다. 신하된 자가 그 지위에 있으면서 그 녹을 먹으면 반드시 爵祿을 받는 것이 어느 곳인지를 생각해야 하니, 작록은 바로 임금에게서 얻은 것입니다. 신하는 반드시 그 임금에게 보답할 것을 생각해야 하니, 무릇 부지런히 충성을 다하는 것이 임금에게 보답하는 것입니다. 예컨대 임금이 높은 지위를 갖게 된 것은 대개 하늘에서 얻고 천하 사람들이 함께 추대한 것이니, 반드시 백성에게 보답할 것을 생각해야 합니다. 옛 임금이 백성을 다친 사람처럼 여기고 어린아이처럼 보호한 것이 모두 백성에게 보답한 것입니다."라고 하였다.

매번 한 부분을 강론할 적에 임금의 마음을 열어 인도할 곳이 있으면 바로 강설하였다. 처음에는 內臣과 宮嬪이 모두 붓을 들고 뒤에서 기록하였으나, 나중에는 강설한 것을 보고 아첨하는 무리들이 모두 싫어하였다. 呂微仲(呂大防)[185]이 사람을 보내 말하기를 "지금부터는 기록이 사람을 다치게 할 수 있다는 것을 마음에 새겨 두어야 합니다."라고 하자, 范堯夫(范純仁)가 "단지 그 사람의 이름만 말하지 않으면 모두 말해도 무방합니다."라고 하였다.

先生이 舊在講筵할새 說論語南容三復白圭處한대 內臣이 貼却容字라 因問之하니 內臣이 云호되 是上舊名이니이다 先生講罷하고 因說호되 適來臣講書할새 見內臣貼却容字하니이다 夫人主處天下之尊하고 居億兆之上이라 只嫌怕人尊奉過當하여 便生驕心하니 皆是左右近習之人養成之也니이다 嘗觀仁宗時컨대 宮嬪이 謂正月爲始月하고 蒸餠爲炊餠이 皆此類니이다 請自後로 只諱正名하고 不諱嫌名及舊名하소서 纔說了한대 次日에 孫莘老가 講論語할새 讀子畏於匡爲正이라 先生이 云호되 且著箇地名也得이니 子畏於正이어든 是甚義理아 又講君祭先飯處할새 因說호되 古人은 飮食必祭니 食穀엔 必思始耕者하고 食菜엔 必思始圃者하니 先王無德不報가 如此니이다 夫爲人臣者가 居其位하고 食其祿이면 必思何所得爵祿來處니 乃得於君也니이다 必思所以報其君이니 凡勤勤盡忠

---

183) 祭飯 : 끼니때마다 밥 먹기 전에 밥을 조금 떼어서 神에게 감사의 뜻을 표하는 일이다.

184) 임금이……맛보았다 : 《論語》〈鄕黨〉에 "임금을 모시고 밥을 먹을 적에 임금이 제반하시면 〈孔子께서는〉 먼저 밥을 맛보았다.〔侍食於君 君祭 先飯〕"라는 구절을 말한다.

185) 呂微仲 : 呂大防(1027~1097)이다. 微仲은 그의 자이며, 시호는 正愍으로, 京兆 藍田 사람이다. 1049년에 진사가 되어 太常博士·中書侍郎 등을 거쳐 尙書左僕射兼門下侍郎에 오르고 汲郡公에 봉해졌다. 呂大忠, 呂大鈞, 呂大臨과 함께 藍田呂氏四賢으로 일컬어졌다.

者가 爲報君也니이다 如人主所以有崇高之位者는 蓋得之於天하고 與天下之人으로 共戴也니 必思所以報民이니이다 古之人君이 視民如傷하고 若保赤子함은 皆是報民也니이다 每講一處할새 有以開導人主之心處면 便說이라 始初에 內臣宮嬪이 皆携筆在後抄錄한대 後來見說著하고 佞人之類가 皆惡(오)之라 呂微仲이 使人言호되 今後且刻可傷觸人이라하니 范堯夫가 云호되 但不道著名字면 儘說不妨이라①

①'又講君祭' 이하는 莆田本에서 첨부하였다.
又講君祭以下, 莆田本添.

97. 혹자가 물었다.

"橫渠(張載)가 '聖人은 앎이 없고, 사람들이 물으면 앎이 있게 된다.'고 하였습니다."[186)]

선생이 말하였다.

"앎이 없다고 말한다면 성인이라 할 수 없으니, 〈그의 주장대로라면〉 사람들이 묻지 않을 때에는 단지 木石과 같은 것이다."

或問호되 橫渠言호되 聖人無知라가 因問有知라 先生曰 纔說無知면 便不堪是聖人이니 當人不問時하얀 只與木石同也라

98. 선생이 말하였다.

"呂與叔(呂大臨)은 橫渠(張載)의 학문을 지키는 것이 매우 완고하였다. 매번 횡거가 말하지 않은 것은 모두 나의 설을 따랐으나, 횡거의 설이 조금이라도 있으면 나의 설을 돌아보려 하지 않았다."

先生이 云호되 呂與叔은 守橫渠學이 甚固라 每橫渠無說處는 皆相從이나 纔有說了면 便不肯回라

99. 蘇昞[187)]이 橫渠(張載)의 어록을 기록하여 말하였다.

"和叔(呂大鈞)[188)]이 향기와 소리를 언급하자, 횡거가 말하기를 '향기와 소리는 오히려

186) 橫渠가……하였습니다 : 張載의 ≪張子全書≫ 권14에 "성인은 일찍이 앎이 있지 않고 사람들이 물으면 앎이 있게 된다.〔聖人未嘗有知 由問乃有知〕"라고 하였다.

187) 蘇昞 : 자는 季明이며, 京兆 武功 사람이다. 張載 및 二程에게 수학하였다. 천거로 太常博士 등을 역임하였다.

형체가 있어서 바람을 따라 왕래하여 끊어지고 이어질 수 있으니, 오히려 거칠다. 그러니 향기와 소리는 맑은 물만 못하다. 지금 맑고 차가운 물을 은으로 만든 그릇에 담아두고 외부와 격리시키면 구슬 같은 물방울이 맺히니, 어찌 물이 통할 수 있는 틈으로 새는 것이겠는가? 이는 지극히 맑은 물의 神妙함이다.'라고 하였다."

선생이 말하였다.

"이 또한 이치를 다 보지 못한 것이다. 이는 물이 맑고 은이 맑기 때문이라고 말할 수 없다. 만약 물이 맑기 때문이라고 한다면 어찌하여 질그릇 속에 두면 이와 같지 않단 말인가?"

蘇昞이 錄橫渠語云호되 和叔이 言香聲하니 橫渠가 云호되 香與聲은 猶是有形하여 隨風往來하여 可以斷續하니 猶爲麤耳라 不如淸水라 今以淸冷水로 置之銀器中하고 隔外면 便見水珠니 曾何漏隙之可通이리오 此至淸之神也라 先生이 云호되 此亦見不盡이라 却不說此是水之淸銀之淸이라 若云是水면 因甚置瓷椀中不如此아

---

188) 和叔 : 呂大鈞(1031~1082)이다. 和叔은 그의 자이며, 京兆 藍田 사람이다. 1057년 진사가 되어 秦州司理·三原縣令 등을 지냈다. 關中에서 張載에게 수학하였다. 呂大忠·呂大防·呂大臨과 함께 藍田呂氏四賢으로 일컬어졌다.

二程全書 卷21

遺書 伊川先生語 六

明 後學 嘉興 徐必達 校正

周伯忱[1)]의 기록　周伯忱本

1. 선생에게 물었다.

"左氏는 子路가 衛나라 輒을 도왔다고 하였는데,[2)] 자로의 학문이 이미 높은 경지에 올랐음[3)]을 보건대 이와 같이 하려 하였겠습니까?"

선생이 말하였다.

"자로는 輒을 도운 것이 아니다. 단지 孔悝가 불의에 빠졌기 때문에 그를 구제하고자 한 것일 뿐이다. 대개 蒯聵는 君父의 명을 따르지 않고 위나라로 들어와 자립하여 공회에게 맹약을 강요하였는데, 공회가 그 청을 따르려 하지 않았기 때문이다."

선생에게 말했다.

---

1) 周伯忱 : 周孚先이다. 伯忱은 그의 자이며, 晉陵 사람이다. 동생 周恭先과 함께 程頤의 문하에서 수학하였다. 鄕薦으로 太學에 들어갔으며, 臨安敎官을 지냈다.

2) 左氏는……하였는데 : 輒은 衛나라 出公으로, 蒯聵의 아들이다. 괴외는 부친 衛 靈公의 부인인 南子를 미워하여 살해하려다가 실패하고 晉나라로 달아났는데, 그 사이 영공이 죽어 작은 아들 郢을 세우려 하자 영이 사양하여 괴외의 아들 輒을 세웠다. 괴외의 누이 伯姬는 위나라 대부 孔文子와 혼인하여 아들 孔悝를 두었는데, 괴외가 백희와 공모하여 위나라로 돌아와 공회를 협박하여 반란을 일으켰다. 당시 孔氏의 邑宰였던 子路는 공회를 구하러 가서 괴외와 내통한 공씨의 가신 公孫敢에게 "그대는 이익을 구해 이번 환난에도 피하지만 나는 그렇지 않다. 공씨의 녹을 이롭게 여긴다면 반드시 이번 환난을 구제해야 한다."라고 하였다. 또 문 안으로 들어가 괴외에게 "태자께서는 공회를 어찌하시렵니까? 비록 공회를 죽이더라도 반드시 다른 사람이 그의 뒤를 이어 태자를 공격할 것입니다."라고 하였고, 또 "태자는 용기가 없으니 만약 누대를 불 질러 반쯤 타면 반드시 공회를 놓아줄 것이다."라고 하였다.(≪春秋左氏傳≫ 哀公 15年) 이러한 기사를 보면 자로는 蒯聵를 지지하지 않고 輒을 도운 것을 알 수 있다.

3) 자로……올랐음 : 孔子의 문인들이 子路를 공경하지 않자, 공자가 "由는 堂에는 올랐고 아직 방에 들어오지 못하였다.〔由也 升堂矣 未入於室也〕"라고 한 데서 나왔다.(≪論語≫ 〈先進〉)

"자로는 당시 환난을 면할 수 있었습니까?"
선생이 말하였다.
"면할 수 없었다."

問호되 左氏言호되 子路助衛輒이라한대 觀其學已升堂컨대 肯如是否잇가 曰 子路非助輒이라 只爲孔悝陷於不義하여 欲救之耳라 蓋蒯聵不用君父之命而入立하여 強盟孔悝한대 孔悝不合從之故也라 曰 子路當時可以免難否잇가 曰 不可免이라

2. 선생에게 물었다.
"≪春秋左氏傳≫은 믿을 만합니까?"
선생이 말하였다.
"전부 믿을 수는 없으니, 믿을 만한 것을 믿을 뿐이다. 내 나이 20세 때 ≪춘추≫를 보았는데, 黃聱隅가 내게 ≪춘추≫를 어떻게 보는지 물어 답하기를 '두 가지 句法이 있다고 하니, 傳文으로 經文의 事迹을 고찰하고, 經文으로 傳文의 眞僞를 변별하는 것입니다.'라고 하였다."
또 물었다.
"≪春秋公羊傳≫과 ≪春秋穀梁傳≫은 어떻게 보아야 합니까?"
선생이 말하였다.
"또 ≪춘추좌씨전≫의 다음에 보아야 한다."
선생에게 물었다.
"左氏는 左丘明입니까?"
선생이 말하였다.
"≪춘추좌씨전≫ 중에 左丘明이라는 말이 없으니, 상고할 수 없다."

問호되 左傳은 可信否잇가 曰 不可全信이니 信其可信者耳라 某年貳拾時에 看春秋한대 黃聱隅가 問某如何看하여 答之曰 有兩句法云이니 以傳考經之事迹이요 以經別傳之眞僞라 又問호되 公穀은 如何잇가 曰 又次於左氏라 左氏는 卽是丘明否잇가 曰 傳中無丘明字니 不可考라

3. 선생에게 물었다.
"'此之謂自慊'[4]과 '吾何慊乎哉'[5]의 慊은 같은 뜻입니까?"

선생이 말하였다.

“‘慊’자는 하나이나 부족한 것도 慊이라 하고, 마음속에서 움직이는 것도 慊이라 하니, 쓰이는 곳이 어떠한지를 보아야 한다.”

問호되 此之謂自慊與吾何慊乎哉之慊은 同否잇가 曰 慊字則一也나 不足謂之慊이요 動於中亦謂之慊이니 看用處如何라

4) 此之謂自慊 : ≪大學≫에 “이른바 ‘자기 마음속에 싹튼 생각을 선으로 가득 채운다.’라는 것은 자신을 속이지 마는 것이다. 악을 미워하기를 악취를 싫어하는 것과 같이 하고, 선을 좋아하기를 아름다운 이성을 좋아하는 것과 같이 하는 것, 이것을 스스로 만족하는 것이라고 한다. 그러므로 군자는 반드시 자기 혼자만 알고 있는 마음속 생각을 신중히 한다.〔所謂誠其意者 毋自欺也 如惡惡臭 如好好色 此之謂自謙 故君子必愼其獨也〕”라고 한 데서 나왔다.

5) 吾何慊乎哉 : ≪孟子≫ 〈公孫丑 下〉에 孟子가 曾子의 “晉나라와 楚나라의 부유함은 내가 미칠 수 없으나, 저들이 그 부유함을 내세우면 나는 내 仁을 내세울 것이며, 저들이 그 관작을 내세우면 나는 내 義를 내세울 것이니, 내가 무엇이 부족하겠는가.〔晉楚之富 不可及也 彼以其富 我以吾仁 彼以其爵 我以吾義 吾何慊乎哉〕”라는 말을 인용한 데서 나왔다.

二程全書 卷22

遺書 伊川先生語 七上

明 後學 嘉興 徐必達 校正

스승의 말씀[1) 師說

1. 宣仁太后[2)]의 山陵에 程子가 달려갔는데, 呂汲公(呂大防)이 山陵使[3)]였다. 당시 조정에서 館職[4)]을 정자에게 제수하였는데, 정자가 고사하였다.

汲公이 정자에게 말하였다.

"仲尼도 이와 같이 하지 않았습니다."

정자가 대답하였다.

"공은 무슨 말씀을 하십니까? 제가 어떤 사람이라고 감히 중니에 비교한단 말입니까. 그렇지만 저는 중니를 배우는 사람이니, 중니의 道와 감히 다르게 할 수 없습니다. 공께서 중니는 이와 같이 하지 않았다고 말씀하신 것은 무슨 말입니까?"

급공이 말하였다.

"陳恒이 자기 임금을 시해하자 공자가 그를 토벌하기를 청하였는데, 魯나라 임금이 그의 말을 쓰지 않으니, 또한 그만두었습니다."[5)]

정자가 미처 대답하기 전에 마침 殿帥[6)] 苗公이 이르러서 정자는 幕府로 피해 급공의

---

1) 스승의 말씀 : ≪二程全書≫ 〈朱晦翁編緝遺書目錄〉에 의거할 때, 이 부분은 門人 張繹의 기록이다.

2) 宣仁太后 : 宋나라 英宗의 繼妃로, 아들 神宗이 죽고 어린 哲宗이 등극하자 수렴청정을 하였다. 王安石의 新法黨을 몰아내고 司馬光 등 舊法黨을 등용하여 元祐의 치적을 이룩하여 女中堯舜으로 일컬어졌다.

3) 山陵使 : 國葬 때에 산릉 조성에 관한 일을 총괄하는 임시 벼슬이다.

4) 館職 : 昭文館・史館・集賢殿의 직책으로, 圖書・經籍과 역사 편찬의 사무를 담당하였다.

5) 陳恒이……그만두었습니다 : 齊나라 大夫인 陳恒이 제나라 임금인 簡公을 시해하자, 孔子가 魯나라 哀公에게 그를 토벌할 것을 청하였다. 그러나 애공은 三子에게 가서 말하라고 하며 공자의 간언을 들어주지 않았다.(≪論語≫ 〈憲問〉, ≪春秋左氏傳≫ 哀公 14年)

사위 王讜[7])을 만났다.

왕당이 말하였다.

"선생께서는 너무한 것이 아닙니까? 조정에서 선생을 어떻게 대우해주기를 바라십니까?"

정자가 말하였다.

"만일 조정에서 北郊[8])를 논의할 적에 논의한 바가 禮에 맞지 않으면 천하 사람들의 웃음거리가 될 것입니다. 일찍이 禮를 배운 程 아무개가 있었다는 것을 후세사람들이 어찌 모르겠습니까. 어찌하여 예를 묻지 않는단 말입니까."

왕당이 말하였다.

"北郊의 일은 어떻게 해야 합니까?"

정자가 말하였다.

"이는 조정의 일입니다. 조정에서 나에게 묻지 않고 그대가 물으니, 말을 할 수 있는 대상이 아닙니다."

그 뒤에 혹자가 물었다.

"급공이 말한 陳恒의 일은 옳습니까?"

선생이 말하였다.

"전하는 기록에 중니는 이때 이미 大夫가 아니었다고 하였으니, 급공이 잘못 말한 것이다."

宣仁山陵에 程子往赴한대 呂汲公爲使라 時朝廷以館職授子한대 子固辭라 公謂子曰 仲尼도 亦不如是라하니 程子對曰 公何言哉아 某何人而敢比仲尼잇고 雖然이나 某學仲尼者니 於仲尼之道에 固不敢異라 公以謂仲尼不如是는 何也잇고 公曰 陳恒弑其君하여 請討之한대 魯不用則亦已矣라 子未及對한대 會殿帥苗公至하여 子辟(피)之幕府하여 見公壻王讜이라 讜曰 先生不亦甚乎아 欲朝廷如何處先生也아 子曰 且如朝廷議北郊할새 所議不合禮면 取笑天下라 後世에 豈不知有一程某하여 亦嘗學禮아 何爲而不問也아 讜曰 北郊는 如何잇가 曰 此는 朝廷事라 朝廷不問而子問之하니 非可言之所也라 其後에 有問호되 汲公所言陳恒之事는 是歟잇가 曰 於傳에 仲尼是時已不爲大夫라하니 公誤言也라

---

6) 殿帥 : 禁軍을 통솔하는 殿前司의 장관인 都指揮使나 殿前指揮使를 말한다.
7) 王讜 : 자는 正甫이며, 長安 사람이다. 蘇軾의 문하에서 수학하였다. 國子監丞・小府監丞 등을 지냈다.
8) 北郊 : 황제가 夏至에 북쪽 교외에서 땅의 신에게 제사 지내는 일을 가리킨다.

2. 呂汲公이 程子에게 비단을 보냈는데, 정자가 그것을 사양하였다. 당시 정자의 족형의 아들 程公孫이 곁에 있었는데, 정자에게 말하였다.

"너무 심하게 거절하지 마시고, 일단 받아 두십시오."

정자가 말하였다.

"급공이 나에게 비단을 보낸 까닭은 내가 가난하기 때문이다. 공은 재상의 지위에 있으니, 능히 천하의 賢人을 조정에 진출시켜 재주에 따라 그들에게 일을 맡기면 천하 사람들이 그의 은덕을 받을 것이다. 어찌 유독 나만 가난하겠는가. 천하의 현자 중에도 가난한 사람이 많을 것이니, 공의 비단이 참으로 많더라도 공이 그들 모두에게 줄 수는 없을 것이다."

呂汲公이 以百縑遺子한대 子辭之라 時子族兄子公孫在旁한대 謂子曰 勿爲已甚하고 姑受之하소서 子曰 公之所以遺某者는 以某貧也일새라 公位宰相하니 能進天下之賢하여 隨才而任之면 則天下受其賜也라 何獨某貧也리오 天下賢者가 亦衆矣리니 公帛固多나 恐公不能周也라

3. 殿帥 苗公이 程子에게 물었다.

"조정에서 선생을 대우하는 것이 어떠하면 되겠습니까?"

정자가 대답하였다.

"山陵의 일과 같은 것을 만일 독단으로 처리할 수 있다면 永安의 尉라도 괜찮습니다."

殿帥苗公이 問程子曰 朝廷處先生이 如何則可리오 程子對曰 且如山陵事를 苟得專處면 雖永安尉라도 可也라

4. 程子가 말하였다.

"옛날의 배우는 자는 쉬웠고, 요즘의 배우는 자는 어렵다. 옛날에는 8세부터 小學에 들어가고 15세에 太學에 들어가, 문채로 그의 눈을 기르고, 소리로 그의 귀를 기르고, 威儀로 그의 四體를 기르고, 歌舞로 그의 血氣를 기르고, 義理로 그의 마음을 기름이 있었다. 지금은 이런 것들이 모두 없어지고 오직 義理로 그 마음을 기를 뿐이니, 힘쓰지 않을 수 있겠는가?"

程子曰 古之學者는 易(이)요 今之學者는 難이라 古엔 自八歲로 入小學하고 十五에 入大學하며 有

文采以養其目하고 聲音以養其耳하고 威儀以養其四體하고 歌舞以養其血氣하고 義理以養其心이라 今則俱亡矣요 惟義理以養其心爾니 可不勉哉아

5. 范堯夫(范純仁) 공이 成都帥를 대리할 적에 程子가 귀향할 것을 아뢰고 작별하려 하였다. 공이 "원컨대 잠시만 기다려 주십시오. 제가 배웅하겠습니다."라고 하자, 정자가 "이미 작별하였는데, 어찌 굳이 다시 수레와 병사를 수고롭게 하겠습니까?"라고 하고서 마침내 떠나갔다. 공이 사람을 보내 길에서 기다리게 하고서 말하기를 "한번 뵙기를 바랍니다."라고 하였다.

만난 뒤 공이 말하였다.

"선생께서는 어떤 가르침을 주시겠습니까?"

정자가 말하였다.

"공은 일찍이 '將帥가 되어서는 마땅히 사졸들로 하여금 자기를 부모처럼 여기게 해야 하니, 그런 뒤에 그들을 쓸 수 있다.'고 말씀하셨다고 하니, 그렇습니까?"

공이 말하였다.

"어찌하여 물으십니까?"

정자가 말하였다.

"공의 말씀은 옳습니다. 그러나 공이 정사를 하는 것은 그 말과 같지 않으니, 어찌된 것입니까?"

공이 말하였다.

"가르침을 들을 수 있겠습니까?"

정자가 말하였다.

"전임 府帥가 최근에 죽었는데도 공은 府門에서 將校들에게 음악을 연주하며 큰 연회를 베풀었으니, 이것이 將帥를 부모처럼 여기라고 가르치는 것입니까?"

공이 말하였다.

"또한 그것이 옳지 않을까 의심되었기 때문에 屬官으로 하여금 그 일을 대신 주관하게 하였습니다."

정자가 말하였다.

"이는 더욱 옳지 않습니다. 공과 전임 府帥는 동료입니다. 동료의 의리를 잃은 것은

그 허물이 작으나, 屬官이 主帥에 대해서는 그 의리가 중합니다."

공이 말하였다.

"연회를 폐지하고 술과 음식을 나누어 주는 것은 어떠합니까?"

정자가 말하였다.

"나누어 줄 필요가 없습니다. 武夫들은 술과 음식을 중요한 일로 여깁니다. 나누어 주지 않으면 반드시 그 이유를 생각하고 將帥를 섬기는 의리를 알게 될 것이니, 이것이 곧 일을 인하여 가르치는 것입니다."

공이 말하였다.

"만약 선생의 말씀에 따라 내가 나오지 않았더라면 이런 가르침을 듣지 못했을 것입니다."

그가 의리에 대해 듣는 것을 기뻐한 것이 이와 같았다.

范公堯夫가 攝帥成都할새 程子將告歸하고 別焉이라 公曰 願少留라 某將別이라 子曰 旣別矣어니 何必復勞輿衛리오하고 遂行이라 公使人要於路曰 願一見也라 旣見하고 曰 先生은 何以教我오 子曰 公嘗言爲將帥當使士卒視己如父母라야 然後可用이라하니 然乎아 公曰 如何오 子曰 公言은 是也라 然이나 公爲政은 不若是하니 何也오 公曰 可得聞歟아 子曰 舊帥新亡한대 而公張樂大饗將校於府門하니 是教之視帥如父母乎아 曰 亦疑其不可라 故로 使屬官攝主之也라 子曰 是尤不可也라 公與舊帥는 同僚也라 失同僚之義는 其過小나 屬官於主帥는 其義重이라 曰 廢饗而頒之酒食이면 如何오 曰 無頒也라 武夫는 視酒食爲重事라 弗頒이면 則必思其所以而知事帥之義니 乃因事而教也라 公曰 若從先生言而不來면 則不聞此矣라 其喜聞義가 如此라

6. 程子가 經筵官으로 있을 때 집정 대신 중에 정자를 등용하여 諫官으로 삼으려는 이가 있었다. 정자가 그것을 듣고 편지를 보내 사양하며 말하였다.

"공은 활쏘기를 아십니까? 어떤 사람이 여기에서 활을 잡고 화살을 쏘아 많이 적중하면 사람들은 모두 그가 활을 잘 쏜다고 생각합니다. 어느 날 羿[9]로 하여금 그 곁에 서서 활 쏘는 법도를 가르치게 한다고 할 때, 가르침을 따르지 않으면 羿는 장차 노여워하며 떠나갈 것이고, 가르침을 따르면 그의 옛 습관과 어긋나버려 많이 적중했던 공적을 잃게 될 것입니다. 그러므로 羿를 아무 일도 없는 곳에 두는 것만 못하니, 羿가 자신

9) 羿 : 夏나라 때 有窮의 임금으로, 활쏘기를 매우 잘하였다.

의 말을 다 할 수 있으면 그 말을 쓰고 쓰지 않음을 羿는 근심하지 않을 것입니다. 저의 재주는 羿와 같지 않지만 羿의 道를 들었으니, 제가 언관이 되면 공이 많이 적중했던 공적을 해칠까 염려스럽습니다."

程子在講筵할새 執政有欲用之爲諫官者라 子聞하고 以書謝曰 公知射乎아 有人執弓於此하여 發而多中이어든 人皆以爲善射矣라 一日에 使羿(예)立於其傍하여 道之以彀率之法할새 不從이면 羿且怒而去矣요 從之면 則戾其故習而失多中之功①이라 故로 不若處羿於無事之地니 則羿得盡其言이어든 而用舍羿不恤也라 某才는 非羿也나 然聞羿之道矣니 慮其害公之多中也라

①〈功은〉 어떤 판본에는 '巧'로 되어 있다.
一作巧.

7. 謝湜[10]이 蜀에서 京師로 가는데, 洛陽을 지나다가 程子를 만나보았다.

정자가 말하였다.

"그대는 어디로 가는 길인가?"

사식이 말하였다.

"教官에 응시하려고 가는 길입니다."

정자가 대답하지 않자, 사식이 말하였다.

"어떻게 생각하십니까?"

정자가 말하였다.

"내가 일찍이 여자 종을 사서 그녀를 시험해 보고자 하였는데, 그의 어미가 노여워하며 허락하지 않고서 말하기를 '내 딸은 시험해 볼 수 있는 아이가 아닙니다.'라고 하였다. 지금 그대가 남의 스승이 되기를 구하여 그 시험에 응시한다면, 반드시 이 노파의 웃음거리가 될 것이다."

사식이 마침내 응시하러 가지 않았다.

謝湜이 自蜀之京師한대 過洛而見程子라 子曰 爾將何之아 曰 將試教官이니이다 子弗答이어늘 湜曰 何如잇가 子曰 吾嘗買婢하여 欲試之라 其母가 怒而弗許하며 曰 吾女는 非可試者也라 今爾求爲人師而試之면 必爲此媼笑也라 湜遂不行이라①

10) 謝湜 : 자는 持正이며, 金堂 사람이다. 程頤의 문하에서 수학하였다.

① 어떤 판본에는 "謝湜은 등용될 수 없었다."라고 하였다. 또 "謝湜이 만나 뵙기를 구한 것이 세 번이었는데, 허락하지 않았다. 陳經正[11]을 통해 뵙기를 청하자, 선생이 말하였다. '그가 찾아와 ≪周易≫을 질문하였는데, 마침내 설을 만들어 貴人에게 바쳤다고 들었다.'"라고 하였다. 注에 "蔡卞[12]에게 바친 것은 '사람들의 몽매한 桎梏을 벗겨준다.'[13]라는 유형이다."라고 하였다.

一本云 "湜不能用." 又云 "謝湜求見者三, 不許. 因陳經正以請, 先生曰 '聞其來問易, 遂爲說以獻貴人.'" 注云 "獻蔡卞, 如用說(탈)桎梏之類."

8. 謝愔이 程子를 찾아뵈었는데, 정자가 머물라고 하자 그가 청하였다.

"오늘은 목욕을 하려고 합니다."

정자가 말하였다.

"어찌 다른 날이 없겠는가."

사음이 말하였다.

"오늘이 길하기 때문입니다."

정자가 말하였다.

"어찌 士가 되어 이런 것에 의혹되는가?"

사음이 말하였다.

"저는 본래 의혹됨이 없습니다. 저에게 무슨 근심이 있겠습니까? 다만 부모님께 이롭지 않다고 합니다."

정자가 말하였다.

"어떤 사람이 저자에서 외치기를 '기왓장을 부수고 담장에 낙서를 하면[14] 부모에게 이롭고, 그렇지 않으면 부모에게 이롭지 않을 것이다.'라고 한다면 그대도 기왓장을 부

11) 陳經正 : 자는 貴一이며, 溫州 平陽 사람이다. 동생 陳經邦과 함께 程頤에게 수학하였다.
12) 蔡卞 : 1058~1117. 자는 元度이며, 仙遊 사람이다. 蔡京의 동생이며, 王安石의 사위가 되어 그에게 배웠다. 1070년 진사가 되었고, 中書舍人・尙書左丞・知樞密院 등을 지냈다. 章惇・蔡京과 함께 司馬光 등 元祐黨人을 극력 배척하였나.
13) 桎梏을 벗겨준다 : ≪周易≫ 蒙卦 初六爻辭에 "몽매함을 개발하되 사람들에게 형벌을 보여주어 몽매한 질곡을 벗겨줌이 이로우니, 그대로 가면 부끄러우리라.〔發蒙 利用刑人 用說桎梏 以往 吝〕"라고 한 데서 나왔다.
14) 기왓장을……하면 : 공은 없고 해만 있다는 말로, ≪孟子≫ 〈滕文公 下〉의 "여기에 사람이 있는데, 기왓장을 부수고 담장을 낙서를 하고서도 그 뜻이 장차 밥을 구하려고 하는 것이라면 그대는 그에게 밥을 먹이겠는가?〔有人於此 毁瓦畫墁 其志將以求食也 則子食之乎〕"라는 말에서 나왔다.

수고 담장에 낙서를 할 것인가?"

사음이 말하였다.

"이는 狂人의 말이니, 어찌 믿을 수 있겠습니까?"

정자가 말하였다.

"그렇다면 그대가 믿는 것 또한 狂言일 뿐이다."

謝湝이 見程子한대 子留語어늘 因請曰 今日將沐이니이다 子曰 豈無他日이리오 曰 今日이 吉也일새니이다 子曰 豈爲士而惑此邪아 曰 湝은 固無疑矣라 在己庸何恤이리잇가 第云不利父母라하니이다 子曰 有人呼於市者曰 毀瓦畫墁이면 則利父母也요 否則不利於父母라하면 子亦將毀瓦畫墁乎아 曰 此는 狂人之言也니 何可信이리잇가 然則子所信者도 亦狂言爾라

9. 선생이 나(張繹)에게 말하였다.

"나는 氣를 받은 것이 매우 박약하여 30세가 되어서야 혈기가 차츰 왕성해졌고, 40~50세가 된 뒤에야 완전해졌다. 지금 태어난 지 72년이 되었는데, 筋骨을 비교해 보면 젊었을 때에 비해 줄어든 것이 없다."

또 말하였다.

"사람이 늙은 뒤에 養生을 추구하는 것은 가난해진 뒤에 부를 축적하려는 것과 같으니, 비록 부지런히 힘쓰더라도 보탬이 없다."

내가 말하였다.

"선생은 어찌 氣를 받은 것이 박약한데도 양생을 넉넉히 하셨습니까?"

선생이 묵묵히 있다가 말하였다.

"나는 生理를 잊고 욕심을 따르는 것을 심히 부끄럽게 여긴다."

先生이 謂繹曰 吾受氣甚薄하여 三十而浸盛하고 四十五十而後完이라 今生七十二年矣로되 校其筋骨하면 於盛年에 無損也라 又曰 人待老而求保生은 是猶貧而後蓄積이니 雖勤亦無補矣라 繹曰 先生은 豈以受氣之薄而厚[15]爲保生邪잇가 夫子默然曰 吾以忘生徇欲爲深恥라

10. 程子가 객과 더불어 정사를 하는 것에 대해 말하였다.

15) 厚 : 一簑古本과 中華書局本에는 '後'로 되어 있다.

정자가 말하였다.

"심하도다. 小人에게 선한 행실이 없는 것이. 소가 건장할 적에는 그의 힘을 빨아먹고 늙으면 도살하는구나."

객이 말하였다.

"그렇게 하지 않을 수 없습니다. 소가 늙으면 쓸 수 없으니, 도살하면 오히려 소 반 마리의 값을 받아 다시 돈을 빌려 건장한 소를 살 수 있습니다. 그렇게 하지 않으면 농사를 망칩니다. 또 어찌 꼴과 곡식을 들여 쓸모없는 소를 기를 수 있겠습니까."

정자가 말하였다.

"그대의 말은 이익을 따질 줄만 알고 의리는 모르는 것이다. 정사를 하는 근본은 백성으로 하여금 선한 행실을 일으키게 하는 것보다 더 큰 것이 없으니, 백성의 풍속이 선한데도 衣食이 부족한 경우는 있지 않았다. 홍수, 가뭄, 해충으로 인한 재해는 모두 不善의 소치이다."

程子與客으로 語爲政할새 程子曰 甚矣라 小人之無行也여 牛壯엔 食其力하고 老則屠之라 客曰 不得不然也라 牛老어든 不可用이니 屠之어든 猶得半牛之價하여 復稱貸以買壯者라 不爾則廢耕矣라 且安得芻粟養無用之牛乎아 子曰 爾之言은 知計利而不知義者也라 爲政之本은 莫大於使民興行이니 民俗善而衣食不足者는 未之有也라 水旱螟虫之災는 皆不善之致也라

11. 邵堯夫(邵雍)가 程子에게 말하였다.

"그대가 비록 총명하더라도 천하의 일이 또한 많으니, 그대가 다 알 수 있겠습니까?"

정자가 말하였다.

"천하의 일은 제가 알지 못하는 것이 참으로 많습니다. 그러나 堯夫가 알지 못한다고 하는 것은 무슨 일을 말하는 것입니까?"

이때 마침 천둥이 일어나자 요부가 말하였다.

"그대는 천둥이 일어나는 곳을 압니까?"

정자가 말하였다.

"저는 알지만 요부는 알지 못할 것입니다."

요부가 놀라며 말하였다.

"무슨 말입니까?"

정자가 말하였다.

“이미 알고 있다면 어찌 運數를 미루어볼 필요가 있겠습니까? 알지 못하기 때문에 운수를 미루어본 뒤에 아는 것입니다.”

요부가 말하였다.

“그대는 어디에서 천둥이 일어난다고 생각합니까?”

정자가 말하였다.

“일어나야 할 곳에서 일어납니다.”

요부가 놀라며 칭탄하였다.

邵堯夫가 謂程子曰 子雖聰明이라도 然天下之事가 亦衆矣니 子能盡知邪아 子曰 天下之事는 某所不知者가 固多라 然이나 堯夫所謂不知者는 何事잇가 是時適雷起하여 堯夫曰 子知雷起處乎아 子曰 某知之나 堯夫不知也라 堯夫愕然曰 何謂也오 子曰 旣知之어든 安用推數也리오 以其不知라 故로 待推而後知라 堯夫曰 子以爲起於何處오 子曰 起於起處라 堯夫瞿然稱善이라

12. 張子厚(張載)가 太常禮院[16]의 관직을 그만두고 關中으로 돌아갔는데, 洛陽을 지나면서 程子를 만나보았다.

정자가 말하였다.

“전에 太常禮院에서 논의한 것을 들을 수 있겠습니까?”

子厚가 말하였다.

“중대한 일은 모두 禮房의 檢正官이 처리하였으니, 논의한 것은 오직 사소한 일뿐입니다.”

정자가 말하였다.

“사소한 일이란 무엇을 말합니까?”

자후가 말하였다.

“예컨대 謚號와 龍女의 衣冠을 정하는 것입니다.”

정자가 말하였다.

“龍女의 의관은 어떻게 정합니까?”

자후가 말하였다.

16) 太常禮院 : 의례와 각종의 典禮에 대하여 자문하던 기관이다.

"夫人의 品秩에 따라 정하니, 대개 龍女는 본래 善濟夫人에 봉합니다."

정자가 말하였다.

"저라면 그렇게 할 수 없을 것입니다. 이미 龍이라고 말하면 사람의 의관을 입혀서는 안 됩니다. 하물며 大河를 막은 것은 본래 하늘의 도움과 宗廟의 영험함과 朝廷의 은덕, 그리고 관리와 병사의 공로입니다. 용에게 무슨 공로가 있겠습니까. 또 듣자 하니 龍에게 제사 지내는 53개의 사당이 있는데 모두 三娘子라 부른다고 하니, 용이 한 마리입니까? 53마리입니까? 한 마리라면 53개의 사당이 있어서는 안 되고, 53마리라면 모두 三娘子라고 불러서는 안 됩니다."

자후는 말이 없었다.

張子厚가 罷太常禮院하고 歸關中한대 過洛而見程子라 子曰 比太常禮院所議를 可得聞乎잇가 子厚曰 大事는 皆爲禮房檢正所奪하고 所議는 惟小事爾라 子曰 小事는 謂何오 子厚曰 如定謚及龍女衣冠이라 子曰 龍女衣冠은 如何오 子厚曰 當依夫人品秩이니 蓋龍女는 本封善濟夫人이라 子曰 某則不能이라 旣曰龍이면 則不當被人衣冠이라 矧大河之塞은 本上天降祐와 宗廟之靈과 朝廷之德과 而吏士之勞也라 龍이 何功之有리오 又聞호되 龍有五十三廟한대 皆曰三娘子라하니 一龍邪아 五十三龍邪아 一龍이면 則不當有五十三廟요 五十三龍이면 則不應盡爲三娘子也라 子厚默然이라

13. 韓持國(韓維)이 許[17]의 帥가 되었는데, 程子가 찾아가 만나보고서 공에게 말하였다.

"마침 저자 안에 승려들을 모았던데 무슨 까닭입니까?"

공이 말하였다.

"백성들을 위해 복을 기원하기 위해서입니다."

정자가 말하였다.

"이 백성들을 복되게 하는 것은 공에게 달려 있지 않습니까?"

韓持國帥許한대 程子往見하고 謂公曰 適市中聚浮圖하니 何也오 公曰 爲民祈福也라 子曰 福斯民者는 不在公乎아

14. 韓持國 공이 아전을 시켜 정자를 만들게 하였다. 정자가 완성되고 연꽃이 그 앞에

17) 許 : 지금의 河南省 許昌이다.

서 자라났으니, 이는 아전이 화분에 심어 거기에 둔 것이었다. 공이 매우 기뻐하자, 程子가 말하였다.

"이는 미워할 만합니다. 그에게 정자를 만들게 하였는데, 다시 이런 것을 만들어 공을 기쁘게 하니, 단정한 사람이 아닙니다."

공이 말하였다.

"사람이 그것을 보면 기쁜 것을 어찌하겠습니까?"

韓公持國이 使掾爲亭이라 成而蓮已生其前하니 蓋掾盆植而置之라 公甚喜하니 程子曰 斯는 可惡(오)也라 使之爲亭한대 而更爲此以說(열)公하니 非端人也라 公曰 奈何人見之則喜라

15. 韓持國 공이 范彝叟(范純禮) 공, 程子와 함께 배를 띄우고 유람하는데, 典謁이 "어떤 士人이 꼭 공을 만나 뵙고자 합니다."라고 아뢰었다. 程子가 말하였다.

"이는 필시 까닭이 있어서이니, 빨리 만나보십시오."

얼마 뒤에 공이 급히 돌아오자, 정자가 물었다.

"객이 무엇 때문에 공을 만나자고 한 것입니까?"

공이 말하였다.

"글을 올렸습니다."

정자가 말하였다.

"무슨 일을 말하였습니까?"

공이 말하였다.

"천거해 주기를 구했습니다."

정자가 말하였다.

"이와 같은 사람은 공이 천거할 필요가 없습니다. 대저 나라를 위해 賢人을 천거하는 것은 공이 스스로 인재를 구해야 하니, 어찌 사람들로 하여금 천거해주기를 구하게 할 수 있겠습니까?"

공이 말하였다.

"그대의 말이 또한 심하지 않습니까?"

范公도 정자가 꽉 막혔다고 여겼다. 정자가 말하였다.

"대저 지금의 大臣들은 남들이 자기에게 천거해주기를 구하는 것을 좋아합니다. 그러

므로 사람들이 그에게 천거해주기를 구하는 것입니다. 만일 대신들이 그것을 좋아하지 않는다면 사람들이 어찌 대신들의 노여움을 사고자 하겠습니까."

韓公이 마침내 그러하다고 여겼다.

韓公持國이 與范公彛叟程子로 爲泛舟之遊한대 典謁이 白有士人堅欲見公이라 程子曰 是必有故니 亟見之하소서 頃之에 遽還하여 程子問호되 客何爲者오 曰 上書라 子曰 言何事잇가 曰 求薦爾라 子曰 如斯人者는 公①無薦이라 夫爲國薦賢은 自當求人이니 豈可使人求也리오 公曰 子不亦甚乎아 范公亦以子不爲通이라 子曰 大底今之大臣은 好人求己라 故로 人求之라 如不好어든 人豈欲求怒邪아 韓公이 遂以爲然이라

① 한 글자가 빠졌다.
缺一字.

16. 韓持國이 門下侍郎을 그만두고 南陽의 帥로 나가게 되었다. 이미 도성의 문을 나갔는데, 程子가 가서 그를 만나 보았다. 정자는 그때 經筵官으로 있었는데, 공이 놀라며 말하였다.

"그대는 나를 만나러 온 것입니까? 그대 또한 위태로울 것입니다."

정자가 말하였다.

"편안한 곳을 밟는 줄만 알지, 그 위태로움은 알지 못합니다."

얼마 동안 앉아 있는데, 공이 말이 없자 정자가 말하였다.

"공에게 기쁘지 않은 기색이 있으니, 어째서입니까?"

공이 말하였다.

"저에 대해서는 참으로 말할 것이 없으나, 염려스러운 점은 형과 누이에게 근심을 끼친 것입니다."

정자가 말하였다.

"南陽의 領帥가 되었는데, 형과 누이가 어찌 근심할 바이겠습니까?"

공이 깨닫고서 말하였다.

"바로 定力[18]이 굳건하지 못하기 때문에 기쁘지 않은 기색을 띤 것입니다."

韓持國이 罷門下侍郎하고 出帥南陽이라 已出國門한대 程子往見之라 子時在講筵한대 公驚曰

18) 定力 : 본디 불교의 말로, 禪定을 통해 번뇌와 망상을 없애고 마음을 한곳에만 쏟는 힘을 말한다.

子來見我乎아 子亦危矣리라 程子曰 只知履安地요 不知其危라 坐頃之한대 公不言이라 子曰 公有不豫色이니 何也오 公曰 在維엔 固無足道나 所慮者는 貽兄姊之憂耳라 子曰 領帥南陽한대 兄姊何所憂리오 公悟曰 正爲定力不固耳라

17. 謝師直(謝景溫) 공이 程子와 더불어 ≪周易≫을 논하였는데, 정자가 그를 인정하지 않았다.

공이 말하였다.

"예전에 伯淳(程顥)과 교유하였는데, 또한 저를 ≪春秋≫에 대해서는 인정할 수 있으나 ≪주역≫은 인정하지 않는다고 하였습니다."

정자가 말하였다.

"제 관점에서 보면 두 분은 모두 ≪주역≫을 깊이 아는 분입니다."

공이 말하였다.

"무슨 말씀입니까?"

정자가 말하였다.

"監司가 학문을 논하는데 主簿가 감히 옳지 않다고 하며, 감사가 되신 분은 노여워하지 않고 주부가 되신 분은 감히 말을 하였으니, ≪주역≫을 깊이 아는 것이 아니면 무엇이겠습니까?"

謝公師直이 與程子로 論易한대 程子未之許也라 公曰 昔與伯淳한대 亦謂景溫於春秋則可나 易則未也라 程子曰 以某觀之컨대 二公은 皆深於易者也라 公曰 何謂也오 子曰 以監司論學한대 而主薄敢以爲非하며 爲監司者는 不怒하고 爲主薄者는 敢言하니 非深於易而何리오

18. 張閎中이 편지로 ≪易傳≫을 전하지 않는 까닭을 묻고, 또 "≪周易≫의 義理는 본래 數에서 일어났습니다."라고 하였다.

程子가 답하였다.

"≪역전≫을 아직 전하지 않은 것은 스스로 헤아려보건대 정력이 아직 쇠하지 않아 오히려 조금 진전됨이 있기를 바라서이다. 그러나 꼭 내가 죽은 이후를 기다리는 것은 아니니 노쇠함을 느끼면 전할 것이다. 책은 비록 나오지 않았으나 학문은 일찍이 전하지 않은 적이 없다. 다만 전수받는 자가 없는 것이 근심이다. 보내온 편지에 '≪주역≫

의 의리는 본래 數에서 일어났다.'고 하였으니, 의리가 數에서 일어났다고 말하는 것은 옳지 않다. 理가 있은 뒤에 象이 있고, 象이 있은 뒤에 數가 있다. ≪주역≫은 象을 인하여 數를 아는 것이니, 그 의리를 터득하면 象과 數는 그 가운데 있을 것이다. 반드시 象의 은미함을 궁구하고 數의 세밀함을 극진히 하고자 하면 곧 지류를 찾고 말단을 좇는 것이니, 術家가 숭상하는 것이요 儒者가 힘쓸 바가 아니다. 管輅와 郭璞[19]의 학문이 이것이다."

또 말하였다.

"理는 형체가 없다. 그러므로 象을 인하여 理를 밝힌다. 理가 말에 드러나면 말을 말미암아 象을 볼 수 있다. 그러므로 '그 뜻을 터득하면 象과 數는 그 가운데 있을 것이다.'라고 한 것이다."

張閎中이 以書로 問易傳不傳하고 及曰 易之義는 本起於數라 程子答曰 易傳未傳은 自量컨대 精力未衰하여 尙冀有少進爾라 然이나 亦不必直待身後니 覺老耄則傳矣리라 書雖未出이나 學未嘗不傳也라 第患無受之者爾라 來書에 云호되 易之義는 本起於數라하니 謂義起於數는 則非也라 有理而後有象하고 有象而後有數라 易은 因象以知數니 得其義則象數在其中矣라 必欲窮象之隱微하고 盡數之毫忽인댄 乃尋流逐末이니 術家之所尙이요 非儒者之所務也라 管輅(로)郭璞之學이 是也라 又曰 理無形也라 故로 因象以明理라 理見(현)乎辭矣면 則可由辭以觀象이라 故로 曰 得其義則象數在其中矣라

19. 程子가 范堯夫(范純仁) 공의 관대함을 말하였다.

"예전에 내가 成都를 지날 적에 공이 당시 成都帥의 직임을 대신하고 있었는데, 조정에 공을 참소한 자가 있어 조정에서 中使[20]를 보내 峨眉山의 신에게 분향한다고 하면서 실제로는 공을 감찰하였다. 공이 하루는 나를 찾아와 담소를 나누었는데, 내가 묻기를 '듣자 하니 중사가 이곳에 있다고 하는데, 공은 어찌하여 한가롭습니까?'라고 하자, 공이 말하기를 '그렇게 하지 않으면 구속될 것입니다.'라고 하였다. 얼마 뒤 중사가 과연 노여워하여 말을 전한 자를 채찍으로 때렸다. 屬官이 기뻐하며 공에게 말하기를 '이 한 가지 일은 그의 비방을 막기에 충분하니, 청컨대 조정에 알리십시오.'라고 하였다.

19) 管輅와 郭璞 : 管輅는 삼국시대 魏나라 사람이고, 郭璞은 晉나라 사람인데, 모두 天文과 占卜에 뛰어났다.
20) 中使 : 궁중에서 왕의 명령을 전달하는 內侍를 말한다.

공은 참소한 자의 잘못을 꾸짖지 않았고, 또 중사의 허물도 조정에 아뢰지 않았다. 그에게 아량이 있는 것이 이와 같았다."

子言范公堯夫之寬大也라 昔余過成都할새 公時攝帥한대 有言公於朝者하여 朝廷遣中使降香峨眉하고 實察之也라 公一日訪予款語한대 予問曰 聞中使在此한대 公何暇也아 公曰 不爾則拘束이라 已而中使果怒하여 以鞭傷傳言者耳라 屬官喜謂公曰 此一事는 足以塞其謗이니 請聞於朝하소서 公既不折言者之爲非하고 又不奏中使之過也라 其有量이 如此라

20. 程子가 成都를 지날 적에 당시 轉運判官 韓宗道[21]가 役을 줄일 것을 논의하여 三大戶[22]에 이르러서도 한 사람을 줄였다.

정자가 말하였다.

"나는 三大戶가 있다는 것만 들었지, 兩大戶는 듣지 못했습니다."

종도가 말하였다.

"셋도 괜찮고 둘도 괜찮으니, 三이라는 명칭은 하늘이 내리고 땅이 낸 것을 따른 것이 아닙니다."

정자가 말하였다.

"三은 곧 하늘이 내리고 땅이 낸 것을 따른 것입니다. 옛날에는 조정에 三公[23]이 있었고, 나라에 三老[24]가 있었으며, '세 사람이 점을 치면 두 사람의 말을 따른다.'[25]고 하였고, '세 사람이 길을 가면 그중에 반드시 나의 스승이 있다.'[26]고 하였습니다. 만약 단지 두 명의 大戶뿐이라면 한 사람은 옳다고 여기고 한 사람은 그르다고 여길 경우 누구를 좇아 결정할 것입니까? 그렇지만 세 명의 大戶라면 두 사람의 말을 따를 것입니

---

21) 韓宗道 : 1027~1097. 자는 持正이며, 眞定 靈壽 사람이다. 1059년 진사가 되었다. 神宗 熙寧 초에 知巴州事・成都府路轉運判官을 지냈고, 이후 開封府判官・提點刑獄・刑部侍郎・寶文閣待制 등을 지냈다.

22) 三大戶 : 향촌 사회에서 지도적 역할을 맡은 세 명의 大戶를 말한다. 100戶를 한 단위로 하고 세 명의 大戶를 선발하여 耆長으로 삼아 민간의 치안, 농업 진흥을 규찰하게 하였다.

23) 三公 : 周나라에서는 太師・太傅・太保를, 秦・前漢에서는 丞相・太尉・御史大夫를, 後漢 이후 唐・宋까지는 司徒・太尉・司空을, 元・明・淸에서는 太師・太傅・太保를 三公이라 불렀다.

24) 三老 : 古代에 연로하여 致仕한 사람 가운데 道學이 높은 자를 天子가 父兄의 예로써 우대하여 三老와 五更이라 하였는데, 한 사람이라는 설과 각각 세 사람, 다섯 사람이라는 설이 있다. 이들은 고을의 長老로서 교화를 담당하였다.

25) 세……따른다 : ≪書經≫ 〈周書 洪範〉에 보인다.

26) 세……있다 : ≪論語≫ 〈述而〉에 보인다.

다. 비록 그러하나 근년에 諸縣에서는 그들로 하여금 나누어 다스리게 하는 경우가 있으니, 또한 이러한 의미를 잃은 것입니다."

程子過成都할새 時轉運判官韓宗道議減役하여 至三大戶亦減一人焉이라 子曰 只聞有三大戶요 不聞兩也라 宗道曰 三亦可요 兩亦可니 三之名은 不從天降地出也라 子曰 乃從天降地出也라 古者엔 朝有三公하고 國有三老하며 三人占이면 則從二人之言이라하고 三人行이면 則必得我師焉이라 若止二大戶면 則一人以爲是하고 一人以爲非어든 何從而決이리오 三則從二人之言矣라 雖然이나 近年諸縣엔 有使之分治者니 亦失此意也라

21. 내(張繹)가 말하였다.

"鄒浩[27]는 극간을 하여 죄를 얻었는데, 세간에서는 그가 정직함을 팔아 명예를 구한 것이라고 의심합니다."

선생이 말하였다.

"군자는 남에 대해 허물이 있는 데에서 허물이 없기를 구해야 하며, 허물이 없는 데에서 허물이 있기를 구하지 말아야 한다."

繹曰 鄒浩는 以極諫으로 得罪한대 世疑其賣直也니이다 先生曰 君子之於人也에 當於有過中求無過요 不當於無過中求有過라

22. 程子가 盩厔[28]에 갔을 적에 당시 同知樞密院事 趙瞻[29] 공이 상례를 치르느라 고을 안에 있으면서 문을 닫고 손님을 사절하였는데, 侯騭을 보내 정자에게 釋氏의 학문을 말하였다.

정자가 말하였다.

"禍는 類를 무시하는 것보다 더 큰 것이 없다. 석씨는 사람으로 하여금 類를 무시하게 하니, 옳겠는가."

27) 鄒浩 : 1060~1111. 자는 志完, 호는 道鄉이며, 常州 晉陵 사람이다. 1082년 진사가 되어 楊州敎授・潁昌府敎授 등을 지냈다. 哲宗 때 左正言이 되어 劉氏를 황후로 책봉하는 일에 대해 간언하다가 삭탈관직되었다. 徽宗 때 복직되어 左司諫・兵部侍郎 등을 지냈다.

28) 盩厔 : 지금의 陝西省 周至이다.

29) 趙瞻 : 1019~1090. 자는 大觀, 시호는 懿簡이며, 鳳翔 盩厔 사람이다. 1046년 진사가 되어 孟州司戶參軍이 되었다. 開封府判官・戶部侍郎・同知樞密院事 등을 지냈다.

후즐이 이 말을 조공에게 전하자, 공이 말하였다.

"천하에는 道를 아는 자가 적고, 道를 알지 못하는 자가 많다. 서로서로 살려주고 길러주면 類를 무시하는 것을 어찌 근심하겠는가. 만약 천하 사람들이 모두 君子가 된다면 군자는 장차 누구를 부리겠는가."

侯子가 이 말을 고하자, 정자가 말하였다.

"어찌 사람들마다 모두 군자가 되고자 하지 않겠는가. 능하지 못한 것을 병통으로 여길 따름이니, 그가 남에게 부림을 당하는 것을 이롭게 여기는 것이 아니다. 만약 그러하다면 人類가 존재하는 것은 聖賢에 힘입은 것이 아니라 下愚에 힘입은 것이다."

조공이 그 말을 듣고 웃으며 말하였다.

"정자는 佛道가 넓고 큰 줄을 아직 모르고 있다."

정자가 말하였다.

"석씨의 도는 진실로 넓고 크지만, 내가 듣자 하니 전하는 말에 부처는 아버지에게서 달아나 산으로 들어가서 마침내 부처가 될 수 있었다고 한다. 만약 儒者의 道였다면 아버지에게서 달아났을 때 이미 그를 주벌했을 것이니, 어찌 그가 부처가 되기를 기다릴 수 있겠는가."

程子之盩厔(주질)에 時樞密趙公瞻이 持喪居邑中하여 杜門謝客한대 使侯騭(즐)로 語子以釋氏之學이라 子曰 禍는 莫大於無類라 釋氏는 使人無類하니 可乎아 騭以告趙公하니 公曰 天下에 知道者少요 不知道者衆이라 自相生養이면 何患乎無類也리오 若天下盡爲君子면 則君子將誰使리오 侯子以告하니 程子曰 豈不欲人人盡爲君子哉리오 病不能耳니 非利其爲使也라 若然이면 則人類之存은 不賴於聖賢이요 而賴於下愚也라 趙公이 聞之하고 笑曰 程子는 未知佛道弘大耳라 程子曰 釋氏之道는 誠弘大나 吾聞컨대 傳者에 以佛逃父入山하여 終能成佛이라 若儒者之道면 則當逃父時에 已誅之矣니 豈能俟其成佛也리오

23. 韓持國(韓維) 공이 程子와 더불어 이야기를 하다가 탄식하며 말하였다.

"오늘이 또 저물었습니다."

정자가 대답하였다.

"이는 당연한 이치로서 늘 그러한 것인데, 어찌하여 탄식하십니까?"

공이 말하였다.

"늙은이의 세월이 가버리기 때문입니다."

정자가 말하였다.

"공이 보내지 않으면 됩니다."

공이 말하였다.

"어떻게 보내지 않을 수 있습니까?"

정자가 말하였다.

"보내지 않을 수 없으면 보내면 됩니다."

韓公持國이 與程子語할새 歎曰 今日이 又暮矣라 程子對曰 此는 常理從來如是니 何歎爲아 公曰 老者行去矣라 曰 公勿去면 可也라 公曰 如何能勿去아 子曰 不能則去면 可也라

二程全書 卷23

遺書 伊川先生語 七下

明 後學 嘉興 徐必達 校正

師說 뒤에 붙이다[1] 附師說後

1. 幽王이 道를 잃자, 처음에는 만물이 그 本性을 얻지 못하였고, 나중에는 은덕이 제후들에게 줄어들어 그 九族에게까지 미쳤으며, 심한 경우는 백성을 禽獸처럼 여기는 데까지 이르렀다.

幽王失道하니 始則萬物不得其性하고 而後恩衰於諸侯하여 以及其九族이요 其甚也는 至於視民如禽獸라①

①〈魚藻〉의 시에 그 序가 이와 같다.[2]
(無)〔魚〕[3]藻之什, 其序如此.

2. 孔子 시대에는 諸侯들이 매우 강대하였으나 모두 周나라가 봉하여 세운 자들이었고, 주나라의 典禮가 심히 무너졌더라도 아직 없어지지는 않았다. 그러므로 齊나라와 晉나라 같은 覇者가 天子를 높이는 의리를 내세우지 않으면 스스로 그 지위에 오를 수 없었다. 孟子 시대에 이르러서는 이와 달랐다. 천하의 大國이 일곱이요, 주나라의 命을 받

---

1) 師說……붙이다 : ≪二程全書≫ 〈朱晦翁編緝遺書目錄〉에 의거할 때, 이 부분은 胡安國의 집안에 소장된 판본 중에서 중복된 것을 제외한 내용을 실은 것이다.
2) 魚藻의……같다 : ≪詩經≫ 〈小雅 魚藻〉의 小序에 "〈魚藻〉는 幽王을 풍자한 것이다. 만물이 그 본성을 잃어, 왕이 鎬京에 거처하되 장차 스스로 즐겁게 지낼 수 없었기 때문에 군자들은 옛날의 武王을 그리워했다는 말이다.〔魚藻 刺幽王也 言萬物失其性 王居鎬京 將不能以自樂 故君子思古之武王焉〕"라고 하였다.
3) (無)〔魚〕 : 底本에는 '無'로 되어 있으나, ≪詩經≫에 의거하여 '魚'로 바로잡았다.

지 않은 나라가 넷이었으니,[4] 先王의 정치가 끊어지고 은택이 다하였다. 王이란 천하의 의로운 군주이다. 백성이 왕으로 여기면 그를 天王, 天子라 하고, 백성이 왕으로 여기지 않으면 獨夫일 뿐이다. 二周[5]의 임금은 비록 천하 사람들에게 거절당할 큰 악행은 없었으나, 獨夫였다. 그러므로 맹자가 齊나라와 梁나라 임금에게 王道를 권면한 것은 공자가 제후들에게 고한 것과는 같지 않다. 君子가 세상을 구제하는 것은 그 때에 맞게 행할 뿐이다.

孔子之時에 諸侯甚强大나 然皆周所封建也요 周之典禮가 雖甚廢壞나 然未泯絶也라 故로 齊晉之霸가 非挾尊王之義면 則不能自立이라 至孟子時하얀 則異矣라 天下之大國이 七이요 非周所命者가 四니 先王之政絶而澤竭矣라 夫王者는 天下之義主也라 民以爲王이면 則謂之天王天子요 民不以爲王이면 則獨夫而已矣라 二周之君은 雖無大惡見絶於天下나 然獨夫也라 故로 孟子勉齊梁以王者는 與孔子之所以告諸侯로 不同이라 君子之救世는 時行而已矣라

3. 不動心의 방법에는 두 가지가 있으니, 道에 나아가서 동요하지 않는 것이 있고, 義로써 마음을 통제하여 동요하지 않는 것이 있다. '이것이 義요, 이것이 不義니, 義는 내가 취해야 할 것이고, 不義는 내가 버려야 할 것이다.'라고 하는 것, 이것이 義로써 마음을 통제하는 것이다. 義는 나에게 있으니, 그것을 말미암아 행하여 자연히 절로 들어맞으면 통제할 것이 있지 않다. 이것이 마음을 동요하지 않는 방법의 차이이다.

不動心有二하니 有造道而不動者요 有以義制心而不動者라 此義也요 此不義也니 義는 吾所當取요 不義는 吾所當捨라함은 此以義制心者也라 義는 在我니 由而行之하여 從容自中이면 非有所制也라 此不動之異라

4. 모든 血氣가 있는 類는 모두 五常을 갖추고 있지만 그것을 자신에게 확충할 줄 모를 뿐이다.

凡有血氣之類는 皆具五常이나 但不知充而已矣라

---

4) 천하의……넷이었으니 : 전국시대 七雄은 秦·趙·韓·魏·燕·齊·楚를 가리키며, 이 중에 秦·楚·齊·燕이 천자국인 주나라의 명을 받지 않았다.
5) 二周 : 전국시대 말 周나라 왕실이 분열하여 西周·東周 2개국으로 나누어졌다.

5. 勇은 상대를 대적하는 방법이다. 만일 道에 나아가 마음이 동요되지 않는다면 남을 대적하는 방법이 용기에 의지하지 않아도 넉넉할 것이다.

勇者는 所以敵彼者也라 苟爲造道而心不動焉이면 則所以敵物者가 不賴勇而裕如也라

6. 理, 性, 命 세 가지는 일찍이 다름이 있지 않다. 理를 궁구하면 性을 극진히 하게 되고, 性을 극진히 하면 天命을 알게 된다. 天命은 天道와 같으니, 그 用으로써 말하면 그것을 命이라 한다. 命은 造化를 말한다.

理也性也命也三者는 未嘗有異라 窮理則盡性이요 盡性則知天命矣라 天命은 猶天道也니 以其用而言之면 則謂之命이라 命者는 造化之謂也라

7. ≪書經≫에서 天敍, 天秩을 말하였다.[6] 하늘에 이러한 이치가 있어서 聖人이 이에 순응하여 행한 것이 이른바 道이다. 성인은 하늘에 근본을 두고, 釋氏는 마음에 근본을 둔다.

書言天敍天秩이라 天有是理하여 聖人循而行之가 所謂道也라 聖人은 本天이요 釋氏는 本心이라

8. 忠은 망령됨이 없다는 말이다. 忠은 하늘의 道이고, 恕는 사람의 일이다. 忠은 體가 되고, 恕는 用이 된다. "忠恕는 道와의 거리가 멀지 않다."[7]라는 것은 "하나의 道로써 모든 것을 꿰뚫는다."[8]라고 한 忠恕가 아니다.

忠者는 無妄之謂也라 忠은 天道也요 恕는 人事也라 忠爲體요 恕爲用이라 忠恕違道不遠은 非一以貫之之忠恕也라

---

6) 書經에서……말하였다 : ≪書經≫ 〈虞書 皐陶謨〉에 "하늘이 차례로 펴서 법을 두시니, 우리 五典을 바로잡아 다섯 가지를 돈독하게 하시며, 하늘이 차례하여 禮를 두시니, 우리 五禮로부터 하여 다섯 가지를 떳떳하게 하소서.〔天敍有典 勅我五典 五惇哉 天秩有禮 自我五禮 五庸哉〕"라고 한 것을 가리킨다.

7) 忠恕는……않다 : ≪中庸≫에 "忠恕는 道와의 거리가 멀지 않으니 자기에게 베풀어서 원치 않는 것을 또한 남에게 베풀지 말라는 것이다.〔忠恕違道不遠 施諸己而不願 亦勿施於人〕"라고 하였다.

8) 하나의……꿰뚫는다 : ≪論語≫ 〈里仁〉에 孔子가 "參아, 나의 도는 하나로써 모든 것을 꿰뚫는다.〔參乎 吾道 一以貫之〕"라고 하자, 증자가 "예, 알겠습니다."라고 하였다. 공자가 밖으로 나가자, 문인들이 증자에게 "무슨 말씀이신가?"라고 하자, 증자가 말하기를 "선생님의 도는 忠恕일 따름이다.〔夫子之道 忠恕而已矣〕"라고 하였다.

9. 眞은 誠에 가까우니, 誠은 망령됨이 없다는 말이다.

眞近誠이니 誠者는 無妄之謂라

10. 氣에는 善·不善이 있으나, 性은 不善이 없다. 사람이 善을 알지 못하는 까닭은 氣가 혼매하여 善을 막기 때문이다. 孟子가 氣를 기른 까닭은 氣를 기름이 지극해지면 이에 淸明하고 純全해서 氣가 혼매하여 善을 막는 근심이 사라지기 때문이다. 혹은 마음을 기른다고 하고, 혹은 氣를 기른다고 하는 것은 어째서인가? 마음을 기르는 것은 마음을 해치지 않을 뿐이지만, 氣를 기르는 것은 志가 氣를 통솔함이 있는 것이다.

氣有善不善이나 性則無不善也라 人之所以不知善者는 氣昏而塞之耳라 孟子所以養氣者는 養之至어든 斯淸明純全하여 而昏塞之患이 去矣라 或曰養心이요 或曰養氣는 何也오 曰 養心則勿害而已나 養氣則志有所帥也라

11. 賤妾이 나아가 임금을 모시게 되는 경우는 그들의 방자함을 행할 수 있어 신분의 한계를 넘을 수 있는 때이다. 그런데도 능히 "이불과 홑이불을 안고 간다."라는 것에 부지런히 힘쓰고, "命이 같지 않다."라는 것을 알면[9] 敎化가 지극한 것이다.

賤妾得進御於君은 是其僭恣可行하여 而分限得踰之時也라 乃能謹於抱衾與裯하고 而知命之不猶면 則敎化至矣라

12. 心은 生道이다. 이 마음이 있어야 이에 이 형체를 갖추어 태어난다. 惻隱之心은 사람의 生道이다. 비록 桀과 盜跖이라도 이것이 없이 태어날 수 없다. 다만 이것을 해쳐서 天理를 멸할 뿐이다. 처음에는 남을 사랑할 줄 모르고, 얼마 뒤에는 잔인함에 이르고, 그것을 편안히 여겨 남을 죽이는 데 이르고, 그것을 확충하여 사람 죽이기를 좋아하는 데 이르니, 어찌 사람의 이치이겠는가.

---

9) 그런데도……알면 : ≪詩經≫ 〈召南 小星〉에 "반짝이는 저 작은 별이여, 參星과 昴星이로다. 공경히 밤길을 감이여, 이불과 홑이불을 안고 가니, 이는 命이 같지 않기 때문이다.〔嘒彼小星 維參與昴 肅肅宵征 抱衾與裯 寔命不猶〕"라고 하였다. 이 시는 夫人이 투기하는 행실이 없어 은혜가 賤妾에 미치니, 첩들이 나아가 임금을 모실 적에 그 命에 貴賤이 있음을 알아 그 마음을 다한 것을 노래한 것이다.

心은 生道也라 有是心이라야 斯具是形以生이라 惻隱之心은 人之生道也라 雖桀跖이라도 不能無是以生이라 但戕賊之하여 以滅天耳라 始則不知愛物하고 俄而至於忍하고 安之以至於殺하고 充之以至於好殺하니 豈人理也哉아

13. 난을 일으키고자 하는 사람이 있더라도 더불어 난을 일으킬 사람이 없다면 비록 강한 힘이 있더라도 능히 할 수가 없다. 지금 남을 협박하여 사람을 죽이게 한 자가 있으면, 협박한 자를 먼저 치죄하고 죽인 자는 그 다음에 치죄해야 한다. 그러나 장차 후세에 교훈을 전하고자 한다면, 죽인 자를 먼저 치죄하고 협박한 자를 나중에 치죄해야 하니, ≪春秋≫에 "鄭公子 歸生이 그의 임금 夷를 시해하였다."[10]라고 기록한 것이 그것이다.

有欲亂之人이라도 而無與亂者면 則雖有强力이라도 弗能爲也라 今有劫人以殺人者면 則先治劫者하고 而殺者次之라 將以垂訓於後世면 則先殺者而後劫者니 春秋에 書호되 鄭公子歸生弑其君夷가 是也라

14. 諸葛瑾[11]이 蜀나라에 사신으로 갔을 적에 그의 아우 諸葛亮은 제갈근과 공적인 모임이 아니면 만나지 않았으니, 제갈량이 제갈근을 처우한 것은 적절하였다. 만일 吳나라에서 제갈근을 알아준 것이 劉備가 제갈량을 대우한 것과 같았다면, 다시 무엇을 꺼려 형제간의 기쁨을 다할 수 없었겠는가.

---

10) 鄭公子……시해하였다 : ≪春秋左氏傳≫ 宣公 4년에 "여름 6월 乙酉日에 鄭나라 公子 歸生이 그의 임금 夷를 시해하였다."라고 하였다. 歸生은 鄭나라 公子인 子家이다. 鄭나라 子公과 子家가 靈公을 뵈러 갈 적에 자공의 食指가 움직이니, 자공이 별미를 맛볼 소심이라고 하였다. 궁중에 들어가니 과연 楚나라 사람이 바친 자라로 요리를 하고 있어 두 사람이 서로 바라보며 웃었다. 영공이 웃는 까닭을 묻자, 자가가 그 이유를 고하였다. 대부들에게 자라 고기를 대접할 적에 영공이 일부러 자공에게는 주지 않자, 자공이 노하여 국이 담긴 솥에 손가락을 담가 맛을 보고 나가버렸다. 영공이 노하여 자공을 죽이려 하자, 자공이 자가와 함께 먼저 임금을 죽일 것을 모의하였는데, 자가가 반대하였다. 이에 자공이 도리어 영공에게 자가를 참소하였고, 자가는 겁이 나서 자공의 뜻에 따라 여름에 영공을 시해하였다. 자가의 권력이 자공의 변란을 막기에 부족하고 참소를 두려워하여 임금을 시해하는 역모에 가담하였기 때문에 首惡으로 기록된 것이다.

11) 諸葛瑾 : 174~241. 琅邪郡 陽都縣 사람으로, 諸葛亮·諸葛均의 형이다. 曹操가 徐州를 침공하자 전란을 피해 荊州로 이주하였는데, 孫權에게 발탁되어 長史가 되었다. 214년 劉備가 益州를 점령하자 사신으로 파견되어 형주를 돌려줄 것을 요구하였다.

諸葛瑾使蜀할새 其弟亮은 與瑾으로 非公會면 不覿하니 亮之處瑾은 爲得矣라 使吳知瑾이 如備之遇亮이면 復何嫌而不得悉兄弟之懽也아

15. 《春秋》에 喪中의 혼례를 나무라는 말이 없는 것은 해와 달처럼 잘못이 저절로 드러나 나무랄 필요가 없었기 때문이다. 오직 哀姜에 대해 禫祭 중에 納幣한 것[12)]은 중첩하여 나무라기를 "婦를 맞이하였다.〔逆婦〕"[13)]라고 하고, "夫人이 이르렀다.〔夫人至〕"[14)]라고 하였으니, 후세 사람들이 잘못이라고 여기지 않을까를 염려한 것이다. 다른 곳에서는 모두 "아내를 맞이하였다.〔逆女〕"라고 하였는데, 여기서는 '婦'라고만 하고, 또 '夫人'이라 하지 않았으니, 대개 이미 納幣를 하면 婦가 되지만, 禮에 어긋나게 혼인하면 夫人이라 말할 수 없기 때문이다.

春秋에 喪昏無譏는 蓋日月自見(현)하여 不必譏也일새라 唯哀姜을 以禫中納幣는 則重疊譏之하여 曰逆婦하고 曰夫人至하니 恐後世不以爲非也라 他皆曰逆女라한대 此獨云婦하고 而又不曰夫人하니 蓋已納幣則爲婦요 違禮而昏이면 則不可謂之夫人일새라

16. "올바르고 견고하되 무턱대고 信義만을 고집하지 않는다."[15)]라는 것은 "큰 신의는 맹약하지 않는다."[16)]라는 것과 같은 의미이다.

貞而不諒은 猶大信不約也라

---

12) 哀姜에……것 : 《春秋左氏傳》 文公 2년에 "公子 遂가 齊나라에 가서 納幣하였다.〔公子遂如齊納幣〕"라고 하였다. 당시 魯 文公은 부친 僖公이 薨하여 禫祭 중이었는데, 부인 哀姜을 맞이하기 위해 納幣를 행한 것이다.
13) 婦를 맞이하였다 : 《春秋》 文公 4년에 "여름에 齊나라에서 婦姜을 맞이하였다.〔夏 逆婦姜于齊〕"라고 하였다.
14) 夫人이 이르렀다 : 《春秋》 文公 9년에 "3월에 夫人 姜氏가 齊나라에서 돌아왔다.〔三月 夫人姜氏至自齊〕"라고 하였다.
15) 올바르고……않는다 : 《論語》 〈衛靈公〉에 "君子는 올바르고 견고하되 무턱대고 信義만을 고집하지 않는다.〔君子 貞而不諒〕"라고 하였다.
16) 큰……않는다 : 《禮記》 〈學記〉에 "큰 德은 한 가지만 맡지 않고, 큰 道는 한 가지에만 국한되지 않고, 큰 신의는 맹약하지 않고, 큰 때는 한결같지 않으니, 이 네 가지를 살피면 근본에 지향을 둘 수 있을 것이다."〔大德不官 大道不器 大信不約 大時不齊 察於此四者 可以有志於本矣〕"라고 하였다.

17. 지혜는 사람의 性에서 나온다. 사람이 지혜를 쓰는 것이 간혹 간교하고 거짓된 데로 들어가기도 하여 老·莊의 무리가 마침내 지혜를 버리고자 하였으나, 이것이 어찌 性의 죄이겠는가. 훌륭하도다, 孟子가 "지혜를 미워하는 까닭은 그가 천착하기 때문이다."[17]라고 한 말씀이여!

智는 出於人之性이라 人之爲智가 或入於巧僞하여 而老莊之徒가 遂欲棄知나 是豈性之罪也哉리오 善乎라 孟子之言所惡(오)於知者爲其鑿也여

18. 孔子의 시대에는 道가 비록 밝지 않았으나 異端의 폐해가 아직 심하지 않았다. 그러므로 공자가 伯夷를 논할 적에 德으로써 하였다. 孟子의 시대에는 道가 더욱 밝지 않아 이단의 폐해가 더 심하였다. 그러므로 맹자가 백이를 논할 적에 학문으로써 하였다. 道가 聖人만큼 극진하지 않으면 미루어 행하는 데 반드시 폐해가 있다. 그러므로 맹자는 그의 학술을 미루어 말한 것이다. 대저 邪說을 물리쳐서 先王의 道를 밝히는 것은 뿌리를 뽑고 근원을 막지 않으면 불가능하다.

孔子之時엔 道雖不明이나 而異端之害가 未甚이라 故로 其論伯夷也以德이라 孟子之時엔 道益不明하여 異端之害가 滋深이라 故로 其論伯夷也以學이라 道未盡乎聖人이면 則推而行之에 必有害矣라 故로 孟子推其學術而言之也라 夫闢邪說以明先王之道는 非拔本塞源이면 不能也라

19. 〈靑蠅〉[18] 시에서 울타리〔樊〕, 가시나무〔棘〕, 개암나무〔榛〕를 말하였고, 두 사람〔二人〕, 사방의 나라〔四國〕를 말하였다. 울타리로부터 본다면 울타리는 가깝고 가시나무와 개암나무는 멀며, 두 사람으로부터 본다면 두 사람은 작고 사방의 나라는 크다. 참소하는 사람의 마음은 항상 흰 것을 더럽혀 검게 만들고자 하지만, 그 말이 곧장 전달될 수 없기 때문에 '앵앵거리며 왕래한다.'고 말한 것이다. 혹 가까운 데로부터 먼 곳에 이르거나, 혹 작은 것으로부터 큰 것에 이르면, 그런 뒤에 그의 말이 행해진다.

---

17) 지혜를……때문이다 : ≪孟子≫ 〈離婁 下〉에 "지혜를 미워하는 까닭은 그가 천착하기 때문이다. 만일 지혜로운 자가 禹임금이 물을 흘러가게 하듯이 한다면 지혜를 미워할 까닭이 없을 것이다.〔所惡於智者 爲其鑿也 如智者若禹之行水也 則無惡於智矣〕"라고 하였다.

18) 靑蠅 : ≪詩經≫ 〈小雅〉의 편명으로, 참소하기를 좋아하는 간신배를 파리에 비유하여 幽王을 풍자한 시이다.

青蠅詩에 言樊棘榛하고 言二人四國이라 自樊而觀之면 則樊爲近하고 而棘榛爲遠하며 自二人而觀之면 則二人爲小하고 而四國爲大라 讒人之情은 常欲汚白以爲黑也나 而其言不可以直達이라 故曰 營營往來라 或自近以至於遠하고 或自小而至於大면 然後其說得行矣라

20. 文王의 덕은 정히 하늘과 합치된다. "밝고 밝은 덕이 아래에 있다."[19]라는 것은 곧 "빛나고 빛나는 命이 위에 있다."라는 것이다.

文王之德은 正與天合이라 明明於下者는 乃赫赫於上者也라

21. 孟子가 말하기를 "恕를 힘써 행하면 仁을 구함이 이보다 가까울 수 없다."[20]라고 하였다. 忠이 있고서 恕로써 그것을 행하는 것은 無我[21]로써 體를 삼고 恕로써 用을 삼는 것이다. 이른바 "恕를 힘써 행한다."라는 것은 자기가 좋아하고 싫어하는 바로써 남을 대할 줄 아는 것일 뿐, 아직 無我에 이른 것은 아니다. 그러므로 자기가 어느 지위에 서고자 하면 남을 거기에 서게 하고, 자기에 어느 경지에 도달하고자 하면 남을 거기에 도달하게 하는 것이 仁을 행하는 방법이다.[22]

孟子曰 强恕而行하면 求仁이 莫近焉이라하니라 有忠矣하고 而行之以恕는 則以無我爲體요 以恕爲用이라 所謂强恕而行者는 知以己之所好惡(오)處人而已요 未至於無我也라 故로 己欲(正)〔立〕[23]而立人하고 己欲達而達人이 所以爲仁之方也라

---

19) 밝고……있다 : ≪詩經≫ 〈大雅 大明〉에 "밝고 밝은 덕이 아래에 있으면, 빛나고 빛나는 命이 위에 있느니라.〔明明在下 赫赫在上〕"라고 하였다. 〈大明〉은 文王에게 밝은 덕이 있어 하늘이 다시 武王에게 명함을 읊은 것이다.

20) 恕를……없다 : ≪孟子≫ 〈盡心 上〉에 보인다.

21) 無我 : ≪論語≫ 〈子罕〉에 "孔子는 네 가지의 마음이 전혀 없었으니, 사사로운 생각이 없었고, 기필하는 마음이 없었고, 집착하는 마음이 없었고, '나'라고 하는 사사로운 의식이 없었다.〔子絶四 毋意 毋必 毋固 毋我〕"라고 한 데서 나왔다.

22) 자기가……방법이다 : ≪論語≫ 〈雍也〉에 子貢이 仁에 대해 묻자 孔子가 "仁者는 자기가 어느 지위에 서고자 하면 남을 거기에 서게 하며, 자기가 어느 경지에 도달하고자 하면 남을 거기에 도달하게 한다. 능히 가까운 데에서 취해서 비유할 수 있으면 仁을 행하는 방법이라고 말할 수 있다.〔夫仁者 己欲立而立人 己欲達而達人 能近取譬 可謂仁之方也已〕"라고 하였다.

23) (正)〔立〕 : 底本에는 '正'으로 되어 있으나, 一簑古本 및 ≪論語≫에 의거하여 '立'으로 바로잡았다.

22. 富文忠公(富弼)[24]이 병으로 사직하고 집으로 돌아갈 적에 그의 俸券을 관청에 돌려주자, 관청에서 그것을 받았다. 선생이 말하였다.

"그 반납한 俸券을 받은 사람은 참으로 의론할 것도 없다. 그러나 반납한 사람도 옳지 못하니, 俸券을 그대로 두고 녹봉을 청구하지 않는 것이 옳다."

富文忠公이 辭疾하고 歸第할새 以其俸券으로 還府하니 府受之라 先生曰 受其納券者는 固無足議라 然이나 納者도 亦未爲得也니 留之而無請이 可矣라

23. 名分이 바르면 천하가 안정된다.

名分正이면 則天下定이라

24. "人心은 오직 위태롭고 道心은 오직 은미하다."[25]라고 하였는데, 心은 道가 있는 곳이고, 은미함은 道의 體이다. 心과 道는 혼연일체이다. 그 良心을 놓아버린 것에 상대하여 말하면 그것을 道心이라고 하니, 그 良心을 놓아버리면 위태롭다. "오직 정밀하게 하고 오직 전일하게 한다."라는 것은 道를 행하는 방법이다.

人心은 惟危하고 道心은 惟微라한대 心은 道之所在요 微는 道之體也라 心與道는 渾然一也라 對放其良心者言之면 則謂之道心이니 放其良心則危矣라 惟精惟一은 所以行道也라

25. 伊川先生의 병이 위중하여 문인 郭忠孝가 가서 문병을 하였는데, 선생이 눈을 감고 누워 있었다.

忠孝가 말하였다.

---

24) 富文忠公 : 富弼(1004~1083)이다. 자는 彦國, 시호는 文忠이며, 洛陽 사람이다. 范仲淹에게 수학하였다. 1030년 茂才로 천거되었다. 1042년 知制誥가 되어 거란으로 사신을 가 영토 할양을 요구하는 일을 강력히 항의하고, 대신 歲幣를 늘리는 것으로 합의하였다. 이듬해 樞密使로 옮겨 范仲淹 등과 함께 慶曆新政을 추진하고, 河北 수비에 대한 12가지 대책을 올렸다. 1055년에 文彦博과 더불어 재상이 되었고, 1069년에 다시 재상이 되어 王安石의 變法을 반대하였다. 文彦博·韓琦와 함께 宋代의 명재상으로 이름이 났다.

25) 人心은……은미하다 : ≪書經≫ 〈虞書 大禹謨〉에 "人心은 오직 위태롭고 道心은 오직 은미하니, 오직 정밀하게 하고 오직 전일하게 하여야 진실로 그 中道를 잡을 수 있다.〔人心惟危 道心惟微 惟精惟一 允執厥中〕"라고 하였다.

"선생께서 평소 학문하신 것을 바로 이때에 쓰셔야 합니다."

선생이 말하였다.

"쓴다고 말하면 바로 옳지 않다."

충효가 寢門을 나서기도 전에 선생이 돌아가셨다.

伊川先生病革(극)하여 門人郭忠孝往視之한대 子瞑目而臥라 忠孝曰 夫子平生所學을 正要此時用이니이다 子曰 道著用이면 便不是라 忠孝未出寢門而子卒하시다①

① 어떤 판본에는 "혹자가 이를 이어 尹子(尹焞)의 말을 실었다. '이는 忠孝의 일이 아니다. 충효는 黨事가 일어난 뒤로부터 선생과 왕래하지 않았다. 선생이 돌아가셨을 적에도 致奠하지 않았다.'"라고 되어 있다.

一本作"或人仍載尹子之言曰 '非忠孝也. 忠孝自黨事起, 不與先生往來. 先生卒, 亦不致奠.'"

二程全書 卷24

遺書 伊川先生語 八上

明 後學 嘉興 徐必達 校正

伊川의 어록　伊川語錄

宜興의 唐棣[1] 彦思가 엮다
宜興唐棣彦思編

1. 내(唐棣)가 처음 선생을 만나 뵙고 물었다.
"처음 배우는 자는 어떻게 해야 합니까?"
선생이 말하였다.
"德에 들어가는 문은 ≪大學≫만 한 것이 없다. 오늘날 배우는 자들은 이 한 편의 글이 남아 있는 것에 의지하면 된다. 그 외에는 ≪論語≫와 ≪孟子≫만 한 것이 없다."

棣가 初見先生하고 問호되 初學은 如何잇고 曰 入德之門은 無如大學이라 今之學者는 賴有此一篇書存이라 其他는 莫如論孟이라

2. 선생이 말하였다.
"옛사람은 소리로 그의 귀를 기르고, 采色으로 그의 눈을 기르고, 舞蹈로 그의 血脈을 기르고, 威儀로 그의 四肢를 길렀다. 그런데 요즘 사람들은 단지 義理로 마음을 기를 뿐, 또 다른 곳을 기르는 일은 구할 줄 모른다."

先生曰 古人은 有聲音以養其耳하고 采色以養其目하고 舞蹈以養其血脈하고 威儀以養其四體라 今之人은 只有理義以養心이요 又不知求라

---

1) 唐棣 : 자는 彦思이며, 宜興 사람이다. 程頤에게 수학하였다. 1115년 진사가 되었고, 秘書丞을 지냈다.

3. 또 물었다.

"어떻게 하는 것이 格物입니까?"

선생이 말하였다.

"'格'은 '이른다〔至〕'는 뜻이니, 사물의 이치에 끝까지 이르는 것을 말한다."

또 물었다.

"어떻게 해야 사물의 이치에 이를 수 있습니까?"

선생이 말하였다.

"단지 誠意를 세워 格物에 나아갈 뿐이니, 그 더디고 빠름은 사람의 밝고 어두움에 달려 있다. 밝은 자는 사물의 이치에 이르는 것이 빠르고, 어두운 자는 사물의 이치에 이르는 것이 더디다."

又問호되 如何是格物이니잇가 先生曰 格은 至也니 言窮至物理也라 又問호되 如何可以格物이니잇가 曰 但立誠意하여 去格物이니 其遲速은 却在人明暗也라 明者는 格物速이요 暗者는 格物遲라

4. 선생이 말하였다.

"孔子의 제자 중에 顔子 다음으로는 子貢이 있다."

伯溫(周恭先)[2]이 물었다.

"자공은 재화를 늘린 것[3] 때문에 후세 사람들이 대부분 그를 부족하게 여깁니다."

선생이 말하였다.

"자공이 재화를 늘린 것은 후세 사람들이 재물을 풍부하게 한 것과는 같지 않으나, 다만 이 마음을 버리지 못했을 뿐이다."

子貢

先生曰 孔子弟子에 顔子而下로 有子貢이라 伯溫이 問호되 子貢은 後人多以貨殖으로 短之니이다 曰 子貢之貨殖은 非若後世之豐財나 但此心未去耳라①

2) 伯溫 : 周恭先으로, 伯溫은 그의 자이며, 晉陵 사람이다. 형 周孚先과 함께 程頤의 문하에서 수학하였다.

3) 자공은……것 : ≪論語≫ 〈先進〉에 孔子가 말하기를 "顔回는 道에 거의 가까웠는데, 식량이 자주 떨어졌다. 賜는 命을 받지 않고서도 재화를 늘렸으나, 억측하면 자주 적중하였다.〔回也 其庶乎 屢空 賜不受命而貨殖焉 億則屢中〕"라고 하였다.

① 周恭先은 자가 伯溫이다.
周恭先, 字伯溫.

5. 潘子文(潘旻)[4]이 물었다.

"'仲由의 비파를 어찌 내 집에서 연주하는가?'[5]라고 한 것은 어째서입니까?"

선생이 말하였다.

"이는 子路가 聖人의 문하에서 조화롭지 못한 점이 있었기 때문이다."

伯溫(周恭先)이 물었다.

"자로는 이미 성인의 문하에서 조화롭지 못한 점이 있었는데, 어찌하여 학문이 높은 경지에 오를 수 있었습니까?"

선생이 말하였다.

"자로는 성인을 만나기 전에는 난폭하고 사나운 사람이었다. 비록 학문이 높은 경지에 이르렀더라도 끝내 조화롭지 못한 점이 있었다."

潘子文이 問호되 由之瑟을 奚爲於丘之門고라함은 如何잇가 曰 此爲子路於聖人之門有不和處라 伯溫이 問호되 子路旣於聖人之門有不和處한대 何故로 學能至於升堂이니잇가 曰 子路未見聖人時엔 乃暴悍之人이라 雖學至於升堂이라도 終有不和處라①

① 潘旻은 자가 子文이다.
潘旻, 字子文.

6. 선생이 말하였다.

"옛사람이 말하기를 '그대와 함께 하룻밤 이야기를 하는 것이 10년 동안 독서한 것보다 낫다.'라고 하였으니, 만약 하루 만에 얻는 바가 있다면 어찌 10년 동안 독서한 것보다 나을 뿐이겠는가. 일찍이 보건대, 李初平[6]이 周茂叔(周敦頤)에게 묻기를 '내가 독서를 하고자 하는데, 어찌하면 되겠는가?'라고 하자, 무숙이 말하기를 '공은 연로하시니

4) 潘子文 : 潘旻 또는 潘閔으로, 子文은 그의 자이며, 瑞安 사람이다. 鮑若雨 등과 함께 程頤에게 배웠다.
5) 仲由의……연주하는가 : 孔子가 말하기를 "仲由의 비파를 어찌 내 집에서 연주하는가?"라고 하였다. 이에 門人들이 子路를 공경하지 않자, 공자가 "仲由는 堂에는 올랐고 아직 방에 들어오지 못한 경지이다.〔由也 升堂矣 未入於室也〕"라고 하였다.(≪論語≫ 〈先進〉)
6) 李初平 : 1046년 郴 땅의 군수가 되었는데, 당시 周敦頤가 그곳의 하급 관리로 있었다.

이미 늦었습니다. 제가 공께 말씀드리는 것을 들으십시오.'라고 하였다. 초평이 마침내 그의 이야기를 듣고서 2년 만에 깨달음을 얻었다."

先生曰 古人有言曰 共君一夜話가 勝讀十年書라하니 若一日有所得이면 何止勝讀十年書也리오 嘗見李初平問周茂叔云호되 某欲讀書한대 如何오 茂叔曰 公老矣니 無及也라 待某只說與公이라 初平遂聽說話하고 二年乃覺悟라

7. 선생이 子良에게 말하였다.

"納拜[7]의 禮는 쉽게 해서는 안 되니, 자기가 존경하는 사람으로서 德義가 있어 남을 감복시키는 사람이 아니면 납배해서는 안 된다. 나는 평소 두 사람에게만 절을 했으니, 한 사람은 呂申公(呂公著)[8]이고 한 사람은 奉議 張景觀이다. 예전에 몇 사람이 함께 앉아서 한 사람의 단점을 말하였는데, 그때에 말을 하지 않는 두 사람이 있었다. 그 까닭을 묻자, 한 사람은 '나는 일찍이 그에게 절을 하였습니다.'라고 하였고, 한 사람은 '나는 일찍이 그에게 절을 받았습니다.'라고 하였다. 王拱辰[9] 君貺이 처음 周茂叔(周敦頤)을 만나보고서 무숙과 선대부터 교분이 있다는 이유로 곧 절을 받았다. 좌중에 큰 바람이 일어나 大畜卦를 이야기하게 되자, 군황이 일어나서 말하기를 '내가 이 자리에 막 왔을 때 얼떨결에 공의 절을 받았는데, 지금은 내가 도리어 납배를 해야겠습니다.'라고 하니, 무숙이 달아나 버렸다. 군황의 이 일 역시 보통사람보다 뛰어난 것이다."

謝用休(謝天申)[10]가 물었다.

"무숙은 절을 받았어야 했습니까? 절을 받지 않았어야 했습니까?"

선생이 말하였다.

"분수가 이미 정해졌으니, 받지 않는 것이 옳다."

先生語子良曰 納拜之禮는 不可容易(이)니 非己所尊敬으로 有德義服人者어든 不可라 余平

---

7) 納拜 : 尊丈이 앉아서 後進의 再拜를 받는 禮로, 여기서는 후진이 절을 올리는 예를 말한다.

8) 呂申公 : 呂公著(1018~1089)이다. 자는 晦叔, 시호는 正獻이며, 壽州 사람이다. 呂夷簡의 아들이다. 御史中丞·尙書右僕射·中書侍郎 등을 지냈다. 司馬光과 절친한 벗으로, 서로 협력하여 정치를 하였다. 申國公에 봉해졌는데, 부친 역시 申國公이라서 '呂申公'이라 불렀다.

9) 王拱辰 : 1012~1085. 초명은 拱壽, 자는 君貺, 시호는 懿恪이며, 咸平 사람이다. 1030년 진사가 되어 翰林院學士·吏部尙書 등을 지냈다.

10) 謝用休 : 謝天申이다. 用休는 그의 자이며, 瑞安 사람이다. 程頤와 呂大臨에게 수학하였고, 尹焞이 그를 중히 여겼다. 賢良으로 천거되어 知閤門을 지냈다.

生只拜二人하니 其一은 呂申公이요 其一은 張景觀奉議也라 昔有數人同坐하여 說一人短한대 其間에 有二人不說이라 問其故하니 其一日 某曾拜他라하고 其一日 某曾受他拜라 王拱辰君貺이 初見周茂叔하고 爲與茂叔世契하여 便受拜라 及坐上에 大風起하여 說大畜卦①하얀 君貺이 乃起日 某適來에 不知受却公拜한대 今某却當納拜라하니 茂叔이 走避라 君貺此一事도 亦過人이라 謝用休가 問호되 當受拜잇가 不當受拜잇가 日 分已定하니 不受乃是라②

① 〈大畜卦는〉 어떤 판본에는 風天小畜卦라고 되어 있다.
一作說風天小畜卦.
② 謝天申은 자가 用休로, 溫州 사람이다.
謝天申, 字用休, 溫州人.

8. 선생이 말하였다.

"일찍이 韓持國(韓維)의 설을 보니, 한 승려가 대단히 깨달은 바가 있다고 하였다. 마침내 그를 불러와 만나보니, 그의 말이 매우 사랑할 만하였다. 하루는 그를 찾아가니, 그 승려는 출타하고 없었다. 그의 방에서 잠시 쉬고 있는데 한 늙은 행자를 보고 마침내 그 승려의 제자에게 '이 사람은 누구인가?'라고 물으니, 그가 말하기를 '스님의 부친이신데, 지금은 師孫[11]입니다.'라고 하였다. 그래서 '스님은 그를 어떻게 대하는가?'라고 물으니, 그가 말하기를 '매우 후하게 대우하십니다. 저녁 參拜 때에는 반드시 「이 사람은 연로하니, 오지 말게 하라.」라고 하십니다.'라고 하였다. 이 일 때문에 마침내 그 승려를 다시는 만나지 않았으니, 父子간의 분수가 오히려 전도되었기 때문이다."

先生日 曾見韓持國說하니 有一僧이 甚有所得이라 遂招來相見하니 語甚可愛라 一日謁之하니 其僧出이라 暫憩其室한대 見一老行하고 遂問其徒日 爲誰아 日 乃僧之父로 今則師孫也니이다 因問 僧如何待之아 日 待之甚厚라 凡晚參時에 必日此人老也니 休來하라하니이다 以此로 遂更不見之하니 父子之分이 尙已顚倒矣라

9. 선생이 말하였다.

"祭祀의 禮는 옛날의 제도대로 다하기가 어려우니, 단지 의리로써 예를 행하는 것이 옳다."

11) 師孫 : 제자의 제자로, 佛道를 이어받는 손자라는 뜻에서 이르는 말이다.

富公(富弼)이 配享을 묻자, 선생이 말하였다.

"合葬은 元妃로 하고, 配享은 宗子를 낳은 사람으로 합니다."

또 물었다.

"제사에 祭酒를 세 번 올리는 것은 어떻습니까?"

선생이 말하였다.

"公은 上公의 집안이니, 세 번 올리는 것은 너무 야박합니다. 옛날의 음악은 아홉 번 곡조가 바뀌니, 아홉 번을 올렸습니다."

부공이 말하였다.

"형제가 昭와 穆이 될 수 있습니까?"

선생이 말하였다.

"나라에서 동생이 형을 계승하는 것은 왕위를 계승하는 것입니다. 그러므로 昭와 穆이 될 수 있습니다. 그러나 士大夫는 불가합니다."

先生曰 祭祀之禮는 難盡如古制니 但以義起之가 可也라 富公이 問配享하니 先生曰 合葬은 用元妃요 配享은 用宗子之所出이라 又問호되 祭用三獻은 何如오 曰 公是上公之家니 三獻은 太薄이라 古之樂은 九變이니 乃是九獻이라 曰 兄弟는 可爲昭穆否아 曰 國家에 弟繼兄은 則是繼位라 故로 可爲昭穆이라 士大夫는 則不可라

10. 내(唐棣)가 물었다.

"≪禮記≫에 이르기를 '성내는 바, 걱정하는 바, 두려워하는 바, 좋아하는 바가 있으면 마음이 그 바름을 얻지 못한다.'[12]라고 하였으니, 어떻게 하면 이 몇 가지 단서가 없을 수 있습니까?"

선생이 말하였다.

"이런 단서가 없음을 말하는 것이 아니라, 단지 이 몇 가지 단서가 있으면 마음을 바르게 할 수 없다고 말한 것이다."

또 물었다.

"聖人의 말씀은 실천할 수 있습니까?"

12) 성내는……못한다 : ≪禮記≫ 〈大學〉에 "身有所忿懥 則不得其正 有所恐懼 則不得其正 有所好樂 則不得其正 有所憂患 則不得其正"이라고 하였다.

선생이 말하였다.

"만일 실천할 수 없다면 어찌 萬世에 가르침을 전할 수 있겠는가?"

棣가 問호되 禮記에 言호되 有忿懥憂患恐懼好樂(요)면 則心不得其正이라하니 如何得無此數端이니잇가 曰 非言無요 只言有此數端하면 則不能正心矣라 又問호되 聖人之言은 可踐否잇가 曰 苟不可踐이면 何足以垂敎萬世리오

11. 伯溫(周恭先)이 물었다.

"배우는 자는 어떻게 해야 터득함이 있을 수 있습니까?"

선생이 말하였다.

"聖人의 말씀을 가지고 오랫동안 완미하면 저절로 터득함이 있을 것이다. 마땅히 ≪論語≫에서 깊이 구해야 하니, 여러 제자들이 질문한 것을 가지고 자기가 질문한 것으로 여기고, 성인이 대답한 것을 가지고 오늘 직접 귀로 들은 것처럼 여기면 자연히 터득함이 있을 것이다. 孔子와 孟子가 다시 태어나더라도 이로써 남을 가르치는 데에 지나지 않을 것이다. 만약 능히 ≪論語≫와 ≪孟子≫ 가운데서 깊이 구하고 완미하여 함양해 간다면 비상한 氣質을 성취할 것이다."

伯溫이 問호되 學者는 如何라야 可以有所得이니잇가 曰 但將聖人言語하여 玩味久면 則自有所得이라 當深求於論語하여 將諸弟子問處하여 便作己問하고 將聖人答處하여 便作今日耳聞이면 自然有得이라 孔孟復生이라도 不過以此敎人耳라 若能於論孟中에 深求玩味하여 將來涵養하면 成甚生氣質하리라

12. 또 물었다.

"顔子는 어떻게 孔子를 배워서 이런 깊은 경지에 이르렀습니까?"

선생이 말하였다.

"안자가 남보다 크게 뛰어난 것은 바로 하나의 善이라도 얻으면 정성껏 받들어 가슴속에 새겨 두는 것[13]과 식량이 자주 떨어질 정도로 능히 道에 가까이 다가간 것[14]이다."

13) 하나의……것 : ≪中庸≫에 "顔回의 사람됨은 中庸을 택하여 하나의 善이라도 얻으면 정성껏 받들어 가슴속에 새겨서 그것을 잃지 않았다.〔回之爲人也 擇乎中庸 得一善 則拳拳服膺 而弗失之矣〕"라고 하였다.

내(唐棣)가 물었다.

"교만함과 인색함을 버리면 식량이 자주 떨어질 정도로 능히 도에 가까이 다가갈 수 있습니까?"

선생이 말하였다.

"그러하다. 교만함과 인색함은 不善함을 가장 잘 총괄하는 명칭이다. 교만함은 단지 자기 자신만 인식하는 것이다. 인색함은 예컨대 허물을 능히 고치지 않는 것 또한 인색함이다."

又問호되 顔子는 如何學孔子하여 到此深邃잇가 曰 顔子所以大過人者는 只是得一善則拳拳服膺과 與能屢空耳라 棣가 問호되 去驕吝이면 可以爲屢空否잇가 曰 然이라 驕吝은 最是不善之總名이라 驕는 只爲有己라 吝은 如不能改過도 亦是吝이라

13. 伯溫(周恭先)이 또 물었다.

"心術은 매우 어려우니, 어떻게 잡아서 지켜야 합니까?"

선생이 말하였다.

"敬으로써 잡아 지켜야 한다."

伯溫이 又問호되 心術最難이니 如何執持잇가 曰 敬이라

14. 내(唐棣)가 물었다.

"≪春秋≫를 볼 적에는 어떻게 보아야 합니까?"

선생이 말하였다.

"내 나이 20세 때 ≪춘추≫를 보았는데 黃聱隅가 내게 ≪춘추≫를 어떻게 보는지 물어, 내가 답하기를 '傳文으로 經文의 事迹을 고찰하고, 經文으로 傳文의 眞僞를 변별합니다.'라고 하였다."

棣가 問호되 看春秋에 如何看이니잇고 先生曰 某年二十時에 看春秋한내 黃聱隅가 問某如何看히어 某答曰 以傳考經之事迹하고 以經別傳之眞僞라

---

14) 식량이……것 : ≪論語≫ 〈先進〉에 孔子가 말하기를 "顔回는 道에 거의 가까웠는데, 식량이 자주 떨어졌다.〔回也 其庶乎 屢空〕"라고 하였다.

15. 선생이 말하였다.

"≪史記≫에 '宰予가 살해당했는데, 孔子가 그것을 부끄럽게 여겼다.'[15]라고 실려 있다. 나는 田氏가 패하지 않았으니 재여가 피살될 까닭이 없다고 의심하였다. 만약 재여가 齊나라 임금을 위해 죽었다면 이는 곧 忠義니, 공자가 무슨 부끄러움이 있었겠는가. ≪春秋左氏傳≫을 보면 곧 闞止가 陳常에게 살해당했는데[16] 그 또한 字가 子我이니, ≪사기≫의 오류가 이와 같다."

先生曰 史記에 載로되 宰予被殺하여 孔子羞之라 嘗疑田氏不敗하니 無緣被殺이라 若爲齊君而死면 是乃忠義니 孔子何羞之有리오 及觀左氏하얀 乃是闞(감)止爲陳常所殺한대 亦字子我니 謬誤如此라

16. 用休(謝天申)가 물었다.

"'선생님께서는 堯·舜보다 더 훌륭하시다.'[17]라고 하였으니, 이는 무슨 말입니까?"

程子가 말하였다.

"이는 功을 말한 것이다. 요·순은 천하를 다스렸고, 孔子는 또 요·순의 道를 미루어 萬世에 가르침을 전하였으니, 문인들이 공자를 추존한 것은 그러하지 않을 수 없다."

伯溫(周恭先)이 또 물었다.

"요·순은 공자가 아니라도 그 道가 후세에 전해질 수 있었습니까?"

정자가 말하였다.

"공자가 없었다면 어디 의지할 곳이 있었겠는가."

用休가 問호되 夫子賢於堯舜이라하니 如何잇가 子曰 此是說功이라 堯舜은 治天下하고 孔子는 又推堯舜之道하여 而垂教萬世하니 門人推尊은 不得不然이라 伯溫이 又問호되 堯舜은 非孔子라도 其

---

15) 宰予가……여겼다 : ≪史記≫ 卷67 〈仲尼弟子列傳〉에 "宰我가 臨菑의 大夫로 있다가 田常과 함께 난을 일으켜 그 일족이 죽임을 당하였는데, 孔子가 그것을 부끄럽게 여겼다.〔宰我爲臨菑大夫 與田常作亂 以夷其族 孔子恥之〕"라고 하였다.

16) 闞止가……살해당했는데 : 闞止는 齊 簡公의 총애를 받아 당시 국정을 담당하였는데, 자가 子我이다. 제나라 大夫 陳常이 감지와 간공을 죽이고 제나라 국정을 장악하였다.(≪春秋左氏傳≫ 哀公 14年) 陳常은 陳恒 또는 田常이라고 한다.

17) 선생님께서는……훌륭하시다 : ≪孟子≫ 〈公孫丑 上〉에서 孟子는 伯夷·伊尹과 孔子의 다른 점에 대해 말하면서 宰我가 "나의 관점으로 선생님을 보건대, 堯·舜보다 훨씬 훌륭하시다.〔以予觀於夫子 賢於堯舜 遠矣〕"라고 한 말을 거론하였다.

道가 能傳後世否잇가 曰 無孔子어든 有甚憑據處리오

17. 子文(潘旻)이 물었다.

"孔子는 '師(子張)는 지나치고, 商(子夏)은 미치지 못한다.'[18]라고 하였는데, 이를 통해 벗과의 교제를 논한 것도 알 수 있습니까?"

선생이 말하였다.

"그들의 氣象 사이에서 또한 알 수 있다."

또 말하였다.

"子夏와 子張은 모두 벗과의 교제를 논하였다.[19] 자장이 말한 것은 成人[20]의 사귐이고, 자하가 말한 것은 小子[21]의 사귐이다."

또 물었다.

"'忠信을 위주로 하며, 자기와 지향을 같이 하지 않는 자를 벗하지 말라.'[22]라고 하였으니, 이는 어떻습니까?"

선생이 말하였다.

"忠信하지 않은 사람과 벗하지 말라는 말이다."

子文이 問호되 師也는 過하고 商也는 不及이라한대 如論交를 可見否잇가 曰 氣象間에 亦可見이라 又曰 子夏子張은 皆論交라 子張所言은 是成人之交요 子夏는 是小子之交라 又問호되 主忠信이요 毋友不如己者라하니 如何잇가 曰 無友不忠信之人이라

---

18) 師는……못한다 : 子貢이 "師(子張)와 商(子夏)은 누가 낫습니까?"라고 묻자, 孔子가 "師는 지나치고, 商은 미치지 못한다.〔師也過 商也不及〕"라고 하였다. 자공이 "그러면 師가 낫습니까?"라고 묻자, 공자가 "지나친 것은 미치지 못하는 것과 같다.〔過猶不及〕"라고 하였다.(≪論語≫ 〈先進〉)

19) 子夏와……논하였다 : 子夏의 門人이 子張에게 사귐에 대해 묻자, 자장이 "자하는 무엇이라고 하였는가?"라고 하였다. 그가 "좋은 사람을 사귀고 좋지 않은 자를 거절하라 하였습니다."라고 대답하자, 자장이 "내가 들은 것과는 다르다. 군자는 어진 이를 존경하고 대중을 포용하며, 잘하는 이를 훌륭하게 여기고 능하지 못한 자를 불쌍히 여긴다. 내가 크게 어질면 남에 대해 누구인들 용납하지 못할 것이며, 내가 어질지 못하면 남들이 장차 나를 거절할 것이니, 어떻게 남을 거절할 수 있겠는가."라고 하였다.(≪論語≫ 〈子張〉)

20) 成人 : 도덕이 완성된 사람을 의미한다.

21) 小子 : 도덕을 아직 완성하지 못한 젊은 사람을 의미한다.

22) 忠信을……말라 : ≪論語≫ 〈子罕〉에서 孔子가 "忠信을 위주로 하며, 자기와 지향을 같이 하지 않는 자를 벗하지 말며, 허물이 있으면 고치기를 꺼리지 말아야 한다.〔主忠信 毋友不如己者 過則勿憚改〕"라고 하였다.

18. 내(唐棣)가 물었다.

“만일 孔子와 孟子가 같은 시대를 살았다면 맹자는 공자와 더불어 천하에 그의 설을 나란히 펴고자 하였겠습니까? 아니면 공자를 배우고자 하였겠습니까?”

선생이 말하였다.

“어찌 나란히 펼 수 있겠는가. 顔子라 할지라도 한 칸을 못 미쳤다. 안자와 맹자는 비록 優劣의 차이가 크지는 않지만, 그들의 말을 살펴보면 맹자는 끝내 안자에 미치지 못한다. 예전에 孫莘老(孫覺)가 안자와 맹자의 우열에 대해 물은 적이 있었는데, 그에게 답하기를 ‘물어볼 필요가 없으니, 단지 그들의 말이 어떠한지를 볼 뿐입니다. 무릇 배우는 자는 그의 말을 보면 곧 그의 사람됨을 알 수 있습니다. 만약 글을 읽고서 그의 사람됨을 알지 못한다면 이는 그의 말을 제대로 알지 못했기 때문입니다.’라고 하였다.”

棣가 問호되 使孔孟同時어든 將與孔子竝駕其說於天下邪잇가 將學孔子邪잇가 曰 安能竝駕리오 雖顔子라도 亦未達一間耳라 顔孟은 雖無大優劣이라도 觀其立言이면 孟子終未及顔子라 昔孫莘老가 嘗問顔孟優劣한대 答之曰 不必問이라 但看其立言如何라 凡學者는 讀其言이면 便可以知其人이라 若不知其人이면 是不知言也일새라

19. 또 물었다.

“≪大學≫에서 ‘근본을 안다.〔知本〕’라는 것에 대해, 단지 ‘〈孔子가 말하기를〉「訟事를 판결하는 것은 나도 남들과 같이 할 수 있지만, 반드시 송사 자체가 없도록 할 것이다.」라고 하였으니, 실정이 없는 자가 그 변명하는 말을 다하지 못하게 한 것은 백성의 心志를 크게 畏服시켰기 때문이다.’라고만 말한 것은 어째서입니까?”

선생이 말하였다.

“우선 이 한 가지 일을 거론한 것이니 그 외의 것도 모두 근본을 알아야 한다. 송사를 판결하는 것은 반드시 송사가 없도록 하는 것이 근본이다.”

又問호되 大學知本을 止說호되 聽訟이 吾猶人也나 必也使無訟乎인저하니 無情者不得盡其辭는 大畏民志라함은 何也잇고 曰 且擧此一事니 其他도 皆要知本이라 聽訟은 則必使無訟이 是本也라

20. 李嘉仲(李處遯)[23]이 물었다.

“‘天地의 道를 裁成하며 天地의 마땅함을 輔相한다.’[24]라고 하였으니, 무슨 뜻입니까?”

선생이 말하였다.

"天地의 道는 스스로 이룰 수 없으니, 반드시 聖人이 裁成하고 輔相해야 한다. 예컨대 한 해에 四時가 있어 성인이 봄이 되면 백성들에게 파종하는 것을 가르치고, 가을이 되면 백성들에게 수확하는 것을 가르치는 것이 裁成이며, 백성들에게 호미로 김을 매고 물을 대는 것을 가르치는 것이 輔相이다."

또 물었다.

"'이로써 백성을 左右한다.'[25]라고 하였으니, 무슨 뜻입니까?"

선생이 말하였다.

"옛날 융성하던 시대에는 백성을 가르치지 않은 적이 없었다. 그러므로 임금과 스승을 세우고 관직을 설치하여 백성을 다스렸다. 周公이 萬民을 가르치고 보호한 것[26]과 泰卦에서 '이로써 백성을 左右한다.'라고 한 것이 모두 이런 뜻이다. 후세에는 백성을 가르친 적이 없어서, 그들 스스로 태어나고 스스로 기르는 데 맡겨두고, 단지 그들의 다툼만을 다스릴 뿐이다."

李嘉仲이 問호되 裁成天地之道하며 輔相天地之宜라하니 如何잇가 曰 天地之道는 不能自成이니 須聖人裁成輔相之라 如歲有四時하여 聖人이 春則教民播種하고 秋則教民收獲이 是裁成也요 教民鋤耘灌漑가 是輔相也라 又問호되 以左右民이라하니 如何잇가 古之盛時에 未嘗不教民이라 故로 立之君師하고 設官以治之라 周公師保萬民과 與泰卦言左右民이 皆是也라 後世엔 未嘗教民하여 任其自生自育하고 只治其鬪而已라①

① 李處遯은 자가 嘉仲이다.
李處遯, 字嘉仲.

21. 張思叔(張繹)이 물었다.

---

23) 李嘉仲 : 李處遯으로, 嘉仲은 그의 자이며, 洛陽 사람이다. 程頤의 문하에서 수학하였으며, 中書舍人을 지냈다.

24) 天地의……輔相한다 : ≪周易≫ 泰卦 〈象傳〉에 "天·地가 사귐이 泰이니, 군주가 보고서 천지의 道를 財成하며 천지의 마땅함을 輔相하여 백성을 도와준다.〔天地交泰 后以 財成天地之道 輔相天地之宜 以左右民〕"라고 하였다. 財成(裁成)은 지나친 것을 억제하는 것이고, 輔相은 부족한 것을 보충하는 것이다.

25) 이로써……左右한다 : 上同.

26) 周公이……것 : ≪書經≫ 〈周書 君陳〉에 "옛날에 周公이 萬民을 가르치고 보호하였는데, 백성들이 그 덕을 그리워하였다.〔昔 周公 師保萬民 民懷其德〕"라고 하였다.

"'어진 이를 어질게 여기되 안색을 바꾼다.'[27]라고 하였는데, 무슨 뜻입니까?"

선생이 말하였다.

"어진 이를 보면 곧 안색을 바꾸어 더욱 공경해야 한다는 말이다."

張思叔이 問호되 賢賢호되 易色이라하니 如何잇가 曰 見賢이면 卽變易顔色하여 愈加恭敬이라

22. 내(唐棣)가 물었다.

"≪春秋≫에 '王'자를 쓴 것은 어째서입니까?"

선생이 말하였다.

"聖人이 王道로써 經을 지었다. 그러므로 '王'자를 쓴 것이다."

范文甫가 물었다.

"杜預는 이 '王'자를 '周王'이라 해석하였는데,[28] 어떻습니까?"

선생이 말하였다.

"성인은 周王을 통해 자신의 의도를 드러내었다."

내가 또 물었다.

"漢儒들은 '正月' 위에 '王'자를 더한 것은 正朔이 天子에게서 나왔기 때문이라고 하였는데, 이 설은 어떻습니까?"

선생이 말하였다.

"이는 곧 자연의 이치이다. '春 王正月'이라고 기록하지 않으면 장차 어떻게 기록할 것인가. 이는 漢儒들이 미혹된 것이다."

棣가 問호되 春秋書王은 如何잇가 曰 聖人이 以王道作經이라 故로 書王이라 范文甫가 問호되 杜預는 以謂周王한대 如何잇가 曰 聖人은 假周王以見(현)意라 棣가 又問호되 漢儒는 以謂王加正月上은 是正朔出於天子라하니 如何잇가 曰 此는 乃自然之理라 不書春王正月이면 將如何書아 此는 漢儒之惑也라

23. 선생이 傷寒藥[29]을 兵士에게 주고, 인하여 말하였다.

---

27) 어진……바꾼다 : 子夏의 말로, ≪論語≫ 〈學而〉에 보인다. '易色'을 程子는 안색을 바꾼다고 해석하였는데, 朱子는 女色을 좋아하는 마음과 바꾼다고 해석하였다.

28) 杜預는……하였는데 : ≪春秋左氏傳≫ 隱公 "元年 春 王正月"의 注에 "隱公之始年 周王之正月也"라고 하였다.

29) 傷寒藥 : 추위로 인해 생긴 질병을 다스리는 약이다.

"나는 무덤이나 田莊 부근에 살아서 항상 약을 조제하여 남에게 주었는데, 때때로 혼자 웃기도 하였다. 이런 것으로 남을 구제하니, 어찌 그리도 구제함이 협소한가. 그러나 그저 이런 일을 할 뿐이다."

先生이 將傷寒藥與兵士하고 因曰 在墳所與莊上하여 常合藥與人한대 有時自笑라 以此로 濟人하니 何其狹也아 然이나 只做得這箇事라

24. 思叔(張繹)이 선생에게 고하였다.

"전날 教授 夏侯旄[30]를 만나셨을 적에 저는 매우 탄복하였습니다."

선생이 말하였다.

"전날 그가 찾아와 만났는데, 그가 질문을 하여 내가 그에게 극진히 말해주었다. 그가 질문을 하면 그의 好惡에 상관하지 않고 그에게 극진히 말해주어야 한다. 그는 배운 지 오래되고 익숙함이 깊어서 극진히 말해주지 않으면 내가 힘껏 介甫(王安石)를 비판하더라도 그가 깨달을 길이 없다.

또한 내가 일찍이 '개보는 임금을 섬기는 도리를 알지 못한다'고 말한 적이 있다. 개보의 생각을 살펴보면 단지 '너의 무지함을 즐거워한다.'[31]라는 것을 바랄 뿐이다. 예컨대 그가 表文을 올려 말하기를 '가을 물이 이르렀으니 바다의 무궁함을 알며, 태양이 떠올랐으니 어찌 횃불이 꺼지지 않을 수 있겠습니까.'라고 하였으니, 모든 생각이 항상 자기가 임금의 위에 있으려는 것이다. 예로부터 임금이 성스럽고 신하가 어진 것은 당연한 이치인데, 어찌 이와 같은 지경에 이르렀는가.

또 魯나라가 天子의 禮樂을 쓴 것에 대해 개보가 말한 것을 살펴보면, '周公은 신하로서 능히 할 수 없는 공업이 있었다. 그러므로 신하로서 능히 쓸 수 없는 예악을 쓸 수 있었다.'라고 하였으니, 이는 임금을 섬기는 도리를 대단히 알지 못한 것이다. 대개 신하의 신상에 어찌 분수에 지나친 일이 있겠는가. 무릇 하는 모든 일이 신하의 직분으로

---

30) 夏侯旄 : 자는 節夫이며, 開封 사람이다. 崇禎 초에 諸州教授가 되었으며, 뒤에 西京幕官에 임명되었다. 임기를 마치고 다른 관직으로 옮길 즈음 조정에서 安惇을 등용하려 하자, 끝내 나아가지 않았다.

31) 너의……즐거워한다 : ≪詩經≫ 〈檜風 隰有萇楚〉에 "진펄에 보리수나무가 있으니, 야들야들한 그 가지로다. 어리고 예쁘며 반들거리니, 너의 무지함을 즐거워하노라."라고 하였다. 정사가 번거롭고 부역이 무거워 사람들이 그 고통을 견디지 못하여 무지하여 근심이 없는 초목만도 못한 신세를 탄식한 것이다.

서 마땅히 해야 할 일이다. 개보는 평소 어버이를 섬기는 것이 매우 효성스러웠다. 그러나 그의 말이 이와 같은 것을 보면, 그는 어버이를 섬길 적에 또한 자신만만하여 효성이 넘친다고 여길 듯하다.

신하의 신상에는 모두 분수에 지나친 일이 없으니, 오직 孟子만이 그것을 알았다. 맹자가 曾子를 말할 적에 '어버이를 섬김은 증자와 같이 하는 것이 옳다.'[32]라고 하였으니, '충분하다.'라고 말하지 않고, 단지 '옳다.'라고 하였다. 唐子方(唐介)[33]은 어떤 일을 하고는 그 후에 그 일을 임금에게 아뢰지 않았는데 또한 임금에게 충분히 보답했다고 스스로 여겼으니, 당시 그가 한 일은 대개 성의가 있지 않았다."

嘉仲(李處遯)이 말하였다.

"陳瓘[34]은 또한 얻기 어려운 인재라고 말할 만합니다."

선생이 말하였다.

"진관은 그가 임금에게 간언하기를 그만두는 것을 보지 못하였다."

思叔이 告先生曰 前日에 見教授夏侯旄할새 甚歎服이니이다 曰 前時에 來相見한대 問後에 極說與他來라 既問이어든 却不管他好惡(오)하고 須與盡說與之라 學之久하고 染習深하여 不是盡說이면 力詆介甫라도 無緣得他覺悟라 亦曾說介甫不知事君道理하니 觀他意思컨대 只是要樂子之無知라 如上表言호되 秋水既至하니 因知海若之無窮하고 大明既升하니 豈有爝火之不熄이리오하니 皆是意思常要已在人主上이라 自古로 主聖臣賢은 乃常理인대 何至如此아 又觀其說魯用天子禮樂云호되 周公은 有人臣所不能爲之功이라 故로 得用人臣所不得用之禮樂이라하니 此乃大段不知事君이라 大凡人臣身上에 豈有過分之事리오 凡有所爲가 皆是臣職所當爲之事也라 介甫는 平居事親이 最孝라 觀其言如此컨대 其事親之際에 想亦洋洋自得하여 以爲孝有餘也라 臣子身上엔 皆無過

---

32) 어버이를……옳다 : 孟子가 어버이를 섬기는 것에 대해 말하면서 曾子가 曾晳을 봉양할 때와 曾元이 曾子를 봉양할 때를 비교하였는데, 어버이를 섬길 때는 증자와 같이 하는 것이 옳다고 하였다.(≪孟子≫ 〈離婁 上〉)

33) 唐子方 : 唐介(1010~1069)이다. 子方은 그의 자이며, 시호는 質肅으로, 江陵 사람이다. 1030년 진사가 되어 武陵尉・平江令 등을 지냈다. 殿中侍御史가 되어 간쟁할 때 재상 文彦博 휘하의 사람을 탄핵하여 좌천당했고, 諫院을 맡았을 때도 항상 직언을 하여 다시 좌천되었다. 御史中丞・參知政事 등을 지냈고, 王安石을 중용하는 것을 반대하여 여러 차례 논쟁을 하였다.

34) 陳瓘 : 1057~1124. 자는 瑩中, 호는 了翁, 시호는 忠肅으로, 南劍州 沙縣 사람이다. 1079년 진사가 되어 幕職官・太學博士 등을 지냈다. 蔡卞 등이 ≪資治通鑑≫ 판본을 훼손하는 것을 저지하였고, 校書郎이 되어 紹述에 대해 반대하다가 滄州通判으로 쫓겨났다. 徽宗이 즉위하자 右正言・左司諫에 올라 蔡京과 章惇이 조정을 어지럽히는 것에 대해 극론하였고, 이들의 배척을 받아 좌천되어 楚州에서 죽었다. 저술로 ≪兩漢議論≫, ≪四明尊堯集≫, ≪了齋易說≫ 등이 있다.

分事니 惟是孟子知之라 說曾子할새 只言事親若曾子可矣라하니 不言有餘요 只言可矣라 唐子方은 作一事하고 後無聞焉한대 亦自以爲報君足矣니 當時所爲는 蓋不誠意라 嘉仲曰 陳瓘은 亦可謂難得矣니이다 先生曰 陳瓘은 却未見其已라①

① 夏侯旄는 자가 節文이다.
夏侯旄, 字節文.

25. 伯溫(周恭先)이 물었다.

"'서쪽에서 사냥하다가 麒麟을 잡았다.〔西狩獲麟〕'[35]라는 것 이후에 2년의 經文이 또 있습니다. 무슨 까닭인지 모르겠습니다."

선생이 말하였다.

"이는 孔子 문하의 제자가 이어서 기록한 것이다. 당시에 그는 聖人이 經을 지은 의도를 반드시 모두 얻을 수 있다고 여겼겠지만, 그 글을 두세 번 살펴보면 성인이 經을 지은 의도를 잃은 곳이 지극히 많다."

西狩獲麟

伯溫이 問호되 西狩獲麟已後에 又有二年經이라 不知如何니이다 曰 是孔門弟子所續이라 當時에 以謂必能盡得聖人作經之意나 及再三考究어든 極有失作經意處라

26. 亨仲이 물었다.

"≪禮記≫ 〈表記〉에 '仁은 오른쪽이요 道는 왼쪽이며, 仁은 사람이요 道는 義이다.'[36]라고 하였는데, 어째서입니까?"

선생이 말하였다.

"본래 이와 같이 분별해서는 안 된다. 그러나 또한 약간의 의미는 있다."

35) 서쪽에서……잡았다 : ≪春秋左氏傳≫ 哀公 14년의 經文에 "14년 봄에 서쪽에서 사냥하다가 麒麟을 잡았다.〔十有四年春 西狩獲麟〕"라고 하였다.
36) 仁은……義이다 : ≪禮記≫ 〈表記〉에 "仁者 右也 道者 左也 仁者 人也 道者 義也"라고 하였다.

또 물었다.

"輕重이 있는 것이 아닙니까?"

선생이 말하였다.

"도리어 陰陽이 있으니, 이는 儒者의 말이다. ≪禮記≫ 〈經解〉와 같은 글은 그저 글재주나 부리는 士人이 지은 것이다."

亨仲이 問호되 表記에 言호되 仁은 右也요 道는 左也며 仁者는 人也요 道者는 義也라한대 如何잇가 曰 本不可如此分別이라 然이나 亦有些子意思라 又問호되 莫是有輕重否잇가 曰 却是有陰陽也니 此却是儒者說話라 如經解는 只是弄文墨之士爲之라

27. 또 "臧武仲의 지혜와 公綽의 욕심을 내지 않음과 卞莊子의 용기와 冉求의 才藝에 禮樂으로써 문채를 더하면 또한 완성된 사람이 될 수 있을 것이다."[37]라는 것을 묻자, 선생이 말하였다.

"모름지기 네 사람의 재능을 합치고 또 예악으로써 문채를 더하면 또한 완성된 사람이 될 수 있다. 그러나 大成을 논한다면 여기에서 그치지 않으니, 지금의 완성된 사람[38]과 같은 경우는 또한 그 다음이다."

又問호되 如臧武仲之知와 公綽之不欲과 卞莊子之勇과 冉求之藝에 文之以禮樂이면 亦可以爲成人矣라 曰 須是合四人之能하고 又文之以禮樂이면 亦可以爲成人矣라 然而論大成이면 則不止此니 如今之成人은 則又其次也리

28. 또 물었다.

"介甫(王安石)가 말하기를 '堯임금은 天道를 행하여 사람을 다스리고, 舜임금은 人道를 행하여 하늘을 섬겼다.'라고 하였는데, 어떻습니까?"

---

37) 臧武仲의……것이다 : ≪論語≫ 〈憲問〉에 子路가 완성된 사람〔成人〕에 대해 묻자, 孔子가 말하기를 "만약 臧武仲의 지혜와 公綽의 욕심을 내지 않음과 卞莊子의 용기와 冉求의 재예에 禮樂으로써 문채를 내면 또한 완성된 사람이 될 수 있을 것이다.〔若臧武仲之知 公綽之不欲 卞莊子之勇 冉求之藝 文之以禮樂 亦可以爲成人矣〕"라고 하였다. 다시 말하기를 "지금의 완성된 사람은 어찌 굳이 그러하겠는가? 利를 보고 義를 생각하며, 위태로움을 보고 목숨을 바치며, 오래된 약속에 평소의 말을 잊지 않는다면 또한 완성된 사람이 될 수 있을 것이다.〔今之成人者 何必然 見利思義 見危授命 久要 不忘平生之言 亦可以爲成人矣〕"라고 하였다.

38) 지금의……사람 : 上同.

선생이 말하였다.

"개보는 본래 '道'자를 알지 못하였다. 道는 애초에 天·人의 구별이 있지 않으니, 단지 하늘에 있으면 天道이고, 땅에 있으면 地道이고, 사람에게 있으면 人道이다. '〈堯典〉은 舜·丹朱·共工·驩兜의 일에 대해서는 모두 논하였으나 아직 升黜의 정사에는 미치지 않았고, 〈舜典〉에 이른 뒤에 舜에게 제위를 선양하고 四凶(共工, 驩兜, 三苗, 鯀)을 벌주자 천하 사람들이 복종하였다는 것들은 모두 요임금이 천하에 있기 때문이고 순임금이 다스렸기 때문이다.'라고 한다면 이 무슨 의리인가. 四凶은 요임금 때에는 또한 모두 뛰어난 재주가 있어 맡은 일을 모두 수행하였으니, 요임금이 어찌 그들을 주벌하겠는가. 그러나 요임금은 이미 그들의 악함을 알았으니, 요임금이 아니라면 또한 능히 알 수 없었다. 요임금이 하루아침에 미천한 데에서 순을 등용하고 四凶으로 하여금 北面하여 신하가 되게 하자, 四凶이 견딜 수 없어 마침내 왕명을 거슬렀다. 鯀은 공적을 또한 이루지 못하였다. 그러므로 순임금이 그런 뒤에 그들을 멀리 추방하였다. 〈呂刑〉에 '苗民을 끊다.〔遏絶苗民〕'[39]라고 한 것 또한 순임금의 일이니, 孔安國이 오해하여 요임금의 일이라 한 것이다.[40]"

又問호되 介甫가 言호되 堯는 行天道以治人하고 舜은 行人道以事天이라한대 如何잇가 曰 介甫는 自不識道字라 道는 未始有天人之別하니 但在天則爲天道요 在地則爲地道요 在人則爲人道라 如言호되 堯典은 於舜丹朱共工驩兜之事엔 皆論之나 未及乎升黜之政하고 至舜典하야 然後에 禪舜以位하고 四罪而天下服之類는 皆堯所以在天下하고 舜所以治라하면 是何義理오 四凶은 在堯時엔 亦皆高才하여 職事皆修하니 堯如何誅之리오 然이나 堯已知其惡하니 非堯면 亦不能知也라 及堯一旦擧舜於側微하고 使四凶北面而臣之하얀 四凶이 不能堪하여 遂逆命이라 鯀功又不成이라 故로 舜然後遠放之라 如呂刑言遏絶苗民은 亦只是舜이니 孔安國이 誤以爲堯라

29. 또 물었다.

"伯夷와 叔齊가 달아난 것[41]은 옳은 일입니까?"

39) 苗民을 끊다 : 苗民은 三苗의 백성이다. 三苗는 江南의 荊州와 揚州 사이에 있던 나라로, 지형의 험함을 믿고 난을 일으켰다. 이에 舜임금이 즉위하여 三危 땅으로 그들을 몰아내고, 苗民을 멸하여 대를 이어 下國에 있지 못하게 하였다.(≪書經≫ 〈舜典〉, 〈呂刑〉)

40) 孔安國이……것이다 : ≪尙書正義≫ 〈呂刑〉의 "皇帝哀矜庶戮之不辜 報虐以威 遏絶苗民 無世在下"의 孔安國傳에 "君帝 帝堯也"라 하였다.

41) 伯夷와……것 : 孤竹國의 왕이 셋째 아들인 叔齊에게 왕위를 물려주려 하였다. 왕이 죽은 뒤 숙제

선생이 말하였다.

"사양하여 왕위에 오르지 않은 것은 옳으나, 어찌 굳이 아버지에게서 달아날 필요가 있겠는가. 숙제는 아버지의 명을 받았으니, 더욱 달아나서는 안 되었다."

또 물었다.

"둘째 아들이 왕위에 오른 것은 옳습니까?"

선생이 말하였다.

"어찌 옳을 수 있겠는가. 단지 숙제를 불러들여 돌아와 왕위에 오르게 했다면 좋았을 것이다."

伯溫(周恭先)이 말하였다.

"孔子가 그들을 仁하다고 칭송하였으니,[42] 어째서입니까?"

선생이 말하였다.

"나라를 사양한 일과 같은 것은 淸節이다. 그러므로 仁하다고 칭송한 것이니, 예컨대 季札을 인정한 것[43]이 이것이다. 계찰은 사양하여 왕위에 오르지 않았고, 또 어진 이를 세우지 않고 떠나가서 마침내 僚를 죽이는 난이 있게 되었다.[44] 그러므로 聖人(孔子)은 그가 와서 聘問한 것에 대해 기록하기를 '吳子가 札을 보내와서 聘問하였다.'[45]라고 하였으니, 그를 '公子'라고 쓰지 않은 것은 그가 公子가 될 수 없음을 말한 것이다."

는 첫째 아들 伯夷에게 양보하였는데, 백이는 "아버지의 명이었다."라고 하며 달아났고, 숙제도 왕위에 오르려 하지 않고 달아나버렸다. 이에 나라 사람들이 둘째 아들을 옹립하였다.(≪史記≫ 卷61 〈伯夷列傳〉)

42) 孔子가……칭송하였으니 : 孔子가 衛나라 出公 輒을 도울 것인지 冉有가 궁금해 하자, 子貢이 공자의 의중을 알아보기 위해 공자에게 伯夷・叔齊는 어떤 사람인지 물었다. 그러자 공자가 말하기를 "옛날의 賢人이다."라고 하였다. 그들이 후회하였는지 묻자, 공자가 말하기를 "仁을 구하여 仁을 얻었으니, 다시 어찌 후회하였겠는가."라고 하였다. 이에 자공은 공자가 그를 돕지 않을 것을 알았다.(≪論語≫ 〈述而〉)

43) 季札을……것 : ≪禮記≫ 〈檀弓 下〉에 孔子가 季札에 대해 논평하기를 "延陵季子之於禮也 其合矣乎"라고 한 것이 보인다.

44) 계찰은……되었다 : 춘추시대 吳王 壽夢에게는 諸樊, 餘祭, 餘昧, 季札 네 아들이 있었다. 계찰이 현명하고 재능이 있어 그에게 왕위를 물려주려고 하자, 끝내 사양하여 장남 제번이 왕위에 올랐다. 형제들은 차례대로 왕위를 물려주어 마침내 계찰이 왕위를 물려받게 하고자 하였는데, 여매가 죽은 뒤 계찰이 사양하여 여매의 아들 僚가 왕위에 올랐다. 그러자 장자 제번의 아들 光이 계찰이 왕위를 물려받지 않는다면 마땅히 부친 제번이 제일 먼저 왕위에 올랐으므로 자신이 왕이 되어야 한다고 주장하여 마침내 요를 죽이고 왕이 되었으니, 그가 바로 闔閭이다.(≪史記≫ 卷31 〈吳太伯世家〉)

45) 吳子가……聘問하였다 : ≪春秋左氏傳≫ 襄公 29년 조에 보인다.

又問호되 伯夷叔齊逃는 是否잇가 曰 讓不立則可나 何必逃父邪아 叔齊承父命하니 尤不可逃也라 又問호되 中子之(言)〔立〕[46]은 是否잇가 曰 安得是리오 只合招叔①齊歸立則善이라 伯溫曰 孔子稱之曰仁하니 何也잇가 曰 如讓國은 亦是清節이라 故로 稱之曰仁이니 如與季札이 是也라 札은 讓不立하고 又不爲立賢而去하여 卒有殺僚之亂이라 故로 聖人於其來聘을 書曰吳子使札來聘이라하니 去其公子는 言其不得爲公子也라

①〈叔은〉 어떤 판본에는 '夷'로 되어 있다.
一作夷.

30. 嘉仲(李處遯)이 "否는 人道가 아니다."[47]라는 것을 묻자, 선생이 말하였다.
"泰卦의 때에는 天・地가 서로 교류하고 편안하여 만물이 생겨나니, 무릇 天・地 사이에서 생겨나는 것은 모두 人道이다. 否卦의 때에 이르면 天・地가 교류하지 않고 만물이 생겨나지 않아 人道가 없다. 그러므로 '否는 人道가 아니다.'라고 말한 것이다."

嘉仲이 問否(비)之匪人한대 曰 泰之時엔 天地交泰而萬物生하니 凡生於天地之間者는 皆人道也라 至否之時하얀 天地不交하고 萬物不生하여 無人道矣라 故로 曰 否之匪人이라

31. 亨仲이 물었다.
"'스스로 돌이켜보아 정직하다.〔自反而縮〕'[48]라고 한 것은 무슨 뜻입니까?"
선생이 말하였다.
"縮은 바로 정직하다는 뜻이다."
또 물었다.
"'北宮黝는 子夏와 유사하고, 孟施舍는 曾子와 유사

子夏

46) (言)〔立〕: 底本에는 '言'으로 되어 있으나, 문맥과 中華書局本에 의거하여 '立'으로 바로잡았다.
47) 否는……아니다 : ≪周易≫ 否卦 卦辭에 보인다.
48) 스스로……정직하다 : ≪孟子≫ 〈公孫丑 上〉에 "옛날에 曾子가 子襄에게 말하였다. '그대는 勇을 좋아하는가? 내 일찍이 夫子에게 大勇을 들었으니, 스스로 돌이켜 정직하지 못하면 비록 褐寬博이라도 내 그를 두렵게 할 수 없으며, 스스로 돌이켜 정직하다면 비록 천만 명이라도 내가 가서 대적할 수 있다.'〔昔者 曾子謂子襄曰 子好勇乎 吾嘗聞大勇於夫子矣 自反而不縮 雖褐寬博 吾不惴焉 自反而縮 雖千萬人 吾往矣〕"라고 하였다.

하다.'[49]라고 한 것은 무슨 뜻입니까?"

선생이 말하였다.

"북궁유가 용기를 기르는 것은 반드시 용기를 행할 뿐이니, 맹시사가 능히 두려움이 없게 한 것만 못하다. 두려움이 없으면 지킴이 요약될 수 있다. 자하의 학문이 비록 넓었으나, 曾子가 禮를 지킴이 요약된 것만 못하였다. 그러므로 북궁유는 자하와 유사하고, 맹시사는 증자와 유사하다고 한 것이다."

曾子

亨仲이 問호되 自反而縮이라함은 如何잇가 曰 縮은 只是直이라 又問曰 北宮黝는 似子夏하고 孟施舍는 似曾子라함은 如何잇가 曰 北宮黝之養勇也는 必爲而已니 未若舍之能無懼也라 無懼면 則能守約也라 子夏之學이 雖博이나 然不若曾子之守禮爲約이라 故로 以黝爲似子夏하고 舍似曾子也라

32. 내(唐棣)가 물었다.

"'仲子의 宮을 완성하였다.'[50]라고 한 것은 비난한 것입니까?"

선생이 말하였다.

"聖人의 의도는 또한 아래 구절에 있으니, '처음으로 六羽를 바쳤다.'라는 것에 드러난다. '처음으로 바쳤다.'라고 말한 것은 이전에는 八羽였음을 드러낸 것이다. 《春秋》의 기록은 百王이 바꿀 수 없는 法이다. 三王 이후로 서로 이어서 구비한 것인데, 周나라의 道가 쇠하자 성인이 후세에 성인이 태어나지 않아 大道가 마침내 실추될 것을 염려하였다. 그러므로 이 한 책 《춘추》를 지은 것이다. 이러한 뜻은 문인들은 모두 들을

49) 北宮黝는……유사하다 : 《孟子》 〈公孫丑 上〉에 孟子가 "맹시사는 증자와 유사하고 북궁유는 자하와 유사하니, 이 두 사람의 勇은 누가 더 나은지 알지 못하겠다. 그러나 맹시사는 마음을 지킴이 요약되었다.〔孟施舍 似曾子 北宮黝 似子夏 夫二子之勇 未知其孰賢 然而孟施舍 守約也〕"라고 하였다.

50) 仲子의……완성하였다 : 《春秋左氏傳》 隱公 5년 조에 "9월에 仲子의 宮(廟)을 완성하고 처음으로 六羽를 바쳤다.〔九月 考仲子之宮 初獻六羽〕"라고 하였다. 仲子는 惠公의 측실이자, 桓公의 생모이다. 중자는 宋 武公의 딸로, 태어나면서부터 손바닥에 '魯나라 夫人이 된다.'라는 무늬가 있어 노나라로 시집을 왔다. 그러나 이미 嫡夫人이 있었기 때문에 夫人이 되지 못하였고 廟를 세울 수도 없었다. 이에 宮이라 한 것이다. 六羽는 여섯 사람이 여섯 줄로 서서 손에 깃털을 들고 춤을 추는 것을 말한다. 중자의 宮을 완성하고 萬舞를 추게 할 적에 은공이 衆仲에게 羽數를 묻자, 중중이 天子는 八佾, 諸侯는 六佾, 大夫는 四佾, 士는 二佾이라고 하여, 노나라에서 처음으로 六佾을 사용하게 되었다.

수 없었고 오직 顔子만이 들을 수 있었으니, 일찍이 孔子가 그에게 말하기를 '夏나라의 책력을 행하며, 殷나라의 수레를 타며, 周나라의 면류관을 쓰며, 음악은 韶舞를 쓰는 것이다.'[51)]라고 한 것이 이것이다. 이 책은 곧 문채와 바탕이 알맞고, 너그러움과 엄격함이 마땅하고, 옳고 그름이 공정하다."

棣가 問호되 考仲子之宮이라함은 非與잇가 曰 聖人之意는 又在下句하니 見其初獻六羽也라 言初獻은 則見前此八羽也라 春秋之書는 百王不易之法이라 三王以後로 相因旣備한대 周道衰하여 而聖人慮後世聖人不作하여 大道遂墜라 故로 作此一書라 此義는 門人皆不得聞이요 惟顔子得聞이니 嘗語之曰 行夏之時하며 乘殷之輅하며 服周之冕하며 樂則韶舞라함이 是也라 此書는 乃文質之中이요 寬猛之宜요 是非之公也라

33. 范季平이 물었다.

"'배우기를 널리 하고 의지를 독실하게 하며, 절실하게 묻고 가까운 일상에서 생각하면 仁이 그 가운데 있을 것이다.'[52)]라고 한 것은 무슨 뜻입니까?"

선생이 말하였다.

"仁은 곧 道이니, 온갖 善의 으뜸이다. 道를 잘 배운다면 仁이 그 가운데 있을 것이다."

亨仲이 물었다.

"어떻게 하는 것이 가까운 일상에서 생각하는 것입니까?"

선생이 말하였다.

"비슷한 것으로써 미루어 생각하는 것이다."

范季平이 問호되 博學而篤志하며 切問而近思하면 仁在其中이라함은 如何잇가 曰 仁은 卽道也니 百善之首也라 苟能學道면 則仁在其中矣라 亨仲이 問호되 如何是近思잇가 曰 以類而推라

34. 亨仲이 물었다.

---

51) 夏나라의……것이다 : ≪論語≫ 〈衛靈公〉에 顔淵이 나라를 다스리는 것을 묻자, 孔子가 말하기를 "夏나라의 책력을 행하며, 殷나라의 수레를 타며, 周나라의 면류관을 쓰며, 음악은 韶舞를 쓰며, 鄭나라 음악을 추방하고 말 잘하는 사람을 멀리해야 하니, 정나라 음악은 음탕하고 말 잘하는 사람은 위태롭기 때문이다.〔行夏之時 乘殷之輅 服周之冕 樂則韶舞 放鄭聲 遠佞人 鄭聲淫 佞人殆〕"라고 하였다.

52) 배우기를……것이다 : 子夏의 말로, ≪論語≫ 〈子張〉에 보인다.

"'吾與汝弗如也'[53]의 '與'자와 '吾與點也'[54]의 '與'자를 비교하면 어떻습니까?"

선생이 말하였다.

"'與'자는 한가지이나, 쓰인 곳에 따라 뜻이 같지 않다. 孔子가 '나는 네가 그만 못함을 인정한다.'라고 한 것은 배우는 자를 면려하여 진보하게 한 말이다. 가령 子貢이 성인의 말씀을 깨달았다면 자기를 면려하여 진보하게 함을 알았을 것이고, 그 말씀을 깨닫지 못했다면 성인도 오히려 자신이 顔回에게 미칠 수 없다고 여긴 것이라 생각하여 힘쓰고 진보하지 않았을 것이니, 이는 잘못이다."

亨仲이 問호되 吾與汝弗如也之與를 比吾與點也之與면 如何잇가 曰 與字는 則一般이나 用處不同이라 孔子以爲吾與汝弗如者는 勉進學者之言이라 使子貢喩聖人之言이면 則知勉進己也요 不喩其言이면 則以爲聖人尙不可及하여 不能勉進이니 則謬矣라

35. 내(唐棣)가 물었다.

"'紀나라 裂繻가 자기 나라 임금을 위해 여인을 맞이하였다.'[55]라고 한 것은 무슨 뜻입니까?"

선생이 말하였다.

"夫人을 맞이하는 것은 나라의 중대한 일이니, 卿으로 하여금 부인을 맞이하게 하는 것은 또한 무방하다. 先儒들이 親迎을 한 것이라고 말한 설은 매우 가소롭다. 예컨대 秦君이 楚나라에 장가들 경우에 어찌 국경을 넘어가서 친영할 수 있겠는가. 이른바 친영이란 館舍에서 맞이하는 것일 뿐이다. 文王은 渭水에서 맞이하였으니, 또한 국경을 나가 멀리 가서 맞이한 것이 아니다. 周나라는 본래 위수 가에 있었다. 선유들은 이 일

53) 吾與汝弗如也 : ≪論語≫ 〈公冶長〉에 孔子가 子貢에게 "너와 顔回는 누가 더 낫다고 생각하느냐?"라고 묻자, 자공이 "제가 어떻게 감히 인회를 바라보겠습니까? 인회는 하나를 들으면 열을 알고, 저는 하나를 들으면 둘을 압니다."라고 하였다. 이에 공자가 "같지 않다. 나는 네가 그만 못함을 인정한다.〔弗如也 吾與女弗如也〕"라고 하였다. '吾與汝弗如也'에 대해 이전의 설은 "나와 네가 모두 그만 못하다."라고 해석하여 자공을 위로하는 말로 보았으나, 伊川은 "나는 네가 그만 못함을 인정한다."라고 해석하여 자공을 면려하는 말로 보았다.

54) 吾與點也 : 孔子가 제자들에게 각자의 포부를 물었을 때 曾點이 답하기를 "늦은 봄에 봄옷이 완성되면 冠을 쓴 어른 5~6명과 童子 6~7명과 함께 沂水에서 목욕하고 舞雩에서 바람 쐬고 노래하면서 돌아오고자 합니다."라고 하였다. 이에 공자가 감탄하며 "나는 點의 지향을 인정한다."라고 하였다.(≪論語≫ 〈先進〉)

55) 紀나라……맞이하였다 : ≪春秋左氏傳≫ 隱公 2년 조에 "9월에 紀나라 裂繻가 와서 여자를 맞이하였다.〔九月 紀裂繻來逆女〕"라고 하였다. 裂繻는 紀나라의 大夫이다.

로 마침내 친영의 설에 구애되어 곧장 '天子는 친영하여야 한다.'라고 말하기에 이르렀다. 하물며 문왕이 친영하였을 때는 公子였으니, 아직 임금이 되지 않았을 때였다."

棣가 問호되 紀裂繻가 爲君逆女라함은 如何잇가 曰 逆夫人은 是國之重事니 使卿逆도 亦無妨이라 先儒說親逆은 甚可笑라 且如秦君娶於楚에 豈可越國親迎耶아 所謂親迎者는 迎於館耳라 文王迎於渭하니 亦不是出疆遠迎이라 周國은 自在渭傍이라 先儒는 以此로 遂泥於親迎之說하여 直至謂天子須親迎이라 況文王親迎之時엔 乃爲公子니 未爲君也라

36. 貴一(陳經正)이 물었다.

"齊나라 왕이 時子에게 '〈孟子의〉 제자들을 萬鍾의 祿으로 양성하여 나라 사람들로 하여금 본받는 바가 있게 하고자 한다.'라고 하였는데,[56] 맹자는 무슨 까닭으로 그 청을 거절하였습니까?"

선생이 말하였다.

"제나라 왕의 의도는 맹자를 높이려고 한 것이 아니라, 그를 뇌물로 만류하고자 한 것이다. 그러므로 거절한 것이다."

貴一이 問호되 齊王이 謂時子호되 欲養弟子以萬鍾하여 而使國人有所矜式이라한대 孟子는 何故拒之잇가 曰王之意는 非尊孟子요 乃欲賂之爾라 故拒之라

37. 用休(謝天申)가 물었다.

"이미 알고 있는 것을 익숙히 하고서 새로운 지식을 알아나가는 것으로 어떻게 스승이 될 수 있습니까?"[57]

선생이 말하였다.

---

56) 齊나라……하였는데 : 맹자가 벼슬을 내놓고 齊나라를 떠나려 하자, 제나라 왕이 만류하였다. 훗날에 왕이 時子에게 "내가 國中에 孟子의 집을 지어주고 제자들을 萬鍾의 祿으로 양성하여 여러 大夫들과 나라사람들로 하여금 모두 본받는 바가 있게 하고자 하니, 그대는 어찌 나를 위해 그에게 말해주지 않는가?"라고 하였다. 시자가 맹자의 제자인 陳子를 통해 그 말을 전하자, 맹자가 "그렇다. 저 시자가 어찌 그것이 불가함을 알겠는가. 가령 내가 부유하고자 하였다면 十萬鍾의 녹을 사양하고 萬鍾의 녹을 받는 것, 이것이 부유하고자 하는 것이겠는가."라고 하였다. (≪孟子≫ 〈公孫丑 下〉)

57) 이미……있습니까 : ≪論語≫ 〈爲政〉에 孔子가 말하기를 "이미 알고 있는 것을 익숙히 하고서 새로운 지식을 알아나가면 스승이 될 수 있다.〔溫故而知新 可以爲師矣〕"라고 하였다.

"그렇지 않다. 이는 스승이 될 수 있는 일 중의 하나일 뿐이다. 이러한 대목은 배우는 자들이 이해하여 깨닫기를 지극하게 해야 한다. 만약 이미 알고 있는 것을 익숙히 하고서 새로운 지식을 알아나가는 것이 곧 남의 스승이 될 수 있다는 뜻이라고만 인식한다면 기상을 협소하게 한다. 무릇 글을 볼 적에는 말을 이해하고자 할 뿐만이 아니라, 聖賢의 기상도 알고자 해야 한다. 예컨대 孔子가 '어찌 각자 너희들의 뜻을 말하지 않는가?'라고 하자, 仲由는 말하기를 '저는 수레와 말과 좋은 갖옷을 벗과 함께 쓰다가 해지더라도 유감이 없고자 합니다.'라고 하였고, 顔子는 말하기를 '저는 잘하는 것을 자랑함이 없으며, 공로를 과시함이 없고자 합니다.'라고 하였다. 그리고 공자는 말하기를 '나는 늙은이를 편안하게 해주고, 벗들을 미덥게 대하고, 젊은이들을 감싸주고자 한다.'라고 하였다.[58] 이 몇 구절을 살펴보면 성현의 기상이 대단히 같지 않음을 알 수 있다. 만약 이 대목을 읽고서도 성현의 기상을 보지 못한다면 다른 대목에서도 보기가 어려울 것이다. 배우는 자는 모름지기 성현의 기상을 이해하려고 해야 한다."

用休가 問호되 溫故而知新으로 如何可以爲師잇가 曰 不然이라 只此一事可師라 如此等處는 學者極要理會得이라 若只指認溫故知新便可爲人師면 則窄狹却氣象也라 凡看文字에 非只是要理會語言이요 要識得聖賢氣象이라 如孔子曰 盍各言爾志오하여 而由曰 願車馬衣輕裘를 與朋友共하여 敝之而無憾하노이다하고 顔子曰 願無伐善하며 無施勞하노이다하니라 孔子曰 老者安之하며 朋友信之하며 少者懷之라하니라 觀此數句면 便見聖賢氣象大段不同이라 若讀此不見得聖賢氣象이면 他處也難見이라 學者는 須要理會得聖賢氣象이라

38. 嘉仲(李處遯)이 "韶는 지극히 아름답고 또 지극히 선하다."[59]라는 것을 묻자, 선생이 말하였다.

"이는 武王의 음악이 지극히 선하지는 못하다고 말한 것이 아니라, 당시 舜임금의 음

58) 孔子가……하였다 : 孔子가 子路와 顔淵에게 지향을 물어보자, 자로는 "수레와 말과 가벼운 갖옷을 벗과 함께 쓰다가 해지더라도 유감이 없고자 합니다.〔願車馬衣輕裘 與朋友共 敝之而無憾〕"라고 하였고, 안연은 "잘하는 것을 자랑함이 없으며, 공로를 과시함이 없고자 합니다.〔願無伐善 無施勞〕"라고 하였다. 자로가 공자의 지향에 대해 듣기를 청하자 "늙은이를 편안하게 해주고, 벗들에게 미덥게 하고, 젊은이를 감싸주고자 한다.〔老者安之 朋友信之 少者懷之〕"라고 하였다.(≪論語≫ 〈公冶長〉)

59) 韶는……선하다 : 孔子가 韶를 평하기를 "지극히 아름답고, 또 지극히 선하다.〔盡美矣 又盡善也〕"라고 하였고, 武를 평하기를 "지극히 아름다우나, 지극히 선하지는 못하다.〔盡美矣 未盡善也〕"라고 하였다.(≪論語≫ 〈八佾〉) 韶는 舜임금이 만든 음악이고, 武는 武王이 만든 음악이다.

악을 전한 것은 지극히 선하고 지극히 아름다우나, 무왕의 음악을 전한 것은 지극히 선하지는 못함을 말한 것일 뿐이다."

嘉仲이 問호되 韶盡美요 又盡善也라 先生曰 非是言武王之樂未盡善이요 言當時傳舜之樂은 則盡善盡美나 傳武王之樂은 則未盡善耳라

39. 선생이 말하였다.

"'孔子가 齊나라에 계실 적에 韶를 듣고서 3개월 동안 고기 맛을 알지 못하셨다.'[60]라고 하였는데, '三月'이 아니라 본래 '音'자이다."

先生曰 子在齊聞韶하고 三月不知肉味라한대 非是三月이요 本是音字라

40. "文이 質을 이기면 겉만 번지르르하다."[61]라고 하였는데, 史는 곧 周官의 府史胥徒[62]의 史이다. 史는 文籍을 관장하는 관원이다. 그러므로 "史는 官書를 담당하여 정치를 돕는다."라고 하였다. 文이 비록 많더라도 그 의미를 알지 못하면 文이 이기는 것이니, 그 뜻이 정히 이와 같다.

文勝質則史라한대 史는 乃周官府史胥徒之史라 史는 管文籍之官이라 故曰 史는 掌官書以贊治라 文雖多나 而不知其意면 文勝이니 正如此也라

41. 또 말하였다.

"배우는 자는 모름지기 남의 말을 분별할 줄 알아야 한다."[63]

---

60) 孔子가……못하셨다 : ≪論語≫ 〈述而〉에 보인다.

61) 文이……번지르르하다 : ≪論語≫ 〈雍也〉에 孔子가 말하기를 "質이 文을 이기면 촌스럽고, 文이 質을 이기면 겉만 번지르르하니, 文과 質이 잘 어우러져야 君子이다.〔質勝文則野 文勝質則史 文質彬彬然後君子〕"라고 하였다.

62) 府史胥徒 : ≪周禮≫ 〈天官 冢宰〉에 보이는 관부의 하급관리이다. "다섯 번째가 府이니 官契를 담당하여 문서 및 기물을 보관하며, 여섯 번째가 史이니 官書를 담당하여 정치를 도우며, 일곱 번째가 胥이니 官敍를 담당하여 재능에 따라 관직을 제수하는 일을 하며, 여덟 번째가 徒이니 官令을 담당하여 징소하거나 명령을 시행한다.〔五曰府 掌官契以治藏 六曰史 掌官書以贊治 七曰胥 掌官敍以治敍 八曰徒 掌官令以徵令〕"라고 하였다.

63) 배우는……한다 : ≪孟子≫ 〈公孫丑 上〉에 공손추가 묻기를 "무엇을 知言이라 합니까?"라고 하니, 孟子가 말하기를 "치우친 말에 그의 가려진 바를 알며, 지나친 말에 그의 매몰된 점을 알며, 부정

又曰 學者는 須要知言이라

42. 周伯溫(周恭先)이 물었다.

"'顔回는 3개월 동안 仁을 어기지 않았다.'[64]라고 한 것은 무슨 뜻입니까?"

선생이 말하였다.

"'어기지 않았다.'라는 것은 조금의 사사로운 생각도 없다는 것이다. 조금이라도 사사로운 생각이 있으면 仁하지 않게 된다."

또 물었다.

"'널리 은혜를 베풀어 많은 사람을 구제한다.'[65]라는 것은 무슨 까닭으로 仁으로도 그것을 다 표현하기에 부족하다는 것입니까?"

선생이 말하였다.

"이미 '널리 은혜를 베풀어 많은 사람을 구제한다.'라고 말하면 다함이 없는 것이다. 堯임금의 정치는 四海 밖에 있는 사람들에게도 모두 그 은택을 입히고자 하지 않은 것은 아니나, 遠近에 차이가 있어 형세상 간혹 미칠 수 없었다. 이로써 살펴보건대, 능히 은혜를 베풀어 많은 사람을 구제한다면 이는 聖이다."

管仲

또 물었다.

"孔子가 管仲을 칭찬하여 '누가 그의 仁만 하겠는가.'라고 한 것[66]은 어째서입니까?"

한 말에 그가 道에서 벗어난 것을 알며, 회피하는 말에 그의 논리가 곤궁한 것을 안다.〔詖辭 知其所蔽 淫辭 知其所陷 邪辭 知其所離 遁辭 知其所窮〕"라고 하였다.

64) 顔回는……않았다 : ≪論語≫ 〈雍也〉에 孔子가 말하기를 "顔回는 그 마음이 3개월 동안 仁을 어기지 않았고, 그 나머지 사람들은 하루에 한 번, 한 달에 한 번 仁에 이를 뿐이다.〔回也 其心三月不違仁 其餘則日月至焉而已矣〕"라고 하였다.

65) 널리……구제한다 : 子貢이 "백성에게 은혜를 널리 베풀어 많은 사람을 구제할 수 있으면 어떠합니까? 仁하다고 할 수 있습니까?〔如有博施於民而能濟衆 何如 可謂仁乎〕"라고 묻자, 孔子가 "어찌 仁을 일삼는 데 그치겠는가. 반드시 聖일 것이다. 堯・舜도 오히려 그것을 부족하게 여기셨다.〔何事於仁 必也聖乎 堯舜 其猶病諸〕"라고 하였다. (≪論語≫ 〈雍也〉)

66) 孔子가……것 : 子路가 "齊 桓公이 公子 糾를 죽이자, 召忽은 죽고 管仲은 죽지 않았으니, 관중은 仁하지 못합니다."라고 하자, 孔子가 "환공이 제후들을 규합하되, 兵車를 쓰지 않은 것은 관중의 힘이었으니, 누가 그의 仁만 하겠는가. 누가 그의 仁만 하겠는가.〔桓公九合諸侯 不以兵車 管仲之力

선생이 말하였다.

"이 말은 단지 관중에게 仁의 功效가 있음을 일컬은 것이다. 관중은 처음에 子糾를 섬겼는데, 섬기는 대상이 바르지 않았다. ≪春秋≫에 '公(莊公)이 齊나라를 정벌하여 糾를 제나라에 들여보내려 하였다.〔公伐齊納糾〕'[67]라고 하였으니, '糾'라고 하고 '子糾'라고 하지 않은 것은 즉위해야 할 사람이 아니었기 때문이다. 즉위해야 할 인물이 아닌데도 그를 섬겼으니, 처음에 잘못한 것이다. 일이 실패하였을 때에는 죽을 수도 있고 또한 죽지 않을 수도 있다. 남과 일을 함께 하다가 죽는 것은 理이다. 처음에 한 일이 잘못되었음을 알고 그것을 고치는 것은 義이다. 召忽이 죽은 것은 正이다. 관중이 죽지 않은 것은 그 마땅함을 헤아려보면 죽지 않을 수도 있다. 그러므로 仲尼가 그를 일컬어 '누가 그의 仁만 하겠는가.'라고 한 것이니, 이 말은 그에게 仁의 功效가 있음을 말한 것이다. 가령 관중이 자규를 섬긴 것이 바른데도 죽지 않았다면, 나중에 비록 큰 공이 있더라도 聖人이 어찌 다시 그를 칭찬하였겠는가. 만약 성인이 그의 죽음과 죽지 않음의 옳고 그름을 살펴보지 않고서 단지 훗날의 옳고 그름만을 칭찬하였다고 한다면 이는 義理를 매우 해치는 것이다."

또 물었다.

"어떤 것이 仁입니까?"

선생이 말하였다.

"단지 하나의 '公'자일 뿐이다. 배우는 자가 仁을 물으면 나는 항상 그에게 '公'자를 가지고서 생각하고 헤아리게 한다."

(同)〔周〕[68]伯溫이 問호되 回也는 三月不違仁이라한대 如何잇가 曰 不違處는 只是無纖毫私意①라 有少私意면 便是不仁이라 又問호되 博施濟衆은 何故로 仁不足以盡之잇가 曰 旣謂之博施濟衆이면 則無盡也라 堯之治는 非不欲四海之外皆被其澤이나 遠近有間하여 勢或不能及이라 以此觀之컨대 能博施濟衆이면 則是聖也라 又問호되 孔子稱管仲하여 如其仁이리오하니 何也잇가 曰 但稱其有仁之功也라 管仲은 其初에 事子糾한대 所事非正이라 春秋에 書公伐齊納糾라하니 稱(納)〔糾〕[69]而不稱子糾는 不當立者也일새라 不當立而事之하니 失於初也라 及其敗也하얀 可以死요 亦可以無死라 與

也 如其仁 如其仁〕"라고 하였다.(≪論語≫ 〈憲問〉)

67) 公이……하였다 : ≪春秋左氏傳≫ 莊公 9년 조에 보인다.

68) (同)〔周〕: 底本과 一蓑古本에는 '同'으로 되어 있으나, 四庫全書本에 의거하여 '周'로 바로잡았다.

69) (納)〔糾〕: 底本과 一蓑古本에는 '納'으로 되어 있으나, 四庫全書本과 中華書局本에 의거하여 '糾'로 바로잡았다.

人同事而死之는 理也라 知始事之爲非而改之는 義也라 召忽之死는 正也라 管仲之不死는 權其宜컨대 可以無死矣라 故로 仲尼稱之曰 如其仁이리오하니 謂其有仁之功也라 使管仲所事子糾正而不死면 後雖有大功이라도 聖人이 豈復稱之耶아 若以聖人不觀其死不死之是非하고 而止稱其後來之是非면 則甚害義理也라 又問호되 如何是仁이니잇가 曰 只是一箇公字라 學者問仁이면 則常敎他將公字思量이라

①〈意는〉 어떤 판본에는 '欲'으로 되어 있다. 아래도 같다.
一作欲, 下同.

43. 또 "鄭나라 사람이 와서 양국 관계를 和平으로 변경하였다."[70]라는 것을 물었다. 선생이 말하였다.

"다시 우호 관계를 맺은 것이다. 한 나라의 임금이 되어서 그 우호 관계를 가볍게 바꾸었으니, 죄줄 만한 일을 반복한 것이다."

또 물었다.

"隱公의 세대가 끝날 때까지 어찌하여 鄭나라와 서로 침략하지 않았습니까?"

선생이 말하였다.

"서로 침략하지 않은 것은 참으로 칭찬할 만하다. 그러나 가벼이 和平으로 바꾸고자 하였으니, 이 어찌 임금의 도리이겠는가."

又問鄭人來輸平이라 曰 更成也라 國君而輕變其平하니 反復可罪라 又問호되 終隱之世히 何以不相侵伐이니잇가 曰 不相侵伐은 固足稱이나 然輕欲變平하니 是甚國君之道리오

44. 또 물었다.

"宋 穆公이 與夷를 세운 것[71]은 옳습니까?"

선생이 말하였다.

"대단히 옳지 못하다. 左氏의 말이 매우 잘못되었다. 목공은 사람을 잘 알았으니, 公

70) 鄭나라……변경하였다 : 《春秋左氏傳》 隱公 6년 조에 "春 鄭人來渝平"이라고 하였다. 底本의 '輸'는 '渝'의 오류인 듯하다.

71) 宋……것 : 《春秋左氏傳》 隱公 3년 조에 보인다. 宋 穆公은 형 宣公에게서 왕위를 물려받았는데, 임종 때 형의 아들 與夷(殤公)에게 왕위를 물려주고, 자신의 아들 公子 馮은 鄭나라로 가서 살게 하였다. 이는 자신을 어질게 여겨 왕위를 물려준 선공에게 보답하고자 한 것이다.

子 馮을 세우지 않은 것은 그가 사람을 잘 알아본 것이다. 만약 '그의 아들(與夷)이 왕위를 누리게 하였다.〔其子饗之〕'[72]라는 것으로써 사람을 잘 알아본 것이라고 여긴다면 옳지 않다. 훗날 마침내 宋나라의 난리[73]에 이르렀으니, 이는 宣公이 사사로운 은혜를 행한 잘못 때문이다."

又問호되 宋穆公立與夷는 是否잇가 曰 大不是라 左氏之言이 甚非라 穆公은 却是知人하니 但不立公子馮은 是其知人處라 若以其子享[74]之爲知人이면 則非也라 後來에 卒至宋亂하니 宣公行私惠之過也①라

①〈過는〉 어떤 판본에는 '罪'로 되어 있다.
一作罪.

45. 선생이 말하였다.

"무릇 ≪論語≫와 ≪孟子≫를 볼 적에는 모름지기 익숙히 완미하여 聖人의 말씀을 가지고 자기에게 절실하게 해야 하니, 단지 한바탕 이야기로 삼아서는 안 된다. 사람들이 이 두 책을 보고 자기에게 절실하게 한다면 종신토록 얻는 바가 참으로 많을 것이다."

先生曰 凡看語孟할새 且須熟玩味하여 將聖人之言語切己니 不可只作一場話說이라 人只看得此二書切己면 終身儘多也라

46. 내(唐棣)가 물었다.

"'물러나서 그의 마음을 살펴보았는데, 또한 충분히 發明하였다.'[75]라고 한 것은 무슨

72) 그의……하였다 : ≪春秋左氏傳≫ 隱公 3년 조에 보이는 말로, 宋 宣公이 아들 與夷에게 임금 자리를 물려주지 않고 아우 穆公에게 물려주어, 결국 목공도 자기 아들 馮에게 물려주지 않고 조카 與夷에게 물려주게 되었다는 말이다.

73) 宋나라의 난리 : 宋나라 華父督이 孔父를 죽이고 그의 아내를 취하였는데, 이 일로 宋 殤公이 크게 노하였다. 이에 督이 상공을 시해하고, 鄭나라에 있던 公子 馮을 불러들여 임금으로 세웠다. (≪春秋左氏傳≫ 桓公 2年)

74) 享 : ≪春秋左氏傳≫에는 '饗'으로 되어 있다.

75) 물러나서……發明하였다 : ≪論語≫ 〈爲政〉에 孔子가 말하기를 "내가 顔回와 더불어 종일 이야기를 하였는데, 내 말을 어기지 않아 어리석은 사람인 듯하였다. 물러나서 그의 마음을 살펴보았는데 또한 충분히 發明하였으니, 回는 어리석지 않구나.〔吾與回言終日 不違如愚 退而省其私 亦足以發 回也不愚〕"라고 하였다. '退而省其私'를 伊川은 공자가 물러나서 안회의 마음을 살펴본 것으로 본 반면, 朱熹는 안회가 물러간 뒤에 안회의 사생활을 살펴본 것으로 보았다.

뜻입니까?"

선생이 말하였다.

"孔子가 물러나 顏回의 마음속을 살펴보았는데, 또한 충분히 공자의 말을 開發하였다는 것이다."

또 물었다.

"顏子가 聖人의 道를 봄에 의심이 없었던 것이 어찌 아니겠습니까?"

선생이 말하였다.

"그러하다. 공자가 '하나의 道로써 모든 것을 꿰뚫는다.'라고 하자, 曾子가 바로 이해하여 마침내 '예.'라고 하였으나, 그 외의 문인들은 그 뜻을 몰라 곧 증자에게 따져 물어야 했다.[76)]"

棣가 問호되 退而省其私한대 亦足以發이라하니 如何잇가 曰 孔子退省其心中한대 亦足以開發也라 又問호되 豈非顏子見聖人之道無疑歟니잇가 曰 然也라 孔子曰 一以貫之라하니 曾子便理會得하여 遂曰 唯라하나 其他門人은 便須辨問也라

47. 또 "제사를 지낼 적에는 살아계신 듯이 하며, 神을 제사 지낼 적에는 그 神이 계신 듯이 한다."[77)]라는 것을 묻자, 선생이 말하였다.

"'제사를 지낼 적에는 살아계신 듯이 한다.'라는 것은 祖宗에 제사 지내는 것을 말하고, '神을 제사 지낼 적에는 그 神이 계신 듯이 한다.'라는 것은 神에게 제사 지내는 것을 말한다. 선조에게 제사 지내는 것은 孝를 주로 하고, 神에게 제사 지내는 것은 恭敬을 주로 한다."

又問祭如在하며 祭神如神在라 曰 祭如在는 言祭祖宗이요 祭神如神在는 則言祭神也라 祭先은 主於孝요 祭神은 主於恭敬이라

48. 또 물었다.

76) 공자가……했다 : ≪論語≫ 〈里仁〉에 孔子가 "參아, 나의 도는 하나로써 모든 것을 꿰뚫는다.〔吾道一以貫之〕"라고 하자, 증자가 "예, 알겠습니다."라고 하였다. 공자가 밖으로 나가자, 문인들이 증자에게 "무슨 말씀이신가?"라고 하자, 증자가 말하기를 "선생님의 도는 忠恕일 따름이다.〔夫子之道 忠恕而已矣〕"라고 하였다.

77) 제사를……한다 : ≪論語≫ 〈八佾〉에 보인다.

"제사는 聖人이 만들어 사람을 가르친 데서 시작되었습니까?"

선생이 말하였다.

"그렇지 않다. 선조에게 제사 지내는 것은 天性에 근본한 것이다. 예컨대 승냥이도 제사가 있고, 수달도 제사가 있고, 매도 제사가 있으니, 모두 天性이다. 어찌 사람으로서 동물만도 못함이 있겠는가. 성인은 제사를 통해 禮法을 재단해 완성하여 사람을 가르쳤을 따름이다."

또 물었다.

"요즘 사람들이 高祖에 제사 지내지 않는 것은 어째서입니까?"

선생이 말하였다.

"高祖는 본래 服이 있으니, 제사 지내지 않는 것은 매우 잘못이다. 우리 집에서는 고조에게 제사를 지낸다."

또 물었다.

"天子는 七廟이고, 諸侯는 五廟이고, 大夫는 三廟이고, 士는 二廟라 하니,[78] 어떻습니까?"

선생이 말하였다.

"이는 또한 禮家가 이와 같이 말한 것일 뿐이다."

또 물었다.

"지금 士庶人의 집에서는 廟를 세울 수 없으니, 어떻게 해야 합니까?"

선생이 말하였다.

"庶人은 寢에서 제사를 지내니,[79] 지금의 正廳이 그곳이다. 무릇 禮는 의리에 따라 일으키는 것이 옳다. 예컨대 부유한 집이나 士家에서는 하나의 影堂을 설치하는 것도 괜찮으나, 다만 제사 지낼 때에는 영정을 사용해서는 안 된다."

또 물었다.

"신주를 쓰는 것은 어떻습니까?"

선생이 말하였다.

"가난한 집은 신주를 사용할 수 없으니, 牌子를 쓰는 것이 좋다. 예컨대 우리 집의 신주 격식은 제후의 제도를 줄인 것이다. 대개 영정은 제사에 사용해선 안 되니, 만약 영

78) 天子는……하니 : ≪禮記≫ 〈王制〉에는 天子는 七廟, 諸侯는 五廟, 大夫는 三廟, 士는 一廟, 庶人은 寢에서 제사 지낸다고 하였다.

79) 庶人은……지내니 : 上同.

정을 제사에 쓴다면 터럭 하나의 차이도 없어야만 쓸 수 있다. 만약 수염 한 올이라도 많으면 곧 다른 사람이 된다."

又問호되 祭는 起於聖人之制作以敎人否잇가 曰 非也라 祭先은 本天性이라 如豺有祭요 獺有祭요 鷹有祭하니 皆是天性이라 豈有人而不如物乎아 聖人은 因而裁成禮法以敎人耳라 又問호되 今人不祭高祖는 如何잇가 曰 高祖自有服하니 不祭는 甚非라 某家却祭高祖라 又問호되 天子七廟요 諸侯五廟요 大夫三이요 士二라하니 如何잇가 曰 此亦只是禮家如此說이라 又問호되 今士庶家는 不可立廟니 當如何也잇가 庶人은 祭於寢하니 今之正廳이 是也라 凡禮는 以義起之가 可也라 如富家及士는 置一影堂亦可나 但祭時엔 不可用影이라 又問호되 用主는 如何잇가 曰 白屋之家는 不可用이니 只用牌子가 可矣라 如某家主式은 是殺(쇄)諸侯之制也라 大凡影不可用祭니 若用影祭면 須無一毫差라야 方可라 若多一莖鬚면 便是別人이라

49. 내(唐棣)가 또 물었다.

"자신의 사욕을 극복하여 禮로 돌아가는 것이 어떻게 仁입니까?"[80]

선생이 말하였다.

"禮가 아닌 곳은 곧 사사로운 마음이다. 이미 사사로운 마음이라면 어떻게 仁을 얻겠는가. 무릇 사람은 자기의 사욕을 극복해 다 없앤 뒤에 단지 禮만 있어야 비로소 仁이 된다."

棣가 又問호되 克己復禮가 如何是仁이니잇가 曰 非禮處는 便是私意니 旣是私意면 如何得仁이리오 凡人은 須是克盡己私後에 只有禮라야 始是仁處라

50. 謝用休(謝天申)가 "〈孔子는〉 太廟에 들어가 매사를 물었다."[81]라는 것을 묻자, 선생이 말하였다.

---

80) 자신의……仁입니까 : 顔淵이 仁을 묻자, 孔子가 말하기를 "자신의 사욕을 극복하여 禮로 돌아가는 것이 仁을 행하는 방법이니, 하루라도 사욕을 극복하여 禮에 돌아가면 天下 사람들이 그의 仁을 허여할 것이다. 仁을 행하는 것은 자신에게 달려 있으니, 어찌 남에게 달려 있겠는가.〔克己復禮爲仁一日 克己復禮 天下歸仁焉 爲仁由己 而由人乎哉〕"라고 하였다.(≪論語≫ 〈顔淵〉)

81) 太廟에……물었다 : 孔子가 太廟에 들어가 매사를 물으니, 혹자가 말하기를 "누가 鄹 땅 사람의 아들(孔子)이 禮를 안다고 말하였는가. 太廟에 들어가 매사를 묻는구나!"라고 하였다. 공자가 이 말을 듣고서 말하기를 "이것이 바로 禮이다."라고 하였다.(≪論語≫ 〈八佾〉)

"비록 알더라도 묻는 것은 공경과 삼감이 지극한 것이다."

또 물었다.

"旅祭[82]의 이름은 어떻습니까?"

선생이 말하였다.

"옛날의 제사 이름은 모두 의미가 있으나, 旅祭의 경우는 또한 알 수 없다."

謝用休가 問호되 入太廟하여 每事問이라 曰 雖知라도 亦問은 敬謹之至라 又問호되 旅祭之名은 如何잇가 曰 古之祭名은 皆有義나 如旅는 亦不可得而知라

51. 내(唐棣)가 물었다.

"≪儀禮≫ 중의 禮制와 같은 것은 상고하여 믿을 수 있습니까?"

선생이 말하였다.

"그중 믿을 만한 것만을 믿으면 된다. 예컨대 昏禮를 말하면서 問名, 納吉, 納幣에 모두 점을 쳐야 한다고 하였으니,[83] 問名이 끝났는데 또 점을 치는 일이 어찌 있겠는가. 만약 점을 쳐서 길하지 않으면 혼사를 그만둘 수 있단 말인가. 이와 같은 부분은 믿기 어렵다."

선생에게 물었다.

"또한 일찍이 '郊祭[84]의 날짜를 점친다.'고 한 것을 의심하였습니다. 알지 못하겠습니다. 과연 어떠하였습니까?"

선생이 말하였다.

"≪春秋≫에 '郊祭의 날짜를 점친다.'[85]고 한 것이 있다. 다만 上辛日에 점쳐서 길하지 않으면 마땅히 中辛日에 점쳐야 하고, 中辛日에 또 길하지 않으면 곧 下辛日에 점쳐

---

82) 旅祭 : 제사의 명칭으로, ≪論語≫ 〈八佾〉에 "季氏가 泰山에 旅祭를 지냈다.[季氏旅於泰山]"라고 하였다.

83) 昏禮를……하였으니 : ≪儀禮≫ 〈士昏禮〉에 問名할 적에 "제가 이미 명을 받고 좋은 날을 잡고자 하여 감히 따님이 누구인지 청합니다.[某旣受命 將加諸卜 敢請女爲誰氏]"라고 하였고, 納吉할 적에 "그대가 따님의 이름을 알려주어 제가 점을 쳐보니, 점괘가 吉하다고 하여 아무개를 보내 감히 고합니다.[吾子有貺命 某加諸卜 占曰吉 使某也敢告]"라고 하였다. 納幣는 納徵인데, ≪의례≫ 〈사혼례〉에는 納徵에는 점을 친다는 말이 없다.

84) 郊祭 : ≪禮記≫ 〈郊特牲〉에 보인다. 고대 제왕이 교외에서 天地의 神에게 지내던 제사이다.

85) 郊祭의……점친다 : ≪春秋左氏傳≫ 僖公 31年 夏四月, 成公 10年 夏四月, 襄公 7年 夏四月, 襄公 11年 夏四月에 보인다.

야 하는데, 다시 점치는 것은 불가하다. 예컨대 魯나라는 郊祭를 지낼 적에 세 번 점을 치고,[86] 네 번 점을 치고,[87] 다섯 번 점을 쳐서[88] 郊祭를 지내지 않는 데에 이르렀으니, 禮가 아니다."

또 물었다.

"3년에 한 번 郊祭를 지내는 것은 옛 제도와 비교하면 어떻습니까?"

선생이 말하였다.

"옛날에는 1년 사이에 하늘에 제사 지내는 일이 매우 많았다. 봄에는 백성들이 파종하기 때문에 穀神에게 기원하였고, 여름에는 가뭄을 염려하여 크게 기우제를 지냈고, 가을이 되면 明堂에 제사를 지냈고, 겨울에는 圓丘에 제사를 지냈으니, 모두 임금이 백성을 위하는 마음이었다. 무릇 자식은 하루라도 부모를 보지 않으면 안 되고, 임금은 한 해라도 하늘에 제사를 지내지 않으면 안 되니, 어찌 3년에 한 번 직접 郊祭를 지내는 禮가 있겠는가."

棣가 問호되 如儀禮中禮制는 可考而信否잇가 曰 信其可信이라 如言昏禮호되 云 問名納吉納幣에 皆須卜이라하니 豈有問名了而又卜이리오 苟卜不吉이면 事可已邪아 若此等處는 難信也라 又嘗疑卜郊亦非한대 不知케라 果如何잇가 曰 春秋却有卜郊라 但卜上辛不吉이면 則當卜中辛하고 中辛又不吉이면 則當便用下辛한대 不可更卜也라 如魯郊는 三卜하고 四卜하고 五卜하여 至於不郊하니 非禮라 又問호되 三年一郊는 與古制로 如何잇가 曰 古者는 一年之間에 祭天甚多라 春則因民播種而祈穀하고 夏則恐旱暵而大雩하고 以至秋則明堂하고 冬則圓丘하니 皆人君爲民之心也라 凡人子不可一日不見父母하고 國君不可一歲不祭天하니 豈有三年一親郊之禮리오

52. 用休(謝天申)가 北郊의 禮[89]를 묻자, 선생이 말하였다.

"北郊의 제사는 폐지할 수 없다. 元祐[90] 때 조정에서 의론이 행해졌는데, 5월에 天子가 大裘[91]를 입을 수 없기 때문에 모두 거행하기 어렵다고 하였으니, 하늘에 郊祭를 지내고 땅에 郊祭를 지내는 것은 禮制가 본래 같지 않은 것을 알지 못한 것이다. 하늘은

86) 세……치고 : 襄公 7년에 3번 郊祭를 점치고서 지내지 않았다.
87) 네……치고 : 僖公 31년, 襄公 11년에 4번 郊祭를 점치고서 지내지 않았다.
88) 다섯……쳐서 : 成公 10년에 다섯 번 郊祭를 점쳤으나 不吉하여 이에 郊祭를 지내지 않았다.
89) 北郊의 禮 : 황제가 夏至에 북쪽 교외에서 땅의 신에게 제사 지내는 일을 가리킨다.
90) 元祐 : 宋 哲宗 때의 연호로, 1086년부터 1094년까지이다.
91) 大裘 : 가죽옷으로, 郊祭를 지낼 때 착용하였다.

만물이 의지하여 비롯되는 곳이다. 그러므로 제사에 쓰는 모든 물건은 모두 순일함을 숭상하니, 깔개는 藁秸[92]을 사용하고, 그릇은 陶匏[93]를 사용하고, 옷은 大裘를 사용하는 것이 이런 것이다. 땅은 만물이 의지하여 생겨나는 곳이니, 어찌 또한 大裘를 사용할 수 있겠는가. 당시 諸公은 大裘를 입을 수 없다는 것만 알고, 다른 복식을 착용하는 것을 알지 못하였다.

예전 宣仁皇后의 山陵 때 呂汲公(呂大防)이 大使가 되었다. 내가 그와 더불어 이야기할 적에 呂相이 책망하며 말하였다.

'선생은 이와 같이 해서는 안 됩니다. 聖人은 당시에 일찍이 이와 같지 않았으니, 지금 선생이 조정으로 하여금 어떻게 해야 옳겠습니까?'

내가 답하였다.

'相公께서 성인은 이와 같지 않았다고 보신 점은 무엇입니까? 성인은 참으로 미칠 수 없습니다. 그러나 성인을 배우는 자는 성인을 가벼이 보아서도 안 됩니다. 지금의 조정은 한 번도 北郊의 禮를 능히 행하지 못하였고, 또 한 사람도 西京에 程 아무개(程頤)가 있으니, 다시 한 구절 물어보자고 말하는 이가 없었습니다.'

呂公과 그의 사위 王某(王讜) 등이 바로 물었다.

'北郊의 禮는 어떠해야 합니까?'

내가 답하였다.

'조정에서 일찍이 찾아와서 묻지 않았는데, 오늘 여러분에게 말하는 것이 어찌 합당하겠습니까.'

이때 蘇子瞻(蘇軾)은 곧 〈昊天有成命〉 시에 근거하여 郊祀는 동일하다고 말하였고,[94] 文潞公(文彦博)은 '비유하자면 부모에게 제사 지내는 것과 같으니, 한가지로 보는 것이 무슨 해가 되겠습니까.'라고 하였다.

내가 말하였다.

'이 시는 冬至와 夏至에 모두 노래하니, 어찌 불가하지 않겠습니까. 天地에 郊祭를 지내는 것은 또한 부모를 함께 제사 지내는 것과는 같지 않습니다. 郊祭는 근본에 보답하는 제사이니, 각각 유형에 따라 제사 지내야 합니다. 어찌 동시에 제사 지낼 수 있겠습

---

92) 藁秸 : 볏짚으로 짠 돗자리로, 郊祭를 지낼 때 사용하였다.

93) 陶匏 : 질그릇과 바가지로, 郊祭를 지낼 때 사용하였다.

94) 昊天有成命……말하였고 : 〈昊天有成命〉은 ≪詩經≫ 周頌의 편명으로, 小序에 "天地에게 郊祀하는 것이다.〔郊祀天地也〕"라고 하였다.

니까?'"

用休가 問北郊之禮하여 曰 北郊는 不可廢라 元祐時에 朝廷議行한대 只爲五月間天子不可服大裘하여 皆以爲難行이라하니 不知郊天郊地는 禮制自不同이라 天是資始라 故로 凡用物皆尙純하니 藉用藁秸하고 器用陶匏하고 服用大裘가 是也라 地則資生하니 安可亦用大裘리오 當時諸公은 知大裘不可服하고 不知別用一服이라 向日宣仁山陵에 呂汲公이 作大使라 某與坐說話次에 呂相責云호되 先生은 不可如此라 聖人은 當時不曾如此하니 今先生教朝廷怎生則是리오 答曰 相公見聖人不如此處는 怎生고 聖人은 固不可跂及이라 然이나 學聖人者는 不可輕易(이)看了聖人이라 只如今朝廷은 一北郊禮도 不能行得이요 又無一人도 道西京有程某하니 復問一句也라 呂公及其壻王某等이 便問호되 北郊之禮는 當如何오 答曰 朝廷不曾來問한대 今日豈當對諸公說邪아 是時에 蘇子瞻이 便據昊天有成命之詩하여 謂호되 郊祀同이라하고 文潞公이 便謂호되 譬如祭父母니 作一處가 何害리오 曰 此詩는 冬至夏至皆歌니 豈不可邪아 郊天地는 又與共祭父母로 不同也라 此是報本之祭니 須各以類祭라 豈得同時邪아

53. 또 六天[95]의 설을 묻자, 선생이 말하였다.

"이는 讖書에서 나온 것이다. 鄭玄의 무리가 그 설을 추종하여 확대하였으니, 심히 가소롭다. 帝는 氣의 주인이다. 동쪽은 青帝라고 하고, 남쪽은 赤帝라고 하고, 서쪽은 白帝라고 하고, 북쪽은 黑帝라고 하고, 중앙은 黃帝라고 하니, 어찌 上帝가 있는데 별도로 五帝가 있는 이치가 있겠는가. 이는 ≪周禮≫에서 '昊天과 上帝에게 제사 지낸다.'라고 하고, 뒤에 또 '五帝에 제사 지낼 때도 이와 같이 한다.'라고 한 것[96]을 인한 것이다. 그러므로 여러 儒者들이 이 설을 덧붙였다."

또 물었다.

"≪주례≫의 설은 과연 어떠합니까?"

---

95) 六天 : 하늘의 總稱이다. 後漢 때 鄭玄의 주장으로, 上帝・青帝・赤帝・黃帝・白帝・黑帝를 가리킨다. 上帝의 지시에 따라 五帝가 木・火・土・金・水의 五行과 春・夏・土用・秋・冬과 東・南・中・西・北을 다스리는데, 青帝는 봄과 동방을 다스리는 木神이고, 赤帝는 여름과 남방을 다스리는 火神이고, 黃帝는 土用과 중앙을 다스리는 土神이고, 白帝는 가을과 서방을 다스리는 金神이고, 黑帝는 겨울과 북방을 다스리는 水神이다.

96) 周禮에서……것 : ≪周禮≫ 〈春官 司服〉에 "司服은 왕의 吉凶衣服을 관장하고, 그 名物과 用事를 분별한다. 왕의 吉服은 昊天과 上帝에게 제사 지낼 때는 大裘를 입고 면류관을 쓰고, 五帝에 제사 지낼 때도 이와 같이 한다.〔司服掌王之吉凶衣服 辨其名物與其用事 王之吉服 祀昊天上帝 則服大裘而冕 祀五帝亦如之〕"라고 하였다.

선생이 말하였다.

"≪주례≫ 가운데 祭祀를 말한 것은 다시 고증할 수 없다. 六天의 설은 바로 요즘 사람들이 六子[97]를 말할 적에 乾·坤을 물려놓고 쓰지 않는 경우와 같다. 알지 못하겠다. 乾·坤 외에 무엇이 六子인가. 비유하자면 사람의 四肢와 같으니, 단지 한 몸일 뿐이다. 이는 배우는 자가 크게 미혹된 것이다."

又問六天之說이라 曰 此는 起於讖書라 鄭玄之徒가 從而廣之하니 甚可笑也라 帝者는 氣之主也라 東則謂之青帝요 南則謂之赤帝요 西則謂之白帝요 北則謂之黑帝요 中則謂之黃帝라하니 豈有上帝而別有五帝之理리오 此는 因周禮言祀昊天上帝하고 而後又言祀五帝亦如之라 故로 諸儒附此說이라 又問호되 周禮之說은 果如何잇가 曰 周禮中說祭祀는 更不可考證이라 六天之說은 正與今人說六子是乾坤退居不用之時로 同也라 不知라 乾坤外에 甚底是六子아 譬如人之四肢니 只是一體爾라 學者大惑也라

54. 또 물었다.

"冬至에 하늘에 郊祭를 지내는 것은 점을 쳐야 합니까?"

선생이 말하였다.

"冬至에는 하늘에 제사 지내고 夏至에는 땅에 제사 지내니, 이것이 어찌 점괘가 필요한 일이겠는가."

또 말하였다.

"天과 上帝에 관한 설은 어떻습니까?"

선생이 말하였다.

"形體로서 말하면 天이라 하고, 主宰로서 말하면 帝라 하고, 功用으로서 말하면 鬼神이라 하고, 妙用으로서 말하면 神이라 하고, 性情으로서 말하면 乾이라 한다."

又問호되 郊天冬至는 當卜邪잇가 曰 冬至祭天하고 夏至祭地니 此何待卜邪아 又曰 天與上帝之說은 如何잇가 曰 以形體言之면 謂之天이요 以主宰言之면 謂之帝요 以功用言之면 謂之鬼神이요 以妙用言之면 謂之神이요 以性情言之면 謂之乾이라

97) 六子 : 八卦 가운데 乾卦(父)와 坤卦(母)를 제외한 震卦(長男)·巽卦(長女)·坎卦(中男)·離卦(中女)·艮卦(小男)·兌卦(小女)를 가리킨다.

55. 또 물었다.

“≪周易≫에 이르기를 ‘鬼神의 情狀을 안다.’[98]라고 하였는데, 과연 情狀이 있습니까?”

선생이 말하였다.

“있다.”

또 물었다.

“情狀이 있다면 반드시 鬼神도 있을 것입니다.”

선생이 말하였다.

“≪주역≫에서 鬼神을 말한 것은 곧 造化이다.”

또 물었다.

“名山·大川이 능히 구름을 일으키고 비를 내리는 것은 어째서입니까?”

선생이 말하였다.

“氣가 증발하여 이루어지는 것일 뿐이다.”

또 물었다.

“祭祀가 있으면 神이 있어야 하는 것이 아닙니까?”

선생이 말하였다.

“단지 氣가 곧 神이다. 요즘 사람들은 이러한 이치를 알지 못하고 홍수나 가뭄이 있기만 하면 곧 사당 안으로 가서 기도를 한다. 雨露가 무엇인지, 어디로부터 나온 것인지도 모르면서 다시 사당 안에서 구한단 말인가. 명산·대천이 능히 구름을 일으키고 비를 내리는데, 이 점을 전혀 말하지 않고 명산·대천 밖의 木人·土人에게서 雨露를 찾으니, 木人·土人에게 雨露가 있단 말인가.”

또 물었다.

“사람이 스스로 요사함을 일으키는 것이 아닙니까?”

선생이 말하였다.

“요사함 또한 없으니, 모두 사람의 마음이 일으키는 것이다. 세상 사람들은 단지 기도를 하면 비가 내린 것을 인하여 마침내 그것을 가리켜 영험하다고 여길 따름이니, 때

98) 鬼神의……안다 : ≪周易≫ 〈繫辭傳 上〉에 “易은 天地와 같다. 그러므로 天地의 道를 두루 경륜할 수 있다. 우러러보아 天文을 관찰하고 굽어보아 地理를 살핀다. 이 때문에 幽明의 까닭을 안다. 시작을 근원하여 끝을 돌이켜 구한다. 그러므로 死生의 설을 안다. 精과 氣가 物이 되고 游魂이 變이 된다. 그러므로 鬼神의 情狀을 안다.〔易 與天地準 故能彌綸天地之道 仰以觀於天文 俯以察於地理 是故知幽明之故 原始反終 故知死生之說 精氣爲物 游魂爲變 是故知鬼神之情狀〕”라고 하였다.

마침 그러했던 것을 어찌 알겠는가. 내가 일찍이 泗州[99]에 이르렀을 때 마침 大聖을 보았다는 사람들을 만났다. 그 사람들에게 '형상이 어떠하던가?'라고 묻자, 한 사람은 이러하다고 말하고, 한 사람은 저러하다고 하였으니, 이는 그들의 망령됨을 징험할 만한 것일 뿐이다. 요사함을 일으키는 사람은 모두 이와 같다. 예전에 朱定이란 자가 있어 또한 일찍이 나를 찾아와 묻고 배웠는데, 다만 道를 믿는 것이 독실한 자는 아니었다. 주정이 일찍이 泗州에서 벼슬살이를 할 적에 城中에 불이 나자 그는 마침내 병사들로 하여금 불상을 들어 올려 불을 피하게 하였다. 내가 나중에 주정에게 말하기를 '어찌하여 불상을 들어다 불속에 넣지 않았는가? 만약 불상이 불에 타버렸다면 곧 이는 영험함이 없는 증거이니 마침내 천하 사람들의 의혹을 풀 수 있었을 것이요, 만약 불이 마침내 꺼졌다면 이로 인해 천하 사람들로 하여금 부처를 존경하게 하는 것이 옳았다. 그때 그런 일을 하지 않으면 어느 때를 기다리겠는가.'라고 하였다. 애석하구나, 주정의 식견이 여기에 이르지 못함이여."

又問호되 易에 言호되 知鬼神之情狀이라한대 果有情狀否잇가 曰 有之라 又問호되 旣有情狀이어든 必有鬼神矣니이다 曰 易說鬼神은 便是造化也라 又問호되 名山大川이 能興雲致雨는 何也잇가 曰 氣之蒸成耳라 又問호되 旣有祭면 則莫須有神否잇가 曰 只氣便是神也라 今人不知此理하고 纔有水旱이면 便去廟中祈禱라 不知雨露是甚物하고 從何處出이로되 復於廟中求耶아 名山大川이 能興雲致雨어늘 却都不說著하고 却於山川外木土人身上에 討雨露하니 木土人身上에 有雨露耶아 又問호되 莫是人自興妖잇가 曰 只妖亦無니 皆人心興之也라 世人只因祈禱而有雨하여 遂指爲靈驗耳니 豈知適然이리오 某常至泗州할새 恰值大聖見이라 及問人曰 如何形狀고하니 一人曰如此하고 一人曰如彼라하니 只此可驗其妄이라 興妖之人은 皆若此也라 昔有朱定하여 亦嘗來問學한대 但非信道篤者라 曾在泗州守官할새 値城中火하여 定遂使兵士舁僧伽避火라 某後語定曰 何不舁僧伽在火中고 若爲火所焚이면 卽是無靈驗이니 遂可解天下之惑이요 若火遂滅이면 因使天下人尊敬이 可也라 此時에 不做事면 待何時邪아 惜乎라 定識不至此여

56. 眞一(陳經正)이 "해와 달은 밝은 빛이 있으니, 빛을 용납하는 곳은 반드시 비춘다."[100]

99) 泗州 : 지금의 安徽省 泗縣・天長・明光과 江蘇省 泗洪 일대를 말한다.
100) 해와……비춘다 : ≪孟子≫ 〈盡心 上〉에 孟子가 말하기를 "孔子께서 東山에 올라 魯나라를 작게 여겼고, 太山에 올라 천하를 작게 여기셨다. 그러므로 바다를 본 자에게는 큰물이 되기가 어렵고, 聖人의 문하에서 배운 자에게는 훌륭한 말이 되기가 어렵다. 물을 보는 데에는 방법이 있으

라는 것을 묻자, 선생이 말하였다.

“해와 달의 밝음에는 근본이 있다. 그러므로 무릇 빛을 용납하는 곳은 반드시 비춘다. 君子의 道에도 근본이 있다. 그러므로 미치지 않는 바가 없다.”

貴一이 問호되 日月有明하니 容光必照라하니 曰 日月之明은 有本이라 故로 凡容光必照라 君子之道도 有本이라 故로 無不及也라

57. 用休(謝天申)가 “늙은이를 편안하게 해주고, 젊은이를 감싸주고, 벗들에게 미덥게 하고자 한다.”[101]라는 것을 묻자, 선생이 말하였다.

“이 몇 구절은 매우 좋다. 먼저 子路와 顏淵의 말을 살펴보고 뒤에 聖人의 말씀을 살펴보면, 성인은 天地의 기상이 있음을 분명히 알 수 있다.”

用休가 問호되 老者安之하며 少者懷之하며 朋友信之라하니 曰 此數句는 最好라 先觀子路顏淵之言하고 後觀聖人之言이면 分明聖人是天地氣象이라

58. 孟敦夫(孟厚)[102]가 물었다.

“莊子의 齊物論은 어떻습니까?”

선생이 말하였다.

“장자의 의도는 物의 이치를 동등하게 하고자 한 것인가. 物의 이치는 종래로 동등하였으니, 어찌 장자를 기다린 뒤에 동등해지겠는가. 만약 物의 형체를 동등하게 하는 것

니, 반드시 그 여울을 보아야 한다. 해와 달은 밝은 빛이 있으니, 빛을 용납하는 곳은 반드시 비춘다. 흐르는 물의 속성은 웅덩이를 채우지 않으면 흘러가지 않는다. 君子가 道에 지향을 둔 경우도 내면에 가득 차 겉으로 드러나 文章을 이루지 않으면 통달하지 못한다.〔孔子登東山而小魯 登太山而小天下 故觀於海者 難爲水 遊於聖人之門者 難爲言 觀水有術 必觀其瀾 日月有明 容光必照焉 流水之爲物也 不盈科不行 君子之志於道也 不成章不達〕”라고 하였다.

101) 늙은이를……한다 : 孔子가 子路와 顏淵에게 지향을 물어보자, 자로는 “수레와 말과 가벼운 갖옷을 벗과 함께 쓰다가 해지더라도 유감이 없고자 합니다.〔願車馬衣輕裘 與朋友共 敝之而無憾〕”라고 하였고, 안연은 “잘하는 것을 자랑함이 없으며, 공로를 과시함이 없고자 합니다.〔願無伐善 無施勞〕”라고 하였다. 자로가 공자의 지향에 대해 듣기를 청하자 “늙은이를 편안하게 해주고, 벗들에게 미덥게 하고, 젊은이를 감싸주고자 한다.〔老者安之 朋友信之 少者懷之〕”라고 하였다.(≪論語≫ 〈公冶長〉)

102) 孟敦夫 : 孟厚이다. 敦夫는 그의 자이며, 洛陽 사람이다. 程頤에게 수학하였다. 스승이 죽었을 때 다른 문인들은 黨禍를 두려워하여 찾아오지 않았으나, 그와 尹焞・張繹・范棫・邵溥만이 送葬하였다. 사람들에게 高義孟公으로 일컬어졌다.

이라면 物의 형체는 종래로 동등하지 않았으니, 어떻게 동등하게 할 수 있겠는가? 이러한 뜻은 장자가 道를 본 것이 얕아 가슴속의 터득한 바를 어찌하지 못하여 마침내 이러한 論을 지은 것이다."

孟敦夫가 問호되 莊子齊物論은 如何잇가 曰 莊子之意는 欲齊物理耶아 物理는 從來齊하니 何待莊子而後齊리오 若齊物形이면 物形은 從來不齊하니 如何齊得이리오 此意是莊子見道淺하여 不奈胸中所得何하여 遂著此論也라

59. 伯溫(周恭先)이 물었다.

"제사에 祝文을 사용합니까?"

선생이 말하였다.

"우리 집은 본래부터 대대로 쓰지 않았으나, 지금은 쓰려고 한다."

또 물었다.

"五祀[103)]가 있습니까?"

선생이 말하였다.

"없다. 여기에 제사 지내는 것은 전혀 의리가 없다. 釋氏와 道家에서 鬼神을 말하는 것은 매우 가소롭다. 道家는 狂妄함이 더욱 심하여 사람 몸의 귀·눈·입·코에도 모두 神이 있다고 말하기에 이르렀다."

伯溫이 問호되 祭用祝文否잇가 曰 某家自來相承不用이나 今待用也라 又問호되 有五祀否잇가 曰 否라 祭此는 全無義理라 釋氏與道家說鬼神은 甚可笑라 道家는 狂妄尤甚하여 以至說人身上耳目口鼻皆有神이라

60. 周伯溫이 찾아뵙고서 물었다.

"'至大'·'至剛'·'以直'[104)] 이 세 가지로써 浩然之氣를 기릅니까?"

---

103) 五祀 : 五祀는 첫째 ≪禮記≫ 〈祭法〉에서 말한 司命·中霤·國門·國行·公厲가 있고, 둘째 ≪禮記≫ 〈曲禮 下〉에서 말한 사계절 제사인 戶·竈·中霤·門·行이 있고, 셋째 민간에서 전해지는 戶·竈·中霤·門·井이 있다. 여기서는 둘째 또는 셋째의 경우를 가리키는 듯하다.

104) 至大·至剛·以直 : ≪孟子≫ 〈公孫丑 上〉에 "浩然之氣는 그 氣됨이 지극히 크고 지극히 강하여 정직하다. 잘 길러 해침이 없으면 天地 사이에 꽉 차게 된다.〔其爲氣也 至大至剛以直 養而無害 則塞于天地之間〕"라고 한 데서 나왔다.

선생이 말하였다.

"그렇지 않다. 이는 浩然之氣의 體가 이와 같다는 것이다."

또 물었다.

"浩然之氣를 기르는 것은 義로써 합니까?"

선생이 말하였다.

"그러하다."

또 물었다.

"'〈浩然之氣는〉 義와 道에 배합한다.〔配義與道〕'[105]라는 것은 무슨 뜻입니까?"

선생이 말하였다.

"道에 배합함은 浩然之氣의 體를 말하고, 義에 배합함은 浩然之氣의 用을 말한다."

또 물었다.

"'나는 남의 말을 잘 알아들으며, 나는 나의 浩然之氣를 잘 기른다.'[106]라고 한 것은 무슨 뜻입니까?"

선생이 말하였다.

"남의 말을 잘 알아들은 뒤에 浩然之氣를 기를 수 있으니, 대개 남의 말을 잘 알아듣지 못하면 道를 알 길이 없기 때문이다. 이는 公孫丑의 '선생님은 어디에 장점이 있습니까?'라는 질문에 답한 것이지, '나는 道를 잘 안다'고 말하고자 한 것이 아니다. 그러므로 남의 말을 잘 알아듣는 것과 호연지기를 기르는 것으로써 답한 것이다."

또 물었다.

"'夜氣'[107]는 무엇입니까?"

선생이 말하였다.

"이는 단지 휴식할 때 氣가 청명함을 말한 것일 뿐이다. 아직 사물과 접하지 않은 새벽녘의 기운〔平旦之氣〕은 또한 청명하다. 어린아이가 독서할 적에 이른 새벽에는 읽은 것을 기억하는 것과 같다."

또 물었다.

---

105) 義와……배합한다 : ≪孟子≫ 〈公孫丑 上〉에 "〈浩然之氣는〉 그 氣됨이 義와 道에 배합하니, 이것이 없으면 줄어들게 된다.〔其爲氣也 配義與道 無是 餒也〕"라고 하였다.

106) 나는……기른다 : ≪孟子≫ 〈公孫丑 上〉에서 公孫丑가 孟子의 장점을 묻자, 맹자가 "나는 남의 말을 잘 알아들으며, 나는 나의 浩然之氣를 잘 기른다.〔我知言 我善養吾浩然之氣〕"라고 하였다.

107) 夜氣 : 사물을 접촉하지 않는 밤에 되살아나는 맑은 기운을 말한다.(≪孟子≫ 〈告子 上〉)

"孔子가 血氣를 말한 것[108]은 무슨 뜻입니까?"

선생이 말하였다.

"이는 혈기를 대체적으로 말한 것일 뿐이니, 예컨대 ≪禮記≫에서 말한 '南方의 강함'[109]이 이것이다. 남방의 사람은 유약하니, 이른바 남방의 강함이란 義理의 강함이다. 그러므로 君子가 거기에 마음을 둔다. 북방의 사람은 강하고 사나우니, 이른바 북방의 강함이란 血氣의 강함이다. 그러므로 小人이 거기에 마음을 둔다. 무릇 사람의 혈기는 모름지기 의리가 그것을 이기게 해야 한다."

(同)〔周〕[110]伯溫이 見問호되 至大至剛以直 以此三者로 養氣否잇가 曰 不然이라 是氣之體가 如此라 又問호되 養氣以義否잇가 曰 然이라 又問호되 配義與道는 如何잇가 曰 配道는 言其體요 配義는 言其用이라 又問호되 我知言하며 我善養吾浩然之氣라함은 如何잇가 曰 知言然後에 可以養氣니 蓋不知言이면 無以知道也라 此是答公孫丑夫子烏乎長之問이요 不欲言我知道라 故로 以知言養氣答之라 又問호되 夜氣는 如何잇가 曰 此只是言休息時氣淸耳라 至平旦之氣未與事接하얀 亦淸이라 只如小兒讀書할새 早晨便記得也라 又問호되 孔子言血氣는 如何잇가 曰 此只是大凡言血氣니 如禮記說南方之强이 是也라 南方人柔弱하니 所謂强者는 是理義之强이라 君子居之라 北方人强悍하니 所謂强者는 是血氣之强이라 故로 小人居之라 凡人血氣는 須要理義勝之라

61. 또 물었다.

"'내 다시는 꿈에서 周公을 만나지 못하였다.'[111]라고 하였는데, 무슨 뜻입니까?"

선생이 말하였다.

---

108) 孔子가……것 : ≪論語≫ 〈季氏〉에 孔子가 말하기를 "君子에게 세 가지 경계함이 있으니, 젊을 때에는 혈기가 정해지지 않았으므로 경계함이 이성에 있고, 장성해서는 혈기가 한창 강하므로 경계함이 싸움에 있고, 늙어서는 혈기가 쇠하므로 경계함이 얻음에 있다.〔君子有三戒 少之時 血氣未定 戒之在色 及其壯也 血氣方剛 戒之在鬪 及其老也 血氣旣衰 戒之在得〕"라고 한 것을 가리킨다.

109) 南方의 강함 : 子路가 孔子에게 강함에 대해 묻자, 공자가 말하기를 "네가 질문한 것은 南方의 강함이냐? 北方의 강함이냐? 아니면 너의 강함이냐?"라고 하고서 "너그럽고 부드러움으로써 가르치고 무도한 자에게 보복하지 않는 것은 南方의 강함이니, 군자가 그런 데에 마음을 둔다. 병기와 갑옷을 깔고 자면서 싸우다가 죽더라도 싫어하지 않는 것은 北方의 강함이니, 강한 자는 그런 데에 마음을 둔다.〔寬柔以敎 不報無道 南方之强也 君子居之 衽金革 死而不厭 北方之强也 而强者居之〕"라고 하였다.(≪禮記≫ 〈中庸〉)

110) (同)〔周〕 : 底本에는 '同'으로 되어 있으나, 四庫全書本에 의거하여 '周'로 바로잡았다.

111) 내……못하였다 : ≪論語≫ 〈述而〉에 孔子가 말하기를 "심하구나. 나의 노쇠함이여. 오래되었다. 내 다시 꿈에서 周公을 만나지 못한 것이.〔甚矣 吾衰也 久矣 吾不復夢見周公〕"라고 하였다.

"孔子는 처음에는 주공의 道를 행하고자 하여 꿈속에서도 잊지 않는 경지에 이르렀다. 만년에 이르러서는 꿈에 주공을 만나지 못하더니, 哲人이 장차 죽을 때[112]가 되어서는 '다시는 꿈에서 주공을 만나지 못하였다.'라고 스스로 말하였다. 이로 인해 꿈은 생각을 극진히 할 수 있는 것이라 하겠으니, 聖人과 일반인의 꿈을 생각하면 어떠하겠는가? 꿈꾸는 대상이 어떤 사람이겠는가?"

선생에게 물었다.

"高宗이 꿈에서 傅說을 얻은 것[113]은 어떻습니까?"

선생이 말하였다.

"이는 誠意에 감동한 것이다. 그러므로 꿈에 나타난 것이다."

又問호되 吾不復夢見周公이라한대 如何잇가 曰 孔子初欲行周公之道하여 至於夢寐不忘이라 及晩年하야 不遇러니 哲人將萎之時엔 自謂不復夢見周公矣라 因此說夢便可致思니 思聖人與衆人之夢컨대 如何오 夢是何物고 高宗夢得說(열)은 如何잇가 曰 此是誠意所感이라 故로 形於夢이라

62. 또 물었다.

"≪書經≫ 〈金縢〉에 周公이 武王을 대신하여 죽고자 한 것[114]은 어떤 뜻입니까?"

선생이 말하였다.

"이는 단지 주공의 생각이었을 뿐이다."

또 물었다.

"이러한 이치가 있습니까?"

선생이 말하였다.

"이러한 이치가 있는지 이러한 이치가 없는지는 따질 것이 없고, 이는 단지 신하로서

112) 哲人이……때 : 孔子가 자신이 별세할 꿈을 꾸고 아침에 일찍 일어나 문 앞에서 한가로이 거닐며 노래하기를 "태산이 무너지겠구나. 들보가 부러지겠구나. 철인이 죽게 되겠구나.〔泰山其頹乎 梁木其壞乎 哲人其萎乎〕"라고 하였다.(≪禮記≫ 〈檀弓 上〉) 이후로 태산이 무너지고 들보가 부러짐은 곧 스승이나 철인의 죽음을 의미하게 되었다.

113) 高宗이……것 : 武丁(高宗)이 꿈에서 聖人을 만났는데, 이름이 說이라고 하였다. 이에 傅險에서 노역 중이던 열을 찾아내어 만나보자 과연 성인이었다. 그를 재상으로 삼으니 殷나라가 크게 다스려졌다. 부험이라는 지명을 따서 姓을 삼아 傅說이라고 불렀다.(≪史記≫ 卷3 〈殷本紀〉)

114) 周公이……것 : 武王이 병이 났을 때 周公이 자신이 무왕 대신 죽게 해달라고 太王·王季·文王에게 빌고 그 결과를 점쳤는데, 점괘가 길하여 무왕의 병이 나았다. 이때의 祝文을 쇠로 묶은 궤에 넣어두니, 이것이 金縢의 글이다.(≪書經≫ 〈周書 金縢〉)

주공의 생각이었을 뿐이다. 그러나 그 말은 믿을 수 없다. 다만 본래 이런 일이 있어 후세 사람이 스스로 글을 지어 이 한 편을 채운 것이다. 이 일은 舜임금이 象을 기뻐한 뜻[115]과 한가지이니, 모름지기 순임금과 주공이 마음을 쓴 곳을 자세히 보아야 한다. ≪尙書≫의 글은 전도된 곳이 많으니, 〈금등〉과 같은 글은 더욱 믿을 수 없다."

又問호되 金縢에 周公欲代武王死는 如何잇가 曰 此只是周公之意라 又問호되 有此理否잇가 曰 不問有此理無此理요 只是周公人臣之意나 其辭則不可信이라 只是本有此事하여 後人自作文足此一篇이라 此事는 與舜喜象意로 一般이니 須詳看舜周公用心處라 尙書文顚倒處多니 如金縢은 尤不可信이라

63. 高宗이 賢者를 좋아한 뜻은 ≪周易≫ 姤卦과 같다. 姤卦 九五爻 爻辭에 "杞나무 잎으로 오이를 싸는 것이니, 아름다움을 함축하면 하늘로부터 떨어짐이 있으리라."라고 하였는데, 杞나무는 매우 높은 곳에서 자라고, 오이는 아름다운 열매가 낮은 곳에서 자라니, 杞나무 잎으로 오이를 싸는 것은 지극히 높은 이가 아래로 이른다는 뜻이다. 능히 이와 같다면 자연히 賢者가 나옴이 있다. 그러므로 하늘로부터 떨어짐이 있는 것이다. 그래서 후세 사람이 마침내 "하늘이 도와서 어진 보좌를 낳았다."[116]라는 설을 하게 된 것이다.

高宗好賢之意는 與易姤卦로 同이라 九五에 以杞包瓜니 含章이면 有隕自天이리라한대 杞는 生於最高處요 瓜는 美物生低處니 以杞包瓜는 則至尊逮下之意也라 旣能如此면 自然有賢者出이라 故로 有隕自天也라 後人遂有天祐生賢佐之說이라

---

115) 舜임금이……뜻 : 萬章이 말하기를 "象이 〈순을 죽이려 한 뒤〉 순의 궁궐에 들어갔는데, 순이 평상에 앉아 거문고를 타고 있었습니다. 상이 말하기를 '형님이 그리워서 왔습니다.'라고 부끄러워하자, 순이 말하기를 '이 여러 신하들을 너는 내게 와서 다스려라.'라고 하였습니다. 알지 못하겠습니다. 순은 상이 장차 자신을 죽이려 한 것을 모르셨습니까?"라고 하자, 孟子가 말하기를 "어찌 알지 못하셨겠는가마는, 상이 근심하면 또한 근심하고, 상이 기뻐하면 또한 기뻐하신 것이다."라고 하였다.(≪孟子≫ 〈萬章 上〉)

116) 하늘이……낳았다 : ≪漢書≫ 〈董仲舒傳〉에 "周 宣王에 이르러 옛날 先王의 덕을 생각해 정체된 도덕을 일으키고 폐단을 보완하여 文王·武王의 공업을 밝히자 주나라의 도가 찬란하게 다시 일어났다. 詩人이 이를 찬미하여 시를 짓기를 '하늘이 도와서 어진 보좌를 낳았네.'라고 하였다.〔至於宣王 思昔先王之德 興滯補弊 明文武之功業 周道粲然復興 詩人美之而作 上天祐之 爲生賢佐〕"라는 말이 나온다.

64. 내(唐棣)가 물었다.

"'선한 자에게는 복을 내리고 간사한 자에게는 화를 내린다.'[117]라는 것은 무슨 뜻입니까?"

선생이 말하였다.

"이는 자연스러운 이치이다. 선하면 복이 있고 간사하면 화가 있다."

또 물었다.

"天道는 어떻습니까?"

선생이 말하였다.

"바로 理이니, 理가 곧 天道이다. 예컨대 '皇天이 震怒한다.'[118]라고 말한 경우는 사람이 윗자리에 있으면서 진노하는 것은 결코 아니다. 단지 이치가 이와 같다는 것이다."

또 물었다.

"요즘 사람들의 善惡의 응보는 어떠합니까?"

선생이 말하였다.

"幸·不幸에 달렸다."

棣가 問호되 福善禍淫은 如何잇가 曰 此는 自然之理라 善則有福이요 淫則有禍라 又問호되 天道는 如何잇고 曰 只是理니 理便是天道也라 且如說皇天震怒는 終不是有人在上震怒라 只是理如此라 又問호되 今人善惡之報는 如何잇가 曰 幸不幸也라

65. "智者는 물을 좋아하고, 仁者는 산을 좋아한다."[119]라고 한 것은 그 體의 動靜이 이와 같다는 말이다. "智者는 즐겁다."라고 한 것은 運用하는 바가 모두 즐거운 것이다. "仁者는 오래 산다."라는 것은 靜하기 때문에 오래 사는 것이다. 仁은 智를 겸할 수 있으나, 智는 仁을 겸할 수 없다. 이는 사람의 몸과 같으니, 합쳐서 말하면 단지 몸이라고

---

117) 선한……내린다 : ≪書經≫ 〈商書 湯誥〉에 "天道는 선한 자에게는 복을 내리고 간사한 자에게는 화를 내린다.〔天道 福善禍淫〕"라고 하였다.

118) 皇天이 震怒한다 : ≪書經≫ 〈周書 泰誓〉에 武王이 말하기를 "皇天이 震怒하여 우리 文考에게 명하시어 엄숙히 하늘의 위엄을 받들어 행하게 하셨는데, 大勳을 이루지 못하였다.〔皇天震怒 命我文考 肅將天威 大勳未集〕"라고 한 데서 나왔다.

119) 智者는……좋아한다 : ≪論語≫ 〈雍也〉에 孔子가 말하기를 "智者는 물을 좋아하고 仁者는 산을 좋아하며, 智者는 動的이고 仁者는 靜的이며, 智者는 즐겁고 仁者는 오래 산다.〔知者樂水 仁者樂山 知者動 仁者靜 知者樂 仁者壽〕"라고 하였다.

하지만, 나누어 말하면 四肢가 있다.

知者는 樂(요)水하고 仁者는 樂山이라함은 言其體動靜如此라 知者는 樂(락)이라함은 所①運用處皆樂이라 仁者는 壽라함은 以靜而壽라 仁可以兼知나 知不可以兼仁이라 如人之身하니 統而言之면 則只謂之身이나 別而言之면 則有四支라

①〈所는〉 어떤 판본에는 '凡'으로 되어 있다.
一作凡.

66. 〈선생이 말하였다.〉

"세간에는 術數가 많은데 오직 地理書(風水書)만은 義理가 전혀 없다. 祖父를 장사지낼 적에도 地理人(風水家)을 썼는데, 尊長은 모두 그의 말을 신뢰하였으나 오직 先兄과 나만은 신뢰하지 않았다. 나중에 昭穆法[120]만을 썼다. 혹자가 묻기를 '무슨 글에 근거하여 葬地를 골랐습니까?'라고 하여, 내가 말하기를 '단지 昭穆이 곧 地理書이니, 바람이 고르고 땅이 두터우면 족하다.'라고 하였다. 나는 昭穆法을 써서 한 곳의 穴에 장사지냈는데, 얼마 뒤 집안의 존장이 地理人을 불러 장지로 오게 하였다. 그가 말하기를 '이는 商音[121]이 끊어진 곳인데, 어찌하여 이와 같이 葬穴을 두었습니까?'라고 하여, 내가 응답하기를 '이곳이 商音이 끊어진 곳인 줄 참으로 알려거든 장차 어떻게 되는지 시험 삼아 보게나.'라고 하였다. 우리 집은 지금까지 사람이 이미 몇 배나 늘었다."

世間術數多로되 惟地理之書는 最無義理라 祖父葬時에 亦用地理人한대 尊長皆信이나 惟先兄與某는 不然이라 後來에 只用昭穆法이라 或問호되 憑何文字하여 擇地오 曰 只昭穆①이 是地理書也라 但風調地厚處면 足矣라 某用昭穆法하여 葬一穴한대 旣而尊長召地理人到葬處라 曰 此是商音絶處로되 何故如此下穴고 某應之曰 固知是絶處어든 且試看如何라 某家至今에 人已數倍之矣라

①'昭穆' 두 글자는 어떤 판본에는 '眼'으로 되어 있다.
兩字一作眼.

---

120) 昭穆法 : 시조의 묘를 중앙에 두고 그 묘를 중심으로 昭의 항렬을 左에, 穆의 항렬을 右에 쓰는 것을 말한다.

121) 商音 : 五音(宮·商·角·徵·羽)의 하나이다. 풍수에서 묘소를 정할 때 被葬者의 姓氏가 속하는 音에 맞추어 길한 坐向을 정하는 방법이다. 아마도 程氏가 商音에 해당되는 듯하다.

67. 〈선생이 말하였다.〉

"내가 經筵官으로 있을 때 溫公(司馬光)에게 '다시 范純夫(范祖禹)를 經筵에 있게 할 수 있으면 더욱 좋을 것입니다.'라고 말한 적이 있다. 온공은 그때 한 마디 말을 또한 잘못하였으니 '그가 역사서를 수찬한 것을 보니 저절로 자기 방식이 있습니다.'라고 하여, 내가 응답하기를 '자기 방식의 유무를 따지지 말고 단지 경연에 그를 있게 해야 합니다.'라고 하였다. 온공이 '어째서입니까?'라고 물어, 내가 말하기를 '저 자신을 헤아려 보건대 저는 온화한 기상이 적으나 純夫는 안색이 온화하고 기상이 화평하니, 是非를 개진하여 人主의 의중을 이끌어내기에 더욱 좋습니다.'라고 하였다. 나중에 범순부는 마침내 侍講에 제수되었다."

在講筵時에 曾說與溫公云호되 更得范純夫在筵中이면 尤好라 溫公은 彼時에 一言亦失한대 却道他見修史하니 自有門路라 某應之曰 不問有無門路하고 但筵中須得他라 溫公問何故하여 某曰 自度컨대 少溫潤之氣나 純夫는 色溫而氣和하니 尤可以開陳是非하여 道人主之意라 後來에 遂除侍講이라

68. 用休(謝天申)가 물었다.

"井田은 지금 시행할 수 있습니까?"

선생이 말하였다.

"옛날에 시행할 수 있었는데 지금에 시행할 수 없는 것이 어찌 있겠는가. 혹자는 지금은 사람이 많고 땅이 적다고 말하니 그렇지 않다. 草木에 비유해보면, 산 위에 뿌리를 내리고 사는 것이 많으니 그곳에서 자랄 수 있는 식물도 많을 것이다. 天地가 만물을 낳는 것은 항상 서로 알맞게 하니, 어찌 사람이 많고 땅이 적은 이치가 있겠는가."

用休가 問호되 井田은 今可行否잇가 曰 豈有古可行而今不可行者리오 或謂호되 今人多地少라하나 不然이라 譬諸草木컨대 山上著得許多하니 便生許多라 天地生物은 常相稱이니 豈有人多地少之理리오

69. 嘉仲(李處遯)이 물었다.

"封建은 시행할 수 있습니까?"

선생이 말하였다.

"封建의 법은 본래 부득이한 데서 나왔다. 柳子厚(柳宗元)가 〈封建論〉을 지었으니, 또

한 그 分數를 헤아린 것이다. 秦나라의 법은 참으로 선하지 못하나 또한 바꿀 수 없는 것이 있으니, 제후를 없애고 郡守를 둔 것이 그것이다."

嘉仲이 問호되 封建은 可行否잇가 曰 封建之法은 本出於不得已라 柳子厚有論하니 亦窺測得分數라 秦法은 固不善이나 亦有不可變者니 罷侯置守가 是也라

70. 伯溫(周恭先)이 "꿈에 上帝가 나에게 아홉 개의 이를 주었다."[122)]라는 것을 묻자, 선생이 말하였다.

"이를 주었다는 설은 믿을 수 없다. 타고난 수명인데 남에게 양도해 주는 이치가 어찌 있겠는가?"

내(唐棣)가 물었다.

"孔子가 꿈속에서 두 기둥 사이에 앉아서 饋奠을 받았다고 한 것[123)]은 어떻습니까?"

선생이 말하였다.

"이치상 가능한 일이다."

伯溫이 問호되 夢帝與我九齡이라 曰 與齡之說은 不可信이라 安有壽數而與人移易之理리오 棣가 問호되 孔子夢坐奠於兩楹之間은 如何잇가 曰 於理에 有之라

71. 陳貴一(陳經正)이 물었다.

"사람의 수명을 사람의 힘으로 바꿀 수 있습니까?"

선생이 말하였다.

"바꿀 수 있을 듯하다."

---

122) 꿈에……주었다 : 周 文王이 武王에게 "너는 무슨 꿈을 꾸었느냐?"라고 묻자, 무왕이 "꿈에 上帝께서 저에게 아홉 개의 이를 주었습니다.〔夢帝與我九齡〕"라고 대답하였다. 문왕이 "너는 그것이 무슨 꿈이라고 생각하느냐?"라고 묻자, 무왕이 "西方에 아홉 나라가 있으니, 군왕께서 마침내 그들을 어루만진다는 뜻인 듯합니다."라고 하였다. 문왕은 "아니다. 옛날에는 나이를 '齡'이라고 하였는데, '齒' 또한 '齡'이다. 내 수명은 100세이고, 네 수명은 90세일 것이니, 내가 너에게 3년을 주겠다."라고 하였다. 그리하여 문왕은 97세에 세상을 떠났고, 무왕은 93세에 세상을 떠났다.(≪禮記≫ 〈文王世子〉)

123) 孔子가……것 : 孔子는 "내가 지난밤 꿈에 두 기둥 사이 마루에 앉아서 饋奠을 받았다. 대저 밝은 임금이 일어나지 않으니 천하사람 그 누가 나를 宗主로 하겠는가. 나는 아마 죽을 것이다.〔予疇昔之夜 夢坐奠於兩楹之間 夫明王不興 而天下其孰能宗予 予殆將死也〕"라고 하고서 병으로 누운 지 7일 만에 세상을 떠났다.(≪禮記≫ 〈檀弓 上〉)

내(唐棣)가 물었다.

"요즘 사람들이 형체를 봉양하는 경우가 그런 것입니까?"

선생이 말하였다.

"그러하다. 다만 매우 어렵다. 세간에는 지극히 어려운 세 가지 일이 있어 造化의 힘을 빼앗을 수 있으니, 나라를 다스려서 하늘에 영원한 命을 기원하는 것, 형체를 봉양하여 오래 사는 데 이르는 것, 학문을 하여 聖人에 이르는 것이다. 이 세 가지 일은 공부가 한결같이 분명하여 사람의 힘으로 造化를 이길 수 있는 것인데, 사람들이 하지 않을 뿐이다. 그러므로 關朗[124)]은 '周나라는 오랜 세월 지속할 수 있었으나, 秦나라는 二世에 그쳤다.'[125)]라는 설을 하였으니, 진실로 이러한 이치가 있다."

陳貴一이 問호되 人之壽數를 可以力移否잇가 曰 蓋有之라 棣가 問호되 如今人有養形者가 是否잇가 曰 然이라 但甚難이라 世間有三件事至難하여 可以奪造化之力이니 爲國而至於祈天永命하고 養形而至於長生하고 學而至於聖人이라 此三事는 功夫一般分明하여 人力可以勝造化로되 自是人不爲耳라 故로 關朗有周能過曆秦止二世之說하니 誠有此理라

72. 내(唐棣)가 물었다.

"孔子와 孟子가 性을 말한 바가 같지 않은 것은 어째서입니까?"

선생이 말하였다.

"맹자가 性善을 말한 것은 性의 본성이고, 공자가 性은 서로 가깝다고 말한 것[126)]은 그 품부받은 곳이 서로 멀지 않음을 말한 것이다. 사람의 性은 모두 선하니, 선한 바는 四端의 情에서 볼 수 있다. 그러므로 맹자가 말하기를 '이 어찌 사람의 실정이겠는가.'[127)]라고 한 것이다. 그 실정에 능히 순응하지 않아 天理에 어긋나게 되면 惡으로 흐르게 된다. 그러므로 '실정에 순응하면 선이 될 수 있다.〔乃若其情 則可以爲善矣〕'[128)]라고 한 것이

124) 關朗 : 魏晉南北朝시대 北魏의 유학자로, ≪周易≫에 밝아 ≪關氏易傳≫을 지었다.

125) 周나라는……그쳤다 : 王通의 ≪中說≫ 〈錄關子明事〉에 "周禮가 행해진 뒤에 曆數가 800년까지 이어지지 않고, 秦法이 성립된 뒤에 종묘제사가 二世를 능히 넘어선 경우가 어찌 있겠는가.〔豈有周禮既行 曆數不延乎八百 秦法既立 宗祧能踰乎二世〕"라고 하였다.

126) 性은……것 : ≪論語≫ 〈陽貨〉에 孔子가 말하기를 "性은 서로 가까우나 습관에 의해 서로 멀어진다.〔性相近也 習相遠也〕"라고 하였다.

127) 이……실정이겠는가 : : ≪孟子≫ 〈告子 上〉에 "사람들이 그의 禽獸와 같은 모습만 보고서 일찍이 좋은 재질이 있지 않았다고 여기니, 이것이 어찌 사람의 실정이겠는가.〔人見其禽獸也 而以爲未嘗有才焉者 是豈人之情也哉〕"라고 하였다.

니, 若은 '순응한다'는 뜻이다."

또 물었다.

"재질〔才〕은 氣에서 나옵니까?"

선생이 말하였다.

"氣가 맑으면 재질이 선하고, 氣가 탁하면 재질이 악하다. 지극히 맑은 氣를 품부받아 태어난 자는 聖人이 되고, 지극히 탁한 氣를 품부받아 태어난 자는 惡人이 된다. 예컨대 韓愈가 말한 것[129]과 公都子가 질문한 바의 사람[130]이 이것이다. 그러나 이는 태어나면서부터 아는 성인을 논한 것이다. 배워서 아는 것과 같은 경우는 氣에 淸濁이 없어서 모두 善에 이르러 性의 본연을 회복할 수 있다. 이른바 '堯·舜은 본성대로 하였다.'[131]라는 것은 태어나면서부터 아는 것이고, '湯·武는 본성을 회복하였다.'[132]라는 것은 배워서 아는 것이다. 공자가 말한 '上智와 下愚는 변화시킬 수 없다.'[133]라는 것 또한 변화시킬 수 없는 이치는 없다. 변화시킬 수 없는 경우는 단지 두 부류뿐이니, 自暴者와 自棄者가 그들이다."

또 물었다.

"무엇이 재질입니까?"

선생이 말하였다.

"材木과 같은 것이 그것이다. 비유하자면 나무와 같으니, 나무의 曲直은 性이며, 바퀴와 끌채가 될 수 있고, 들보와 용마루가 될 수 있고, 서까래가 될 수 있는 것은 재질이다. 요즘 사람들이 재주가 있다고 말하는 것은 곧 재질의 아름다움을 말하는 것이다.

---

128) 실정에……있다 : ≪孟子≫ 〈告子 上〉에 孟子가 性善을 말하면서 "그 實情에 순응하면 선이 될 수 있으니, 이것이 내가 이른바 〈性은〉 선하다고 하는 것이다. 사람이 불선을 하는 것은 타고난 재질의 죄가 아니다.〔乃若其情 則可以爲善矣 乃所謂善也 若夫爲不善 非才之罪也〕"라고 하였다.

129) 韓愈가……것 : 〈原道〉에 "道에는 君子와 小人이 있고, 德에는 凶과 吉이 있다.〔道有君子有小人 德有凶有吉〕"라고 하였다.

130) 公都子가……사람 : ≪孟子≫ 〈告子 上〉에 公都子가 "똑같은 사람인데, 어떤 사람은 大人이 되며, 어떤 사람은 小人이 되는 것은 어째서입니까?〔鈞是人也 或爲大人 或爲小人 何也〕"라고 하자, 孟子가 "그 大體를 따르면 大人이 되고, 그 小體를 따르면 小人이 되는 것이니라.〔從其大體爲大人 從其小體爲小人〕"라고 하였다.

131) 堯·舜은……하였다 : ≪孟子≫ 〈盡心 下〉에 孟子가 말하기를 "堯·舜은 본성대로 하였고, 湯·武는 몸소 실천하였다.〔堯舜 性之也 湯武 身之也〕"라고 하였다.

132) 湯·武는……회복하였다 : ≪孟子≫ 〈盡心 下〉에 孟子가 말하기를 "堯·舜은 본성대로 하였고, 湯·武는 본성을 회복하였다.〔堯舜 性者也 湯武 反之也〕"라고 하였다.

133) 上智와……없다 : ≪論語≫ 〈陽貨〉에 보인다.

재질은 곧 사람의 資質이니, 性을 따라 자질을 닦으면 비록 지극히 악한 사람이라도 이겨내어 선해질 수 있다."

또 물었다.

"性은 무엇입니까?"

선생이 말하였다.

"性은 곧 理이니, 이른바 理란 性이 곧 그것이다. 천하의 理는 그것이 연유한 바를 근원해 보면 不善함이 있지 않다. 喜怒哀樂이 아직 발하지 않았는데, 어찌 不善한 경우가 있겠는가. 발하여 절도에 맞으면 어디를 가도 不善함이 없다. 무릇 善惡을 말할 적에는 모두 善을 먼저 말하고 惡을 뒤에 말하며, 吉凶을 말할 적에는 모두 吉을 먼저 말하고 凶을 뒤에 말하며, 是非를 말할 적에는 모두 是를 먼저 말하고 非를 뒤에 말한다."

또 물었다.

"부처가 性을 말하는 것은 어떻습니까?"

선생이 말하였다.

"부처도 性은 본래 선하다고 말하였다. 단지 재질을 因緣과 因習으로 본 것은 옳지 않다."

또 물었다.

"부처가 生死를 말한 것은 어떻습니까?"

선생이 말하였다.

"비유하여 생사를 물거품과 같다고 하였으니, 또한 약간의 意思가 있다."

또 물었다.

"부처가 死生과 輪廻를 말한 것은 과연 그러합니까?"

선생이 말하였다.

"이 일은 있다고 말하기도 없다고 말하기도 모두 어려우니, 스스로 터득해야 한다. 聖人은 단지 한 구절로 모두 판단하였다. 그러므로 子路에게 대답하기를 '삶에 대해 모르면 죽음을 어찌 알겠는가.'[134]라고 한 것이다. 부처 또한 西方의 賢者이자, 方外山林의 處士이다. 다만 사람을 협박하여 利害를 말하기를 좋아하였으니, 그 실상은 이익을 추구

134) 삶에……알겠는가 : 季路가 鬼神 섬기는 것에 대해 묻자, 孔子가 말하기를 "사람을 제대로 섬기지 못하면 어찌 귀신을 제대로 섬기겠는가.〔未能事人 焉能事鬼〕"라고 하였다. 다시 죽음에 관해 묻자, 공자가 말하기를 "삶에 대해 모르면 죽음을 어찌 알겠는가.〔未知生 焉知死〕"라고 하였다. (≪論語≫ 〈先進〉)

한 것일 뿐이다. 그 학문은 비유하자면 대롱으로 하늘을 보는 것과 같으니, 그들은 하늘을 보지 못해 이치를 터득하지 못하고서 단지 하늘이 광대하지 않을 뿐이라고 여긴다."

棣가 問호되 孔孟言性不同은 如何잇가 曰 孟子言性之善은 是性之本이요 孔子言性相近은 謂其稟受處不相遠也라 人性皆善하니 所以善者는 於四端之情에 可見이라 故로 孟子曰 是豈人之情也哉리오 至於不能順其情而悖天理면 則流而至於惡이라 故曰 乃若其情이면 則可以爲善矣라하니 若은 順也라 又問호되 才出於氣否잇가 曰 氣淸則才善하고 氣濁則才惡이라 稟得至淸之氣生者는 爲聖人하고 稟得至濁之氣生者는 爲惡人이라 如韓愈所言과 公都子所問之人이 是也라 然이나 此論生知之聖人이라 若夫學而知之는 氣無淸濁하여 皆可至於善而復(복)性之本이라 所謂堯舜性之는 是生知也요 湯武反之는 是學而知之也라 孔子所言上智下愚不移도 亦無不移之理라 所以不移는 只有二니 自暴自棄가 是也라 又問호되 如何是才잇가 曰 如材植이 是也라 譬如木이니 曲直者는 性也요 可以爲輪轅하고 可以爲梁棟하고 可以爲榱桷者는 才也라 今人說有才는 乃是言才之美者라 才는 乃人之資質이니 循性修之하면 雖至惡이라도 可勝而爲善이라 又問호되 性은 如何잇가 曰 性卽理也니 所謂理는 性是也라 天下之理는 原其所自면 未有不善이라 喜怒哀樂未發한대 何嘗不善이리오 發而中節이면 則無往而不善이라 凡言善惡엔 皆先善而後惡하고 言吉凶엔 皆先吉而後凶하고 言是非엔 皆先是而後非라 又問호되 佛說性은 如何잇가 曰 佛亦是說本善이라 只不合將才做緣習이라 又問호되 說生死는 如何잇가 曰 譬如水漚니 亦有些意思라 又問호되 佛言死生輪廻는 果否잇가 曰 此事는 說有說無皆難이니 須自見得이라 聖人은 只一句로 盡斷了라 故로 對子路曰 未知生이면 焉知死리오 佛亦是西方賢者요 方外山林之士라 但爲愛脅持人說利害하니 其實爲利耳라 其學은 譬如以管窺天이니 謂他不見天不得하고 只是不廣大라

73. 선생에게 물었다.

"喪을 3년에서 그치는 것은 무슨 의미입니까?"

선생이 말하였다.

"해[歲]가 한 바퀴 돌면 天道가 한 번 변하니, 사람의 마음도 따라서 변한다. 그러나 오직 자식이 어버이에게 효도하는 마음은 일 년에 이르러도 오히려 잊지 못한다. 그러므로 반드시 두 번 변하는 데 이르러서도 오히려 잊지 못하여 또 한 계절을 이은 것이다."

問호되 喪止於三年은 何義잇가 曰 歲一周면 則天道一變하니 人心도 亦隨以變이라 惟人子孝於親은 至此猶未忘이라 故로 必至於再變하여도 猶未忘하여 又繼之以一時라

74. 伯淳(周恭先)이 물었다.

"'그 마음을 극진히 하면 그 性을 아니, 그 性을 알면 하늘을 알게 된다.'[135]라고 하였으니, 무슨 뜻입니까?"

선생이 말하였다.

"그 마음을 극진히 하는 것은 나 스스로 그 마음을 극진히 하는 것이니, 능히 마음을 극진히 하면 자연히 性을 알고 하늘을 알게 된다. 예컨대 '이치를 궁구하고 性을 극진히 하여 命에 이른다.'[136]라고 말한 것은 차례로써 말하면 그러하지 않을 수 없다. 그러나 실제로는 이치를 궁구할 수만 있으면 性을 극진히 하고 命에 이르게 된다."

또 "하늘을 섬기는 것〔事天〕"을 묻자, 선생이 말하였다.

"하늘을 받들어 순응하는 것일 따름이다."

伯淳이 問호되 盡其心이면 則知其性하니 知其性이면 則知天矣라하니 如何잇가 曰 盡其心者는 我自盡其心이니 能盡心이면 則自然知性知天矣라 如言窮理盡性以至於命은 以序言之면 不得不然이라 其實은 只能窮理면 便盡性至命也라 又問事天하니 曰 奉順之①而已라

① 어떤 판본에는 '之'자가 없다.
一本無之字.

75. 富公(富弼)이 일찍이 선생에게 말하였다.

"선생은 천하에서 가장 한가한 사람입니다."

선생이 말하였다.

"저는 천하의 한가한 사람이라고 할 수 없습니다. 相公은 누가 천하에서 가장 바쁜 사람이라고 생각하십니까?"

부공이 말하였다.

"선생이 저를 위해 말씀해 보십시오."

---

135) 그……된다 : ≪孟子≫ 〈盡心 上〉에 孟子가 말하기를 "그 마음을 극진히 하는 자는 그 性을 아니, 그 性을 알면 하늘을 알게 된다. 그 마음을 보존하여 그 性을 기름은 하늘을 섬기는 것이요, 요절하거나 장수함에 의심하지 않아 몸을 닦고 天命을 기다림은 命을 세우는 것이다.〔盡其心者 知其性也 知其性 則知天矣 存其心 養其性 所以事天也 殀壽不貳 修身以俟之 所以立命也〕"라고 하였다.

136) 이치를……이른다 : ≪周易≫ 〈說卦傳〉에 "이치를 궁구하고 性을 극진히 하여 命에 이른다.〔窮理盡性 以至於命〕"라고 하였다.

선생이 말하였다.

"승려가 그런 사람입니다."

부공이 말하였다.

"승려는 가고 멈추고 앉고 누울 때에도 道에 마음이 있지 아니함이 없는데, 어찌하여 가장 바쁘다고 말씀하십니까?"

선생이 말하였다.

"상공이 말씀하신 것이 바로 바쁜 것입니다. 지금 市井의 장사꾼도 밤이 되면 또한 쉬는데, 승려의 마음은 어느 때에 쉬겠습니까?"

富公이 嘗語先生曰 先生은 最天下閑人이라 曰 某做不得天下閑人이라 相公將誰作天下最忙人아 曰 先生試爲我言之라 曰 禪伯이 是也라 曰 禪伯은 行住坐臥에 無不在道한대 何謂最忙이리오 曰 相公所言이 乃忙也라 今市井賈販人도 至夜亦息한대 若禪伯之心은 何時休息이리오

76. 선생이 일찍이 관원 한 명, 승려 한 명과 함께 모였다. 관원이 條貫(條例)을 말하고 잠시 후 물러가자, 선생이 승려에게 물었다.

"그 뜻을 알겠는가?"

승려가 말하였다.

"우리 불제자는 條貫을 알지 못합니다."

선생이 말하였다.

"그대는 장차 三界 밖의 일을 궁구하려 하는가? 천하에 어찌 두 가지 이치가 있겠는가."

先生이 嘗與一官員一僧으로 同會라 一官員이 說條貫하고 旣退하여 先生問僧曰 曉之否邪아 僧曰 吾釋子는 不知條貫이라 曰 賢將竟①三界外事邪아 天下豈有二理리오

①〈竟은〉 어떤 판본에는 '作'으로 되어 있다.
一作作.

77. 貴一(陳經正)이 물었다.

"'詩에서 흥기한다.'[137]라는 것은 무슨 뜻입니까?"

선생이 말하였다.

137) 詩에서 흥기한다 : ≪論語≫ 〈泰伯〉에 孔子가 말하기를 "詩에서 감정을 흥기하며, 禮에서 자신의 자세를 확립하며, 樂에서 덕성을 완성한다.〔興於詩 立於禮 成於樂〕"라고 하였다.

"옛사람이 어려서부터 諷誦한 것은 요즘 사람들이 노래하는 것과 같으니, 자연스럽게 선한 마음이 생겨나 흥기하게 된다. 요즘 사람들은 옛사람과 같지 않아 老師·宿儒라 하더라도 詩를 알지 못한다. '사람으로서 周南과 召南을 배우지 않으면'[138]이라고 하였는데, 이는 곧 伯魚(孔鯉)를 위해 말한 것이니 대개 그가 집안을 다스리는 道를 극진히 하지 못할까 염려한 것이다. 나라를 다스리고 천하를 다스리고자 한다면 우선 자신을 수양하고 집안사람들을 균평히 대하는 것으로부터 시작해야 한다. 그렇지 않으면 오히려 담장을 정면으로 마주하고 서 있는 것과 같을 것이다."

貴一이 問호되 興於詩는 如何잇가 曰 古人自小諷誦은 如今人謳唱이니 自然善心生而興起라 今人不同하여 雖老師宿儒라도 不知詩也라 人而不爲周南召南이라한대 此乃爲伯魚而言이니 蓋恐其未盡治家之道爾라 欲治國治天下면 須先從修身齊家來라 不然이면 則猶正牆面而立이라

78. 혹자가 물었다.

"'伯夷와 叔齊는 남이 옛날에 저지른 잘못을 염두에 두지 않았다.'[139]라고 하였는데, 이 말은 어떻습니까?"

선생이 말하였다.

"그들의 청렴한 점을 보건대 상대방의 衣冠이 바르지 않으면 돌아보지도 않고 떠났으니, 국량이 좁다고 할 만하다. 그들은 아마도 악을 미워하는 마음이 있었던 듯하다. 그러나 능히 남이 옛날에 저지른 잘못을 염두에 두지 않았다. 그러므로 孔子가 그들의 마음을 특별히 드러내고 밝힌 것이다. 武王이 紂를 정벌할 적에 백이는 단지 君臣의 명분으로 보아 불가한 것만을 알고, 무왕이 天命에 순응하여 獨夫를 죽이는 대의를 알지 못하였다."

선생에게 물었다.

"武王이 정말 紂를 죽였습니까?"

선생이 말하였다.

138) 사람으로서……않으면 : 孔子가 아들 伯魚(鯉)에게 말하기를 "너는 周南과 召南을 배웠느냐? 사람으로서 주남과 소남을 배우지 않으면 담장을 정면으로 마주하고 서 있는 것과 같다.〔女爲周南召南矣乎 人而不爲周南召南 其猶正牆面而立也與〕"라고 하였다.(≪論語≫ 〈陽貨〉)

139) 伯夷와……않았다 : 孔子가 말하기를 "伯夷와 叔齊는 남이 옛날에 저지른 잘못을 염두에 두지 않았다. 이 때문에 원망하는 사람이 드물었다.〔伯夷叔齊 不念舊惡 怨是用希〕"라고 하였다.(≪論語≫ 〈公冶長〉)

"무왕은 紂를 죽인 적이 없으니, 사람들은 단지 〈洪範〉의 '紂를 죽였다.〔殺紂〕'[140]라는 글자만 본 것이다. 무왕이 紂를 정벌하여 紂가 스스로 죽었으나, 또한 '紂를 죽였다.'라고 말해야 한다. 만약 紂가 일찍이 帝乙 [141]을 죽였다면 무왕은 紂를 죽여야 한다. 石曼卿(石延年)[142]이 시를 지어 백이에 대해 말하기를 '湯·武가 전쟁하던 곳에 살기를 부끄러워하여, 堯·舜이 읍양하던 땅에 와서 죽었네.'[143]라고 하였으니, 또한 이러한 이치가 있는 것이다. 首陽山은 곧 河中府 虞鄕[144]에 있다."

선생에게 물었다.

"백이와 숙제가 周나라의 곡식을 먹지 않은 것은 어떻습니까?"

선생이 말하였다.

"祿을 먹지 않은 것일 뿐이다."

或問호되 伯夷叔齊는 不念舊惡이라한대 如何잇가 曰 觀其清處컨대 其衣冠不正이면 便望望然去之하니 可謂隘矣라 疑若有惡矣나 然却能不念舊惡이라 故로 孔子特發明其情이라 武王代紂할새 伯夷只知君臣之分不可하고 不知武王順天命誅獨夫也라 問호되 武王果殺紂否잇가 曰 武王不曾殺紂니 人只見洪範有殺紂字爾라 武王伐紂而紂自殺이나 亦須言殺紂也라 向使紂曾殺帝乙이면 則武王却須殺紂也라 石曼卿有詩하여 言伯夷호되 恥居湯武干戈地하여 來死唐虞揖讓墟라하니 亦有是理라 首陽은 乃在河中府虞鄕也라 問호되 不食周粟은 如何잇가 曰 不食祿耳라

79. 用休(謝天申)가 물었다.

"陳文子의 청렴함과 令尹 子文의 충성스러움[145]을 만약 聖人이 행하였다면 仁이라 할

140) 紂를 죽였다 : ≪書經≫ 〈洪範〉 序에 "武王이 殷나라를 이겨 受(紂)를 죽이고 武庚을 세웠다. 箕子를 돌아오게 하여 〈洪範〉을 지었다.〔武王勝殷 殺受 立武庚 以箕子歸 作洪範〕"라고 하였다.

141) 帝乙 : 紂의 부친으로, 商나라 제 29대 임금이다.

142) 石曼卿 : 石延年(994~1041)이다. 曼卿은 그의 자이며, 宋城 사람이다. 高弁의 문하에서 수학하였다. 太子中允·秘閣校理 등을 지냈다.

143) 湯·武가……죽었네 : 원 시구는 "恥生湯武干戈域 寧死唐虞揖遜區"이다.(≪宋詩紀事≫ 卷10)

144) 虞鄕 : 山西省 河中府 虞鄕縣을 말한다.

145) 陳文子의……충성스러움 : 子張이 묻기를 "令尹 子文이 세 번 벼슬하여 영윤이 되었으나 기뻐하는 기색이 없었고, 세 번 벼슬을 그만두었으나 서운해 하는 기색이 없었으며, 예전에 자기가 하던 영윤의 정사를 반드시 새로 부임한 영윤에게 알려주었으니, 어떻습니까?"라고 하자, 孔子가 말하기를 "충성스럽다."라고 하였다. 자장이 "仁이라고 할 만합니까?"라고 묻자, 공자가 "알지 못하겠다. 어찌 仁이 될 수 있겠는가."라고 하였다. 자장이 "崔子가 齊나라 임금을 시해하자 陳文子는 10乘의 말을 버리고 떠났는데, 다른 나라에 이르러 '우리 大夫 崔子와 같은 사람이구나.'라고 하고 떠나갔으며, 또 다른 나라에 이르러서도 '우리 대부 최자와 같은 사람이구나.'라고 떠

수 있습니까?"

선생이 말하였다.

"그렇지 않다. 성인이 그것을 행하더라도 그것은 청렴함과 충성스러움이다."

用休가 問호되 陳文子之淸과 令尹子文之忠을 使聖人爲之면 則是仁否잇가 曰 不然이라 聖人爲之라도 亦是淸忠이라

80. ≪論語≫ 〈鄕黨〉은 한 분의 聖人을 분명히 그려내었다. "나와서 한 층계를 내려섰다."[146]라는 것은 堂에서 나와 층계를 내려간 것이다. 이때에는 숨을 쉬어 숨소리를 죽이지 않았으므로 "얼굴빛을 폈다."라고 한 것이다. "자기 자리에 돌아왔다."라는 것은 班位의 자기 자리로 돌아온 것이다. "자리를 지났다."라는 것은 임금의 빈자리를 지나간 것이다. "燕享하는 禮席에서는 온화한 얼굴빛을 하였다."[147]라고 하였으니, 이는 賓客을 燕享할 적에 온화한 얼굴빛을 띤 것이다. 대개 한결같이 장엄한 얼굴빛을 하면 情이 통하지 않는다. '사사로이 만나볼 적에는〔私覿〕' 또한 온화하고 기뻐하였다. 이는 모두 孔子가 大夫가 되어 궁중에 출입하고 기거한 절도이다.

"검은 옷엔 염소 가죽〔羔裘〕으로 만든 검은 갖옷을 입고, 흰 옷에는 사슴 가죽〔麑裘〕으로 만든 흰 갖옷을 입고, 누런 옷에는 여우 가죽〔狐裘〕으로 만든 누런 갖옷을 입었다."라고 하였으니, 각각 맞는 용도가 있었던 것이다. 검은 옷은 朝服이며, 흰 옷은 喪服이며, 누런 옷은 蜡服[148]이라고 말할 필요는 없다. 麑은 사슴 새끼이다.

나갔으니, 어떻습니까?"라고 하자, 공자가 말하기를 "청렴한 사람이다."라고 하였다. 자장이 "仁이라고 할 만합니까?"라고 묻자, 공자가 "알지 못하겠다. 어찌 仁이 될 수 있겠는가."라고 하였다.(≪論語≫ 〈公冶長〉)

146) 나와서……내려섰다 : ≪論語≫ 〈鄕黨〉에 "公門에 들어가실 적에는 몸을 굽혀서 용납하지 못하는 듯이 하셨다. 서 있을 때에는 문 가운데 서지 않고, 다닐 적에는 문지방을 밟지 않으셨다. 〈임금이 계시던〉 자리를 지날 적에는 얼굴빛을 바꾸며, 발걸음을 조심하며, 말씀을 부족한 듯이 하셨다. 옷자락을 잡고 堂에 오를 적에는 몸을 굽히며, 숨을 죽여 숨을 쉬지 않는 듯이 하셨다. 나와서 한 층계를 내려서서는 얼굴빛을 펴서 화평하게 하시며, 층계를 다 내려와서는 빨리 걷되 새가 날개를 편 듯이 하시며, 자기 자리에 돌아와서는 조심하셨다.〔入公門 鞠躬如也 如不容 立不中門 行不履閾 過位 色勃如也 足躩如也 其言 似不足者 攝齊升堂 鞠躬如也 屛氣 似不息者 出降一等 逞顔色 怡怡如也 沒階 趨翼如也 復其位 踧踖如也〕"라고 하였다.

147) 燕享하는……하였다 : ≪論語≫ 〈鄕黨〉에 "燕享하는 禮席에서는 온화한 얼굴빛을 하였고, 사사로이 만나볼 적에는 화평하게 하였다.〔享禮 有容色 私覿 愉愉如也〕"라고 하였다.

148) 蜡服 : 蜡祭 때 입는 옷을 말한다. 蜡祭는 음력 12월에 온갖 신에게 지내는 合祭로, 臘祭라고도 한다.

"재계할 때에는 반드시 明衣가 있었으니, 베로 만들었다."라는 것은 그 옷이 청결하기를 바란 것이다. 明衣는 지금의 涼衫[149]의 종류와 같다. 검은 옷〔緇衣〕과 明衣는 모두 그 무늬가 드러나는 것을 싫어하여 만든 것이다. "帷裳이 아니면 반드시 폭을 줄여 재단하였다."라고 하였으니, 帷裳은 본래 폭을 줄이지 않으며, 그 외의 衣裳은 또한 폭을 줄인다. "吉月에는 반드시 朝服을 입고 조회하였다."라는 것은 공자가 魯나라에서 致仕하고 지낼 적에 月朔에 조회한 것이다. "고을 사람들이 굿을 하였다."[150]라는 것은 옛사람이 굿을 하여 厲氣를 몰아냈으니, 또한 이러한 이치가 있다. 天地에 厲氣가 있으면 지극한 정성으로 위엄을 세워 그것을 몰아내었다. 喪服을 입은 사람과 地圖・戶籍을 짊어진 자에게 式을 한 것[151]은 대개 수레 안에 있을 때의 예절이다.

鄕黨은 分明畫出一箇聖人이라 出降一等은 是自堂而出降階라 當此時하얀 放氣不屛하여 故로 逞顏色이라 復(복)其位는 復班位之序라 過位는 是過君之虛位라 享禮에 有容色이라하니 此는 享燕賓客之時에 有容色者라 蓋一在於莊이면 則情不通也라 私覿에는 則又和悅矣라 皆孔子爲大夫出入起居之節이라 緇衣엔 羔裘요 素衣엔 麑(예)裘요 黃衣엔 狐裘라하니 各有用이라 不必云緇衣是朝服이요 素衣是喪服이요 黃衣是蜡(사)服이라 麑는 是鹿兒라 齊(재)必有明衣러니 布라함은 欲其潔이라 明衣는 如今涼衫之類라 緇衣明衣는 皆惡(오)其文之著而爲之也라 非帷裳이어든 必殺(쇄)之라하니 帷裳은 固不殺矣며 其他衣裳은 亦殺也라 吉月에 必朝服而朝者는 子在魯致仕時에 月朔朝也라 鄕人儺라함은 古人以驅厲氣하니 亦有此理라 天地有厲氣어든 而至誠作威嚴以驅之라 式凶服負版은 蓋在車中이라

81. 敬에 마음을 두면 자연히 간략해진다. 간략함에 마음을 두고서 간략함을 행하면[152] 간략한 듯하지만 이것이 바로 간략하지 못한 까닭이다. 대개 먼저 간략함에 마음

149) 涼衫 : 唐・宋 때 士大夫들이 입던 便服으로, 白衫이라고도 한다. 후대에는 喪服으로 사용되었다.
150) 고을……하였다 : ≪論語≫ 〈鄕黨〉에 "고을 사람들이 굿을 할 적에는 朝服을 입고 동쪽 섬돌에서 계셨다.〔鄕人儺 朝服而立於阼階〕"라고 하였다.
151) 喪服을……것 : ≪論語≫ 〈鄕黨〉에 "喪服 입은 사람을 만나면 式을 하였고, 地圖와 戶籍을 짊어진 자에게 式을 하였다.〔凶服者 式之 式負版者〕"라고 하였다. 式은 수레 앞에 가로로 댄 나무로, 공경을 표할 적에 이것을 잡고 머리를 숙인다.
152) 간략함에……행하면 : 孔子가 "雍(仲弓)은 南面하게 할 만하다."라고 하자, 중궁이 子桑伯子에 대해 물으니, 공자가 "그의 간략함도 괜찮다.〔可也簡〕"라고 하였다. 중궁이 "敬에 마음을 두고서 간략함을 행하여 백성에 임한다면 괜찮지 않겠습니까. 그러나 간략함에 마음을 두고서 간략함을 행하면 너무 간략한 것이 아니겠습니까.〔居敬而行簡 以臨其民 不亦可乎 居簡而行簡 無乃大簡乎〕"라고 하자, 공자가 "雍의 말이 옳다."라고 하였다.(≪論語≫ 〈雍也〉)

을 두면 '簡'이라는 한 글자가 더 많아진다. 그러나 敬에 마음을 두면 마음속에 어떠한 物도 없으니, 이것이 곧 간략함이다.

居敬則自然簡이라 居簡而行簡이면 則似乎簡矣라 然이나 乃所以不簡이라 蓋先有心於簡이면 則多却一簡矣어니와 居敬이면 則心中無物하니 是乃簡也라

82. 〈선생에게 물었다.〉

"'仁者는 어려운 일을 먼저하고 얻는 것을 뒤에 한다.'[153]라고 하였으니, 무슨 뜻입니까?"

선생이 말하였다.

"의도가 있어서 하는 것은 모두 얻는 것을 먼저하는 것이니, 仁을 이롭게 여기는 것[154]과 같은 것이 이것이다. 옛사람은 오직 仁을 행하는 것만 알 뿐이었는데, 요즘 사람들은 모두 얻는 것을 먼저한다."

仁者는 先難而後獲이라하니 何如잇가 曰 有爲而作은 皆先獲也니 如利仁이 是也라 古人은 惟知爲仁而已러니 今人은 皆先獲也라

83. 또 물었다.

"'傳述하되 創作하지 않는다.'[155]라는 것은 무슨 뜻입니까?"

선생이 말하였다.

"이는 聖人이 지위를 얻지 못하여 단지 傳述할 수 있을 뿐이라는 말이다."

又問호되 述而不作은 如何잇가 曰 此聖人不得位하여 止能述而已라

---

153) 仁者는……한다 : 樊遲가 智에 대해 묻자, 孔子가 말하기를 "사람이 지켜야 할 도리를 힘쓰고 귀신을 공경하되 멀리한다면 智라 말할 수 있다.〔務民之義 敬鬼神而遠之 可謂知矣〕"라고 하였다. 다시 仁에 대해 묻자 "仁者는 어려운 일을 먼저하고 얻는 것을 뒤에 하니, 이렇게 한다면 仁이라고 말할 수 있다.〔仁者先難而後獲 可謂仁矣〕"라고 하였다.(≪論語≫ 〈雍也〉)

154) 仁을……것 : ≪論語≫ 〈里仁〉에 孔子가 말하기를 "仁하지 못한 자는 오랫동안 곤궁한 데 처할 수 없으며 장구하게 즐거움에 처할 수 없으니, 仁者는 仁을 편안히 여기고 智者는 仁을 이롭게 여긴다.〔不仁者 不可以久處約 不可以長處樂 仁者 安仁 智者 利仁〕"라고 하였다.

155) 傳述하되……않는다 : ≪論語≫ 〈述而〉에 孔子가 말하기를 "傳述하되 創作하지 않으며, 옛것을 믿고 좋아함을 내 가만히 우리 老彭에게 견주어 본다.〔述而不作 信而好古 竊比於我老彭〕"라고 하였다.

84. 公山弗擾와 佛肹(필힐)이 부르자 孔子가 가려고 한 것[156)]은, 聖人은 천하에 더불어 훌륭한 일을 할 수 없는 사람이 없으며, 또한 허물을 고칠 수 없는 사람도 없다고 여겼기 때문에 가려고 한 것이다. 그러나 끝내 가지 않는 것은 그들이 반드시 그렇게 할 수 없는 것을 알았기 때문이다. 子路가 드디어 "직접 그 몸에 불선한 짓을 하는 자에게는 君子가 들어가지 않는다."라는 말을 인용하여 질문하자, 공자가 "단단함을 말하지 않았는가. 갈아도 얇아지지 않는다고. 흰 것을 말하지 않았는가. 검은 물을 들여도 검어지지 않는다고. 내가 어찌 박과 같아서 한 곳에 매달린 채 따먹지 못하게 하겠는가?"라는 말로 대답하였다.[157)] "매달린 채 따먹지 못한다."라는 것은 박은 매달려 있어서 쓸 수 있는 물건이 아니고, "따먹지 못한다."라는 것은 쓸 수 없다는 의미이다. 박은 또한 먹을 수 없는 물건이다. 그러므로 이를 인하여 뜻을 취한 것이다.

公山弗擾와 佛肹(필힐)이 召어늘 子欲往者는 聖人以天下無不可與有爲之人이요 亦無不可改過之人이라 故로 欲往이라 然이나 終不往者는 知其必不能故也라 子路遂引親於其身에 爲不善하여 爲問하니 孔子以堅白匏瓜로 爲對라 繫而不食者는 匏瓜繫而不爲用之物이요 不食은 不用之義也라 匏瓜는 亦不食之物이라 故로 因此取義也라

85. 唐棣의 꽃은 곧 千葉의 郁李(산앵두나무)이니, 본래 펄럭이지 않아서 비유하기를 兄弟와 같다고 한다. 지금은 곧 꽃잎이 펄럭이니 형제가 서로 이별한 것에 비유한 것이다. 형제가 서로 이별하니 어찌 너를 생각하지 않겠는가마는 단지 사는 곳이 서로 멀 뿐이다. 孔子가 말하기를 "생각하지 않을지언정 어찌 멂이 있겠는가?"라고 하였으니,[158)] 대개 權을 말하자면 실제로는 서로 멀지 않을 따름이다. 權의 의미는 저울추와

---

156) 公山弗擾와……것 : ≪論語≫ 〈陽貨〉에 "公山弗擾가 費 땅에서 반란을 일으켜 공자를 부르자 공자가 가려고 하였다."라고 하였으며, 또 "佛肹이 中牟에서 반란을 일으켜 공자를 부르자 공자가 가려고 하였다."라고 하였다.

157) 子路가……대답하였다 : 佛肹이 孔子를 부르자, 공자가 가려 하였다. 이에 子路가 "옛날에 제가 夫子께 들었으니 '직접 그 몸에 불선한 짓을 하는 자에게는 君子가 들어가지 않는다.〔親於其身 爲不善者 君子不入也〕'라고 하셨습니다. 佛肹이 지금 中牟邑을 가지고 배반하였는데 夫子께서 가려고 하시니, 어째서입니까?"라고 하자, 공자가 "그러하다. 그런 말을 하였다. 그러나 단단함을 말하지 않았는가. 갈아도 얇아지지 않는다고. 흰 것을 말하지 않았는가. 검은 물을 들여도 검어지지 않는다고. 내가 어찌 박과 같아서 한 곳에 매달린 채 따먹지 못하게 하겠는가.〔然 有是言也 不曰堅乎 磨而不磷 不曰白乎 涅而不緇 吾豈匏瓜也哉 焉能繫而不食〕"라고 하였다.(≪論語≫ 〈陽貨〉)

158) 孔子가……하였으니 : "唐逮 꽃이여, 바람에 펄럭이는구나. 어찌 그대를 생각하지 않으리오마는 집이 멀기 때문이다.〔唐棣之華 偏其反而 豈不爾思 室是遠而〕"라는 시에 대해 孔子가 말하기를 "생각

같다. 능히 權을 쓰면 곧 道를 알 수 있으나, 또한 權을 바로 道라고 말할 수는 없다. 漢나라 이래로 '權'자를 아는 이가 다시 없었다.

唐棣之華는 乃千葉郁李니 本不偏反하여 喩如兄弟라 今乃偏反하니 則喩兄弟相失也라 兄弟相失하니 豈不爾思언마는 但居處相遠耳라 孔子曰 未之思也언정 夫何遠之有리오하니 蓋言權이면 實不相遠耳라 權之爲義는 猶稱錘也라 能用權이면 乃知道나 亦不可言權便是道也라 自漢以下로 更無人識權字라

86. "나는 남이 나에게 가하기를 바라지 않는 것을 나 또한 남에게 가함이 없고자 한다."[159]라고 하였으니, 바로 ≪中庸≫에 이른바 "자기에게 베풀어서 원하지 않는 것을 또한 남에게 베풀지 말라."[160]라는 것이다.

我不欲人之加諸我를 吾亦欲無加諸人하노이다하니 正中庸所謂 施諸己不願을 亦勿施於人이라

87. "이치를 알지 못하면서 함부로 행동하는 것이 있던가?"[161]라고 하였으니, 평범한 사람이 일을 행하는 것은 모두 이치를 알지 못하는 것이며, 오직 聖人이 일을 행하는 것은 이치를 알지 못함이 없다.

蓋有不知而作之者아하니 凡人作事는 皆不知요 惟聖人作事는 無不知라

88. 혹자가 물었다.

"善人이 나라를 다스릴 적에 어떻게 해야 殘惡한 사람을 교화시키고 死刑을 없앨 수 있습니까?"[162]

하지 않을지언정 어찌 멂이 있겠는가.〔未之思也 夫何遠之有〕"라고 하였다.(≪論語≫ 〈子罕〉)

159) 나는……한다 : ≪論語≫ 〈公冶長〉에 子貢이 "저는 남이 저에게 가하기를 바라지 않는 것을 저 또한 남에게 가함이 없고자 합니다."라고 하자, 孔子가 말하기를 "賜야, 그것은 네가 할 수 있는 일이 아니다."라고 하였다.

160) 자기에게……말라 : ≪中庸≫에 "忠恕는 道와의 거리가 멀지 않으니, 자기에게 베풀어서 원치 않는 것을 또한 남에게 베풀지 말라는 것이다.〔忠恕 違道不遠 施諸己而不願 亦勿施於人〕"라고 하였다.

161) 이치를……있던가 : ≪論語≫ 〈述而〉에 孔子가 말하기를 "이치를 알지 못하면서 함부로 행동하는 것이 있던가? 나는 이러한 일이 없노라. 많이 듣고서 그 좋은 것을 가려서 따르며, 많이 보고서 기억하는 것, 이것이 아는 것의 다음이다.〔蓋有不知而作之者 我無是也 多聞 擇其善者而從之 多見而識之 知之次也〕"라고 하였다.

선생이 말하였다.

"단지 사람들로 하여금 不善을 행하지 않게 할 뿐이다. 善人은 예전 사람의 자취를 따르지는 않으나, 또한 聖人의 경지에는 들어가지 못한[163] 사람이다. 예전 사람의 자취를 따르지 않는다는 것은 이전에 惡을 행한 자취를 따르지 않는다는 것이다. 그러나 道에는 아직 들어가지 못한 상태이다."

或問호되 善人之爲邦에 如何可勝殘去殺이니잇가 曰 只是能使人不爲不善이라 善人은 不踐迹이나 亦不入於室之人也라 不踐迹은 是不踐已前爲惡之迹이라 然이나 未入道也라

89. 또 물었다.

"'王者라 하더라도 반드시 한 세대가 지난 뒤에야 백성들이 仁해질 것이다.'[164]라고 하였으니, 어째서입니까?"

선생이 말하였다.

"서른 살을 '壯'이라고 하니 아내를 맞이할 때이며,[165] 父子가 서로 대를 계승하는 것을 一世라고 하니, 王者의 공효는 신속한 것이다."

또 물었다.

"'善人이 7년 동안 백성을 가르치면 또한 전쟁터에 나아가게 할 수 있다.'[166]라고 하였습니다."

선생이 말하였다.

"백성에게 싸움을 가르친 것이 7년에 이르면 전쟁터에 나아가게 할 수 있다는 말이다. 무릇 글을 볼 적에 七年, 一世, 百年의 일이라는 것은 모두 그것을 어떻게 행할지를 생각해 보아야 유익함이 있을 것이다."

---

162) 善人이……있습니까 : ≪論語≫ 〈子路〉에 孔子가 말하기를 "'善人이 백년 동안 나라를 다스리면 잔악한 사람을 교화시키고 사형을 없앨 수 있다.'라고 하니, 참으로 옳다. 이 말이여!〔善人爲邦百年 亦可以勝殘去殺矣 誠哉 是言也〕"라고 하였다.

163) 예전……못한 : 子張이 善人의 道를 묻자, 孔子가 "예전의 나쁜 자취를 따르지는 않으나, 또한 聖人의 경지에는 들어가지 못한다.〔不踐迹 亦不入於室〕"라고 하였다.(≪論語≫ 〈先進〉)

164) 王者라……것이다 : ≪論語≫ 〈子路〉에 孔子가 말하기를 "만일 王者가 있더라도 반드시 한 세대가 지난 뒤에야 백성들이 仁해질 것이다.〔如有王者 必世而後仁〕"라고 하였다.

165) 서른……때이며 : ≪禮記≫ 〈曲禮 上〉에 "서른 살을 '壯'이라 하니, 아내를 맞이한다.〔三十曰壯 有室〕"라고 하였다.

166) 善人이……있다 : ≪論語≫ 〈子路〉에 보인다.

又問호되 王者라도 必世而後仁이라하니 何如잇가 曰 三十曰壯하니 有室之時요 父子相繼爲一世라 王者之効則速矣라 又問호되 善人이 教民七年이면 亦可以卽戎矣니라하니이다 曰 教民戰至七年이면 則可以卽戎矣라 凡看文字할새 如七年一世百年之事는 皆當思其如何作爲라야 乃有益이라

90. 小畜[167)]을 묻자, 선생이 말하였다.

"小畜은 저지하는 바가 작은 것이고, 저지하는 바가 아무리 클지라도 적게 하는 데 이르는 것은 모두 小畜이다. 임금이 신하를 저지하고 신하가 임금을 저지하는 것만을 말한 것으로 볼 필요는 없다."

問小畜한대 曰 小畜은 是所畜小요 及所畜雖大而少는 皆小畜也라 不必專言君畜臣이요 臣畜君이라

91. "큰 德이 한계를 넘지 않으면 작은 德은 출입하여도 괜찮다."[168)]라는 것을 묻자, 선생이 말하였다.

"큰 덕은 큰 부분이요, 작은 덕은 작은 부분이며, 출입함은 예컨대 '언뜻 보면 취할 만하나, 자세히 보면 취하지 말아야 한다.'[169)]라는 유형이 이것이다."

또 물었다.

"말은 확신을 기필하지 않으며, 행동은 과단성을 기필하지 않는 것[170)]은 출입하는 일입니까?"

선생이 말하였다.

"이 또한 출입하는 일이다. 그러나 말을 확신하지 않는 것은 곧 말을 신의 있게 하려는 것이며, 행동을 과단하지 않는 것은 곧 행동을 과단성 있게 하려는 것이다."

---

167) 小畜 : 小畜은 ≪周易≫ 風天 小畜卦를 말한다. 朱熹의 本義에 小는 陰을 말하고 畜은 그치게 한다는 뜻으로 풀이하였는데, 上下의 다섯 陽이 六四爻의 한 陰에게 저지당한다는 의미이다.

168) 큰……괜찮다 : 子夏의 말로, ≪論語≫ 〈子張〉에 보인다.

169) 언뜻……한다 : ≪孟子≫ 〈離婁 下〉에 孟子가 말하기를 "언뜻 보면 취할 만하나 자세히 보면 취하지 말아야 할 경우에 취하면 청렴함을 상하며, 언뜻 보면 줄 만하나 자세히 보면 주지 말아야 할 경우에 주면 은혜를 상하며, 언뜻 보면 죽을 만하나 자세히 보면 죽지 말아야 할 경우에 죽으면 용맹함을 상한다.〔可以取 可以無取 取 傷廉 可以與 可以無與 與 傷惠 可以死 可以無死 死 傷勇〕"라고 하였다.

170) 말은……것 : ≪孟子≫ 〈離婁 下〉에 孟子가 말하기를 "大人은 말은 확신을 기필하지 않으며, 행동은 과단성을 기필하지 않고, 오직 義가 있는 바에 따른다.〔大人者 言不必信 行不必果 惟義所在〕"라고 하였다.

問호되 大德이 不踰閑이면 小德은 出入이라도 可也라 曰 大德은 是大處요 小德은 是小處며 出入은 如可以取可以無取之類가 是也라 又問호되 言不必信이며 行不必果가 是出入之事否잇가 曰 亦是也라 然이나 不信은 乃所以爲信이요 不果는 乃所以爲果라

92. 范文甫[171]가 장차 河淸尉로 부임하게 되어 선생에게 물었다.

“관청에 도착하여 3일 안에 관례대로 謁廟해야 하니, 어떻게 하는 것입니까?”

선생이 말하였다.

“정식으로 부임한 자는 알묘하니, 社稷과 先聖에 알묘하는 것이 그것이다. 그 외 옛 賢哲에게도 마땅히 알묘해야 한다.”

또 물었다.

“城隍에게도 알묘해야 합니까?”

선생이 말하였다.

“성황에게 알묘하는 것은 법전이 없다. 토지의 신은 社稷뿐이다. 어찌 다시 토지의 신이 있겠는가.”

또 물었다.

“단지 대중을 놀라게 할까 염려스럽습니다.”

선생이 말하였다.

“唐나라 때 狄仁傑은 江・浙[172] 사이의 淫祠 1천 7백 곳을 없앴으니, 남은 곳은 吳太伯과 伍子胥의 두 사당뿐이었다. 요즘 사람들은 그렇게 하지 못하고 ‘시대가 같지 않다.’라고 말하니, 이는 참으로 그렇지 않다. 단지 적인걸 같은 사람이 없을 뿐이다. 당시 伍子胥의 사당을 남겨둔 것 또한 말할 것이 없다.”

范文甫가 將赴河淸尉하여 問호되 到官三日에 例須謁廟하니 如何잇가 曰 正者는 謁之하니 如社稷及先聖이 是也라 其他古先賢哲도 亦當謁之라 又問호되 城隍은 當謁否잇가 曰 城隍은 不典이라 土地之神은 社稷而已라 何得更有土地邪아 又問호되 只恐駭衆爾니이다 曰 唐狄仁傑은 廢江浙間淫祠千七百處하니 所存은 惟吳太伯伍子胥二廟爾라 今人做不得하고 以謂時不同이라하니 是誠不然이라 只是無狄仁傑耳라 當時子胥廟存之도 亦無謂라

171) 范文甫 : 文甫는 자이며, 이름 및 생애가 자세치 않다.
172) 江・浙 : 오늘날 浙江省 지역을 말한다.

93. 暢中伯[173]이 "구름이 잔뜩 끼었으나 비가 오지 않는 것은 나의 서쪽 교외로부터 왔기 때문이다."[174]라는 것을 묻자, 선생이 말하였다.

"서쪽 교외는 陰의 方所이다. 무릇 비는 陽이 창도해야 곧 이루어지며, 陰이 창도하면 이루어지지 않는다. 지금 구름이 서쪽을 지나가면 비가 내리고, 동쪽을 지나가면 비가 내리지 않는 것이 그러한 의미이다. 이른바 '오히려 가다.〔尙往〕'[175]라는 것은 陰이 서쪽으로부터 가서 陽을 기다리지 않는 것이다."

暢中伯이 問호되 密雲不雨는 自我西郊일새니라하니 曰 西郊는 陰所라 凡雨는 須陽倡이라야 乃成이요 陰倡則不成矣라 今雲過西則雨하고 過東則否가 是其義也라 所謂尙往者는 陰自西而往하여 不待陽矣라

94. 무릇 글을 볼 적에는 먼저 그 글의 뜻을 깨달은 뒤에야 그 의미를 찾을 수 있다. 글의 뜻을 깨닫지 못하고서 의미를 아는 자는 있지 않다. 배우는 자가 한 부의 ≪論語≫를 볼 적에 聖人이 제자들과 더불어 허다하게 의론한 것을 보고서도 글의 뜻을 터득한 바가 없다면 그 의미를 터득함이 쉽지 않다. 독서한 것이 아무리 많더라도 무슨 소용이 있겠는가.

凡看文字에 先須曉其文義하고 然後에 可求其意라 未有文義不曉而見意者也라 學者가 看一部論語에 見聖人所以與弟子許多議論而無所得이면 是不易(이)得也라 讀書雖多나 亦奚以爲리오

95. 子文(潘旻)이 "백성은 이치를 따르게 할 수는 있어도 이치를 알게 할 수는 없다."[176]라는 것을 묻자, 선생이 말하였다.

"'알게 할 수는 없다.'라는 것은 백성은 더불어 이치를 알기에 부족하다는 것이 아니라, 그들로 하여금 이치를 알게 할 수 없다는 것이다."

---

173) 暢中伯 : 中伯은 자이며, 이름 및 생애가 자세치 않다.

174) 구름이……때문이다 : ≪周易≫ 小畜卦 卦辭에 "小畜은 형통하니 구름이 잔뜩 끼었으나 비가 오지 않는 것은 나의 서쪽 교외로부터 왔기 때문이다.〔小畜 亨 密雲不雨 自我西郊〕"라고 하였다.

175) 오히려 가다 : ≪周易≫ 小畜卦 〈彖傳〉에 "구름이 잔뜩 끼었으나 비가 오지 않는 것은 오히려 가기 때문이요, 나의 서쪽 교외로부터 왔다는 것은 베풂이 행해지지 못하기 때문이다.〔密雲不雨 尙往也 自我西郊 施未行也〕"라고 하였다.

176) 백성은……없다 : ≪論語≫ 〈泰伯〉에 보인다.

子文이 問호되 民은 可使由之요 不可使知之라하니 曰 不可使知之者는 非民不足與知也요 不能使知之爾라

96. 혹자가 물었다.

"諸葛孔明은 또한 취할 만한 점이 없습니다. 대개 한 사람이라도 죄 없는 이를 죽여서 천하를 얻음은 君子가 하지 않는 것인데,[177] 諸葛亮은 사람을 살육한 것이 매우 많습니다."

선생이 말하였다.

"그렇지 않다. 이른바 '한 사람이라도 죄 없는 이를 죽인다.'라는 것은 이를 말하는 것이 아니다. 제갈량은 천자의 명으로 천하의 적을 주벌하였으니, 비록 사람을 살육한 것이 많더라도 무슨 해가 되겠는가."

或問호되 諸葛孔明은 亦無足取라 大凡殺一不辜而得天下는 則君子不爲로되 亮殺戮甚多也니이다 先生曰 不然이라 所謂殺一不辜는 非此之謂라 亮은 以天子之命으로 誅天下之賊이니 雖多나 何害리오

97. 周伯溫(周恭先)이 선생을 뵈었는데, 선생이 말하였다.

"지금까지 깨달아 터득한 바가 있는가? 배우는 자는 스스로 터득해야 한다. 六經은 넓고 아득하니, 갑자기 모두 깨닫기 어렵다. 우선 나아갈 길을 안 뒤에 각자 하나의 方道를 세워놓고서 육경으로 돌아와 궁구하는 것이 옳다."

백온이 물었다.

"어떻게 해야 스스로 터득할 수 있습니까?"

선생이 말하였다.

"사유하라. 사유는 지혜를 말하니, 지혜는 성스러움을 낳는다.[178] 모름지기 사려하는

177) 한……것인데 : ≪孟子≫ 〈公孫丑 上〉에서 孟子가 伯夷·伊尹과 孔子의 같은 점에 대해 말하기를 "百里 되는 땅을 얻어서 임금 노릇을 하면 모두 제후들에게 조회를 받고 천하를 소유할 수 있을 것이지만, 한 가지 일이라도 不義를 행하며, 한 사람이라도 죄 없는 이를 죽여서 천하를 얻음은 모두 하시지 않을 것이니, 이것은 같은 점이다.〔得百里之地而君之 皆能以朝諸侯有天下 行一不義 殺一不辜而得天下 皆不爲也 是則同〕"라고 한 데서 나왔다.

178) 사유는……낳는다 : ≪書經≫ 〈洪範〉에 "두 번째 五事는, 첫 번째는 貌, 두 번째는 言, 세 번째는 視, 네 번째는 聽, 다섯 번째는 思라고 하는 것이다. 貌는 공손함〔恭〕을 말하고, 言은 순종함〔從〕을 말하고, 視는 밝게 봄〔明〕을 말하고, 聽은 밝게 들음〔聰〕을 말하고, 思는 지혜〔睿〕를 말한다.

사이에서 터득해야 하니, 대저 하나의 밝은 이치일 뿐이다."

내(唐棣)가 물었다.

"배우는 자가 이 道理를 터득한 뒤에 독실하게 믿고 힘써 행할 적에도 또한 터득함이 있습니까?"

선생이 말하였다.

"터득함은 또한 한 가지가 아니나, 과연 터득한 바가 있은 뒤에는 信과 연관짓는 것은 또한 필요하지 않다."

또 물었다.

"이미 道理를 터득하였다면 모두 당연한 것이 아니겠습니까?"

선생이 말하였다.

"그러하다. 무릇 이치가 존재하는 곳에서는 동쪽은 곧 동쪽이고 서쪽은 곧 서쪽이니, 어찌 信을 기다리겠는가. 무릇 信을 말하는 것은 단지 저것이 不信이기 때문에 이것을 보고 信이라고 하는 것이다. 孟子가 四端에서 信을 말하지 않은 것을 또한 알 수 있다."

(同)〔周〕[179)]伯溫이 見先生한대 先生曰 從來覺有所得否아 學者는 要自得이라 六經浩眇하니 乍來難盡曉라 且見得路逕後에 各自立得一箇門庭하여 歸而求之면 可矣라 伯溫이 問호되 如何라야 可以自得이니잇가 曰 思하라 思曰睿요 睿作聖이라 須是於思慮間得之니 大抵只是一箇明理라 棣가 問호되 學者見得這道理後에 篤信力行時에도 亦有見否잇가 曰 見亦不一이나 果有所見後에 和信也不要矣라 又問호되 莫是既見道理어든 皆是當然否잇가 曰 然이라 凡理之所在는 東便是東이요 西便是西니 何待信이리오 凡言信은 只是爲彼不信이라 故로 見此是信爾라 孟子於四端不言信을 亦可見矣라

98. 伯溫(周恭先)이 물었다.

"孟子가 心, 性, 天을 말한 것은 단지 하나의 이치입니까?"

선생이 말하였다.

"그러하다. 이치로부터 말하면 天이라 하고, 품부받은 것으로부터 말하면 性이라 하

공손함은 엄정함을 낳고, 순종함은 조리를 낳고, 밝게 봄은 명철함을 낳고, 밝게 들음은 헤아림을 낳고, 지혜는 성스러움을 낳는다.〔二五事 一曰貌 二曰言 三曰視 四曰聽 五曰思 貌曰恭 言曰從 視曰明 聽曰聰 思曰睿 恭作肅 從作乂 明作哲 聽作謀 睿作聖〕"라고 한 데서 나왔다.

179) (同)〔周〕: 底本에는 '同'으로 되어 있으나, 四庫全書本에 의거하여 '周'로 바로잡았다.

고, 사람에게 보존된 것으로부터 말하면 心이라 한다."

또 물었다.

"무릇 運用하는 곳이 心입니까?"

선생이 말하였다.

"운용하는 곳은 意이다."

내(唐棣)가 또 물었다.

"이는 心이 발한 것입니까?"

선생이 말하였다.

"心이 있은 뒤에 意가 있다."

또 물었다.

"맹자가 心은 나가고 들어옴에 일정한 때가 없다고 말한 것[180)]은 어떻습니까?"

선생이 말하였다.

"心은 본래 나가고 들어옴이 없으나, 맹자는 단지 心을 붙잡고 놓아둠에 근거하여 그렇게 말한 것이다."

백온이 또 물었다.

"사람에게 外物을 좇음이 있는 것은 心이 좇는 것입니까?"

선생이 말하였다.

"心은 나가고 들어옴이 없으니, 외물을 좇는 것은 欲이다."

伯溫이 又問호되 孟子言心性天은 只是一理否잇가 曰 然이라 自理言之면 謂之天이요 自稟受言之면 謂之性이요 自存諸人言之면 謂之心이라 又問호되 凡運用處는 是心否잇가 曰 是意也라 棣가 又問호되 是心之所發否잇가 曰 有心而後有意라 又問호되 孟子言心出入無時는 如何잇가 曰 心은 本無出入이나 孟子只是據操舍言之라 伯溫이 又問호되 人有逐物은 是心逐之否잇가 曰 心則無出入矣니 逐物是欲이라

180) 맹자가……것 : ≪孟子≫ 〈告子 上〉에 "孔子께서 말씀하시기를 '붙잡으면 보존되고 놓아두면 달아나서, 나가고 들어옴에 일정한 때가 없으며, 그 방향을 알 수 없는 것은 오직 사람의 마음을 두고 한 말이다.'라고 하였다.〔孔子曰 操則存 舍則亡 出入無時 莫知其鄕 惟心之謂與〕"라고 하였다.

二程全書 卷25

遺書 伊川先生語 八下

明 後學 嘉興 徐必達 校正

雜錄 뒤에 붙이다 附雜錄後

1. 선생에게 물었다.

"鄭伯이 璧을 주고 許田을 빌린 일을 左氏는 祊田과 바꾼 것이라고 하였는데,[1] 黎淳은 隱公 11년에 許나라에 쳐들어간 일[2]을 가지고 좌씨의 설을 論破하고서 許田은 許나라의 땅이라고 하였으니, 어떠합니까?"

선생이 말하였다.

"좌씨의 설이 옳다. 許田이 이미 許나라의 땅이었다면 어찌하여 鄭伯이 魯나라에서 그 땅을 빌리겠는가. 은공 11년에 비록 許나라에 쳐들어갔으나 許나라는 멸망하지 않아 許叔이 이미 제사를 받들고 있었다."

問호되 鄭伯이 以璧으로 假許田을 左氏는 以謂易祊田이라하대 黎淳이 以隱十一年入許之事로 破左氏하고 謂許田是許之田이라하니 如何잇가 曰 左氏說이 是也라 既是許之田이어든 如何却假之於

---

1) 鄭伯이……하였는데 : ≪春秋≫ 桓公 元年에 "3월에 公이 鄭伯과 垂에서 회합하니, 정백이 璧을 가지고 許田을 빌렸다.〔三月 公會鄭伯于垂 鄭伯以璧假許田〕"라고 하였고, 이에 앞서 隱公 8년에 "3월에 鄭伯이 宛을 魯나라에 보내 祊을 노나라에 주었다. 庚寅日에 노나라가 祊으로 들어갔다.〔三月 鄭伯使宛來歸祊 庚寅 我入祊〕"라고 하였다. 祊田은 周 先王이 아우 鄭 桓公에게 준 땅으로, 泰山의 제사를 위한 湯沐邑이며 魯나라 근처에 있었다. 許田은 周 成工이 洛陽을 경영할 때 遷都할 뜻이 있어 周公 브에게 준 땅으로, 魯나라의 朝宿邑이며 周公의 別廟가 있었고 鄭나라 근처에 있었다. ≪春秋左氏傳≫에서는 隱公 8년에 鄭伯이 泰山의 제사를 폐지하고 周公의 제사를 지내겠다는 이유로 祊田과 許田의 교환을 요청하여 鄭나라가 魯나라에게 祊田을 주었고, 桓公 元年에 이 일을 마무리 지어 鄭伯이 璧을 주고 빌려간다는 말로써 許田을 받아간 것이라고 보았다.

2) 隱公……일 : ≪春秋≫ 隱公 11년에 "가을 7월 임오일에 公이 齊侯·鄭伯과 함께 許나라로 쳐들어갔다.〔秋七月壬午 公及齊侯鄭伯 入許〕"라고 하였다.

魯리오 十一年에 雖入許나 許未嘗滅하여 許叔已奉祀也라

2. 선생에게 물었다.

"≪春秋≫ 桓公 4년 조에 秋·冬의 經文이 없는 것은 어째서입니까?"

선생이 말하였다.

"聖人이 經을 지을 적에는 四時를 갖추어 기술하였다. 桓公처럼 不道한 이는 天理를 거역하였기 때문에 秋·冬을 기록하지 않은 것이다. ≪春秋≫에는 단지 두 곳[3]이 이와 같으니, 모두 그가 天理를 무시한 것을 말한 것이다."

問호되 桓四年에 無秋冬은 如何잇가 曰 聖人作經에 備四時也라 如桓不道는 背逆天理라 故不書秋冬이라 春秋는 只有兩處如此하니 皆言其無天理也라

3. 哀公이 宰我에게 社에 대해 물은 일[4]을 用休(謝天申)가 질문하자, 선생이 말하였다.

"'社'자는 본래 '主'자이니, 글이 잘못된 것이다. 재아는 '백성들로 하여금 전율하게 하기 위해서이다.'라고 말해서는 안 된다. 그러므로 仲尼가 나중에 말씀을 남기신 것이다.[5]"

用休가 問哀公問社於宰我之事하여 曰 社字는 本是主字니 文誤也라 宰我는 不合道使民戰慄이라 故로 仲尼有後來言語라

4. 선생이 말하였다.

"'진실로 부유함 때문에 아니고 단지 남과 다르기 때문이다.'[6]라는 문장은 본래 〈顏

---

3) 두 곳 : 桓公 4년과 7년만 秋·冬의 經文이 없다.

4) 哀公이……일 : 哀公이 宰我에게 社를 묻자, 재아가 대답하기를 "夏后氏는 소나무를 〈社主로〉 사용하였고, 殷나라 사람들은 잣나무를 〈社主로〉 사용하였고, 周나라 사람들은 밤나무를 〈社主로〉 사용하였으니, 〈밤나무를 사용한 것은〉 백성들로 하여금 전율하게 하기 위해서입니다.〔夏后氏 以松 殷人 以柏 周人 以栗 曰 使民戰栗〕"라고 하였다.(≪論語≫ 〈八佾〉)

5) 仲尼가……것이다 : 孔子가 재아의 말을 듣고서 "이미 이루어진 일이라 말하지 않으며, 끝난 일이라 간하지 않으며, 이미 지나간 일이라 탓하지 않는다.〔成事 不說 遂事 不諫 旣往 不咎〕"라고 하였다.(≪論語≫ 〈八佾〉)

6) 진실로……때문이다 : 子張이 덕을 높이며, 의혹을 분별하는 것에 대해 묻자, 孔子가 말하기를 "忠信을 주로 하며 義로 옮겨가는 것이 덕을 높이는 것이다. 사랑하면 그가 살기를 바라고 미워하면 그가 죽기를 바라니, 이미 그가 살기를 바랐으면서 또 그가 죽기를 바라는 것이 미혹이다. ≪詩經≫에 '진실로 부유함 때문이 아니고 단지 남과 다르기 때문이다.'라고 하였다.〔主忠信 徙義 崇德也 愛之 欲其

淵〉의 '이것이 미혹이다.〔是惑也〕'라는 문장 뒤에 있지 않고, 곧 〈季氏〉의 '齊 景公이 말 千駟를 소유하였다.'라는 문장 앞에 있어야 하니,[7] 글이 잘못된 것이다."

先生曰 誠不以富요 亦祇以異라함은 本不在是惑也之後요 乃在齊景公有馬千駟之上하니 文誤也라

5. 선생에게 물었다.

"'〈상대방에게〉 揖하며 사양하고서 활터로 올라가 〈활을 쏘고〉 내려와 罰酒를 마신다.'[8]라는 것은 堂을 내려와서 마시는 것입니까?"

선생이 말하였다.

"옛 제도에 벌주를 마시는 일은 모두 堂 아래에서 하였다."

또 물었다.

"이기지 못한 자만 내려와서 술을 마셨습니까?"

선생이 말하였다.

"아마도 모두 堂을 내려오지만 이긴 자가 이기지 못한 자에게 술을 마시게 하는 것인 듯하다."

問호되 揖讓而升하여 下而飮이라함은 是下堂飮否잇가 曰 古之制에 罰爵皆在堂下라 又問호되 唯不勝下飮否잇가 曰 恐皆下堂이나 但勝者飮不勝者也라

6. 思叔(張繹)이 물었다.

生 惡之 欲其死 旣欲其生 又欲其死 是惑也 誠不以富 亦祇以異〕"라고 한 데서 나왔다.(≪論語≫ 〈顔淵〉) 여기서 인용한 시는 ≪詩經≫ 〈小雅 我行其野〉의 구절이다.

7) 본래……하니 : ≪論語≫ 〈顔淵〉의 '진실로 부유함 때문이 아니고 단지 남과 다르기 때문이다.〔誠不以富 亦祇以異〕'라는 문장이 ≪論語≫ 〈季氏〉의 "齊 景公이 말 4천 필을 소유하였으나, 죽는 날에 사람들이 덕을 칭송함이 없었고, 伯夷와 叔齊는 首陽山 아래에서 굶주렸으나, 사람들이 지금까지도 칭송한다.〔齊景公 有馬千駟 死之日 民無德而稱焉 伯夷叔齊 餓于首陽之下 民到于今稱之〕"라는 구절의 첫머리에 있어야 한다는 말이다. 朱熹는 이런 程子의 설을 수용하되 이 구절을 '齊景公 有馬千駟' 앞에 두지 않고, '民到于今稱之' 뒤에 두어 '其斯之謂與'와 연결되게 다시 수정하였다.

8) 揖하며……마신다 : ≪論語≫ 〈八佾〉에 孔子가 말하기를 "君子는 다투는 것이 없으나, 반드시 활쏘기에서는 경쟁을 한다. 〈상대방에게〉 揖하며 사양하고서 활터로 올라가 〈활을 쏘고〉 내려와 벌주를 마시니, 이러한 경쟁이 군자다운 것이다.〔君子無所爭 必也射乎 揖讓而升 下而飮 其爭也君子〕"라고 하였다.

“荀彧[9]은 어떤 인물입니까?”

선생이 말하였다.

“순욱은 재주가 뛰어나나 식견이 부족하였다.”

孟純이 물었다.

“何顒[10]은 항상 그에게 왕을 보좌할 만한 재주가 있다고 칭찬하였습니다.”

선생이 말하였다.

“왕을 보좌할 만한 재주는 아니었다.”

嘉仲(李處遯)이 물었다.

“霍光,[11] 蕭何,[12] 曹參[13]과 같은 무리는 어떠합니까?”

선생이 말하였다.

“이들은 漢나라 때의 왕을 보좌할 만한 재주를 가진 사람이라고 할 수 있다.”

唐棣가 물었다.

“史書에서 ‘董仲舒[14]는 왕을 보좌할 만한 재주’라고 일컬은 것[15]은 어떻습니까?”

---

9) 荀彧 : 163~212. 자는 文若이며, 潁川 潁陰 사람이다. 後漢 때 정치가이자 책략가로, 荀爽의 조카이다. 처음에는 袁紹에게 의탁하였다가 그 뒤 曹操의 휘하로 들어가 두터운 신임을 받았다. 조조가 북방을 통일하는 데 큰 공을 세워 王佐之才로 일컬어졌다. 그러나 조조가 魏王이 되어 제위를 찬탈하려 하려 하자, 이에 반대하다가 목숨을 끊었다.

10) 何顒 : ?~190. 자는 伯求이며, 南陽 襄鄕 사람이다. 식견이 탁월하여 젊은 시절부터 이름을 떨쳤으며, 袁紹와 奔走之友가 되어 환관의 전횡 속에서 사람들을 구제하였다. 董卓이 長史에 임명하였으나 병을 핑계로 응하지 않았고, 곧 荀爽·王允 등과 함께 동탁을 축출할 계획을 세웠다. 그러나 순상이 병사하여 무산되었고, 다시 계획을 세웠으나 발각되어 스스로 목숨을 끊었다.

11) 霍光 : ?~B.C. 68. 자는 子孟이며, 河東 平陽 사람이다. 漢 武帝를 섬겼고, 무제가 죽은 뒤 8세의 昭帝를 보필하여 정사를 행하였다. 소제가 죽은 뒤에는 무제의 손자 昌邑王을 세웠으나 27일 만에 폐위하고 무제의 증손 宣帝를 세웠다.

12) 蕭何 : B.C. 257~B.C. 193. 沛縣 豊邑 사람으로, 漢나라 개국 공신이다. 漢 高祖 劉邦이 布衣 신분일 때부터 관리로서 그를 도와주었고, 유방이 沛公이 되자 丞으로서 공무를 담당하였다. 유방은 漢王으로 봉해지자 소하를 승상으로 임명하였고, 한왕이 군사를 일으킬 때마다 소하는 남아서 고을을 안정시켜 양식과 군병을 보급하였으며, 또 법령과 규약을 제정하고 宗廟·社稷·宮室·縣邑을 세웠다. 천하가 평정된 후 고조는 소하의 공이 가장 크다고 여겨 가장 많은 식읍을 주고 相國으로 삼았다.

13) 曹參 : ?~B.C. 190. 沛縣 사람으로, 漢나라 개국 공신이다. 秦나라 獄吏 출신으로, 劉邦이 沛公이 되었을 때부터 보좌하여 천하를 평정하는 데 큰 공을 세웠다. 蕭何가 죽은 뒤 후임으로 相國이 되어 惠帝를 보필하였다.

14) 董仲舒 : B.C. 179~B.C. 104. 廣川 사람으로, 前漢 때의 학자이다. 景帝 때 博士가 되었고, 武帝 때 賢良對策을 올려 百家를 몰아내고 儒術만을 존중할 것을 주장하였다.

15) 史書에서……것 : ≪漢書≫ 卷56 〈董仲舒傳〉에 인용된 劉向의 말에 보인다.

선생이 말하였다.

"史書에서 동중서를 말한 내용은 그의 학술을 말한 것이다. 만약 왕을 보좌할 만한 재주를 논한다면 모름지기 伊尹·周公과 같은 사람이어야 하고, 그 다음으로는 張良·諸葛亮·陸宣公(陸贄)[16]만 한 이가 없다."

思叔이 問호되 荀彧은 如何잇가 曰 彧은 才高나 識不足이라 孟純이 問호되 何顒(옹)常稱其有王佐才니이다 曰 不是王佐才라 嘉仲이 問호되 如霍光蕭曹之徒는 如何잇가 曰 此可爲漢時王佐才라 棣가 問호되 史稱董仲舒是王佐才는 如何잇가 曰 仲舒는 是言其學術이라 若論至王佐才면 須是伊周요 其次는 莫如張良諸葛亮陸宣公이라

7. 선생에게 물었다.

"'여름에 齊나라에서 婦姜을 맞이하였다.〔夏 逆婦姜於齊〕'[17]라고 하였는데, 무슨 까닭으로 바로 '婦'라고 쓴 것입니까?"

선생이 말하였다.

"이는 文公이 喪服이 장차 끝나갈 때에 納幣하였기 때문이다. 그러므로 聖人은 文公이 아내를 맞이할 때 바로 혼인을 하여 부인으로 삼은 것에 대해 居喪하면서 아내를 취한 것을 죄준 것이다. ≪春秋≫의 드러내기를 은미하게 하고 그윽한 뜻을 드러낸 것이 곧 이와 같은 곳에 있다. 분명하게 알 수 있는 평범한 일은 성인이 문장을 은미하게 하여 의미를 드러내지 않고 곧바로 기록하였을 따름이다. 예컨대 桓公 3년과 宣公 元年에 아내를 맞이한 것[18]은 모두 거상 중에 혼인을 한 것이 분명하다. 그러므로 단지 '여자를 맞이하였다.〔逆女〕'라고 기록하였을 뿐이다. 文公은 거상 중에 납폐를 하였고 아내를 맞이한 것은 4년에 있었는데, 성인은 그가 거상 중에 납폐한 죄를 드러내고자 했기 때문에 '婦姜'이라고 쓴 것이니, 바로 혼인을 하여 부인으로 삼았다는 것이다. 그 의미는

---

16) 陸宣公 : 陸贄(754~805)이다. 자는 敬輿, 시호는 宣이며, 蘇州 嘉興 사람이다. 唐나라 때의 관료이자 학자로, 德宗 즉위 후 監察御史·翰林學士 등을 역임하였고 덕종의 큰 신임을 받아 中書侍郞同中書門下平章事까지 올라 국정을 총괄하였다.

17) 여름에……맞이하였다 : ≪春秋≫ 文公 4년에 "여름에 齊나라에서 婦姜을 맞이하였다.〔夏 逆婦姜于齊〕"라고 하였다.

18) 桓公……것 : ≪春秋≫ 桓公 3년에 "公子 翬가 齊나라로 가서 여자를 맞이하였다.〔公子翬如齊逆女〕"라고 하였고, 宣公 元年에 "公子 遂가 齊나라로 가서 여자를 맞이하였다.〔公子遂如齊逆女〕"라고 하였다.

비록 4년에 이르러서야 바야흐로 아내를 맞이하였으나, 그 실상은 喪中의 혼례와 같다는 말이다."

問호되 夏에 逆婦姜於齊라하니 何故로 便書婦잇가 曰 此是文公在喪服將滿之時納幣라 故로 聖人은 於其逆時便成之爲婦에 罪其居喪而取也라 春秋微顯闡幽가 乃在如此處라 凡事分明可見者는 聖人更不微文以見意하고 只直書而已라 如桓三年及宣元年逆女는 皆分明在喪服中成婚이라 故로 只書逆女也라 文公則但在喪服納幣하고 至逆女却在四年이로되 聖人欲顯其居喪納幣之罪하여 故로 書婦姜하니 便成之爲婦也라 其意는 言雖至四年方逆女나 其實與喪婚同也라

8. 선생이 말하였다.

"周公이 형을 대한 것과 舜이 아우를 대한 것은 모두 한가지이니, 그들이 마음을 쓴 것이 어떠하였는지를 봐야 한다. 이 마음을 미루어 남을 대하는 것이 또한 이와 같을 뿐이나 差等이 있다."

先生曰 周公之於兄과 舜之於弟는 皆一類니 觀其用心이 爲如何哉인저 推此心以待人이 亦只如此나 然有差等矣라

9. 선생에게 물었다.

"≪春秋≫에서 日蝕을 기록한 것은 무슨 뜻입니까?"

선생이 말하였다.

"日蝕에는 정해진 數가 있다. 성인이 반드시 기록한 것은 아마도 人君이 이것을 통해 두려움을 느껴 수양하고 성찰하기를 바란 것인 듯하다. 治世에 이런 변고가 있으면 재앙이 될 수 없으나, 亂世에는 재앙이 된다. 사람의 血氣가 왕성할 적에는 추위나 더위, 간사하고 더러운 기운을 만나더라도 해가 될 수 없으나, 그의 혈기가 쇠약하면 반드시 해가 된다."

問호되 春秋에 書日食은 如何잇가 曰 日食은 有定數라 聖人必書者는 蓋欲人君因此恐懼修省이라 如治世而有此變이면 則不能爲災나 亂世則爲災矣라 人血氣盛엔 雖遇寒暑邪穢라도 不能爲害나 其氣血衰면 則爲害必矣라

10. 선생에게 물었다.

"熒惑星이 三舍를 물러난 일[19]은 과연 그러했습니까?"

선생이 말하였다.

"宋 景公을 살펴보건대 이러한 경지에 이르지는 못했을 것이다."

선생에게 물었다.

"바람을 반대로 불게 한 일[20]은 어떠합니까?"

선생이 말하였다.

"또한 반드시 그러하지는 않았을 것이다. 成王은 한 사람의 평범한 자질을 가진 군주였으니, 聖人이 그의 신하가 되었더라도 거의 보전할 수 없었다. 金縢의 글[21]을 성왕이 또한 어찌 알았겠는가. 단지 두 公[22]이 그것을 알아, 이로 인해 왕에게 보여준 것이다. 변고를 그치는 일은 하늘을 감동시키는 덕이 있지 않으면 이르게 할 수 없다."

問호되 熒惑退舍는 果然否잇가 曰 觀宋景公컨대 不能至是라 問호되 反風은 如何잇가 曰 亦未必然이라 成王은 一中才之主니 聖人爲之臣이라도 尙幾不能保라 金縢書를 成王亦安知리오 只是二公知之하여 因此以示王이라 弭變은 非有動天之德이면 不能至也라

11. 선생에게 물었다.

"四岳은 한 사람입니까?"

---

19) 熒惑星이……일 : 熒惑星은 火星의 별칭으로, 이 별이 나타나면 재앙이 일어난다고 하였다. 춘추시대 宋 景公 37년에 형혹성이 心宿를 침범하였는데, 心宿는 宋나라의 分野였다. 경공이 그것을 근심하니, 司星 子韋가 "재앙을 재상에게 미룰 수 있습니다."라고 하자, 경공이 "재상은 나의 팔다리이다."라고 하였다. 자위가 "재앙을 백성에게 미룰 수 있습니다."라고 하자, 경공이 "임금은 백성이 있어야 한다."라고 하였다. 자위가 "재앙을 해〔歲〕에 미룰 수 있습니다."라고 하자, 경공이 "흉년이 들어 백성이 괴로워하면 나는 누구를 위해 임금 노릇을 하겠는가."라고 하였다. 자위가 "하늘은 높으나 낮은 곳의 소리를 듣습니다. 임금께서 임금다운 말씀을 세 번 하셨으니, 형혹성이 옮겨갈 것입니다."라고 하였다. 이에 살펴보니 과연 3度를 옮겨갔다.(≪史記≫ 卷38 〈宋微子世家〉)

20) 바람을……일 : 가을에 천둥번개가 쳐서 벼가 쓰러지고 큰 나무가 뽑히는 변고가 있자, 成王이 金縢의 글을 열어 변고를 점치려 하다가 주공의 축문을 보고서 그 진심을 알게 되었다. 이에 친히 교외로 나가 周公을 맞이하였는데, 하늘이 비를 내려 바람을 반대로 불게 하니, 쓰러졌던 벼가 모두 일어났다.(≪書經≫ 〈金縢〉)

21) 金縢의 글 : 武王이 병이 났을 때 周公이 자신이 무왕 대신 죽게 해달라고 太王·王季·文王에게 빌고 그 결과를 점쳤는데, 점괘가 길하여 무왕의 병이 나았다. 이때의 祝文을 쇠로 묶은 궤에 넣어두니, 이것이 金縢의 글이다.

22) 두 公 : 太公과 召公이다.

선생이 말하였다.

“그렇다. 22인[23]의 숫자를 가지고 고찰해보면 참으로 그러하다. 堯임금의 말에 대답한 것을 살펴보건대, 여러 사람은 ‘僉’이라고 하고 四岳은 ‘岳’이라고 하였으니,[24] 또한 그것을 알 수 있다.”

問호되 四岳은 一人否잇가 曰 然이라 以二十二人數로 考之면 固然이라 觀對堯言컨대 衆則曰僉이요 四(嶽)〔岳〕[25]則曰(嶽)〔岳〕이라하니 亦可見也라

12. 〈선생에게 물었다.〉

“晉侯가 曹伯을 잡은 것[26]은 옳습니까?”

선생이 말하였다.

“曹伯은 太子를 죽이고 반역한 죄가 있으니,[27] 곧 그를 잡은 것은 옳다. 晉나라가 그와 同盟한 뒤에 그를 잡았기 때문에 ‘曹伯’이라고 기록하고 그 작위를 없애지 않았다. 晉侯가 작위를 빼앗지 않은 것은 아직 작위를 빼앗을 만한 상황에 이르지 않은 것이다. ‘京師로부터 돌아갔다.’[28]라는 것은 죄가 없어서 돌아갔다는 것과 같은 말이니, 天王이 爵位와 賞을 내릴 수 없음을 죄준 것이다. 무릇 ‘歸’라고 말한 경우는 평이한 말이며, ‘歸之’라고 말한 경우는 억지로 돌아가게 한다는 말이다.”

晉侯之執曹伯은 是否잇가 曰 曹伯은 有弑逆之罪니 卽執之是也라 晉與之同盟而後執之하니 故로

---

23) 22인 : ≪書經≫ 〈虞書 舜典〉에 “帝舜이 말씀하셨다. ‘아! 너희 22인아. 공경하여 때로 하늘의 일을 도우라.’〔帝曰 咨汝二十有二人 欽哉 惟時 亮天功〕”라고 하였는데, 22인은 중앙의 四岳과 九官, 지방 장관인 十二牧을 가리킨다.

24) 堯임금의……하였으니 : ≪書經≫ 〈堯典〉에 堯임금이 홍수를 다스릴 적임자를 묻자 “모두 말하기를 ‘아, 그 사람은 鯀입니다.〔僉曰 於鯀哉〕’라고 하였다.”라고 하였으며, 또 요임금이 四岳에게 임금 자리를 물려주려 하자 “四岳이 아뢰기를 ‘덕이 없는지라 임금 자리를 더럽힐 것입니다.〔岳曰 否德 忝帝位〕’라고 하였다.”라고 하였다.

25) (嶽)〔岳〕 : 底本에는 ‘嶽’으로 되어 있으나, 四庫全書本과 ≪書經≫ 〈堯典〉에 의거하여 ‘岳’으로 바로잡았다. 아래도 같다.

26) 晉侯가 [illegible] 것 : ≪春秋≫ 成公 15년에 “癸丑日에 公이 晉侯, 衛侯, 鄭伯, 曹伯, 宋나라 世子 成, 齊나라 國佐, 邾人과 회합하여 戚에서 同盟하였다. 晉侯가 曹伯을 잡아 京師로 보냈다.〔癸丑 公會晉侯衛侯鄭伯曹伯宋世子成齊國佐邾人 同盟于戚 晉侯執曹伯 歸于京師〕”라고 하였다.

27) 曹伯은……있으니 : 曹나라 負芻가 太子를 죽이고 스스로 임금이 되었으니, 곧 曹 成公이다.(≪春秋左氏傳≫ 成公 13年)

28) 京師로부터 돌아갔다 : ≪春秋≫ 成公 16년에 “曹伯이 京師로부터 〈曹나라로〉 돌아갔다.〔曹伯歸自京師〕”라고 하였다.

書曹伯而不去其爵이라 晉侯不奪爵은 未至於奪爵也라 歸自京師는 則言若無罪而歸니 罪天王不能行爵賞也라 凡言歸者는 易(이)辭요 歸之者는 强歸之辭라

13. 선생에게 물었다.

"龍은 능히 있다가 능히 없어지니, 어째서입니까?"

선생이 말하였다.

"어찌 없어질 수 있겠는가. 단지 숨었다 나타났다 하는 데에 능할 따름이다. 숨었다 나타났다 하는 데에 능한 까닭은 몸을 굽혔다 폈다 하는 데에 능하기 때문이다. 龍만 그런 것이 아니라 모든 작은 동물들은 몸을 굽혔다 폈다 하는 데에 능한 것들이 많이 있다."

問호되 龍은 能有能無하니 如何잇가 曰 安能無리오 但能隱見(현)耳라 所以能隱見者는 爲能屈伸爾라 非特龍이요 凡小物은 甚有能屈伸者라

14. 선생에게 물었다.

"≪春秋≫에 '至'[29]라고 기록한 것은 무엇입니까?"

선생이 말하였다.

"종묘에 고하고서 기록한 것이니, 종묘에 고하는 일을 하지 않고서 기록한 것도 있다."

또 '還'과 '復'을 묻자, 선생이 말하였다.

"還은 단지 돌아오는 것이고, 復은 요즘의 '되돌린다[倒迴]'라는 말과 같다."

또 물었다.

"隱公 조에는 모두 '至'라고 기록하지 않았습니다."

선생이 말하였다.

"종묘에 고하는 禮를 행하지 않은 것이다."

問호되 書至는 如何잇가 曰 告廟而書니 亦有不緣告廟而書者라 又問還復(복)하여 曰 還은 只是歸요 復은 如今所謂倒迴라 又問호되 隱皆不書至니이다 曰 告廟之禮를 不行이라

29) 至 : 임금이 出行에서 돌아온 것을 말한다. 이때 종묘에 돌아온 것을 고하고 술을 마시며 軍實을 계산한다.

15. 선생이 뜰아래의 참새 떼를 가리켜 제자들에게 보여주며 말하였다.

"땅 위에 원래부터 먹이가 있으면 참새 떼가 모여들어 그것을 먹는다. 사람이 일부러 먹이를 주면 곧장 와서 먹지 않고 반드시 한참 지나야 모여드니, 이는 대체로 사람에게 의도가 있기 때문이다. 만약 곡식을 짊어진 자가 길을 가면서 곡식을 흘리면 곧장 모여들어 먹을 것이다."

先生指庭下群雀하여 示諸弟子曰 地上原有物이면 則群雀集而食之라 人故與之면 則不卽來食하고 須是久乃集하니 蓋人有意在爾라 若負粟者가 適遺下면 則便集而食矣라

16. 선생에게 물었다.

"'太廟에 禘제사를 지내고서 夫人의 神主를 宗廟에 들여 모셨다.'[30]라는 것은 哀姜[31]의 일입니까?"

선생이 말하였다.

"文姜[32]이다. 문강이 魯 桓公과 함께 齊나라로 가서 마침내 환공을 시해하는 악행의 단서를 열었으니,[33] 그 죄가 크다. 그러므로 聖人은 그녀가 제나라로 도망간 일[34]과 太廟에 신주를 들인 일에 대해 모두 '夫人'이라고만 쓰고 '姜氏'를 없애 大義 및 魯나라 사람들이 이미 그녀를 단절한 것을 드러내었다. 그러나 환공을 시해한 악행을 문강은 실제로 알지 못했다. 다만 문강을 통해 일어났을 뿐이다. 魯 莊公은 母子간의 정은 단절하지 않았다. 그러므로 '夫人'이라 쓴 것이다. 문강이 제나라로 도망갔을 적에 단지 '夫人'이라 일컫고, 이번에 禘제사를 지내고 그녀의 신주를 太廟에 들일 적에 또한 '夫人'

30) 太廟에……모셨다 : ≪春秋≫ 僖公 8년에 "가을 7월에 太廟에 禘제사를 지내고서 夫人의 神主를 宗廟에 들여 모셨다.〔秋七月 禘于大廟 用致夫人〕"라고 하였는데, ≪春秋左氏傳≫에서는 "가을에 禘제사를 지내고서 哀姜의 神主를 宗廟에 들여 모셨으니, 禮가 아니다. 무릇 부인이 寢에서 薨하지 않고, 宗廟에 殯하지 않고, 同盟國에 赴告하지 않고, 姑廟에 祔하지 않으면 신주를 종묘에 들여 모시지 않는다.〔秋 禘而致哀姜焉 非禮也 凡夫人不薨于寢 不殯于廟 不赴于同 不祔于姑 則弗致也〕"라고 하였다. 伊川은 桓公의 부인인 文姜으로 보았다.

31) 哀姜 : 莊公의 부인으로, 莊公 24년에 魯나라로 시집와서 僖公 元年에 죽었다.

32) 文姜 : 桓公의 부인으로, 桓公 3년에 魯나라로 시집와서 莊公 21년에 죽었다.

33) 문강이……열었으니 : 桓公 18년 봄에 魯 桓公이 齊侯와 濼에서 회합한 뒤 文姜과 함께 齊나라로 갔다. 문강이 제후와 간통하여 환공이 문강을 꾸짖자, 문강이 제후에게 일러바쳤다. 여름 4월에 제후가 환공을 위해 연회를 열고서 公子 彭生을 시켜 수레 안에서 환공을 죽였다.(≪春秋左氏傳≫ 桓公 18年)

34) 제나라로……일 : 莊公 元年에 "3월에 夫人이 齊나라로 도망갔다.〔三月 夫人孫于齊〕"라고 하였다.

이라고만 일컬었으니, 이는 문강이 분명하다. 이는 성인이 春秋筆法으로써 엄격함을 극진히 한 것 중에 으뜸이 되는 부분이니, 大義를 볼 수 있고 또 모자간의 의리를 알 수 있다. 本朝의 太祖皇帝가 법을 세운 것이 ≪春秋≫의 의리에 지극히 합당하니, 그 법 가운데 '남편이 아내로 인해 피살되는 경우가 있으면 아내를 首罪者로 삼는다'고 한 것이 바로 이와 합치된다."

問호되 禘於太廟하여 用致夫人은 是哀姜否잇가 曰 文姜也라 文姜은 與桓公如齊하여 終啓弑桓之惡하니 其罪가 大矣라 故로 聖人이 於其遜於齊와 致於廟에 皆止曰夫人하고 而去其姜氏하여 以見大義與國人已絶矣라 然이나 弑桓之惡을 文姜實不知라 但緣文姜而啓爾라 莊公은 母子之情則不絶이라 故로 書夫人焉이라 文姜遜齊에 止稱夫人하고 此禘致於廟에 亦只稱夫人하니 則是文姜明矣라 此最是聖人用法致嚴處니 可以見大義하고 又以見子母之義라 本朝太祖皇帝立法이 極合春秋之義하니 法中에 有夫因婦而被殺者어든 以婦爲首가 正與此合이라

17. 선생에게 물었다.

"禘는 무엇입니까?"

선생이 말하였다.

"禘는 天子의 제사이다. 5년에 한 번 禘제사를 지내니, 그 태조가 말미암아 나온 분에게 제사 지내는 것이다."

또 祫을 묻자, 선생이 말하였다.

"祫은 합하여 제사 지내는 것이다. 諸侯 또한 祫제사를 지낸다. 다만 祠·禴·嘗·烝[35]의 제사는 廟禮가 번다하기 때문에 매년 사계절의 제사 가운데 三祭는 祖廟에 合食하고, 오직 봄에는 여러 사당에 두루 제사 지낸다."

問호되 禘是如何잇가 曰 禘는 是天子之祭라 五年一禘하니 祭其祖之所自出也라 又問祫(협)하여 曰 祫은 合祭也라 諸侯도 亦祭祫이라 只是祠禴嘗烝之祭는 爲廟禮煩이라 故로 每年於四祭中에 三祭는 合食於祖廟하고 惟春은 則徧祭諸廟也라

18. 선생에게 물었다.

35) 祠·禴·嘗·烝: 봄·여름·가을·겨울에 지내는 제사이다.

"祧廟는 어떻게 해야 합니까?"

선생이 말하였다.

"祖는 功이 있는 분이고, 宗은 德이 있는 분이다. 文王·武王의 廟는 영원히 祧遷하지 않았으니, 祧遷한 것은 문왕·무왕 이하의 廟였다."

선생에게 말하였다.

"형제가 서로 왕위를 계승하는 경우는 어떻게 해야 합니까?"

선생이 말하였다.

"이는 모두 각자 廟를 세운다. 그러나 吳 太伯의 후손처럼 형제 4인이 서로 왕위를 계승한 경우[36]는 어떻게 해야 하는가. 만약 위로 祧遷하지 않는 두 廟가 있다면 마침내 祖를 제사 지내지 않게 될 것이다. 그러므로 廟가 아무리 많더라도 祧遷하는 것은 무방하다. 다만 服이 끊어진 자를 祧遷하는 것은 의리에 따라 행하는 것이 옳다. 本朝의 太祖와 太宗 같은 경우는 모두 만세토록 祧遷하지 않는 廟이다. 河東·閩·浙 여러 땅은 모두 태종이 취한 것이니, 祧遷할 이치가 없다."

問호되 祧廟는 如何잇가 曰 祖는 有功이요 宗은 有德이라 文武之廟는 永不祧也니 所祧者는 文武以下廟라 曰 兄弟相繼는 如何잇가 曰 此皆自立廟라 然이나 如吳太伯兄弟四人相繼는 如何오 若上更有二廟不祧면 則遂不祭祖矣라 故로 廟雖多라도 亦不妨祧라 只祧得服絶者는 以義起之可也라 如本朝太祖太宗은 皆萬世不祧之廟라 河東閩浙諸處는 皆太宗取之니 無可祧之理라

19. 선생에게 물었다.

"과부는 도리상 아내로 맞이할 수 없을 듯하니, 어떻습니까?"

선생이 말하였다.

"그러하다. 무릇 아내를 맞이하는 것은 자신의 짝으로 삼는 것이다. 만약 절개를 잃은 자를 아내로 맞이하여 자신의 짝으로 삼으면 이는 자기가 절개를 잃는 것이다."

또 물었다.

"혹시 빈궁하여 의탁할 곳이 없는 홀로된 과부가 있다면 再嫁할 수 있습니까?"

선생이 말하였다.

---

36) 吳……경우 : 吳王 壽夢의 아들인 諸樊, 餘祭, 餘昧, 季札이 차례로 왕위를 계승한 것을 가리킨다. 季札은 왕위를 사양하여 延陵에 봉해졌다.

"단지 후세에 추위와 굶주림으로 죽는 것을 두려워하였기 때문에 이런 말이 있게 된 것이다. 그러나 굶어 죽는 일은 지극히 작고, 절개를 잃는 일은 지극히 크다."

問호되 孀婦는 於理에 似不可取니 如何잇가 曰 然이라 凡取는 以配身也라 若取失節者하여 以配身이면 是己失節也라 又問호되 或有孤孀貧窮無託者어든 可再嫁否잇가 曰 只是後世怕寒餓死라 故로 有是說이라 然이나 餓死事는 極小하고 失節事는 極大라

20. 혹자가 물었다.

"漢 高祖는 本朝의 太祖에 비교될 수 있습니까?"

선생이 말하였다.

"한 고조가 어찌 태조에 비교될 수 있겠는가. 태조의 仁愛는 능히 여러 節度使들을 보전하였으니, 신하를 부리는 방술을 가진 것이 지극하였다. 천하가 이미 평정되자 절도사들을 모두 불러서 京師로 돌아오게 하였는데, 절도사들이 토지를 전부 바치고 돌아가 쌓인 재물을 셀 수가 없었으니, 재물이 많은 것을 또한 근심할 만하였다. 태조가 사람마다 한 지방의 토지를 하사하니, 대개 차례로 나누어 준 것이 모두 數萬에 이르렀다. 또 일찍이 연회를 베풀어 술이 얼큰하게 취하면 이에 각자 子弟 한 사람이 부축하여 돌아가라고 하교하였다. 그리고 태조가 전송하면서 殿門까지 나와 그 자제들에게 말하기를 '너희 부친에게 각각 조정의 10만 緡[37]을 주노라.'라고 하였다. 여러 절도사들이 술이 깬 뒤에 어떻게 돌아왔는지, 임금 앞에서 禮를 잃지 않았는지를 묻자 자제들이 각자 10만 緡을 받은 일로써 대답하였다. 다음날 절도사들은 각자 表文을 올렸는데, 그 인원 수와 같았다. 이것이 모두 영웅이 신하를 부리는 방술이다."

或問호되 漢高祖는 可比太祖否잇가 曰 漢高祖가 安能比太祖리오 太祖仁愛는 能保全諸節度使하니 極有術이라 天下旣定하여 皆召歸京師한대 節度使竭土地而還하니 所畜不貲하니 多財亦可患也라 太祖가 逐人賜地一方하니 蓋第所費皆數萬이라 又嘗賜宴하여 酒酣이어든 乃宣各人子弟一人扶歸라 太祖送至殿門하여 謂其子弟曰 汝父에 各許朝廷十萬緡矣하노라 諸節度使醒하여 問所以歸와 不失禮於上前否하니 子弟各以緡事對라 翌日에 各以表進如數라 此皆英雄御臣之術이라

37) 緡 : 緡은 동전 1천 개를 하나로 꿴 돈꿰미로, 貫이라고도 한다.

21. 宣仁皇后의 山陵 때 선생이 山陵 아래에서 呂汲公(呂大防)을 만났는데, 여급공이 말하였다.

"국가에서 병사를 양성하는 것이 곧 지금의 좋은 계책입니다. 무릇 사방에 警報가 있는데 백성들은 모두 이를 알지 못합니다."

선생이 말하였다.

"相公께서는 景德 연간의 일[38]을 어찌 모르십니까. 良民을 소집해 얼굴에 入墨[39]하여 士人에게까지 미쳤습니다. 대개 유한한 병사를 갑자기 3~5천 명이나 잃었으니, 장차 어디에서 보충하겠습니까. 병사는 모름지기 백성에게서 나온다는 사실을 알아야 합니다."

宣仁山陵時에 會呂汲公於陵下한대 公曰 國家養兵이 乃良策이라 凡四方有警이어늘 百姓皆不知라 先生曰 相公豈不見景德中事耶아 驅良民刺面하여 以至及士人이라 蓋有限之兵을 忽損三五千人하니 將何自而補리오 要知兵須是出於民可也라

22. 太祖가 처음 천하를 소유했을 적에 士卒에게는 사람마다 200緡을 상금으로 주었다. 그러나 즉위하고 나서는 돈이 없어 오랫동안 상금을 하사하지 못하니, 사졸들이 後苑에 시를 지어두는 일까지 있었다. 태조가 하루는 후원을 노닐다가 시를 보고서 말하기를 '좋은 시로구나.'라고 하고, 마침내 붓을 가져오라 하여 화답하였다. 이 때문에 매번 郊祭를 지낼 적에는 각각 賞給을 하사하였으니, 지금까지도 이 일로 인해 관례가 되어서 없앨 수 없다.

혹자가 물었다.

"지금 新兵에게 郊祭 때의 賞給을 주지 않으려 한다면, 수십 년 뒤에나 개혁할 수 있겠습니까?"

선생이 말하였다.

---

38) 景德……일 : 景德은 宋 眞宗의 두 번째 연호로, 1004년에서 1007년까지 사용되었다. 1004년 遼나라가 20만 대군을 이끌고 남하하여 3개월 만에 開封 근처까지 이르자, 眞宗이 재상 寇準의 말에 따라 직접 정벌에 나섰다가 결국 澶淵에서 화친을 맺었다. 화친의 조건은 송나라를 형으로 요나라를 아우로 하며, 매년 비단 20만 필과 은 10만 냥을 歲幣로 요나라에 보내며, 국경은 현상을 유지하고 서로 침범하지 않는 것 등이었다.

39) 入墨 : 宋나라 때에는 병사들을 모집한 뒤 얼굴에 먹물로 글자를 새겨 그들이 도망치는 것을 방지하였다.

“新兵은 본래 이런 바람이 없으니, 주지 않는 것이 옳다. 수십 년이 되기 전에도 개혁할 수 있다.”

太祖初有天下할새 士卒은 人許賞二百緡이라 及卽位하얀 以無錢으로 久不賜하니 士卒至有題詩於後苑이라 太祖一日遊後苑이라가 見詩하고서 乃曰好詩라하고 遂索筆和之라 以故로 每於郊時에 各賜賞給하니 至今因以爲例하여 不能去라 或問호되 今欲新兵不給郊賞인댄 數十年後에야 可革否잇가 曰 新兵은 本無此望하니 不與가 可也라 不數十年이라도 可革이라

23. 思叔(張繹)이 물었다.

“孟子가 ‘자기가 해야 할 일을 잘 미루어나갔다.’[40]라고 말한 것은 옳습니까?”

선생이 말하였다.

“聖人은 미루어나가기를 기다리지 않는다.”

思叔이 問호되 孟子言善推其所爲는 是歟잇가 曰 聖人則不待推라

24. 霍光이 昌邑王을 폐위했는데,[41] 그 발단은 곽광의 죄이다. 당시 창읍왕을 세우는 것이 합당하지 않았는데, 곽광은 단지 피상적으로 그가 武帝의 손자인 것만 보고서 그가 제위를 감당할 수 없음에도 기어이 그를 세웠다. 이는 또한 伊尹이 太甲을 세운 것과는 같지 않다. 이윤은 대집이 반드시 常道를 생각할 것을 알았다. 그러므로 그를 3년 동안 桐 땅에 유폐한 것이다. 당시 湯임금이 붕어하자 太丁이 즉위하지 못하고 죽었으며, 外丙은 바야흐로 2세였으며, 仲壬은 바야흐로 4세였다. 그러므로 마침내 太甲을 세웠던 것이다. 태갑은 또한 常道를 생각하는 자질을 지녔으니, 만약

伊尹

40) 자기가……미루어나갔다 : ≪孟子≫ 〈梁惠王 上〉에 “옛사람이 보통사람보다 크게 뛰어난 까닭은 다른 것이 없으니, 자기가 해야 할 일을 잘 미루어나갔을 뿐이다.〔古之人 所以大過人者 無他焉 善推其所爲而已矣〕”라고 하였다.

41) 霍光이……폐위했는데 : 霍光은 漢 武帝의 遺詔를 받들어 어린 昭帝를 보필하였는데, 소제가 후사 없이 죽자 무제의 손자인 昌邑王 劉賀를 세웠다. 그런데 창읍왕이 荒淫無道하여 27일 만에 폐위하고 무제의 증손 劉詢을 세웠으니, 바로 宣帝이다.

이러한 자질이 없었다면 이윤 또한 그를 세우지 않았을 것이다.

≪史記≫에서는 ≪孟子≫의 '外丙은 2년이요, 仲壬은 4년이었다.'라는 말[42]을 가지고 마침내 탕임금이 붕어한 지 6년 뒤에 태갑이 바야흐로 즉위하였다고 말하였으니,[43] '年'이 '歲'자의 뜻임을 알지 못한 것이다. 근래 呂望之가 이것을 질문한 적이 있어서 또한 그에게 말해주었다. 나중에 또 ≪禮記≫에서, '왕이 巡狩할 적에 나이가 百年이 된 자가 있는지 묻는다.'[44]라고 한 것을 보고서 ≪書傳≫에서도 '歲'를 '年'이라 표기한 것을 더욱 확신하게 되었다. '外丙은 2세였고, 仲壬은 4세였다.'라는 설은 비록 별도로 증명할 만한 근거가 없으나, 이치가 또한 반드시 그러하다. 또한 ≪尙書≫를 보면 '成湯이 이미 沒하니, 太甲 元年이라.'[45]라고 분명히 말하였다. 또 '왕이 桐宮으로 가서 3년 동안 居憂하여 마침내 능히 常道를 생각하였다.'[46]라는 것과 '이윤이 冕服으로 嗣王을 받들었다.'[47]라는 것을 보면, 여러 문장의 문리를 알 수 있으니, 이 뒤로는 다른 자료를 引證할 필요가 없다.

---

42) 孟子의……말 : ≪孟子≫ 〈萬章 上〉에 "伊尹이 湯임금을 도와 천하에서 왕노릇하게 하였는데, 탕임금이 붕어하시니, 太丁은 즉위하지 못하였고, 外丙은 2세였고, 仲壬은 4세였다. 太甲이 탕임금의 典刑을 전복하려 하니, 이윤이 그를 桐 땅에 3년 동안 유폐시켰다. 태갑이 과오를 뉘우쳐 스스로 책망하고 스스로 다스려 동 땅에서 3년 동안 仁에 처하고 義로 옮겨가 이윤이 자신을 훈계한 것을 따랐다. 그리하여 다시 亳邑으로 돌아왔다.〔伊尹相湯以王於天下 湯崩 太丁未立 外丙二年 仲壬四年 太甲顚覆湯之典刑 伊尹放之於桐三年 太甲悔過 自怨自艾 於桐處仁遷義三年 以聽伊尹之訓己也 復歸于亳〕"라고 하였다.

43) 史記에서는……말하였으니 : ≪史記≫ 卷3 〈殷本紀〉에 "湯임금이 붕어하자, 太子 太丁이 즉위하지 못하고 죽었다. 이에 태정의 아우 外丙을 세웠으니, 이 사람이 外丙帝이다. 외병제가 즉위한 지 3년 만에 붕어하자, 외병제의 아우 仲壬을 세웠으니, 이 사람이 仲壬帝이다. 중임제가 즉위한 지 4년 만에 붕어하자, 伊尹이 太丁의 아들 太甲을 세웠다. 태갑은 成湯의 嫡長孫으로, 이 사람이 太甲帝이다. 태갑제 원년에 이윤이 〈伊訓〉, 〈肆命〉, 〈徂后〉를 지었다.〔湯崩 太子太丁未立而卒 於是乃立太丁之弟外丙 是爲帝外丙 帝外丙卽位三年 崩 立外丙之弟中壬 是爲帝中壬 帝中壬卽位四年 崩 伊尹乃立太丁之子太甲 太甲 成湯適長孫也 是爲帝太甲 帝太甲元年 伊尹作伊訓 作肆命 作徂后〕"라고 하였다.

44) 왕이……묻는다 : ≪禮記≫ 〈王制〉에 "天子는 5년에 한 번 巡守하니, 그해 2월에 동쪽으로 순수하여 岱宗에 이르러 섶을 태워 하늘에 제사 지내고 山川의 神에게 望祭를 지낸다. 諸侯들을 만나보고 나이가 1백 세 된 자가 있는지 물어서 나아가 만나본다.〔天子五年一巡守 歲二月 東巡守 至于岱宗 柴而望祀山川 覲諸侯 問百年者 就見之〕"라고 하였다

45) 成湯이……元年이라 : ≪書經≫ 〈伊尹〉 序에 "成湯이 이미 沒하니, 太甲 元年이라. 伊尹이 〈伊訓〉, 〈肆命〉, 〈徂后〉를 지었다.〔成湯既沒 太甲元年 作伊訓肆命徂后〕"라고 하였다.

46) 왕이……생각하였다 : ≪書經≫ 〈商書 太甲 上〉에 "왕이 桐宮에 가서 居憂하여 능히 마침내 德을 진실하게 하였다.〔王徂桐宮 居憂 克終允德〕"라고 하였다.

47) 이윤이……받들었다 : ≪書經≫ 〈商書 太甲 中〉에 "3년 12월 초하루에 伊尹이 冕服으로 嗣王을 받들어 亳邑으로 돌아왔다.〔惟三祀十有二月朔 伊尹以冕服 奉嗣王 歸于亳〕"라고 하였다.

霍光廢昌邑한대 其始는 乃光之罪라 當時不合立之로되 只被見是武帝孫하고 擔當不過어늘 須立之也라 此又與伊尹立太甲으로 不同也라 伊尹知太甲必能思庸이라 故로 放之桐三年이라 當時에 湯旣崩하여 太丁未立而死하며 外丙方二歲요 仲壬方四歲라 故로 須立太甲也라 太甲은 又有思庸之資하니 若無是質이면 伊尹亦不立也라 史記에 以孟子二年四年之言으로 遂言湯崩六年之後에 太甲方立이라하니 不知年只是歲字라 頃呂望之曾問及此하여 亦曾說與他라 後來又看禮하니 見王巡狩에 問百年者하고 益知書傳亦稱歲爲年이라 二年四年之說은 縱別無可證이나 理亦必然이라 且看尙書하니 分明說成湯旣沒하니 太甲元年이라 又看王徂桐宮하여 居憂三年하여 終能思庸과 伊尹以服冕奉嗣王하면 可知凡文字理니 是後는 不必引證이라

25. 선생에게 물었다.

"東向과 西向에는 南方이 上席이 되고, 南向과 北向에는 西方이 上席이 되는 것[48]은 무슨 뜻입니까?"

선생이 말하였다.

"이는 坐位를 말하니, 祭祀 때의 昭·穆의 위치가 아니다. 昭·穆의 위치는 太祖가 동쪽을 바라보고 왼쪽이 昭가 되며 오른쪽이 穆이 되어 안에서부터 밖으로 미친다. 옛날의 坐位는 모두 오른쪽을 존귀하게 여겼다."

韓信

范文甫가 물었다.

"韓信이 廣武君을 만나 그로 하여금 동쪽을 향해 앉게 하고 자신은 서쪽을 향하여 그를 스승으로 섬긴 것[49]이 옳습니까?"

48) 東向과……것 : ≪禮記≫ 〈曲禮 上〉에 "자리가 남향이나 북향인 경우에는 서쪽을 上席으로 하고, 동향이나 서향인 경우에는 남쪽을 上席으로 한다.〔席 南鄕北鄕 以西方爲上 東鄕西鄕 以南方爲上〕"라고 하였다.

49) 韓信이……것 : 廣武君 李左車는 趙나라 장수이다. 漢나라 군대가 장차 趙나라를 습격할 것이라는 소식을 듣고 그 길목을 지켜 한나라 군대의 보급로를 끊는 기습작전을 써야 한다고 주장하였으나, 받아들여지지 않았다. 그 뒤 韓信은 背水陣으로 조나라 군대를 유인하는 한편 날랜 병사들을 보내 비어 있는 조나라 성채에 한나라 깃발을 꽂게 하는 작전을 써서 조나라 군대를 격파하였다. 한신은 軍中에 "광무군을 죽이지 말라. 사로잡는 자가 있다면 千金으로 사겠다."라고 명령을 내렸는데, 이에 광무군을 결박하여 바치는 자가 있었다. 한신은 그의 포승을 풀어주고 東向으로 앉게

선생이 말하였다.

"지금은 왼쪽을 존귀하게 여기니, 이것도 혹 하나의 방법이다."

問호되 東向西向엔 以南方爲上하고 南向北向엔 以西方爲上은 如何잇가 曰 此言坐位니 非祭祀昭穆之位라 昭穆之位는 太祖面東하고 左昭右穆하여 自內以及外라 古之坐位는 皆以右爲尊이라 范文甫가 問호되 韓信이 得廣武君하여 使東向坐하고 而西面師事之가 是否잇가 曰 今則以左爲尊하니 是或一道也라

26. 선생에게 물었다.

"'僑如가 夫人 姜氏를 모시고 돌아왔다.〔僑如以夫人姜氏至〕'[50)]라고 하였는데, '以'자를 쓴 것은 어떻습니까?"

선생이 말하였다.

"마땅히 그래야 한다. 이는 公子가 능히 그 일을 주관하여 부인을 모시고 돌아온 것을 말한다. 예컨대 '公과 夫人이 齊나라로 갔다.〔公與夫人如齊〕'라고 기록할 적에 '與'자를 쓰고 '及'자를 쓰지 않은 데에는 의도가 있으니, 대개 '及'이라고 말하면 주체가 公에 있고, '與'라고 말하면 公이 능히 통제하지 못함이 명백하다."

問호되 僑如以夫人姜氏至라한대 書以는 如何잇가 曰 當然이라 此却言公子能主其事하여 以夫人至也라 如書公與夫人如齊할새 只書與而不書及却有意하니 蓋言及則主在公也요 言與則公不能制가 明矣라

27. 孔子가 뗏목을 타고 바다를 항해하며[51)] 九夷에 살고자 한 것[52)]은 모두 천하에 賢

하고 자신은 西向으로 마주 앉아 그를 스승으로 섬겼다.(≪史記≫ 卷92 〈淮陰侯列傳〉)

50) 僑如가……돌아왔다 : ≪春秋≫ 成公 14년에 "9월에 僑如가 夫人 婦姜氏를 모시고 齊나라에서 돌아왔다.〔九月 僑如以夫人婦姜氏至自齊〕"라고 하였다.

51) 孔子가……항해하며 : 孔子가 말하기를 "道가 행해지지 않으니, 내 뗏목을 타고 바다를 항해하려 한다. 나를 따를 자는 아마도 仲由일 것이다.〔道不行 乘桴 浮于海 從我者 其由與〕"라고 하였다. 子路가 이 말을 듣고 기뻐하자, 공자가 "仲由는 용맹을 좋아함이 나보다 나으나, 사리에 맞게 재단을 하는 것이 없다.〔由也 好勇 過我 無所取材〕"라고 하였다.(≪論語≫ 〈公冶長〉)

52) 九夷에……것 : 孔子가 九夷에 살고자 하니, 혹자가 "누추할 것인데 어떻게 그런 곳에 사시렵니까?"라고 하였다. 이에 공자가 "군자가 살게 되면 어찌 누추할 것이 있겠는가."라고 하였다.(≪論語≫ 〈子罕〉)

君이 한 사람도 없어 道가 행해지지 않았기 때문이다. 그러므로 말씀이 여기에 미친 것이다. 子路는 그 의도를 알지 못하고 곧 聖人이 떠날 것이라고 생각하였다. '사리에 맞게 재단을 하는 것이 없다.'라고 한 것은 그가 능히 공자의 의도를 헤아리지 못했음을 말한다.

孔子願乘桴浮於海하며 居九夷는 皆以天下無一賢君하여 道不行이라 故로 言及此爾라 子路不知其意하고 便謂聖人行矣라 無所取材라함은 言其不能斟酌也라

28. 선생에게 물었다.

"'큰 죄를 범한 자를 풀어주었다.'[53]라는 것은 무슨 뜻입니까?"

선생이 말하였다.

"큰 죄를 저질렀더라도 그를 풀어주면 자기의 잘못을 알 수 있다. ≪書經≫에 '眚과 災는 풀어주고 용서한다.〔眚災肆赦〕'[54]라는 것은 眚은 그를 풀어주니 眚이란 스스로 지은 죄이고, 災는 그를 용서하니 災란 과실로 인한 일이기 때문이라는 말이다. 무릇 용서하는 것이 어찌 善人에게 미친 경우가 있었겠는가. 諸葛亮이 蜀을 다스릴 적에 10년 동안 사면하지 않았으니, 이를 알 수 있다."

問호되 肆大眚(생)은 如何잇가 曰 大眚而肆之어든 其失可知라 書言眚災肆赦者는 言眚則肆之니 眚是自作之罪也요 災則赦之니 災是過失之事故也라 凡赦何嘗及得善人이리오 諸葛亮在蜀할새 十年不赦하니 審此爾라

29. 군대의 强弱에도 시기가 있다. 예전에는 陳州·許州가 강한 군대로 불렸는데, 지금의 陳州·許州는 畿에 가장 가까우나 또한 강한 군대라는 말을 듣지 못한다. 지금은 河東의 군대가 가장 강성하다.

兵强弱은 亦有時라 往時엔 陳許號勁兵이나 今陳許는 最近畿나 亦不聞勁이라 今河東最盛이라

53) 큰……풀어주었다 : ≪春秋≫ 莊公 22년에 "봄 周나라 王曆 正月에 큰 죄를 범한 자를 풀어주었다.〔春 王正月 肆大眚〕"라고 하였다.

54) 眚과 災는……용서한다 : ≪書經≫ 〈虞書 舜典〉에 보인다.

30. 배우는 자는 世務에 능통하지 않으면 안 된다. 천하의 일은 비유하자면 한 집안과 같아서 내가 하지 않으면 저 사람이 하고, 甲이 하지 않으면 乙이 한다.

學者는 不可不通世務라 天下事는 譬如一家하여 非我爲則彼爲요 非甲爲則乙爲라

31. 子路는 한 마디 말로 獄事를 결단할 수 있었다.[55] 그러므로 魯나라가 小邾의 射과 結盟하기를 원했으나 射은 단지 季路의 한 마디 말을 원한 것[56]이 그 증거이다.

子路는 片言에 可以折獄이라 故로 魯願與小邾射(역)盟이나 而射止願得季路一言이 乃其證也라

32. 孔子가 말하기를 "나는 말을 하지 않으려 한다."[57]라고 한 것은 대개 子貢이 말이 많았기 때문이다. 그러므로 이런 가르침으로써 그에게 알려준 것이다.

曰 予欲無言하노라함은 蓋爲子貢多言이라 故로 告之以此라

33. '사람의 도리에 힘쓴다.'[58]라는 것을 묻자, 선생이 말하였다.

"예컨대 項梁이 義帝를 세울 적에 '백성의 바람을 따른 것이다.'라고 말한 것[59]이 그

---

55) 子路는……있었다 : ≪論語≫ 〈顔淵〉에 孔子가 말하기를 "한 마디 말로 獄事를 결단할 수 있는 자는 아마도 仲由일 것이다.〔片言 可以折獄者 其由也與〕"라고 하였다.

56) 魯나라가……것 : ≪春秋左氏傳≫ 哀公 14년에 小邾의 大夫 射이 句繹 땅을 가지고 魯나라로 도망쳐 와서 子路와 약속할 수 있다면 盟約하지 않아도 괜찮다고 하였다. 이에 자로를 보내려 하자 자로가 사절하였다. 季康子가 그 이유를 묻자, 자로가 말하기를 "노나라가 小邾와 전쟁을 한다면 이유를 불문하고 그 성 아래에서 죽을 수 있으나, 저 사람은 신하답지 않은데도 그의 말을 들어준다면 이는 그를 의롭게 여기는 것이니, 나는 들어줄 수 없습니다."라고 하였다.

57) 나는……한다 : 孔子가 "나는 말을 하지 않으려 한다."라고 하자, 子貢이 "선생님께서 말씀을 하지 않으시면 저희들이 어떻게 道를 전하겠습니까?"라고 하였다. 그러자 공자가 "하늘이 무슨 말을 하던가? 四時가 운행하고 만물이 생장하니, 하늘이 무슨 말을 하던가?"라고 하였다.(≪論語≫ 〈陽貨〉)

58) 사람의……힘쓴다 : ≪論語≫ 〈雍也〉에서 樊遲가 智를 묻자, 孔子가 말하기를 "사람의 도리에 힘쓰고, 귀신을 공경하되 멀리하면 지혜롭다 할 만하다.〔務民之義 敬鬼神而遠之 可謂知矣〕"라고 하였다.

59) 項梁이……것 : 義帝는 楚 懷王이다. ≪史記≫ 卷7 〈項羽本紀〉에 "范增이 項梁을 찾아가 유세하기를 '陳勝의 패배는 당연합니다. 秦나라가 六國을 멸할 적에 楚나라가 가장 무고하게 당했습니다. 懷王이 진나라에 볼모로 들어가서 돌아오지 않으니, 초나라 사람들이 지금까지도 가련하게 여깁니다. 그러므로 楚 南公이 「초나라에 비록 세 집만 남더라도 진나라를 멸망시킬 나라는 반드시 초나라일 것이다.」라고 한 것입니다. 지금 진승이 처음으로 봉기하였으나 초나라의 후예를 세우지 않고 스스로 왕이 되었으니, 그 세력이 오래가지 않은 것입니다. 지금 그대가 江東에서 일어나자, 초나라의 장수들이 벌떼처럼 앞다투어 그대에게 붙는 것은 그대가 대대로 초나라의 장수로

것이다."

問務民之義하여 曰 如項梁立義帝할새 謂從民望者가 是也라

34. 唐棣가 물었다.

"'天王이 宰咺을 보내 惠公과 仲子의 賵을 주었다.'[60]라고 한 것은 무슨 뜻입니까?"

선생이 답하였다.

"'天王'이라고 쓴 것은 ≪春秋≫의 처음에 周나라가 바야흐로 이 한 가지 일을 기록하여 장차 天王의 號를 남겨 名分을 바르게 한 것이지, 이 일이 이치에 마땅하여 기록했음을 말한 것이 아니다. 그러므로 宰咺의 이름을 써서 폄하함을 드러내었다. 仲子는 惠公의 재취부인인데, 제후는 두 번 장가드는 이치가 없다. 그러므로 '惠公과 仲子'라고만 쓰고, '夫人'이라고 칭하지 않은 것이다."

또 물었다.

"左氏는 子氏가 아직 죽지 않았는데 凶事를 미리 행한 것은 禮가 아니라고 생각한 것입니까?"[61]

선생이 말하였다.

"그렇지 않다. 어찌 이런 이치가 있겠는가. 夫人 子氏는 본래 隱公의 아내이니, 仲子의 일과는 관계가 없다.[62]"

시, 다시 초나라의 후예를 세울 수 있다고 여기기 때문입니다.'라고 하자, 항량은 그 말이 그럴듯하다고 여겨 민간에서 양치기를 하던 楚 懷王의 손자 心을 찾아 楚 懷王으로 세우니, 백성들이 바라던 바를 따른 것이다."라고 하였다.

60) 天王이……주었다 : ≪春秋≫ 隱公 元年에 "가을 7월에 天王이 宰喧을 보내 惠公과 仲子의 賵을 주었다.〔秋七月 天王使宰咺來歸惠公仲子之賵〕"라고 하였다. 賵은 喪家에 賻儀로 보내는 車馬를 말한다.

61) 左氏는……것입니까 : ≪春秋左氏傳≫ 隱公 元年에 "가을 7월에 天王이 宰咺을 보내 惠公과 仲子의 賵을 주었으니 시기가 늦었고, 또 子氏는 아직 죽지도 않았는데 賵을 주었다. 그러므로 이름을 기록한 것이다. 天子는 7개월 만에 장사 지내니 同軌가 모두 이르고, 諸侯는 5개월 만에 장사 지내니 同盟國이 이르고, 大夫는 3개월 만에 장사 지내니 같은 지위의 사람들이 이르고, 士는 달을 넘겨 장사 지내니 外戚과 姻戚이 이른다. 죽은 자를 위해 물품을 보내되 장사 지내기 전에 미치지 못하였으며, 살아있는 사람을 조문하되 슬퍼할 때에 미치지 못하였으며, 凶事를 미리 행하였으니, 禮가 아니다.〔天王使宰咺來歸惠公仲子之賵 緩 且子氏未薨 故名 天子七月而葬 同軌畢至 諸侯五月 同盟至 大夫三月 同位至 士踰月 外姻至 贈死不及尸 弔生不及哀 豫凶事 非禮也〕"라고 하였다.

62) 夫人……없다 : ≪春秋左氏傳≫ 隱公 元年 傳의 '且子氏未薨'의 '子氏'를 杜預는 '仲子'로 보았는데, 伊川은 隱公의 아내로 본 것이다.

棣問호되 天王使宰咺(훤)來歸惠公仲子之賵은 如何잇가 答曰 書天王者는 以春秋之始에 周方書此一件事하여 且存天王之號以正名分이요 非謂此事當理而書也라 故로 書宰之名하여 以示貶이라 仲子는 是惠公再娶之夫人이로되 諸侯無再娶理라 故로 只書惠公仲子하여 不稱夫人也라 又問호되 左氏는 以爲未薨에 預凶事는 非禮也잇가 曰 不然이라 豈有此理아 夫人子氏는 自是隱公之妻니 不干仲子事라

35. 또 물었다.

"두 번 장가드는 것은 모두 禮에 맞지 않습니까?"

선생이 말하였다.

"大夫 이상은 두 번 장가드는 禮가 없다. 무릇 사람이 夫婦가 되었을 때 한 사람이 먼저 죽으면 남은 한 사람이 다시 장가들거나 남은 한 사람이 다시 시집간다는 약속이 어찌 있을 수 있겠는가. 죽을 때까지 부부이기를 약속할 뿐이다. 다만 大夫 이하는 부득이하여 두 번 장가드는 경우가 있으니, 대개 시부모를 받들거나 집안의 일을 주관하기 위해서이다. 예컨대 大夫 위로 諸侯와 天子에 이르기까지는 본래 妃嬪이 함께 祀禮를 받들 수 있기 때문에 두 번 장가드는 것을 허여하지 않는다."

又問호되 再娶는 皆不合禮否잇가 曰 大夫以上은 無再娶禮라 凡人爲夫婦時에 豈有一人先死어든 一人再娶하고 一人再嫁之約이리오 只約終身夫婦也라 但自大夫以下는 有不得已再娶者하니 蓋緣奉公姑하고 或主內事爾라 如大夫以上으로 至諸侯天子히 自有嬪妃可以供祀禮하여 所以不許再娶也라

36. 〈선생에게 물었다.〉

"≪春秋≫에서 '盟'이라 기록한 것은 무엇입니까? 先王 때에도 맹서함이 있었습니까? 혹 周官의 司盟[63]인 듯합니다."

선생이 말하였다.

"先王 때 맹서함이 있었던 것은 또한 백성을 인하여 맹서한 것이니, 맹서를 관장하지 않았다고 할 수는 없다. 다만 春秋시대에는 信義가 모두 없어져서 날마다 結盟을 일삼

63) 司盟 : 秋官의 소속으로, 맹약하는 의례 전반을 주관하는 벼슬이다.

되 위로 周王의 명을 따르지 않았으니, ≪춘추≫에 盟을 기록한 것은 모두 폄하한 것이다. 오직 胥命의 일[64]이 조금 바른 경우에 가깝다. 그러므로 齊나라와 衛나라 두 임금의 세대가 끝날 때까지 서로 侵伐하지 않은 것은 또한 기뻐할 만하다."

春秋書盟은 如何잇가 先王之時에 有盟否잇가 或疑周官司盟者니이다 曰 先王之時所以有盟者는 亦因民而爲之니 未可非司盟也라 但春秋時엔 信義皆亡하여 日以盟詛爲事하되 上不遵周王之命하니 春秋書는 皆貶也라 唯胥命之事는 稍爲近正이라 故로 終齊衛二君之世에 不相侵伐은 亦可喜也라

37. "紀子伯[65]과 莒子가 密에서 結盟하였다."[66]라고 하였는데, 이는 '伯'자 위에 한 글자가 빠진 것이니,[67] 반드시 세 사람이 함께 結盟한다. 만약 글자가 빠진 것이 아니라면 별다른 의리가 없다.

紀子伯莒子盟於密이라한대 此是伯上脫一字也니 必是三人同盟이라 若不是脫字면 別無義理라

38. 〈선생에게 물었다.〉

"'齊나라 高固가 와서 叔姬를 아내로 맞이하였다.'[68]라고 하였는데, ≪春秋公羊傳≫과 ≪春秋穀梁傳≫에 '子'자가 있는 것[69]은 어째서입니까?"

선생이 말하였다.

"子는 公女를 말하니, 그 외에는 姊妹의 부류이다."

齊高固來逆叔姬라한대 公穀有子字는 如何잇가 曰 子者는 言是公女요 其他則姊妹之類也라

39. 또 물었다.

---

64) 胥命의 일 : 胥命은 諸侯가 모여 약속한 말을 서로 命하기만 하고, 피를 마시며 맹세하지는 않는 것이다. ≪春秋≫ 桓公 3년에 "여름에 齊侯와 衛侯가 蒲에서 胥命하였다.〔夏 齊侯衛侯胥命于蒲〕"라고 하였다.

65) 紀子伯 : 지금 전하는 ≪春秋左氏傳≫에는 '紀子帛'으로 되어 있다.

66) 紀子伯과……結盟하였다 : ≪春秋≫ 隱公 2년에 "紀子帛과 莒子가 密에서 結盟하였다.〔紀子帛莒子盟于密〕"라고 하였다.

67) 이는……것이니 : 程子의 설에 따르면 "紀子, ○帛, 莒子가 密에서 結盟하였다."라고 해석해야 한다.

68) 齊나라……맞이하였다 : ≪春秋≫ 宣公 5년에 "가을 9월에 齊나라 高固가 와서 叔姬를 아내로 맞이하였다.〔秋九月 齊高固來逆叔姬〕"라고 하였다. 高固는 齊나라 大夫이다.

69) 春秋公羊傳과……것 : ≪春秋公羊傳≫과 ≪春秋穀梁傳≫에는 "齊高固來逆子叔姬"라고 되어 있다.

"'丁丑日에 夫人 姜氏가 魯나라로 들어왔다.'[70]라고 하였는데, 무슨 까닭으로 '들어왔다.〔入〕'라고만 기록하였습니까?"

선생이 말하였다.

"이는 원수의 딸[71]에게 장가든 것이다. 그러므로 '들어왔다〔入〕'라고 써서 宗廟의 神이 받아들이지 않았음을 말한 것이다."

又問호되 丁丑에 夫人姜氏入이라한대 何故로 獨書曰入이니잇가 曰 此는 娶仇女라 故로 書入하여 言宗廟不受也라

40. 또 "公子 結이 陳侯에게 시집가는 여자의 媵妾으로 가는 魯나라의 딸을 호송해 가다가 鄄에 이르러서 제멋대로 齊侯·宋公과 結盟하였다."[72]라는 것을 묻자, 선생이 말하였다.

"이는 본래 시집가는 여자의 媵妾을 호송해 가다가 제멋대로 諸侯들과 結盟한 것이다. 聖人이 그를 죄주려는 의도는 일을 제멋대로 처리한 데 있다."

又問 公子結媵陳人之婦於鄄하고 遂及齊侯宋公盟하여 曰 此是本去媵婦로되 却遂及諸侯盟이라 聖人罪之之意는 在遂事也라

41. 또 물었다.

"'祭公이 魯나라에 와서 드디어 紀國에서 王后를 맞이하였다.'[73]라고 한 것은 무슨 뜻입니까?"

선생이 말하였다.

---

70) 丁丑日에……들어왔다 : ≪春秋≫ 莊公 24년에 "8월 丁丑日에 夫人 姜氏가 魯나라로 들어왔다.〔八月丁丑 夫人姜氏入〕"라고 하였다.

71) 원수의 딸 : 魯 莊公의 부인 哀姜은 魯 桓公을 죽인 齊 襄公의 딸이다. 桓公 18년 봄에 환공이 齊 襄公과 濼에서 회합한 뒤 부인 文姜과 함께 齊나라로 갔다. 문강이 양공과 간통하여 환공이 문강을 꾸짖자, 문강이 양공에게 일러바쳤다. 여름 4월에 양공이 환공을 위해 연회를 열고서 公子 彭生을 시켜 수레 안에서 환공을 죽였다.

72) 公子……結盟하였다 : ≪春秋≫ 莊公 19년에 "가을 公子 結이 陳侯에게 시집가는 여자의 媵妾으로 가는 魯나라 딸을 호송해 가다가 鄄에 이르러서는 제멋대로 齊侯·宋公과 結盟하였다.〔秋 公子結媵陳人之婦于鄄 遂及齊侯宋公盟〕"라고 하였다.

73) 祭公이……맞이하였다 : ≪春秋≫ 桓公 8년에 "祭公이 魯나라에 와서 〈桓公의 命을 받은 뒤에〉 드디어 紀國에서 王后를 맞이하였다.〔祭公來 遂逆王后于紀〕"라고 하였다.

"이는 祭公이 王命을 받아 王后를 맞이할 적에 도리어 魯나라에 들러서 제멋대로 朝會의 禮를 행한 것이니, 聖人이 그것을 깊이 죄준 것이다. 그러므로 그가 魯나라에 온 것을 먼저 기록하여 마치 魯나라에 朝會하는 것을 主로 삼고 王后를 맞이하는 일을 제멋대로 한 것처럼 보이게 한 것이다."

선생에게 말하였다.

"或說에는 王后를 맞이하는 일은 또한 魯나라로 하여금 주관하게 하였다고 하는데, 어떻습니까?"

선생이 말하였다.

"王姬가 머물 집을 짓고 單伯이 王姬를 호송한[74] 경우이니, 모두 魯나라가 주재하였다. 대개 王姬가 신분이 낮은 이에게 시집가는 경우는 同姓의 諸侯가 주재하지만, 王后를 맞이하는 경우는 諸侯로 하여금 주관하게 할 이치가 없다."

又問호되 祭(채)公來하여 逶逆王后於紀라함은 如何잇가 曰 此祭公受命逆后에 却因過魯하여 遂行朝會之禮니 聖人深罪之라 故로 先書其來하여 使若以朝魯爲主하고 而逆后爲遂也라 曰 或說에 逆王后는 亦使魯爲主라하니 如何잇가 曰 築王姬之館과 單(선)伯送王姬之類니 皆是魯爲主라 蓋只是王姬下嫁는 則同姓諸侯爲主어니와 如逆王后는 無使諸侯爲主之理라

42. 선생에게 물었다.

"유독 宋 共姬[75]의 일의 전말에 대해 매우 상세히 기록한 것은 무슨 까닭입니까?"

---

74) 王姬가 …… 호송한 : 《春秋》 莊公 元年에 "여름에 單伯이 王姬를 호송해 魯나라로 왔다. 가을에 王姬가 머물 집을 성 밖에 지었다.〔夏 單伯送王姬 秋 築王姬之館于外〕"라고 하였다. 天子의 딸인 王姬가 齊나라에 시집가는 일을 魯나라로 하여금 주관하게 한 것이다.

75) 宋 共姬 : 宋 共姬는 魯 宣公의 딸이자 成公의 姊妹인 伯姬이다. 成公 9년(B.C. 582)에 宋 共公에게 시집갔는데, 襄公 30년(B.C. 543)에 宋나라의 화재로 인해 죽었다. 《春秋穀梁傳》 襄公 30년에 "5월 甲午日에 宋나라에 화재가 일어났다. 伯姬가 졸하였다. 졸한 날짜를 취하여 위에 화재가 일어난 것을 덧붙인 것은 화재 때문에 졸했음을 드러낸 것이다. 화재 때문에 졸했음을 드러낸 것은 어째서인가. 백희의 집에 불이 나자 좌우 사람들이 말하기를 '부인은 조금이라도 불을 피하십시오.'라고 하였는데, 백희가 말하기를 '婦人의 도리는 傅母가 없으면 밤에 堂을 내려가지 않는 것이다.'라고 하였다. 좌우 사람들이 또 말하기를 '부인은 조금이라도 불을 피하십시오.'라고 하자, 백희가 말하기를 '婦人의 도리는 保姆가 없으면 밤에 堂을 내려가지 않는 것이다.'라고 하였다. 마침내 불에 타서 죽었다. 婦人은 정절로써 행하는 자이니, 백희의 婦道가 극진하다. 그 일을 상세히 기록한 것은 백희를 현명하게 여긴 것이다.〔五月甲午 宋災 伯姬卒 取卒之日 加之災上者 見以災卒也 其見以災卒奈何 伯姬之舍失火 左右曰 夫人少辟火乎 伯姬曰 婦人之義 傅母不在 宵不下堂 左右又曰 夫人少辟火乎 伯姬曰 婦人之義 保母不在 宵不下堂 遂逮乎火而死 婦人以貞爲行者也 伯姬之婦道盡矣 詳其事 賢伯姬也〕"

선생이 말하였다.

“伯姬를 현명하게 여긴 것이다. 그러므로 상세하게 기록하였다. 옛날 胡先生(胡瑗)이 일찍이 伯姬는 婦人 중의 伯夷라고 말했으니, 그가 堂을 내려가지 않고 죽었기 때문이다.”

선생에게 말하였다.

“예컨대 成公 8년, 9년, 10년에 세 차례 ‘來媵’을 기록한 것[76]은 모두 伯姬의 일로써 기록한 것이 아닙니까?”

선생이 말하였다.

“그러하다.”

선생에게 물었다.

“媵女의 禮는 어떠합니까?”

선생이 말하였다.

“옛날에 그런 예가 있었다.”

問호되 獨宋共姬書首尾最詳은 何故잇가 曰 賢伯姬라 故로 詳錄之라 昔에 胡先生嘗說伯姬是婦人中伯夷라하니 爲其不下堂而死也일새라 曰 如成八年九年十年에 三書來媵은 皆以伯姬之故로 書否잇가 曰 然이라 媵之禮는 如何잇가 曰 古有之라

董仲舒

43. 또 물었다.

“漢나라 儒者들이 ≪春秋≫의 災異를 담론한 것은 어떻습니까?”

선생이 말하였다.

“漢나라 이래로 災異를 아는 사람이 없었다. 董仲舒가 하늘과 사람이 서로 관여하는 관계를 말한 것[77]은 또한 이 양상을 대략

라고 하였다. ≪春秋左氏傳≫에서는 이와 달리 “君子가 말하기를 ‘宋 共姬는 處女의 도리만 알고 婦人의 도리는 알지 못하였다. 처녀라면 保姆를 기다려야 하지만 婦人은 사리의 마땅함을 헤아려야 한다.’라고 하였다.〔君子謂宋共姬女而不婦 女待人 婦義事也〕”라고 논평하였다.

76) 成公……것 : 成公 8년에 “衛나라 사람이 와서 媵女가 되었다.〔衛人來媵〕”라고 하였고, 成公 9년에 “晉나라 사람이 와서 媵女가 되었다.〔晉人來媵〕”라고 하였고, 成公 10년에 “齊나라 사람이 와서 媵女가 되었다.〔齊人來媵〕”라고 하였다.

77) 董仲舒가……것 : 武帝가 즉위하자 董仲舒가 對策을 올려 말하기를 “臣이 삼가 살펴보건대 ≪春秋≫ 가운데 前世에 이미 행한 일을 보고서 하늘과 사람이 서로 관여하는 관계를 살펴보니, 매우 두려워할 만합니다. 국가가 장차 道를 잃어버려 패망하게 되면 하늘이 이에 먼저 災害를 내어 꾸짖고, 스

본 것이다. 저 漢나라 儒者들은 지나치게 추론했을 뿐이니, 또한 어찌 반드시 어떠한 일에는 어떠한 감응이 있다고 말하겠는가."

又問호되 漢儒談春秋災異는 如何잇가 曰 自漢以來로 無人知此라 董仲舒說天人相與之際는 亦略見些模樣이라 只被漢儒推得大過니 亦何必說某事有某應이리오

스로 반성할 줄 모르면 또 괴이한 일을 내어 경고하고 두렵게 합니다. 그래도 변화할 줄 모르면 손상과 패망이 곧 이릅니다. 이로써 하늘의 마음이 임금을 인애하여 그 亂을 그치게 하려는 것을 알 수 있습니다. 크게 無道한 세상이 아니면 하늘은 끝까지 부지하여 온전하고 편안하게 하고자 하니, 일은 부지런히 힘쓰는 데 달려 있을 뿐입니다. 학문에 부지런히 힘쓰면 견문이 넓어져 지혜가 더욱 밝아지고, 道를 행하는 데 부지런히 힘쓰면 德이 날로 일어나 크게 功이 있을 것입니다. 이는 모두 지금까지의 태도를 바꾸기만 하면 금방 효험을 볼 수 있는 것입니다. ≪詩經≫에 '밤낮으로 게을리 하지 않는다.'라는 것과 ≪書經≫에 '힘쓰고 힘쓴다.'라는 것이 모두 부지런히 힘쓰는 것을 말합니다.〔臣謹案春秋之中 視前世已行之事 以觀天人相與之際 甚可畏也 國家將有失道之敗 而天乃先出災害以譴告之 不知自省 又出怪異以警懼之 尙不知變 而傷敗乃至 以此見天心之仁愛人君而欲止其亂也 自非大亡道之世者 天盡欲扶持而全安之 事在彊勉而已矣 彊勉學問 則聞見博而知益明 彊勉行道 則德日起而大有功 此皆可使還至而立有效者也 詩曰 夙夜匪解 書云 茂哉茂哉 皆彊勉之謂也〕"라고 하였다.(≪漢書≫ 卷56 〈董仲舒傳〉)

二程全書 卷26

遺書 伊川先生語 九

明 後學 嘉興 徐必達 校正

鮑若雨[1]의 기록 鮑若雨錄

1. 지금 小人에게 "道를 어기지 말라."라고 말하면 그들은 "道를 어기지 않겠다."라고 말하나 마침내 道를 어기고, 君子에게 "道를 어기지 말라."라고 말하면 그들은 "道를 어기지 않겠다."라고 말하고 끝내 道를 어기려 하지 않는다. 비유하자면 牲牢(제물로 바치는 짐승)의 맛과 같아서 군자가 일찍이 그것을 맛보고 군자에게 설명해주면 군자는 드디어 좋아하는 마음을 더하고, 소인에게 설명해주면 소인은 좋아한다고 말하지 않는 것은 아니나 또한 좋아하는 마음을 더하지 않으니, 그 실상은 맛을 알지 못하기 때문이다. "목숨을 걸고 지켜 道를 잘 보전해야 한다."[2]라고 한 것을 사람들이 알지 못하는 것이 아니나 끝내 행하려 하지 않는 것은 앎이 얕고 믿음이 독실하지 않기 때문이다.

今語小人曰不違道면 則曰不違道나 然卒違道하고 語君子曰不違道면 則曰不違道하고 終不肯違道라 譬如牲牢之味하여 君子曾嘗之하여 說與君子어든 君子須增愛하고 說與小人이어든 小人非不道好나 只是無增愛心하니 其實只是未知味라 守死善道를 人非不知나 終不肯爲者는 只是知之淺하고 信之未篤일새라

2. 志는 독실하지 않으면 안 되며, 또한 助長해서도 안 된다. 志가 독실하지 않으면 잊거나 없어진다. 助長은 文義로 보면 또한 유익함이 있지만, 만약 道理 위에서 조장한다

1) 鮑若雨 : 자는 汝霖·商霖이며, 永嘉 사람이다. 程頤에게 수학하였으며, 벼슬길에 나아가지 않고 학문과 저술에 몰두하였다.
2) 목숨을……한다 : ≪論語≫ 〈泰伯〉에 孔子가 말하기를 "독실하게 믿고 배움을 좋아하며, 목숨을 걸고 지켜 道를 잘 보전해야 한다.〔篤信好學 守死善道〕"라고 하였다.

면 도리어 소득이 없다. 杜預가 말하기를 "넉넉하게 기록해 편안하게 하여 스스로 뜻을 찾게 하고, 精髓를 기록해 만족하게 하여 스스로 나아가게 한다. 강과 바다가 대지를 적셔주고 이슬과 비가 만물을 윤택하게 하듯, 얼음이 녹듯 의문이 풀리고 자연스럽게 이치가 순해진 뒤에 터득하게 된다."[3]라고 하였으니, 이 몇 구절이 매우 좋다.

志는 不可不篤이요 亦不可助長이라 志不篤則忘廢라 助長은 於文義上엔 也且有益이나 若於道理上助長이면 反不得이라 杜預云 優而柔之하여 使自求之하고 厭而飫之하여 使自趣之라 若江海之浸하고 膏澤之潤하니 渙然氷釋하고 怡然理順하여 然後爲得也라하니 此數句煞好라

3. ≪論語≫는 孔子 문하의 高弟들이 편찬한 것으로, 그 말을 살펴보면 곧바로 聖人의 모습을 볼 수 있다. 예컨대 "閔子騫은 옆에서 모실 적에 온화하였고, 子路는 굳세었고, 冉有와 子貢은 강직하였는데, 孔子께서 즐거워하셨다."[4]라고 하였는데, 성인의 대처하는 태도를 알지 못했다면 공자가 즐거워하였음을 어찌 알 수 있겠는가. 온화함, 굳셈, 강직함은 또한 門人들이 공자의 곁에서 살펴보고 터득한 것이다. 예컨대 "孔子께서는 온화하면서도 엄숙하시며, 위엄이 있으면서도 사납지 않으시며, 공손하면서도 편안하셨다."[5]라는 것은 모두 성인을 잘 관찰한 것이다.

論語는 是孔門高弟所撰으로 觀其立言이어든 直是得見聖人處라 如閔子는 侍側에 誾誾如也하고 子路는 行行如也하고 冉有子貢은 侃侃如也어늘 子樂하시다한대 不得聖人處면 怎生知得子樂이리오 誾誾行行侃侃은 亦是門人旁觀見得이라 如子는 溫而厲하시며 威而不猛하시며 恭而安이러시다함은 皆是善觀聖人者라

4. 孔子가 詩를 刪削하고, 易을 贊述하고, 書를 敍述한 것은 모두 聖人의 道를 기록한

3) 넉넉하게……된다 : 杜預의 〈春秋左氏傳 序文〉에 "左丘明의 글은 완곡하고, 그 뜻은 심원하다. 배우는 자들로 하여금 사건의 시초를 헤아려 결과를 알게 하고, 지엽을 찾아서 궁극을 알게 한다. 넉넉하게 기록해 편안하게 하여 스스로 뜻을 찾게 하고, 精髓를 기록해 만족하게 하여 스스로 나아가게 한다. 강과 바다가 대지를 적셔 주고 이슬과 비가 만물을 윤택하게 하듯, 얼음이 녹듯 의문이 풀리고 자연스럽게 이치가 순해진 뒤에 터득하게 된다.〔其文緩 其旨遠 將令學者原始要終 尋其枝葉 究其所窮 優而柔之 使自求之 饜而飫之 使自趣之 若江海之浸 膏澤之潤 渙然冰釋 怡然理順 然後爲得也〕"라고 하였다.

4) 閔子騫은……즐거워하셨다 : ≪論語≫ 〈先進〉에 보인다.

5) 孔子께서는……편안하셨다 : ≪論語≫ 〈述而〉에 보인다.

것이다. 그러나 공자는 성인의 用을 보지 못했기 때문에 ≪春秋≫를 지은 것이다. ≪춘추≫는 성인의 用이다. "나를 알아주는 것도 오직 ≪춘추≫이며, 나를 죄주는 것도 오직 ≪춘추≫이다."[6]라고 말한 것이 바로 聖人의 用이 드러난 곳이다.

夫子刪詩贊易敍書는 皆是載聖人之道라 然이나 未見聖人之用이라 故로 作春秋라 春秋는 聖人之用也라 如曰 知我者도 其惟春秋乎며 罪我者도 其惟春秋乎인저라함이 便是聖人用處라

5. 사람들은 자기의 마음을 극진히 하는 것을 忠이라 하고, 남의 마음을 극진히 하는 것을 恕라 한다고 말한다. 자기의 마음을 극진히 하는 것을 忠이라 하는 것은 참으로 옳으나, 남의 마음을 극진히 하는 것을 恕라 함은 미진하다. 자기의 마음을 미루어나가는 것을 恕라 하고, 남의 마음을 극진히 하는 것을 信이라 한다.

人謂호되 盡己之謂忠이요 盡物之謂恕라 盡己之謂忠은 固是나 盡物之謂恕는 則未盡이라 推己之謂恕요 盡物之謂信이라

6. 선생에게 물었다.

"武王의 음악이 지극히 선하지는 못한 것[7]은 어째서입니까?"

선생이 말하였다.

"해설하는 사람이, 정벌하여 주벌하는 것이 읍하고 선양하는 것에 미치지 못한다고 여겼기 때문이다. 정벌하여 주벌하는 것은 참으로 읍하고 선양하는 것에 미치지 못한다. 그러나 지극히 선하지 못한 점이 오직 여기에만 있는 것이 아니고, 그 음악의 聲音과 節奏 또한 지극히 선하지 못한 점이 있다. 〈樂記〉에 이르기를 '有司가 그 전해진 것을 잃어버렸다. 만약 有司가 그 전해진 것을 잃어버린 것이 아니라면 武王의 지향이 거칠어진 것이다.'라고 하였다.[8] '孔子가 衛나라로부터 魯나라로 돌아온 뒤에 음악이 바

---

6) 나를……춘추이다 : ≪孟子≫ 〈滕文公 下〉에 보인다.

7) 武王의……것 : 孔子가 韶를 평하기를 "지극히 아름답고, 또 지극히 선하다.[盡美矣 又盡善也]"라고 하였고, 武를 평하기를 "지극히 아름다우나, 지극히 선하지는 못하다.[盡美矣 未盡善也]"라고 하였다.(≪論語≫ 〈八佾〉) 韶는 舜임금이 만든 음악이고, 武는 武王이 만든 음악이다.

8) 樂記에……하였다 : 賓牟賈가 孔子를 모시고 있었는데, 공자가 그와 더불어 이야기하다가 음악에 대해 언급하기를 "저 武에서 〈최초의 북을 울린 뒤〉 대비하고 경계하기를 오래하는 것은 어째서인가?"라고 하자, 빈모가가 대답하기를 "군중의 마음을 얻지 못할까 근심하신 것입니다."라고 하였다. "소리를 길게 하여 감탄하고 끊어지지 않고 이어짐은 어째서인가?"라고 하자, "제후들이 전쟁

르게 되어, 雅와 頌이 각각 제 자리를 얻었다.'[9]라고 하였으니, 이미 음악이 바르게 된 뒤에도 錯亂이 없을 수 없다는 것을 알겠다."

問호되 武未盡善處는 如何잇가 曰 說者는 以征誅不及揖讓이라 征誅固不及揖讓이라 然未盡善處는 不獨在此요 其聲音節奏가 亦有未盡善者라 樂記曰 有司失其傳也라하고 若非有司失其傳이면 則武王之志荒矣라하니라 孔子自衛反魯然後에 樂正하여 雅頌各得其所라하니 是知旣正之後라도 不能無錯亂者라

7. 小人의 노여움은 자기에게 달려 있고, 君子의 노여움은 外物에 달려 있다. 소인의 노여움은 마음에서 나와 氣에서 작동하여 몸에 드러나 외물에 미쳐 노여워하지 않음이 없는 지경에 이르니, 이것이 이른바 '노여움을 옮긴다.〔遷怒〕'라는 것이다. 예컨대 군자의 노여움은 舜임금이 四凶을 제거한 것과 같다.

小人之怒는 在己요 君子之怒는 在物이라 小人之怒는 出於心하여 作於氣하여 形於身하여 以及於物하여 以至於無所不怒하니 是所謂遷也라 若君子之怒는 如舜之去四凶이라

8. 선생에게 물었다.

"孔子가 '나의 道는 하나로써 모든 것을 꿰뚫는다.'라고 하였는데, 曾子는 동문에게 '선생님의 道는 忠恕일 따름이다.'라고 하였으니,[10] 이른바 '하나〔一〕'란 바로 仁입니까?"

에 미치지 못할까 염려한 것입니다."라고 하였다. "손과 발을 놀리고 땅을 딛는 기세가 맹렬함이 너무 빠른 것은 어째서인가?"라고 하자, "제때에 미쳐 정벌한 일을 표현한 것입니다."라고 하였다. "武를 춤추는 사람이 앉을 때에 오른쪽 무릎을 땅에 대고 왼쪽 무릎을 드는 것은 어째서인가?"라고 하자, "武에서는 무릎을 꿇고 앉지 않습니다."라고 하였다. "소리가 간사하여 商나라를 탐하려는 것은 어째서인가?"라고 하자, "武의 소리가 아닙니다."라고 하였다. 공자가 말하기를 "武의 소리가 아니라면 무슨 음악인가?"라고 하자, "有司가 그 전해진 것을 잃어버렸습니다. 만약 유사가 그 전해진 것을 잃어버린 것이 아니라면 武王의 지향이 거칠어진 것입니다."라고 하였다. 공자가 말하기를 "그렇다. 내가 萇弘에게 들은 것도 그대의 말과 같으니, 그것이 옳다."라고 하였다.〔賓牟賈侍坐於孔子 孔子與之言及樂 曰 夫武之備戒之已久 何也 對曰 病不得衆也 咏嘆之 淫液之 何也 對曰 恐不逮事也 發揚蹈厲之已蚤 何也 對曰 及時事也 武坐 致右憲左 何也 對曰 非武坐也 聲淫及商 何也 對曰 非武音也 子曰 若非武音則何音也 對曰 有司失其傳也 若非有司失其傳 則武王之志荒矣 子曰 唯 丘之聞諸萇弘 亦若吾子之言 是也〕(≪禮記≫ 〈樂記〉)

9) 孔子가……얻었다 : ≪論語≫ 〈子罕〉에 孔子가 말하기를 "내가 衛나라로부터 魯나라로 돌아온 뒤에 음악이 바르게 되어, 雅와 頌이 각각 제 자리를 얻었다.〔吾自衛反魯然後 樂正 各得其所〕"라고 하였다.

10) 孔子가……하였으니 : ≪論語≫ 〈里仁〉에 孔子가 "參아, 나의 도는 하나로써 모든 것을 꿰뚫는다.

선생이 말하였다.

"참으로 그러하다. 다만 이 '一'자는 자세하게 體認해야 한다. '一'은 중점이 忠에 있을까? 중점이 恕에 있을까?"

선생에게 말하였다.

"중점이 恕에 있습니다."

선생이 말하였다.

"그렇지 않다. 중점이 忠에 있다. 忠하면 곧 '一'이며, 恕는 忠의 用이다."

問호되 吾道一以貫之라한대 而曰忠恕而已矣라하니 則所謂一者는 便是仁否잇가 曰 固是라 只這一字는 須是子細體認이라 一은 還多在忠上고 多在恕上고 曰 多在恕上이니이다 曰 不然이라 多在忠上이라 纔忠便是一이며 恕卽忠之用也라

9. 또 물었다.

"令尹 子文은 충성스러웠는데 孔子는 그가 仁하다고 허여하지 않았으니,[11] 어째서입니까?"

선생이 말하였다.

"단지 忠일 뿐, 仁이라고 말할 수 없기 때문이다. 比干의 忠과 같다면 보자마자 곧 仁이라 할 것이다."

又問호되 令尹子文은 忠矣로되 孔子不許其仁은 何也잇고 曰 只是忠이요 不可謂之仁일새라 若比干之忠이면 見得時便是仁也라

10. 뽕나무 벌레〔螟蛉〕와 나나니벌〔蜾蠃〕은 본래 同類가 아니지만 그 氣가 같기 때문에 축원하면 그와 닮게 된다.[12] 그런데 하물며 범인은 聖人과 同類인데 더 말할 것이 있겠

〔參乎 吾道 一以貫之〕"라고 하자, 증자가 "예, 알겠습니다."라고 하였다. 공자가 밖으로 나가자, 문인들이 증자에게 "무슨 말씀이신가?"라고 하자, 증자가 말하기를 "선생님의 도는 忠恕일 따름이다.〔夫子之道 忠恕而已矣〕"라고 하였다.

11) 令尹……않았으니 : 子張이 묻기를 "令尹 子文이 세 번 벼슬하여 영윤이 되었으나 기뻐하는 기색이 없었고, 세 번 벼슬을 그만두었으나 서운해 하는 기색이 없었으며, 예전에 자기가 하던 영윤의 정사를 반드시 새로 부임한 영윤에게 알려주었으니, 어떻습니까?"라고 하자, 孔子가 말하기를 "충성스럽다."라고 하였다. 자장이 "仁이라고 할 만합니까?"라고 묻자, 공자가 "모르겠다. 어찌 仁이 될 수 있겠는가."라고 하였다.(≪論語≫ 〈公冶長〉)

는가. 대저 스스로 의지를 굳세게 하여 그치지 않아야 하니, 장차 함양하고 성취하여 성인의 경지에 이르면 자연히 氣貌가 바뀔 것이다.

螟蛉蜾(蠃)〔蠃〕[13]는 本非同類나 爲其氣同이라 故로 祝則肖之라 又況人與聖人同類者온여 大抵須是自强不息이니 將來涵養成就到聖人田地면 自然氣貌改變이라

11. 선생에게 물었다.

"'목숨을 바쳐 仁을 이룸이 있고, 생존을 구하여 仁을 해침은 없다.'[14]라고 하였으니, 가만히 생각건대 만일 이로운 바가 크다면 자기 한 몸이 어찌 아까울 수 있겠습니까?"

선생이 말하였다.

"생존과 살신성인 중에 어느 것이 중요한지를 보아야 한다. 孔子는 '아침에 道를 들으면 저녁에 죽어도 괜찮다.'[15]라고 하였다. 사람에게 생존보다 더 중요한 것이 없는데, 목숨을 버리고 죽음을 얻는 데에 이르러서는 생존하는 것처럼 道가 마침내 대단히 좋게 여겨진다."

선생에게 말하였다.

"죽고 난 뒤인데, 좋게 여겨지는 것이 무엇인지 감히 여쭙습니다."

선생이 말하였다.

"聖人은 단지 하나의 옳은 것만을 볼 뿐이다."

問호되 有殺身以成仁이요 無求生以害仁이라하니 竊謂苟所利者大면 一身何足惜也리잇가 曰 但看生與仁孰重이라 夫子曰 朝聞道면 夕死라도 可矣라 人莫重於生이로되 至於捨得死하얀 道須大段好如生也라 曰 旣死矣어니 敢問好處如何오 曰 聖人只睹一箇是라

12. 선생에게 물었다.

---

12) 뽕나무……된다 : ≪詩經≫ 〈小雅 小宛〉에 "뽕나무 벌레가 새끼를 낳았는데 나나니벌이 업어가네. 네 아들을 잘 가르쳐서 善한 것을 닮게 하라.〔螟蛉有子 蜾蠃負之 敎誨爾子 式穀似之〕"라고 한 데서 나왔다.

13) (蠃)〔蠃〕 : 底本에는 '蠃'로 되어 있으나, ≪詩經≫에 의거하여 '蠃'로 바로잡았다.

14) 목숨을……없다 : ≪論語≫ 〈衛靈公〉에 孔子가 말하기를 "志士와 仁人은 생존을 구하여 仁을 해침이 없고, 목숨을 바쳐 仁을 이룸이 있다.〔志士仁人 無求生以害仁 有殺身以成仁〕"라고 하였다.

15) 아침에……괜찮다 : ≪論語≫ 〈里仁〉에 보인다.

"孔子가 말하기를 '내 다시는 꿈에서 周公을 보지 못하였다.'[16]라고 하였는데, 聖人은 진실로 일찍이 꿈에서 주공을 보았습니까?"

선생이 말하였다.

"일찍이 꿈에서 주공을 본 것이 아니다. 공자는 예전에 자나 깨나 주공을 그리워하였으나, 나중에는 다시 떠올리지 않은 것이다. 만약 '꿈에서 주공을 보았다.'라고 말한다면 대단히 일을 해치니, 곧 성인이 아니다."

또 물었다.

"성인은 과연 꿈을 꾸지 않습니까?"

선생이 말하였다.

"꿈을 꾸는 일도 있다. 평범한 사람은 낮에 사모하는 바가 있으면 밤에 꿈을 꾼다. 간혹 사모하지 않았는데도 꿈을 꾸는 것은 또한 예전의 習氣 등이 서로 감응한 것이다. 성인 같은 이는 꿈 또한 남다르니, 殷 高宗이 傅說의 꿈을 꾸었는데 정말로 부열이 傅巖에 있었던 일[17]과 같은 것이다.

周公

問호되 夫子曰 吾不復夢見周公이라하니 聖人固嘗夢見周公乎잇가 曰 不曾이라 孔子昔嘗寤寐間思周公이로되 後不復思爾라 若謂夢見周公이면 大段害事니 卽不是聖人也라 又曰 聖人果無夢乎잇가 曰 有라 夫衆人은 日有所思어든 夜則成夢이라 設或不思而夢은 亦是舊習氣類相應이라 若是聖人은 夢又別하니 如高宗夢傅說(열)한대 眞箇有傅說在傅巖也라

13. 선생에게 물었다.

"富貴·貧賤·壽夭는 참으로 분수가 정해짐이 있으니, 君子가 자기에게 있는 것을 먼저 극진히 하면 富貴·貧賤·壽夭는 命으로써 말할 수 있습니다. 만약 자기에게 있는 것을 극진히 하지 않으면 貧賤하고 요절하는 것은 이치상 당연한 바이고, 富貴하고 장

16) 내……못하였다 : ≪論語≫ 〈述而〉에 孔子가 말하기를 "심하구나. 나의 노쇠함이여. 오래되었다. 내 다시 꿈에서 周公을 보지 못한 것이.〔甚矣 吾衰也 久矣 吾不復夢見周公〕"라고 하였다.

17) 殷……일 : 武丁이 꿈에서 聖人을 만났는데, 이름이 說이라고 하였다. 이에 傅險에서 노역 중이던 說을 찾아내어 만나보자 과연 성인이었다. 그를 재상으로 삼으니 殷나라가 크게 다스려졌다. 부험이라는 지명을 따서 姓을 삼아 傅說이라고 불렀다.(≪史記≫ 卷3 〈殷本紀〉)

수하는 것은 요행이니, 命이라 말할 수 없습니다."

선생이 말하였다.

"비록 命이라 말할 수 없더라도, 富貴·貧賤·壽夭는 또한 미리 정해져 있다. 孟子가 말하기를 '구하면 얻고 내버려두면 잃으니, 이런 구함은 얻음에 유익함이 있으니, 자기에게 있는 것을 구하기 때문이다. 구함에 道가 있고, 얻음에 命이 있으니, 이런 구함은 얻음에 유익함이 없으니, 밖에 있는 것을 구하기 때문이다.'[18]라고 하였다. 그러므로 君子는 義로써 命을 편안하게 여기고, 小人은 命으로써 義를 편안하게 여긴다."

問호되 富貴貧賤壽夭는 固有分定이니 君子先盡其在我者면 則富貴貧賤壽夭는 可以命言이니이다 若在我者未盡이면 則貧賤而夭는 理所當然이요 富貴而壽는 是爲僥倖이니 不可謂之命이니이다 曰 雖不可謂之命이라도 然富貴貧賤壽夭는 是亦前定이라 孟子曰 求則得之하고 舍則失之하니 是求는 有益於得也니 求在我者也일새니라 求之有道하고 得之有命하니 是求는 無益於得也니 求在外者也일새니라 故로 君子以義安命이요 小人以命安義라

14. ≪中庸≫의 설은 그 근본은 '소리도 없고 냄새도 없다.〔無聲無臭〕'라는 데 이르고, 그 쓰임은 '禮儀가 3백 가지요, 威儀가 3천 가지로다.'라는 데 이른다. '禮儀가 3백 가지요, 威儀가 3천 가지로다.'라는 것에서부터 다시 '소리도 없고 냄새도 없다.'라는 데로 돌아가니, 이는 聖人의 마음속 요점을 말한다. 이는 佛家의 말과 상반되니, 불가에서 참으로 形迹도 없고 色도 없다고 설교하지만, 그 실상은 '소리도 없고 냄새도 없다.'라는 데 지나지 않으니, 끝내 무슨 깨닫는 바가 있겠는가. 대저 말로 논할 적에는 이해하기 어렵지 않다. 예컨대 사람이 黃金을 논하며 말하기를 '황색이다.'라고 한다면 이 사람은 필시 金을 알지 못하는 자이다. 만약 金을 아는 자라면 다시 말하지 않을 것이며, 설령 말을 할 적에도 별도의 道理가 있을 것이다. 張子厚(張載)가 일찍이 佛家는 큰 부자의 가난한 자식과 같다고 말하였는데, 橫渠가 이 한 가지 일을 논한 것은 매우 타당하다.

中庸之說은 其本은 至於無聲無臭하고 其用은 至於禮儀三百威儀三千이로다 自禮儀三百威儀三千으로 復歸於無聲無臭하니 此言聖人心要處라 與佛家之言으로 相反이라 儘教說無形迹無色이로되 其實은 不過無聲無臭니 必竟有甚見處리오 大抵語論間不難見이라 如人論黃金曰

18) 구하면……때문이다 : ≪孟子≫ 〈盡心 上〉에 보인다.

黃色이라하면 此人必是不識金이라 若是識金者는 更不言이요 設或言時라도 別自有道理라 張子厚가 嘗謂佛如大富貧子한대 橫渠論此一事甚當이라

15. 聖人은 理와 하나이다. 그러므로 지나침도 없고 미치지 못함도 없으며 中일 따름이다. 그 나머지 사람들은 모두 人心으로 이 道理에 처한다. 그러므로 賢者는 항상 지나친 데에서 잘못되고, 不肖者는 항상 미치지 못한 데에서 잘못된다.

聖人은 與理爲一이라 故로 無過하고 無不及하며 中而已矣라 其他는 皆以心處這箇道理라 故로 賢者常失之過요 不肖者常失之不及이라

16. 陳恒이 자기 임금을 시해하였는데, 孔子가 목욕재계하고 조회하여 그를 토벌하기를 청하였다. ≪春秋左氏傳≫에 공자의 말이 실려 있는데, "陳恒이 자기 임금을 시해하였는데, 백성 중에 그와 함께하지 않는 자가 절반이 됩니다. 魯나라 군대를 齊나라 백성의 절반에 보태면 승리할 수 있습니다."[19]라고 하였다. 이와 같다면 聖人은 힘으로 승리를 다툰 것이지, 전혀 義理를 따진 것이 아니다. 공자가 제나라를 토벌하기를 청한 것은 임금을 시해한 일 때문에 그를 토벌하려 한 것이다. 당시 哀公이 공자의 청을 능히 따랐다면 공자는 반드시 처치함이 있었을 것이니, 모름지기 顔回를 周나라에 사신 보내고 子路를 晉나라에 사신 보내어 천하 대계를 세워서 이룰 수 있었을 것이다. 공자가 연로하였으나 이 한 가지 일을 잘 해냈을 것인데, 어찌하여 애공은 그 청을 따르지 않았는가. 애석하다.

陳恒弑其君한대 孔子沐浴而朝하여 請討之라 左氏에 載孔子之言하여 謂호되 陳恒弑其君한대 民之不與者半이라 以魯之衆加齊之半이면 可克也라 恁地是聖人以力角勝이요 都不問義理也라 孔子請伐齊는 以弑君之事討之라 當時哀公能從其請이면 孔子必有處置니 須使顔回使周하고 子路使晉하여 天下大計를 可立而遂라 孔子臨老나 有此一件事好做리니 奈何哀公不從其請고 可惜이라

17. 선생에게 물었다.

"橫渠(張載)가 '明을 말미암아 誠에 이르고, 誠을 말미암아 明에 이른다.'라고 말했는

19) 陳恒이……있습니다 : ≪春秋左氏傳≫ 哀公 14년 조에 보인다.

데, 이 말은 지나친 듯합니다."

선생이 말하였다.

"'明을 말미암아 誠에 이른다.'라고 하였으니, 이 구절은 옳다. 그러나 '誠을 말미암아 明에 이른다.'라는 것은 그러하지 않다. 誠하면 곧 明하게 된다. 孟子가 말하기를 '나는 남의 말을 잘 알아들으며, 나는 나의 浩然之氣를 잘 기른다.'[20]라고 하였다. '나는 남의 말을 잘 알아듣는다.'라는 한 구절이 이미 극진하다. 횡거의 말은 잘못이 없을 수 없으니, 대체로 이와 같다. 〈西銘〉 한 편과 같은 글은 누가 이런 경지까지 말할 수 있겠는가. 지금 대롱으로 하늘을 엿보아 참으로 북두성을 보았다면, 다른 곳은 비록 보지 못했더라도 북두성을 본 것은 사실이 아니라고 말해서는 안 된다."

問호되 橫渠言호되 由明以至誠이요 由誠以至明이라한대 此言恐過當이니이다 曰 由明以至誠이라하니 此句却是라 由誠以至明은 則不然이라 誠卽明也라 孟子曰 我知言하며 我善養吾浩然之氣라 只我知言一句已盡이라 橫渠之言은 不能無失이니 類若此라 若西銘一篇은 誰說得到此리오 今以管窺天하여 固是見北斗어든 別處는 雖不得見이나 然北斗는 不可謂不是也라

18. 선생에게 물었다.

"孔子가 冉求에게 대답하기를 '그것은 집안일이지, 國政이 아니다.'라고 하였는데,[21] 국정과 집안일은 어떻게 다릅니까?"

선생이 말하였다.

"閔子騫이 大夫가 되지 않으려 하고,[22] 曾晳이 陪臣이 되지 않으려 한 것[23]은 모두

---

20) 나는……기른다 : ≪孟子≫ 〈公孫丑 上〉에서 公孫丑가 孟子의 장점을 묻자, 맹자가 "나는 남의 말을 잘 알아들으며, 나는 나의 浩然之氣를 잘 기른다.〔我知言 我善養吾浩然之氣〕"라고 하였다.

21) 孔子가……하였는데 : 冉子가 조정에서 물러나오는데 孔子가 "어찌하여 늦었는가?〔何晏也〕"라고 묻자, "國政이 있어서 늦었습니다.〔有政〕"라고 대답하였다. 공자가 말하기를 "그것은 季氏의 집안일이다. 만일 국정이 있었다면 비록 내가 등용되지는 않았으나 내가 참여하여 들었을 것이다.〔其事也 如有政 雖不吾以 吾其與聞之〕"라고 하였다.(≪論語≫ 〈子路〉)

22) 閔子騫이……하고 : 季氏가 閔子騫을 費邑의 邑宰로 삼으려 하자, 민자건이 〈使者에게〉 말하기를 "나를 위해 잘 말해다오. 만일 다시 나를 찾아온다면 나는 반드시 汶水 가에 있을 것이다.〔善爲我辭焉 如有復我者 則吾必在汶上矣〕"라고 하였다.(≪論語≫ 〈雍也〉)

23) 曾晳이……것 : 孔子가 제자들에게 각자의 포부를 물었을 때 子路는 千乘의 제후국을 다스리는 경우를 말했고, 冉求는 사방 60~70리, 혹은 50~60리 쯤 되는 나라를 다스리는 경우를 말했다. 이와는 달리 曾點은 "늦은 봄에 봄옷이 완성되면 冠을 쓴 어른 5~6명과 童子 6~7명과 함께 沂水에서 목욕하고 舞雩에서 바람 쐬고 노래하면서 돌아오고자 합니다."라고 하였다. 이에 공자가

이 道理를 안 것이다. 季路와 冉求 같은 자는 이를 능히 알지 못하였다. 대저 정사는 國君에게서 나온다. 염구는 季氏의 家臣이니, 단지 집안일일 뿐 어찌 국정이 될 수 있겠는가. 당시 계씨가 국정을 전단하였으니, 공자가 이로써 그것을 밝힌 것이다."

혹자가 물었다.

"계로와 염구는 聖人의 道에 조금이나마 밝았으니, 어찌 이를 알지 못했습니까?"

선생이 말하였다.

"당시 陪臣이 國命을 잡았는데 눈으로 보고 귀로 들어 익숙함이 일상이 되었다. 임금이 있음을 전혀 알지 못하였으니, 이 말은 괴이할 것이 없다. 계씨가 '계로와 염구는 大臣이라고 말할 만합니까?'라고 묻자, 공자가 말하기를 '이른바 大臣이란 道로써 임금을 섬기다가 불가능하면 그만두는 것이니, 지금 由와 求는 숫자만 채우는 신하라고 말할 만하다.'라고 하였다. '그렇다면 이들은 따르기만 하는 자들입니까?'라고 묻자, '아버지와 임금을 시해하는 일은 또한 따르지 않을 것이다.'라고 하였다.[24] 그러니 그들은 아버지와 임금을 시해하는 일을 제외하면 모두 계씨의 명을 따랐을 것이다."

問호되 孔子對冉求曰 其事也요 非政이라한대 政與事는 何異잇가 曰 閔子騫不肯爲大夫하고 曾晳不肯爲陪臣이 皆知得此道理라 若季路冉求는 未能知此라 夫政出於國君이라 冉求爲季氏家臣이니 只是家事요 安得爲政이리오 當時季氏專政하니 孔子因以明之라 或問호되 季路冉求는 稍明聖人之道하니 何不知此잇가 曰 當時陪臣執國命한대 目見耳聞하여 習熟爲常이라 都不知有君하니 此言不足怪라 季氏問호되 季路冉求는 可謂大臣與잇가하니 孔子曰 所謂大臣者는 以道事君하다가 不可則止하나니 今由與求也는 可謂具臣矣라 然則從之者與잇가 曰 弑父與君은 亦不從也라 除却弑父與君이면 皆爲之라

19. 〈선생에게 물었다.〉

"'〈만일 나를 등용하는 자가 있다면〉 1년만 정치를 하더라도 괜찮아질 것이니, 3년이면 성취함이 있을 것이다.'[25]라고 한 것은 무슨 뜻입니까?"

감탄하며 "나는 點의 지향을 허여한다."라고 하였다.(≪論語≫ 〈先進〉)

24) 계씨가……하였다 : ≪論語≫ 〈先進〉에 보인다.

25) 1년만……것이다 : ≪論語≫ 〈子路〉에 孔子가 말하기를 "만일 나를 등용하는 자가 있다면 1년만 정치를 하더라도 괜찮아질 것이니, 3년이면 성취함이 있을 것이다.〔苟有用我者 朞月而已 可也 三年有成〕"라고 하였다.

선생이 말하였다.

"公孫弘은 '3년 만에 성취되는 것을 신은 더디다고 생각합니다.'라고 하였고, 唐 文宗 때 李石은 재상의 직책으로 책임감을 갖고서 말하기를 '신은 오히려 너무 빠르다고 생각합니다.'라고 하였으니, 두 사람 모두 옳지 않다. 모름지기 더디고 빠른 이치를 알아야 한다. 예전에 哲宗께 이 일을 설명하기를 '폐하께서 만약 「어떻게 조치해야 3년이면 성취되는가?」라고 물으시면 신은 곧 3년이면 성취되는 일을 아뢸 것이고, 만약 「어떻게 조치해야 1년만 하더라도 괜찮은가?」라고 물으시면 신은 곧 1년만 하더라도 괜찮은 일을 아뢸 것입니다.'라고 하였다. 당시 조정에서는 한 사람도 묻는 이가 없었는데, 단지 李邦直이 '직분에 걸맞는 말씀입니다. 직분에 걸맞는 말씀입니다.'라고 말했을 뿐 그 또한 일찍이 한마디도 묻지 않았다."

期月而已니 三年有成이라함은 何也잇가 曰 公孫弘은 謂호되 三年有成을 臣切遲之하노이다하고 唐文宗時에 李石은 責以宰相之職으로 謂호되 臣猶以爲太速하노이다하니 二者皆不是라 須是知得遲速之理라 昔嘗對哲宗說此事曰 陛下若問如何措置라야 三年有成고이어시든 臣卽陳三年有成之事하고 若問如何措置라야 期月而已오이어시든 臣卽陳期月之事로소이다 當時朝廷無一人問著한대 只李邦直이 但云 稱職稱職이라하고 亦不曾問著一句라

20. ≪春秋≫에 '隕石'·'隕霜'이라 기록하였으니, 어찌하여 '石隕'·'霜隕'이라 말하지 않았는가. 이는 바로 하늘과 사람이 하나라고 본 것이다. 예전에 哲宗께 설명하기를 "하늘과 사람 사이는 매우 두려울 만하니, 善을 행하면 천 리 밖에서도 호응하고 惡을 행하면 천 리 밖에서도 떠나갑니다.[26] 옛날 子陵(嚴光)이 漢나라 光武帝와 동침할 적에 太史가 아뢰기를 '客星이 제왕의 자리를 침범하였으니, 매우 위급합니다.'라고 하였습니다. 자릉은 匹夫였는데 하늘의 감응이 이와 같았습니다. 그런데 하물며 오직 한 사람뿐인 至尊께서 행동거지와 마음가짐을 경계하고 삼가지 않을 수 있겠습니까?"라고 하였다.

春秋에 書隕石隕霜하니 何故不言石隕霜隕고 此便見得天人一處라 昔嘗對哲宗說하되 天人之間은 甚可畏니 作善則千里之外應之하고 作惡則千里之外違之하노이다 昔子陵與漢光武同寢한대

26) 善을……떠나갑니다 : ≪周易≫ 〈繫辭傳 上〉에 "君子가 집에 거처하여 말을 함이 선하면 천 리 밖에서도 호응하는데, 하물며 가까운 자에 있어서랴. 집에 거처하여 말을 함이 선하지 못하면 천 리 밖에서도 떠나가니, 하물며 가까운 자에 있어서랴.〔君子居其室 出其言善 則千里之外應之 況其邇者乎 居其室 出其言不善 則千里之外違之 況其邇者乎〕"라고 한 데서 나왔다.

太史가 奏호되 客星侵帝座하니 甚急이라하노이다 子陵은 匹夫어늘 天應如此온 況一人之尊이 擧措用心을 可不戒愼이리잇가

21. 〈선생이 말하였다.〉

"≪孟子≫에 '백성에게 포악하게 함이 심하면 자신은 시해를 당하고 나라는 망할 것이며, 심하지 않으면 자신은 위태롭고 나라는 국토가 줄어들 것이니, 幽나 厲로 이름하게 되면 비록 효성스럽고 자애로운 자손이 나오더라도 영원토록 그 이름을 고칠 수 없을 것이다.'[27]라고 하였는데, 漢나라의 임금들은 모두 아름다운 시호를 받았다."

何似休가 이로 인해 물었다.

"桀·紂는 시호입니까?"

선생이 말하였다.

"아니다. 천하 사람들이 자연스럽게 桀·紂라 부른 것이다."

暴其民이 甚이면 則身弑國亡하고 不甚이면 則身危國削하나니 名之曰幽厲면 雖孝慈孫이라도 百世에 不能改也라 漢之君은 都爲美諡라 何似休가 因問호되 桀紂是諡否잇가 曰 不是라 天下自謂之桀紂라

22. "천하에 왕도정치를 하는 데에는 세 가지 중요한 것이 있다."[28]라고 하였는데, 세 가지 중요한 것은 곧 三王[29]의 禮이다. 三王은 비록 때에 따라 줄이고 보탰으나, 각각 하나의 큰 근본을 세워 지나치거나 부족함이 없었으니, 이는 ≪春秋≫와 서로 합치된다.

王天下에 有三重이라한대 三重은 卽三王之禮라 三王은 雖隨時損益이나 各立一箇大本하여 無過不及하니 此與春秋로 正相合이라

23. 선생께서 전일에 나로 하여금 "君子는 화합하되 부화뇌동하지 않는다."[30]라는 것을 생각하게 하셨다. 내가 생각한 지 며칠 만에 문득 가슴속이 넓게 트이는 것을 느꼈

---

27) 백성에게……것이다 : ≪孟子≫ 〈離婁 上〉에 보인다.

28) 천하에……있다 : ≪中庸≫에 보인다. 呂大臨은 세 가지 중요한 것을 儀禮, 制度, 考文이라고 하였다.

29) 三王 : 夏나라 禹임금, 商나라 湯임금, 周나라 文王·武王을 가리킨다.

30) 君子는……않는다 : ≪論語≫ 〈子路〉에 孔子가 말하기를 "君子는 화합하되 부화뇌동하지 않고, 小人은 부화뇌동하되 화합하지 못한다.〔君子 和而不同 小人 同而不和〕"라고 하였다.

으나, 그 의미는 말로 표현할 수 없는 점이 있었다.

〈그리하여 선생에게 말하였다.〉

"한 가지 비유가 있으니, 원컨대 들어주시기를 바랍니다. 지금 어떤 사람이 있는데, 오랫동안 먼 지방에 머물다가 어느 날 고향으로 돌아오게 되었습니다. 도중에 마침 族兄을 만나 함께 여관에 이르렀는데, 자고 먹는 것을 달리하여 서로를 마치 길에서 만난 사람처럼 여겼습니다. 저 사람이 어찌 族弟인 것을 알며, 이 사람 또한 어찌 族兄인 것을 알겠습니까. 어떤 사람이 알려주기를 '저 사람은 공의 족형 아무개이고, 저 사람은 공의 족제 아무개이다.'라고 하면 그제야 기쁜 듯 서로를 따르며 두 마음이 있지 아니합니다. 예전의 마음이 지금의 마음과 어찌 다르겠습니까마는, 알아보고 알아보지 못하였을 뿐입니다. 지금 배우는 자가 만일 큰 근본을 알면 천하 사람들 보기를 한 집안 사람처럼 하는 것은 또한 자연스러운 이치입니다."

선생이 말하였다.

"이는 곧 좋은 비유이다."

先生前日教某思君子和而不同이라 某思之數日에 便覺胸次廣闊이로되 其意味는 有不可以言述이라 竊有一喩하니 願留嚴聽하노이다 今有人焉한대 久寓遠方이라가 一日歸故鄕이라 至中途에 適遇族兄者하여 俱抵旅舍한대 異居而食하여 相視如途人이라 彼豈知爲族弟요 此亦豈知爲族兄邪아 或告曰 彼之子는 公之族兄某人也요 彼之子는 公之族弟某人也라하면 旣而懽然相從하여 無有二心이라 向之心이 與今之心으로 豈或異哉리오마는 知與不知而已니이다 今學者가 苟知大本이면 則視天下猶一家는 亦自然之理也니이다 先生曰 此乃善喩也라

24. 선생께서 나로 하여금 "孝悌는 仁을 행하는 근본이다."[31]라는 것을 생각하게 하여, 내가 가만히 생각해보았다.

"사람이 처음 태어날 적에 天地의 中正함을 품부받고, 五行의 빼어난 氣를 품부받는데, 그 품부받는 처음에 仁이 참으로 그 가운데 이미 있습니다. 이미 태어나게 되면 어

31) 孝悌는……근본이다 : ≪論語≫ 〈學而〉에 有子가 말하기를 "그 사람됨이 효성스럽고 공경하면서도 윗사람을 범하기를 좋아하는 자는 드무니, 윗사람을 범하기를 좋아하지 않고서 亂을 일으키기를 좋아하는 자는 있지 않다. 君子는 근본에 힘쓰니, 근본이 확립되면 道가 생겨난다. 孝悌라는 것은 仁을 행하는 근본이다.〔其爲人也孝弟 而好犯上者 鮮矣 不好犯上 而好作亂者 未之有也 君子務本 本立而道生 孝弟也者 其爲仁之本與〕"라고 하였다.

려서는 자기 부모를 사랑할 줄 모름이 없고, 장성해서는 자기 형을 공경할 줄 모름이 없어 仁의 用이 이에 밖으로 드러납니다. 이때에는 오직 사랑하고 공경하는 것만 알 뿐이니, 애초 事物에 얽매임이 있지 않습니다. 情欲이 마음속에 구멍을 내고, 사물이 외부에서 유혹하게 되면 사물에 얽매이는 마음이 날로 두터워지고, 사랑하고 공경하는 마음이 날로 희박해져서 본래의 마음을 잃고 仁도 따라서 없어집니다. 그러므로 聖人께서 가르치기를 '君子는 근본에 힘쓰니, 근본이 확립되면 道가 생겨난다. 孝悌라는 것은 仁을 행하는 근본이다.'라고 하였으니, 이는 대체로 그 仁을 닦고 행하는 것은 반드시 孝悌에 근본하기 때문임을 말한 것입니다."

선생이 말하였다.

"능히 이처럼 탐구하는 것은 매우 좋다. 夫子가 말하기를 '부모를 공경하는 자는 감히 남을 업신여기지 않고, 남을 사랑하는 자는 감히 남을 미워하지 않는다.'[32]라고 하였다. 감히 남을 업신여기지 않고 감히 남을 미워하지 않는 것이 바로 孝悌이다. 仁을 극진히 하면 이에 孝悌를 극진히 하게 되며, 孝悌를 극진히 하는 것이 곧 仁이다."

또 물었다.

"仁을 행하는 것을 먼저 남을 사랑하는 것으로부터 미루어나가는 것은 어떠합니까?"

선생이 말하였다.

"자기 부모를 공경하지 않으면서 남을 공경하는 자를 일러 '悖禮'라 하고, 자기 부모를 사랑하지 않으면서 남을 사랑하는 것을 일러 '悖德'이라 한다. 그러므로 군자는 친족을 친애하고서 남을 인애하며, 사람을 인애하고서 다른 생명체를 사랑한다.[33] 능히 친족을 친애하는데 어찌 남을 인애하지 않겠으며, 능히 사람을 인애하는데 어찌 다른 생명체를 사랑하지 않겠는가. 만약 다른 생명체를 사랑하는 마음을 미루어 친족을 친애한다면 이는 墨子이다."

인하여 물었다.

---

32) 부모를……않는다 : ≪孝經≫ 〈天子〉에 "부모를 사랑하는 자는 감히 남을 미워하지 않고, 부모를 공경하는 자는 감히 남을 업신여기지 않는다. 부모를 섬기는 데 사랑과 공경을 극진히 하면, 德敎가 백성에게 더해져서 四海에 본보기가 되니, 이것이 천자의 효이다.〔愛親者 不敢惡於人 敬親者 不敢慢於人 愛敬盡於事親 而德敎加於百姓 刑於四海 蓋天子之孝也〕"라고 하였다.

33) 군자는……사랑한다 : ≪孟子≫ 〈盡心 上〉에 孟子가 말하기를 "君子가 다른 생명체에 대해서는 사랑하되 인애하지 않으며, 남에 대해서는 인애하되 친애하지 않으니, 친족을 친애하고서 남을 인애하며, 사람을 인애하고서 다른 생명체를 사랑한다.〔君子之於物也 愛之而弗仁 於民也 仁之而弗親 親親而仁民 仁民而愛物〕"라고 하였다.

"舜임금과 曾子의 孝는 優劣이 어떠합니까?"

선생이 말하였다.

"≪孔子家語≫에 외밭을 김맨 일이 실려 있으니,[34] 비록 믿을 수 없지만 義理가 있다. 증자가 외밭을 김매었는데 잘못하여 외의 뿌리를 잘라버렸다. 曾晳이 큰 지팡이를 들어 그의 등을 내려치니 증자가 땅바닥에 쓰러져 인사불성이 되었다. 한참 후에 소생하여 기쁜 듯이 일어나 아뢰기를 '아버님께서 힘을 써서 저를 가르쳐주셨으니, 피곤하지는 않으신지요?'라고 하였다. 그리고는 물러나 琴을 가져다 노래하여 증석으로 하여금 자신의 몸이 건강함을 알게 하였다. 孔子가 이 일을 듣고 노여워하였다.[35] 증자의 지극한 효성이 이와 같았지만 또한 이러한 작은 실수가 있었다. 만약 순임금이었다면 모든 일에 부모의 명을 따르더라도 자신을 죽이게 하지는 않았을 것이다."

또 물었다.

"申生이 烹刑을 기다린 일[36]과 같은 경우는 어떠합니까?"

선생이 말하였다.

"이는 단지 공경일 뿐이다. 만약 순임금이었다면 도망쳤을 것이다."

先生教某思孝弟爲仁之本하여 某竊謂호되 人之初生에 受天地之中하고 禀五行之秀한대 方其

---

34) 孔子家語에……있으니 : ≪孔子家語≫ 〈六本〉에 보인다.

35) 孔子가……노여워하였다 : 曾子의 일을 듣고서 孔子가 노하여 제자들에게 말하기를 "曾參이 오거든 들여보내지 말라."라고 하였다. 증삼이 자신은 죄가 없다고 여겨 사람을 보내 공자에게 이유를 묻게 하자, 공자가 말하였다. "너는 듣지 못했느냐. 옛날 瞽叟에게는 舜이라는 아들이 있었다. 순이 고수를 섬길 적에 자기를 부리려 하면 일찍이 곁에 있지 않은 적에 없었고, 자기를 찾아 죽이려고 하면 일찍이 찾을 수가 없었다. 작은 회초리로 칠 때는 화가 풀리기를 기다리고, 큰 몽둥이로 칠 때는 달아났다. 그러므로 고수는 아비답지 못한 죄를 범하지 않았고, 순은 지극한 효성을 잃지 않았다. 지금 너는 아버지를 섬길 적에 온몸으로 격노한 아버지를 대하여 쓰러져도 피하지 않아, 네가 죽고 아버지를 不義에 빠뜨리려 하였으니, 이보다 큰 不孝가 어디 있겠는가. 너는 天子의 백성이 아닌가. 천자의 백성을 죽이면 그 죄가 얼마나 크던가."라고 하였다. 증삼이 이 말을 듣고서 "저의 죄가 큽니다."라고 하며 마침내 공자에게 나아가 사죄하였다.〔孔子聞之而怒 告門弟子曰 參來 勿內 曾參自以爲無罪 使人請於孔子 子曰 汝不聞乎 昔瞽瞍有子曰舜 舜之事瞽瞍 欲使之 未嘗不在於側 索而殺之 未嘗可得 小棰則待過 大杖則逃走 故瞽瞍不犯不父之罪 而舜不失烝烝之孝 今參事父 委身以待暴怒 殪而不避 旣身死而陷父於不義 其不孝孰大焉 汝非天子之民也 殺天子之民 其罪奚若 曾參聞之曰 參罪大矣 遂造孔子而謝過〕(≪孔子家語≫ 〈六本〉)

36) 申生이……일 : 晉나라 獻公이 총애하는 첩 驪姬의 모함을 듣고 太子 申生을 죽이려 하자, 신생은 해명을 하면 여희를 믿고 편안히 지내는 부친의 마음을 상하게 할 것이며, 다른 나라로 도망가면 부친을 시해하려 했다는 오명을 뒤집어쓰게 될 것이므로 갈 곳이 없다고 하며 자살한 일을 가리킨다.(≪禮記≫ 〈檀弓 上〉, ≪春秋左氏傳≫ 僖公 4年, ≪史記≫ 〈晉世家〉)

稟受之初에 仁固已存乎其中이니이다 及其既生也하얀 幼而無不知愛其親하고 長而無不知敬其兄하여 而仁之用이 於是見乎外니이다 當是時에 唯知愛敬而已이니 固未始有事物之累니이다 及夫情欲竇於中하고 事物誘於外하얀 事物之心日厚하고 愛敬之心日薄하여 本心失而仁隨喪矣니이다 故로 聖人教之曰 君子務本이니 本立而道生이라 孝弟也者는 其爲仁之本與인저하노이다 蓋謂修爲其仁者는 必本於孝弟故也니이다 先生曰 能如此尋究는 甚好라 夫子曰 敬親者는 不敢慢於人하고 愛人者는 不敢惡(오)於人이라 不敢慢於人하고 不敢惡於人이 便是孝弟라 盡得仁이면 斯盡得孝弟하며 盡得孝弟가 便是仁이라 又問호되 爲仁을 先從愛物上推來는 如何잇가 曰 不敬其親而敬他人者를 謂之悖禮요 不愛其親而愛他人者를 謂之悖德이라 故로 君子는 親親而仁民하고 仁民而愛物이라 能親親인댄 豈不仁民하며 能仁民인댄 豈不愛物이리오 若以愛物之心推而親親이면 却是墨子也라 因問호되 舜與曾子之孝는 優劣如何잇가 曰 家語에 載耘瓜事하니 雖不可信이나 却有義理라 曾子耘瓜어늘 誤斬其根이라 曾晳建大杖以擊其背하니 曾子仆地하여 不知人事라 良久而蘇하여 欣然起하여 進曰 大人用力教參하신대 得無疾乎잇가 乃退하여 援琴而歌하여 使知體康이라 孔子聞而怒라 曾子至孝如此로되 亦有這些失處라 若是舜이면 百事從父母라도 只殺他不得이라 又問호되 如申生待烹之事는 如何잇가 曰 此只是恭也라 若舜이면 須逃也라

25. 선생에게 물었다.

"선생께서 말씀하시기를 '그 道를 극진히 하는 것을 孝悌라고 한다.'라고 하셨는데, 한 몸으로써 미루어보면 몸은 부모의 血氣를 바탕으로 하여 태어난 것입니다. 그 도를 극진히 하는 자는 능히 그 몸을 공경하고, 그 몸을 공경하는 자는 능히 그 부모를 공경합니다. 그 도를 극진히 하지 못하면 그 몸을 공경하지 못하고, 그 몸을 공경하지 못하면 부모를 공경하지 못하니, 그것은 이런 것을 말하는 것입니까?"

선생이 말하였다.

"지금 士大夫가 임금에게 관직을 받는 경우도 오히려 그 직분의 일을 극진히 하기를 기약하는데, 또 하물며 부모에게 친히 몸을 받았는데 어찌 그 도를 극진히 하지 않을 수 있겠는가."

問호되 先生曰 盡其道를 謂之孝弟라하신대 夫以一身推之면 則身者는 資父母血氣以生者也라 盡其道者는 則能敬其身하고 敬其身者는 則能敬其父母矣라 不盡其道면 則不敬其身하고 不敬其身이면 則不敬父母니 其斯之謂歟잇가 曰 今士大夫受職於君도 尚期盡其職事어늘 又況親受身於

父母한대 安可不盡其道리오

26. 대저 백성은 종합하여 그들의 말을 들어보면 성스럽고, 따로따로 그들의 말을 들어보면 어리석다.[37] 종합하여 그들의 말을 들어보면 크게 같은 것 가운데 떳떳한 본성이 앞에 있어서 是是非非가 이치에 마땅하지 않음이 없다. 그러므로 성스럽다. 따로따로 그들의 말을 들어보면 제각각 사사로운 생각에 따라 是非가 전도된다. 그러므로 어리석다. 대개 公義가 있으면 私欲은 반드시 公義를 이길 수 없다.

夫民은 合而聽之則聖이요 散而聽之則愚라 合而聽之면 則大同之中에 有箇秉彛在前하여 是是非非가 無不當理라 故로 聖이라 散而聽之면 則各任私意하여 是非顚倒라 故로 愚라 蓋公義在어든 私欲必不能勝也라

37) 대저……어리석다 : ≪管子≫ 〈君臣 上〉에 "대저 백성은 따로따로 그들의 말을 들어보면 어리석으나, 종합하여 그들의 말을 들어보면 성스럽다. 비록 湯·武의 德이 있더라도 다시 시장 사람의 말을 종합하여 듣는다. 이런 까닭으로 현명한 임금은 人心에 순응하고 情性을 편안히 하여 뭇사람의 마음이 모인 곳에서 일어난다. 그러므로 명령이 내려와도 따지지 않고 형벌이 제정되어도 쓰이지 않는다. 先王은 백성과 더불어 한 몸이 되기를 잘 한 사람이다. 백성과 한 몸이 되면 나라로써 나라를 지키며 백성으로써 백성을 지키니, 그렇게 되면 백성들은 잘못을 저지르는 것을 편하게 여기지 않는다.〔夫民別而聽之則愚 合而聽之則聖 雖有湯武之德 復合於市人之言 是以明君順人心 安情性 而發於衆心之所聚 是以令出而不稽 刑設而不用 先王善與民爲一體 與民爲一體 則是以國守國 以民守民也 然則民不便爲非矣〕"라고 하였다.

二程全書 卷27

遺書 伊川先生語 十

明 後學 嘉興 徐必達 校正

鄒德久[1]의 기록　鄒德久本

1. "하늘 아래에 우레가 행하여 생물마다 无妄을 부여한다."[2]라고 한 것은 天보다 먼저 하고 天보다 뒤에 하는 것이 모두 天理에 합치된다는 것이니, 人欲은 허위이다.

天下雷行하여 物與無妄이라함은 先天後天이 皆合於天理者也니 人欲則僞矣라

2. 修身은 마땅히 ≪大學≫의 차례를 배워야 한다. ≪대학≫은 聖人의 완비된 글이다. 그 사이에 先後의 차례를 잃은 것은 이미 바로잡았다.

修身은 當學大學之序라 大學은 聖人之完書也라 其間先後失次者는 已正之矣라

3. ≪詩經≫에서 后妃의 德[3]을 말한 것은 특정한 사람을 가리켜 말한 것이 아니다. 혹자는 太姒[4]라고 말하나, 크게 잘못된 설이다. 周公은 樂章을 만들어 그것으로 천하 사람들을 감화시키고자 하였다. 〈關雎〉의 뒤에 文王의 詩로 이어간 것은 옛사람 중에 그

1) 鄒德久 : 鄒柄이다. 德久는 그의 자이며, 晉陵 사람이다. 鄒浩의 맏아들로, 楊時를 종유하며 배웠다.
2) 하늘 … 부여한다 : ≪周易≫ 〈无妄卦 象傳〉에 "하늘 아래에 우레가 행하여 생물마다 无妄을 주니, 先王이 이를 보고서 天時에 성대하게 합하여 만물을 길렀다.〔天下雷行 物與无妄 先王以 茂對時 育萬物〕"라고 하였다.
3) 后妃의 德 : ≪詩經≫ 〈周南 關雎〉 小序에 "〈關雎〉는 后妃의 德을 읊은 것이요, 風化의 시초이니, 천하를 風動하고 夫婦를 바로잡는다. 그러므로 이 시를 鄕人에게도 쓰고, 邦國에도 쓴 것이다.〔關雎 后妃之德也 風之始也 所以風天下而正夫婦也 故用之鄕人焉 用之邦國焉〕"라고 하였다.
4) 太姒 : 文王의 后妃이자, 武王의 어머니이다.

런 일을 행한 사람이 있으니, 문왕이 바로 그런 분이라는 말이다. 周南은 天子의 일이다. 그러므로 '周'자를 붙인 것이다. 周는 王室이다. 召南은 諸侯의 일이다. 그러므로 '召'자를 붙인 것이다. 召는 제후의 長이다. '召公'이라고 말한 것은 후세 사람이 잘못 붙인 것이다. 夫婦의 道는 하나이다. 〈關雎〉가 비록 后妃의 일이더라도 또한 아래에서 노래할 수 있다. 小雅의 〈鹿鳴〉 이하와 같은 경우는 각각 그 일을 주관하니, 〈皇皇者華〉에서 使臣을 보낸 일과 같은 것이 그것이다. 頌에는 두 가지가 있으니, 성대한 덕을 찬미하는 것이라면 燕饗에서 통용하고, 成功을 고하는 것이라면 祭祀에만 오로지 사용한다.

詩言后妃之德은 非指人而言이라 或謂太姒는 大失之矣라 周公作樂章하여 欲①以感化天下라 其後繼以文王詩者는 言古之人有行之者니 文王이 是也라 周南은 天子之事라 故로 繫之周라 周는 王室也라 召南은 諸侯之事라 故로 繫之召라 召는 諸侯長也라 曰公者는 後人誤加之也라 夫婦道一이라 關雎는 雖后妃之事라도 亦可歌於下라 至若鹿鳴以下는 則各主其事니 皇華遣使臣之類가 是也라 頌有二하니 或美盛德이면 則燕饗通用之하고 或告成功이면 則祭祀專用之라

①〈欲은〉 어떤 판본에는 '그것을 노래하여〔歌之〕'로 되어 있다.
一作歌之.

4. 詩에는 六義가 있으니, 風이라는 것은 風動시키는 것을 말하며, 賦라는 것은 그 일을 펼쳐서 진술하는 것을 말하며, 比라는 것은 곧장 비유하는 것으로 '온화함이 옥과 같네.'[5]라는 유형이 이것이며, 興이라는 것은 사물을 의하여 어떤 일을 일으키는 것으로 '꾹꾹 우는 문수리'[6], '저 淇水 문굽이를 바라보니'[7]라는 유형이 이것이며, 雅라는 것은 正道를 바르게 말하는 것으로 '하늘이 뭇 사람을 내시니, 사물이 있으면 법칙이 있게 마련이네.'[8]라는 유형이 이것이며, 頌이라는 것은 德이 아름다운 것을 칭송하는 것으로 '문채 나는 군자여, 끝내 당신을 잊을 수 없네.'[9]라는 유형이 이것이다.

5) 온화함이……같네 : ≪詩經≫ 〈秦風 小戎〉에 "군자를 생각하니, 온화함이 옥과 같네.〔言念君子 溫其如玉〕"라고 하였다.
6) 꾹꾹……물수리 : ≪詩經≫ 〈周南 關雎〉에 "꾹꾹 우는 물수리, 河水의 모래섬에 있네. 요조한 숙녀여, 군자의 좋은 짝이로다.〔關關雎鳩 在河之洲 窈窕淑女 君子好逑〕"라고 하였다.
7) 저……바라보니 : ≪詩經≫ 〈衛風 淇奧〉에 "저 淇水 물굽이를 바라보니, 푸른 대나무가 파릇파릇하네. 문채나는 군자여, 자른 듯하고 갈아낸 듯하며, 쪼아낸 듯하고 다듬은 듯하네. 엄밀하고 꿋꿋하며, 빛나고 성대하니, 문채나는 군자여, 끝내 그대를 잊을 수 없네.〔瞻彼淇奧 綠竹猗猗 有匪君子 如切如磋 如琢如磨 瑟兮僩兮 赫兮咺兮 有匪君子 終不可諼兮〕"라고 하였다.
8) 하늘이……마련이네 : ≪詩經≫ 〈大雅 蒸民〉에 보인다.

詩有六義하니 曰風者는 謂風動之也며 曰賦者는 謂鋪陳其事也며 曰比者는 直比之로 溫其如玉之類가 是也며 曰興者는 因物而興起로 關關雎鳩와 瞻彼淇澳之類가 是也며 曰雅者는 雅言正道로 天生蒸民하니 有物有則(칙)之類가 是也며 曰頌者는 稱頌德美로 有斐君子여 終不可諼兮之類가 是也라

5. 國風, 大雅·小雅, 三頌(商頌·周頌·魯頌)은 詩의 명칭이다. 六義는 詩의 의미이다. 篇 가운데 六義를 갖춘 것이 있고, 여러 가지 의미를 지닌 것도 있다.

國風大小雅三頌은 詩之名也요 六義는 詩之義也라 篇之中에 有備六義者요 有數義者라①

① 어떤 판본에는 章의 첫머리에 "엉킨 실을 능히 다스리는 자는 시를 다스릴 수 있다."라고 하였다.

一本, 章首云 "能治亂絲者, 可以治詩."

6. 四始[10]는 四端과 같다.

四始는 猶四端也라

7. 15개의 國風은 각각 次序가 있으니, 시를 보면 그 점을 알 수 있다.

十五國風은 各有次序하니 看詩可見이라

8. ≪詩經≫의 大序는 孔子가 지은 것으로, 그 글은 〈繫辭傳〉과 비슷하고, 그 의미는 子夏가 능히 말할 수 있는 것이 아니다. 小序는 國史가 지은 것으로, 후세 사람들이 능히 알 수 있는 것이 아니다.

詩大序는 孔子所爲로 其文은 似繫辭요 其義는 非子夏所能言也라 小序는 國史所爲로 非後世

9) 문채……없네 : ≪詩經≫ 〈衛風 淇奧〉에 보인다.

10) 四始 : 여러 설이 있는데, ≪詩經≫ 〈大序〉에서는 風, 小雅, 大雅, 頌을 四始라고 하였으며, ≪史記≫ 〈孔子世家〉에서는 風, 小雅, 大雅, 頌의 首篇을 四始라고 하였으며, 또 大雅의 〈大明〉, 小雅의 〈四牡〉·〈南有嘉魚〉·〈鴻鴈〉을 四始라고 하는 설도 있다.

所能知也라

9. 人心은 私欲이다. 그러므로 위태롭다. 道心은 天理이다. 그러므로 精微하다. 私欲을 없애면 天理가 밝아진다.

人心은 私欲이라 故로 危殆라 道心은 天理라 故로 精微라 滅私欲이면 則天理明矣라

10. ≪書經≫ 〈泰誓〉에 기록하기를 '一月'[11]이라고 하였다. 商曆이 이미 끊어지고 周曆이 아직 세워지지 않았다. 그러므로 人正[12]을 사용한 것이니, '一月'은 지금의 正月이다. 商曆을 기록하지 않은 것은 紂가 스스로 하늘과 단절하였음을 나타낸 것이다. 聖人의 한 마디 말과 한 가지 행동은 이와 같이 天理에 합치되지 않음이 없다.

大誓에 書曰 一月이라 曰 商歷已絶하고 周歷未建이라 故로 用人正하니 今之正月也라 不書商歷은 以見紂自絶於天矣라 聖人一言一動은 無不合於天理如此라

11. ≪書經≫을 볼 적에 모름지기 二帝[13]・三王[14]의 道를 보아야 한다. 二典[15] 같은 경우는 곧 堯임금이 백성을 다스린 것과 舜이 임금을 섬긴 것을 구해야 한다.

看書에 須要見二帝三王之道라 如二典은 卽求堯所以治民과 舜所以事君이라

12. "5년 동안 여가를 주었다."[16]라는 것은 聖人의 討伐은 반드시 너무 서두르지 않아

---

11) 一月 : ≪書經≫ 〈泰誓〉 序에 "11년 武王이 殷나라를 정벌하였다. 1월 무오일에 군대가 孟津을 건너 〈泰誓〉 세 편을 지었다.〔惟十有一年 武王伐殷 一月戊午 師渡孟津 作泰誓三篇〕"라고 하였다.

12) 人正 : 夏曆은 寅月로 歲首를 삼고, 殷曆은 丑月로 歲首를 삼고, 周曆은 子月로 歲首를 삼았는데, 建子는 天之正道로, 建丑은 地之正道로, 建寅은 人之正道로 보기도 한다. 人正은 人之正道인 夏曆을 가리킨다.

13) 二帝 : 帝堯, 帝舜을 가리킨다.

14) 三王 : 夏나라 禹임금, 商나라 湯임금, 周나라 文王・武王을 가리킨다.

15) 二典 : 〈堯典〉, 〈舜典〉을 말한다.

16) 5년……주었다 : ≪書經≫ 〈周書 多方〉에 "聖人이라도 생각하지 않으면 狂人이 되고, 狂人이라도 능히 생각하면 聖人이 된다. 하늘이 5년 동안 자손에게 여가를 주어 크게 백성의 군주가 되게 하였으나, 생각하고 들을 만함이 없었다.〔惟聖罔念 作狂 惟狂克念 作聖 天惟五年 須暇之子孫 誕作民主 罔可念聽〕"라고 한 데서 나왔다. 이는 紂에 대한 말이다.

마땅히 천천히 해야 하니, 두 번 토벌하지 않음을 말한 것이다. 이는 周公이 알았던 바이나, 미루어볼 뚜렷한 자취가 없다.

五年須暇者는 聖人討伐은 必不太早하여 自當緩之하니 非再駕之謂也라 此周公所知나 無顯迹可推也라

13. 개와 소와 사람이 떠나고 나아갈 바를 아는 것은 그 性이 본래 동일하기 때문이지만, 형질에 국한되기 때문에 바꿀 수가 없다. 예컨대 틈새로 비치는 햇빛은 모나고 둥근 모양이 바뀌지 않으나, 그 빛은 동일하다. 오직 품부받은 바가 각각 다르기 때문에 "生의 본능을 性이라고 한다."라고 한 것을 告子는 동일하다고 여기고, 孟子는 그르다고 여긴 것이다.[17)]

犬牛人이 知所去就는 其性本同이나 但限以形이라 故로 不可更이라 如隙中日光은 方圓不移나 其光은 一也라 惟所稟이 各異라 故로 生之謂性을 告子以爲一이요 孟子以爲非也라

14. 庾公 斯가 子濯孺子를 만나 화살촉을 빼고 화살을 네 차례 쏜 것[18)]은 매우 말이 안 된다. 나라의 安危가 이 행동에 달려 있다면 그를 죽이는 것이 옳으며, 풀어주어도 나라에 해가 없다면 輕重을 헤아리는 것이 옳다. 어찌하여 화살촉을 빼고 화살을 네 차례나 쏘았단 말인가.

庾公之斯遇子濯孺子하여 虛發四矢는 甚無謂也라 國之安危가 在此擧면 則殺之가 可也며 舍之而無害於國이어든 權輕重이 可也라 何用虛發四矢乎아

17) 生의……것이다 : 告子가 "生의 본능을 性이라고 한다."라고 하자, 孟子가 말하기를 "生의 본능을 性이라 함은 白色을 白色이라고 이르는 것과 같은가?"라고 하자, 고자가 "그러하다."라고 하였다. 맹자가 "그렇다면 白羽의 白色이 白雪의 白色과 같으며, 白雪의 白色이 白玉의 白色과 같은가?"라고 하자, 고자가 "그러하다."라고 하였다. 맹자가 말하기를 "그렇다면 개의 性이 소의 性과 같으며, 소의 性이 사람의 性과 같단 말인가?"라고 하였다.(≪孟子≫ 〈告子 上〉)

18) 庾公……것 : 鄭나라의 子濯孺子가 衛나라를 침략하자 庾公 斯가 그를 추격하였다. 이때 자탁유자가 병이 나서 활을 잡지 못하자, 유공 사가 '나는 尹公 他에게 활쏘기를 배웠고 윤공 타는 자탁유자에게 활쏘기를 배웠으니, 차마 스승의 기술로 스승을 해칠 수는 없다'고 하며 살촉을 뺀 화살을 네 차례 쏘고 돌아갔다.(≪孟子≫ 〈離婁 下〉)

15. "堯·舜은 본성대로 하셨다."라는 것은 태어나면서부터 아는 것이고, "湯·武는 본성을 몸소 실천하셨다."라는 것은 배워서 아는 것이다.[19)]

堯舜性之는 生知也요 湯武身之는 學而知之也라

16. "仁이 父子간에 있어서"에서부터 "智가 賢者에 있어서"에 이르기까지를 '命'이라고 하는 것[20)]은 그 품부받은 바에 厚·薄·淸·濁이 있기 때문이다. 그러나 그 性은 선하여 배워서 극진히 할 수 있기 때문에 그것이 性이라고 말하는 것이다. 품부받은 氣에는 淸·濁이 있기 때문에 그 材質에 厚·薄이 있는 것이다. 하늘에서 품부받은 것을 性이라 하는데, 性이 感應하는 것이 情이 되고, 動하는 것이 心이 되며, 신체가 材質이 된다.

仁之於父子로 至知之於賢者히 謂之命者는 以其稟受有厚薄淸濁故也라 然이나 其性善하여 可學而盡이라 故로 謂之性焉이라 稟氣有淸濁이라 故로 其材質有厚薄이라 稟於天謂性한대 感爲情이며 動爲心이며 質幹爲才라

17. "生의 본능을 性이라고 한다.〔生之謂性〕"[21)]라는 것은 "하늘이 명한 것을 性이라 한다.〔天命之謂性〕"[22)]라는 것과 같은가. '性'자는 일률적으로 논할 수 없다. "生의 본능을 性이라고 한다."라는 것은 단지 품부받은 바를 訓解한 것이며, "하늘이 명한 것을 性이라 한다."라는 것은 性의 이치를 말한 것이다. 요즘 사람들이 '천성이 부드럽고 느긋하다.', '천성이 강직하고 급하다.'라고 말하는 것과 俗言의 '天成은 모두 태어나면서부터 이와 같다.'라고 하는 것은 품부받은 바를 訓解한 것이다. 性의 이치와 같은 것은 선하지 않음이 없다. '하늘〔天〕'이라고 말한 것은 자연의 이치이다.

生之謂性은 與天命之謂性으로 同乎아 性字는 不可一概論이라 生之謂性은 止訓所稟受也며 天

---

19) 堯·舜은……것이다 : ≪孟子≫ 〈盡心 上〉에 "堯·舜은 본성대로 하셨고, 湯·武는 본성을 몸소 실천하셨다.〔堯舜 性之也 湯武 身之也〕"라고 하였다.
20) 仁이……것 : ≪孟子≫ 〈盡心 下〉에 "仁이 父子간에 있어서와 義가 君臣간에 있어서와 禮가 賓主간에 있어서와 智가 賢者에 있어서와 聖人이 天道에 있어서는 命이나, 여기에는 性이 있는지라 君子는 命이라고 말하지 않는다.〔仁之於父子也 義之於君臣也 禮之於賓主也 智之於賢者也 聖人之於天道也 命也 有性焉 君子不謂命也〕"라는 데서 나왔다.
21) 生의……한다 : ≪孟子≫ 〈告子 上〉에 보인다.
22) 하늘이……한다 : ≪中庸≫에 보인다.

命之謂性은 此言性之理也라 今人言天性柔緩과 天性剛急과 俗言天成은 皆生來如此니 此訓所稟受也라 若性之理也則無不善이라 曰天者는 自然之理也라

18. “천하 사람들이 性을 말하는 것은 이미 그러한 자취일 뿐이다.”[23]라는 것은 性은 그 근원을 미루어나가야 함을 말한 것이다. 그 근원을 미루어나가면 그 性을 해침이 없다.

天下言性 則故而已者는 言性當推其元本이라 推其元本이면 無傷其性也라

19. 伊尹은 湯임금에게 위임을 받고 반드시 천하를 편안히 다스리기를 기약했을 따름이다. 太甲이 만일 끝내 은혜를 베풀지 않았다면 폐위할 수 있었다. 孟子가 말한 ‘貴戚의 卿’[24]이 이와 같다. 그렇다면 처음에 어찌하여 어진 이를 택하지 않았는가. 대개 外丙이 2세였고 仲壬이 4세였으니, 오직 태갑이 장성했을 뿐이다. 가령 태갑이 下愚의 자질을 지녔다면 애초 왕위에 세우지 않았을 것이다. 만약 이 세 사람이 없었다면 반드시 宗室에서 찾았을 것이며, 宗室에 적임자가 없으면 반드시 湯임금의 가까운 친척 중에서 택했을 것이며, 가까운 친척 중에 적임자가 없으면 반드시 천하의 현자 가운데서 적임자를 택하여 그에게 주었을 것이니, 이윤은 스스로 왕이 되지 않았을 것이다.

劉備가 諸葛孔明에게 嗣子를 부탁하며 “불가하면 스스로 왕위에 오르라.”라고 하였으니, 권모술수의 말이 아니요, 그의 利害가 분명했던 것이다. 왕위에 오르는 자가 마땅한 사람이 아니면 劉氏는 반드시 曹氏에게 도륙될 것이니, 차라리 공명으로 하여금 왕위에 오르게 한 것이다. 霍光이 昌邑王을 폐위할 적에 유폐하지 않고 바로 폐위한 것[25]

23) 천하……뿐이다 : ≪孟子≫ 〈離婁 下〉에 맹자가 말하기를 “천하 사람들이 性을 말하는 것은 이미 그러한 자취일 뿐이니, 이미 그러한 자취는 순리로써 근본을 삼는다. 사사로이 지혜로운 자를 미워하는 까닭은 그가 천착하기 때문이니, 만일 지혜로운 자가 禹임금이 물을 흘러가게 한 것처럼 한다면 지혜를 미워할 까닭이 없다. 우임금이 물을 흘러가게 한 것은 그 일삼을 바가 없는 것을 행한 것이니, 만일 지혜로운 자가 또한 일삼을 바가 없는 것을 행한다면 지혜가 또한 클 것이다. 하늘이 높이 있으며 별이 멀리 있으나, 만약 그 이미 지난 자취를 찾는다면 천 년 동안의 日至를 앉아서도 알 수 있다.〔天下之言性也 則故而已矣 故者 以利爲本 所惡於智者 爲其鑿也 如智者若禹之行水也 則無惡於智矣 禹之行水也 行其所無事也 如智者亦行其所無事 則智亦大矣 天之高也 星辰之遠也 苟求其故 千歲之日至 可坐而致也〕”라고 하였다.

24) 貴戚의 卿 : 齊 宣王이 卿에 대해 묻자, 孟子가 貴戚의 卿과 異姓의 卿이 있으니, 貴戚의 卿은 군주에게 큰 잘못이 있으면 간언하고, 반복하여도 듣지 않으면 군주의 자리를 바꾸며, 異姓의 卿은 군주에게 잘못이 있으면 간언하고, 반복하여도 듣지 않으면 떠나간다고 하였다.(≪孟子≫ 〈離婁 下〉)

25) 霍光이……것 : 195쪽 각주 41번 참조.

은 그의 下愚의 자질이 변하지 않을 것을 알았기 때문이다. 그러나 처음에 적임자를 택하지 못하였으니, 곽광의 죄가 크다. 만약 이윤과 곽광이 태갑과 창읍왕이 부리는 신하로서 先王의 위임을 받지 않았다면 간언하여 받아들여지지 않았을 때 떠나가는 것이 옳으며, 유폐시키거나 폐위하는 일은 해서는 안 되니, 義理가 절로 분명하다.

伊尹은 受湯委寄하고 必期天下安治而已라 太甲이 如不終惠어든 可廢也라 孟子言貴戚之卿이 與此同이라 然則始何不擇賢고 蓋外丙二歲요 仲壬四歲니 惟太甲長耳라 使太甲有下愚之質이면 初不立也라 苟無三人이면 必得於宗室하며 宗室無人이면 必擇於湯之近戚하며 近戚無人이면 必擇於天下之賢者而與之니 伊尹不自爲也라 劉備가 託孔明以嗣子하고 不可어든 使自爲之하라하니 非權數之言이요 其利害昭然也라 立者非其人이면 則劉氏必爲曹氏屠戮이니 寧使孔明爲之也라 霍光이 廢昌邑에 不待放은 知其下愚不移也라 始之不擇이니 則光之罪가 大矣라 若伊尹與光이 是太甲昌邑所用之臣하여 而不受先王之委寄면 諫不用에 去之가 可也며 放廢之事는 不可爲也니 義理自昭然이라

20. 선생은 처음 史傳을 볼 때 절반쯤에 이르면 책을 덮고 깊이 사색하여 그 후의 成敗를 헤아려보고 그것을 위해 계획을 세운 뒤에 다시 책을 펴서 보았다. 그러나 成敗에는 幸·不幸이 있어 일률적으로 볼 수 없다.

先生은 始看史傳할새 及半이면 則掩卷而深思之하여 度其後之成敗하고 爲之規畫하고서 然後復取觀焉이라 然이나 成敗有幸不幸하여 不可以一槪看이라

21. 史書를 볼 적에는 반드시 治亂이 말미암은 바와 聖賢이 자기를 수양하고 일을 처리한 아름다운 점을 살펴보아야 한다.

看史엔 必觀治亂之由와 及聖賢修己處事之美라

22. 諸葛孔明은 왕을 보좌할 마음은 있었으나, 그 방법은 극진하지 못하였다. 王者는 天地가 사사로운 마음이 없는 것처럼 한 가지 일이라도 不義를 행하여 천하를 얻는 일은 하지 않는다.[26] 공명은 반드시 성공함이 있기를 구하여 劉璋의 영지를 취하였다.[27]

---

26) 한……않는다 : ≪孟子≫ 〈公孫丑 上〉에서 孟子가 伯夷·伊尹과 孔子의 같은 점에 대해 말하기를

聖人은 차라리 성공하지 못할지언정 이런 일은 할 수 없다. 劉表의 아들 劉琮[28] 같은 경우는 曹公(曹操)에게 합병되기를 원했으니, 그의 땅을 취하여 劉氏의 왕업을 일으킨 것은 옳다.

孔明은 有王佐之心이나 道則未盡이라 王者는 如天地之無私心焉하여 行一不義而得天下는 不爲라 孔明은 必求有成하여 而取劉璋이라 聖人은 寧無成耳언정 此不可爲也라 若劉表子琮은 將爲曹公所幷하니 取而興劉氏는 可也라

23. 諸葛孔明이 죽지 않았다면 3년 만에 魏나라를 취할 수 있었을 것이다. 그러나 또한 宣王(司馬懿)은 빼어난 기상이 있어 蜀나라가 오랫동안 세력을 펼칠 수 없었을 것이니, 공명이 죽지 않았더라도 오래가지는 못했을 것이다.

孔明不死어든 三年可以取魏라 且宣王有英氣하여 久不得伸이니 必沮死不久也라

24. 諸葛孔明은 거의 禮樂을 일으킬 수 있었다.[29]

孔明은 庶幾禮樂이라

25. 諸葛孔明이 五丈原[30]에 주둔하자 宣王(司馬懿)이 말하기를 "할 수 있는 것이 없을 것이다."라고 하였으니, 이는 一軍을 안심시키기 위해 거짓으로 말한 것일 뿐이다. 蜀나라 병사들은 높은 곳으로부터 내려오며 공격해 이길 수 있었다. 선생이 일찍이 오장원

"百里 되는 땅을 얻어서 임금 노릇을 하면 모두 제후들에게 조회를 받고 천하를 소유할 수 있을 것이지만, 한 가지 일이라도 不義를 행하며 한 사람이라도 죄 없는 이를 죽여서 천하를 얻음은 모두 하지 않을 것이니, 이것은 같은 점이다.〔得百里之地而君之 皆能以朝諸侯有天下 行一不義 殺一不辜而得天下 皆不爲也 是則同〕"라고 한 데서 나왔다.

27) 劉璋의……취하였다 : 諸葛亮이 益州刺史 劉璋의 요청으로 張魯를 토벌하기 위해 익주로 갔는데, 이듬해 유장과 劉備의 전쟁이 일어나 유비가 유장을 몰아내고 익주를 차지하였다. 이 일로 蜀漢의 기반이 이루어졌다.

28) 劉琮 : 荊州刺史 劉表의 둘째 아들로, 유표가 죽은 뒤 그 지위를 계승하였으나 곧 曹操에게 항복하여 형주를 넘겼다.

29) 諸葛孔明은……있었다 : 《遺書》 〈伊川先生語 五〉에 의하면 이는 王通의 說이다.

30) 五丈原 : 중국 陝西省 寶鷄市 岐山縣 근교에 있는 고원으로, 諸葛亮이 魏나라를 치기 위해 이곳에 주둔하여 司馬懿와 대치하였다.

을 몸소 살펴보니, 이 땅은 의거할 수 없는 땅이 아니었다. 영웅이 사람을 속인 것은 모두 믿을 수 없다.

孔明이 營五丈原하니 宣王이 言호되 無能爲라하니 此僞言安一軍耳라 兵自高地來可勝이라 先生嘗自觀五丈原하니 非①此地不可據라 英雄欺人은 不可盡信이라

①'非'는 어떤 판본에는 '言'으로 되어 있다.
非, 一作曰言.

26. 荀爽은 董卓을 피하여 자취를 감추어 禍[31)]를 피했으니, 군자는 또한 이런 경우가 있다. 그러나 聖人은 명철하여 몸을 보전해 또한 몸을 움직일 수 없는 지경에 이르지 않는다. 楊子(楊雄)가 누각에서 투신한 일[32)]은 그러한 뜻을 잃은 것이다. 순상이 스스로 자기의 재주를 헤아려보건대, 어찌 능히 漢나라 왕실을 일으킬 수 있었겠는가. 일어나 그 일을 도모하는 것은 옳으나, 재주가 부족함을 알면서도 억지로 그 일을 도모하는 것은 옳지 않다.

荀爽은 從董卓辟(피)하여 遜迹避禍하니 君子亦有之라 然이나 聖人은 明哲保身하여 亦不至轉身不得處라 如楊子投閣은 失之也라 荀爽이 自度(탁)其材호되 能興漢室乎아 起而圖之는 可也나 知不足而强圖之는 非也라

27. 西漢의 儒者 중 풍도가 있는 자는 오직 董仲舒, 毛萇, 楊雄뿐이다. 모장이 ≪詩經≫을 해석한 것은 반드시 모두 합당하지는 않으나, 그 말을 음미해보면 대체로 합당하다.

西漢儒者有風度는 惟董仲舒毛萇楊雄이라 萇解經은 未必皆當이나 然味其言이어든 大概然矣라

28. 東漢의 趙苞가 변방의 郡守가 되었을 때, 오랑캐가 그의 모친을 잡아가서 城을 가

---

31) 禍 : 黨錮의 獄으로, 後漢 말 환관들의 전횡이 심해지자 陳蕃과 李膺이 이들을 제거하려다가 오히려 환관들에 의해 黨人으로 지목되어 수백 명이 피살되거나 죽을 때까지 벼슬을 할 수 없는 禁錮刑을 받은 사건이다.
32) 楊子가……일 : 王莽이 제위를 찬탈하였을 적에 楊雄의 제자 劉棻이 죄를 받게 되었다. 양웅은 당시 天祿閣에서 책을 교정하고 있었는데, 옥리가 잡으러 오자 죄를 면하지 못할 것이 두려워 천록각 위에서 뛰어내려 거의 죽을 뻔하였다.(≪漢書≫ 卷87 〈楊雄傳〉)

지고 항복할 것을 요구하였다.[33] 조포가 급히 전투를 벌여 그의 모친을 죽게 하였으니, 옳지 않다. 임금의 城을 가지고 항복하여 자기 모친을 살리고자 하는 것은 참으로 옳지 않다. 그러나 또한 모친을 살릴 방도를 구해야지, 어찌하여 급히 전투를 벌인단 말인가. 어찌할 수 없다면 자신이 항복하는 것도 괜찮다. 王陵의 모친이 楚나라에 잡혀 있어 왕릉이 초나라에 사신을 보냈는데 모친을 인질로 삼아 왕릉을 부르려 하였으니,[34] 왕릉은 항복하는 것이 옳았다. 徐庶는 그것을 알았다.[35]

東漢趙苞爲邊郡守할새 虜奪其母하여 招以城降(항)이라 苞遽戰而殺其母하니 非也라 以君城降而求生其母는 固不可라 然이나 亦當求所以生母之方이니 奈何遽戰乎아 不得已면 身降之도 可也라 王陵母在楚하여 而使楚한대 質以招陵하니 陵降이 可也라 徐庶는 得之矣라

29. 義는 '마땅함〔宜〕'이라 訓解하고, 禮는 '분별함〔別〕'이라 訓解하고, 智는 '앎〔知〕'이라 訓解하는데, 仁은 어떻게 訓解해야 하는가. 해설하는 자들은 '깨달음〔覺〕'이라 訓解하고, '사람다움〔人〕'으로 訓解한다고 말하니, 모두 옳지 않다. 마땅히 孔子와 孟子가 仁을 말한 곳을 합하여 대체를 연구해야 하니, 2~3년 만에 터득하더라도 늦지 않다.

義訓宜요 禮訓別이요 智訓知로되 仁當何訓이리오 說者는 謂訓覺訓人이라하니 皆非也라 當合孔孟言仁處하여 大概硏窮之니 二三歲에 得之라도 未晩也라

30. 선생이 말하였다.

"나는 40세 이전에는 讀誦하였고, 50세 이전에는 그 뜻을 연구하였고, 60세 이전에는 반복하여 실마리를 찾아내었고, 60세 이후에는 책을 저술하였다."

---

33) 東漢의……요구하였다 : 趙苞가 遼西太守를 지낼 때 鮮卑族이 그의 어머니와 처자식을 인질로 삼아 항복할 것을 요구하였다. 조포는 그의 어머니에게 왕의 신하로서 忠節을 훼손할 수 없다고 하였고, 그의 어머니도 그를 독려하였다. 즉시 교전을 하여 승리하였으나, 그의 가족은 모두 살해당했다. 가족을 장사지낸 뒤 조포는 마침내 피를 토하며 죽었다.(≪後漢書≫ 卷81 〈獨行列傳 趙苞〉)

34) 王陵의……하였으니 : 劉邦이 咸陽에서 회군하여 項羽를 공격할 적에 王陵이 유방의 휘하로 들어갔다. 이때 항우가 왕릉의 모친을 인질로 삼아 왕릉을 불렀다. 왕릉의 모친은 몰래 사람을 보내 자신 때문에 두 마음을 품지 말고 漢王을 잘 섬기라고 말을 전한 뒤 칼을 뽑아 자살하였다. 이에 항우는 그녀를 삶아버렸고, 왕릉은 유방을 도와 천하를 평정하였다.(≪史記≫ 卷56 〈陳丞相世家〉)

35) 徐庶는……알았다 : 徐庶는 처음에 劉備를 섬겼는데, 曹操가 그의 모친을 잡아가자 유비에게 諸葛亮을 천거하고 조조에게 귀의하였다.

先生이 云호되 吾四十歲以前엔 讀誦하고 五十以前엔 硏究其義하고 六十以前엔 反覆紬繹하고 六十以後엔 著書라①

① 책을 저술한 것은 어쩔 수 없이 한 것이다.
著書, 不得已.

31. 사람의 생각은 솟아오르는 샘물과 같아서 파낼수록 더욱 새로워진다.

人思는 如涌泉하여 浚之愈新이라

32. 釋道(佛道)는 소견이 편협하여 심오한 것을 궁구하고 은미한 것을 지극히 하지 않는 것이 아니나, 신묘함을 궁구하고 조화를 아는 데에 이르러서는 참여할 수 없다.

釋道는 所見偏하여 非不窮深極微也나 至窮神知化하얀 則不得與矣라

33. 선생이 經筵官으로 있을 적에 성상께서 약을 복용하셨는데, 바로 그날 醫官에게 가서 성상의 거동을 물어보았다. 천자께서 아직 연소하여 궁인 가운데 40세 이상인 자를 뽑아 곁에서 모시게 하라고 건의하였으니, 분잡하고 화려한 것을 멀리하고 心性을 기르게 한 것이다.

先生在經筵時에 上服藥한대 卽日就醫官問動止라 天子方幼하여 建言選宮人四十以上者侍左右하니 所以遠紛華養心性이라

34. 자기를 극진히 하는 것이 忠이며, 남을 극진히 하는 것이 信이다. 지극히 말하자면 자기를 극진히 하는 것은 자기의 본성을 극진히 하는 것이고, 남을 극진히 하는 것은 남의 본성을 극진히 하는 것이다. 信은 허위가 없는 것일 따름이니, 天性에 줄이고 보태는 바가 있으면 허위이다. ≪周易≫의 无妄卦에 "하늘 아래에 우레가 행하여 생물마다 无妄을 부여한다."[36]라고 하였으니, 天理로써 움직이기 때문이다. 그 대략이 이와 같으니, 다시 이를 연구하면 저절로 터득하는 것이 있을 것이다.

36) 하늘……부여한다 : ≪周易≫ 无妄卦 〈象傳〉에 보인다.

盡己爲忠이요 盡物爲信이라 極言之면 則盡己者는 盡己之性也요 (也)[37]盡物者는 盡物之性也라 信者는 無僞而已니 於天性有所損益이면 則爲僞矣라 易無妄曰 天下雷行하여 物與無妄이라하니 動以天理故也라 其大略如此하니 更須硏究之면 則自有得處라

35. 韓文公(韓愈)은 함부로 보아서는 안 되니, 만년의 소견은 더욱 높았다.

韓文은 不可漫觀하니 晩年所見은 尤高라

36. 하늘에 있는 것은 命이라 하고, 사람에게 있는 것은 性이라 한다. 貴·賤·壽·夭는 命이며, 仁·義·禮·智도 命이다.

在天曰命이요 在人曰性이라 貴賤壽夭는 命也요 仁義禮智도 亦命也라

37. 동물은 앎이 있으나 식물은 앎이 없으니, 그 性이 본래 다르다. 그러나 天地에서 형체를 부여받았으니, 그 이치는 동일하다.

動物有知나 植物無知니 其性自異라 但賦形於天地하니 其理則一이라

38. 四端에서 信을 말하지 않은 것은 이미 誠心이 있어 四端을 행하면 信은 그 가운데 있기 때문이다.

四端不言信者는 旣有誠心하여 爲四端이면 則信在其中矣라

39. "가득 차서 그 빛이 드러난다."[38]라는 것은 이른바 "몸을 닦아 세상에 드러낸다."[39]

---

37) (也) : 底本에는 '也'가 있으나, 一簑古本과 四庫全書本에 의거하여 衍文으로 처리하였다.
38) 가득……드러난다 : 浩生不害가 樂正子는 어떤 사람인지 묻자, 孟子가 善人이며 信人이라고 하였다. 다시 善과 信에 대해 묻자, 맹자가 말하기를 "누구나 하고자 하는 것을 善이라 하고, 善을 자기 몸에 소유하는 것을 信이라 하고, 善을 행하여 가득 채우는 것을 美라 하고, 美가 가득 차서 그 빛이 드러난 것을 大라 하고, 大하면서 자연스럽게 자신을 변화시키는 것을 聖이라 하고, 聖하여 남들이 알 수 없는 것을 神이라 한다. 악정자는 두 가지(善·信)의 중간이요, 네 가지(神·聖·大·美)의 아래이다.〔可欲之謂善 有諸己之謂信 充實之謂美 充實而有光輝之謂大 大而化之之謂聖 聖而不可知之之謂神 樂正子 二之中 四之下也〕"라고 하였다.(≪孟子≫ 〈盡心 下〉)

라는 것이다.

充實而有光輝는 所謂修身見(현)於世也라

40. 혼례 때 기러기를 잡는 것은 기러기가 두 번 짝을 짓지 않는 뜻을 취한 것이지, 태양을 따라 이동하는 동물이기 때문이 아니다.

婚禮執鴈者는 取其不再偶爾요 非隨陽之物이라

41. 亞夫(周勃)는 한밤중 軍中에서 소요가 일어나 곧장 그의 장막에 알렸는데도 꿈쩍않고 누워서 일어나지 않았다.[40] 그러니 그가 중책을 맡은 체모가 어디에 있는가?

亞夫는 夜半軍擾하여 直至帳下한대 堅臥不動이라 安在其持重也아

42. 聖人은 優劣이 없으니, 優劣이 있다면 성인이 아니다.

聖人은 無優劣이니 有則非聖人也라

43. 한 마음을 주로 하는 것을 敬이라 하며, 한 마음을 誠이라 한다. 한 마음을 주로 하면 생각이 거기에 있게 된다.

主一者를 謂之敬이요 一者를 謂之誠이라 主則有意在라

44. 荀氏 八龍[41]이 어찌 모두 뛰어났겠는가. 단지 한두 명의 뛰어난 자제가 있어 서로 영향을 받아 모두 그렇게 된 것이다.

---

39) 몸을……드러낸다 : ≪孟子≫ 〈盡心 上〉에 "옛사람은 뜻을 얻으면 은택이 백성에게 더해지고, 뜻을 얻지 못하면 몸을 닦아 그 道를 세상에 드러내니, 窮하면 그 몸을 홀로 선하게 하고, 榮達하면 천하를 겸하여 선하게 한다.〔古之人 得志 澤加於民 不得志 修身見於世 窮則獨善其身 達則兼善天下〕"라고 하였다.

40) 亞夫는……않았다 : 어느 날 周勃의 군영에서 돌연 아군끼리 공격하는 사태가 야기되어 주발에게 알려지게 되었으나, 주발은 누워서 일어나지 않았다.(≪史記≫ 卷57 〈絳侯周勃世家〉)

41) 荀氏 八龍 : 後漢 때 荀淑에게 8명의 아들이 있었는데, 모두 명성이 있어 당시 사람들이 荀氏 八龍이라 불렀다. 아들은 荀儉, 荀緄, 荀靖, 荀燾, 荀汪, 荀爽, 荀肅, 荀專이다.

荀氏八龍이 豈盡賢者리오 但得一二賢子弟相薰習하여 皆然耳라

45. 개가 백정을 보고 짖는 것을 세상 사람들이 전하기를 동물은 서로 따르는 것이 있다고 하는데, 그것은 옳지 않다. 이는 바로 바닷가의 갈매기[42]와 같다.

犬吠屠人을 世傳有物隨之나 非也라 此正如海上鷗爾라

42) 바닷가의 갈매기 : 바닷가에 사는 사람이 갈매기를 좋아하여 매일 아침 바닷가에서 갈매기를 따라 놀았는데, 날아오는 갈매기가 백 마리도 넘었다. 그의 아버지가 "내 들으니 갈매기가 모두 너를 따라 논다고 하니, 네가 갈매기를 잡아오면 내가 그것을 가지고 놀겠다."라고 하였다. 다음날 바닷가에 가니 갈매기가 빙빙 돌면서 내려오지 않았다.(≪列子≫ 〈黃帝〉) 機心이 있으면 동물도 그것을 알아차린다는 뜻이다.

二程全書 卷28

遺書 伊川先生語 十一

明 後學 嘉興 徐必達 校正

暢潛道[1]의 기록 暢潛道本

* 胡氏의 注에 이르기를 "식자들은 그 사이에 伊川先生의 말씀 아닌 것이 많다고 의심한다." 하였다.
胡氏注에 云호되 識者는 疑其間에 多非先生語라

1. ≪大學≫에 "物에는 本과 末이 있고, 일〔事〕에는 終과 始가 있으니, 먼저 할 바와 나중에 할 바를 알면 道에 가까울 것이다."라고 하였다. 사람의 학문은 本·末·終·始를 아는 것보다 더 큰 것이 없다. "앎을 극진히 하는 것은 사물에 이르는 데 달려 있다."라는 것은 이른바 本이요, 始라는 것이다. '天下와 國家를 다스리는 것'은 이른바 末이요, 終이라는 것이다. 천하와 국가를 다스리는 것은 반드시 자신에게 근본하니, 자기 몸이 바르지 않은데도 천하와 국가를 능히 다스리는 자는 없다. 格은 窮과 같고, 物은 理와 같으니, 格物은 "그 이치를 궁구한다."라고 말하는 것과 같을 따름이다. 그 이치를 궁구한 뒤에 족히 그 이치를 극진히 하니, 이치를 궁구하지 않으면 극진히 할 수 없다. 格物은 道에 나아가는 시작이니, 格物을 생각하려 하면 이미 道에 가까운 것이다. 이는 어째서인가. 그 마음을 거두어서 놓지 않기 때문이다.

大學曰 物有本末하고 事有終始하니 知所先後면 則近道矣라 人之學은 莫大於知本末終始라 致知在格物은 則所謂本也요 始也라 治天下國家는 則所謂末也요 終也라 治天下國家는 必本諸身하니 其身不正而能治天下國家者는 無之라 格은 猶窮也요 物은 猶理也니 猶曰窮其理而已也라 窮其理하여 然後에 足以致之니 不窮則不能致也라 格物者는 適道之始니 欲思格物이면 則固已近道矣라

---

1) 暢潛道 : 暢大隱이다. 潛道는 그의 자이며, 洛陽 사람이다. 程頤에게 수학하였다.

是何也오 以收其心而不放也일새라

2. 앎은 내가 본디 가지고 있는 것이다. 그러나 그 앎을 극진히 하지 않으면 그것을 얻을 수 없으며, 앎을 극진히 하는 데에는 반드시 방도가 있다. 그러므로 "앎을 극진히 하는 것은 사물에 이르는 데 달려 있다."[2)]라고 한 것이다.

知者는 吾之所固有라 然이나 不致則不能得之하며 而致知엔 必有道라 故로 曰 致知는 在格物이라

3. ≪大學≫에서 意誠을 논한 이하는 모두 그 意를 궁구하여 밝힌 것인데, 유독 格物만은 "사물의 이치가 이른 뒤에 앎이 지극해진다."[3)]라고 하였으니, 이는 대개 마음으로 터득할 수 있으나 말로 전할 수 없기 때문이다. 格物을 말미암아 이치를 확충한 뒤에야 聖人의 경지에 이를 수 있으니, 사물의 이치를 궁구함을 모르면서 마음속에 싹튼 생각이 善으로 가득차고, 마음이 바르게 되고, 몸이 닦여지기를 먼저 바라는 경우는 능히 이치에 맞는 것이 있지 않다.

大學에 論意誠以下는 皆窮其意而明之로되 獨格物則曰 物格而後知至라하니 蓋可以意得而不可以言傳也라 自格物而充之하여 然後에 可以至聖人이니 不知格物而先欲意誠心正身修者는 未有能中於理者라

4. ≪大學≫에 "앎을 극진히 하는 것은 사물에 이르는 데 달려 있다."라고 하였으니, 앎은 밖으로부터 나를 변화시키는 것이 아니라, 내가 본래 가지고 있는 것이다. 사물을 인하여 마음이 옮겨감이 있는데도 사리에 미혹하여 알지 못하면 天理가 없어질 것이다. 그러므로 聖人은 사물의 이치에 이르려 한 것이다.

致知는 在格物이라하니 非由外鑠我也요 我固有之也라 因物有遷이로되 迷而不知면 則天理滅矣라 故로 聖人欲格之라

5. 일에 따라 이치를 살피면 천하의 이치를 터득할 수 있다. 천하의 이치를 터득한 뒤

2) 앎을……있다 : ≪大學≫에 보인다.
3) 사물의……지극해진다 : ≪大學≫에는 "物格而后知至"로 되어 있다.

에야 聖人의 경지에 이를 수 있다. 君子의 학문은 장차 이치를 자기 몸에 돌이키려는 것일 따름이다. 자기 몸에 돌이키는 것은 앎을 극진히 하는 데 달려 있고, 앎을 극진히 하는 것은 사물에 이르는 데 달려 있다.

隨事觀理하면 而天下之理를 得矣라 天下之理를 得하여 然後에 可以至於聖人이라 君子之學은 將以反躬而已矣라 反躬은 在致知요 致知는 在格物이라

6. 배움은 스스로 터득하는 것을 귀하게 여긴다. 터득하는 것은 외부로부터 연유하는 것이 아니므로 自得이라 한다.

學은 貴於自得이라 得은 非外也라 故로 曰自得이라

7. 배움은 마음을 평안하게 하는 것보다 더 큰 것이 없고, 마음을 평안하게 하는 것은 마음을 바르게 하는 것보다 더 큰 것이 없고, 마음을 바르게 하는 것은 마음을 善으로 꽉 채우는 것보다 더 큰 것이 없다.

學은 莫大於平心이요 平은 莫大於正이요 正은 莫大於誠이라

8. 君子의 학문이 사사로운 생각, 기필하는 마음, 집착하는 마음, '나'라고 하는 사사로운 의식[4]이 없어진 뒤에 있으면서 喜怒哀樂이 아직 발하기 전으로 돌아가면 학문이 지극한 것이다.

君子之學이 在於意必固我旣亡之後하며 而復(복)於喜怒哀樂未發之前이면 則學之至也라

9. 마음은 지극히 소중하고, 닭과 개는 지극히 하찮은 미물이다. 닭과 개가 달아나면 찾을 줄 알지만 마음이 달아나면 찾을 줄 모르니,[5] 어찌 지극히 하찮은 것을 아끼면서

---

4) 사사로운 생각……의식 : ≪論語≫ 〈子罕〉에 "孔子는 네 가지의 마음이 전혀 없었으니, 사사로운 생각이 없었고, 기필하는 마음이 없었고, 집착하는 마음이 없었고, '나'라고 하는 사사로운 의식이 없었다.〔子絶四 毋意 毋必 毋固 毋我〕"라고 한 데서 나왔다.

5) 닭과……모르니 : ≪孟子≫ 〈告子 上〉에 "사람들이 닭과 개가 달아나면 찾을 줄 알지만, 마음이 달아나도 찾을 줄 모른다.〔人有鷄犬放 則知求之 有放心而不知求〕"라고 하였다.

도 지극히 소중한 것을 잊어버리는가. 이는 생각하지 않기 때문이다. 요즘 세상 사람들은 즐거워하지 말아야 할 것을 즐거워하고 즐거워해야 할 것을 즐거워하지 않으며, 사모하지 말아야 할 것을 사모하고 사모해야 할 것을 사모하지 않으니, 모두 輕重의 분수를 생각하지 않기 때문이다.

心은 至重하고 鷄犬은 至輕이라 鷄犬放則知求之나 心放則不知求하니 豈愛其至輕而忘其至重哉아 弗思而已矣일새라 今世之人은 樂其所不當樂하고 不樂其所當樂하며 慕其所不當慕하고 不慕其所當慕니 皆由不思輕重之分也라

10. 顔淵이 孔子에 대해 탄식하기를 "〈夫子의 道는〉 우러러볼수록 더욱 높고, 뚫고 들어갈수록 더욱 견고하며, 바라보면 앞에 있다가 홀연히 뒤에 있다. 夫子께서 차근차근 사람을 잘 인도하여 文으로써 나의 지식을 넓혀주고 禮로써 나의 행동을 요약해주셨다. 〈공부를〉 그만두고자 해도 그만둘 수 없어 이미 나의 재주를 다하였더니, 서 있는 바가 우뚝함이 있는 듯하였다. 그래서 그곳으로 가고자 하였지만 말미암을 길이 없었다."[6] 라고 하였다. 이는 顔子가 공자를 잘 배워서 공자를 깊이 안 것이다.

顔淵이 嘆孔子曰 仰之彌高하며 鑽之彌堅하며 瞻之在前이러니 忽焉在後로다 夫子循循然善誘人하사 博我以文하시고 約我以禮하시니라 欲罷不能하여 旣竭吾才하니 如有所立卓爾라 雖欲從之나 末由也已로다 此는 顔子所以善學孔子而深知孔子者也라

11. 학문이 지극하지 않아도 말이 지극한 자가 있는데, 그 말을 따르면 또한 道에 들어갈 수 있다. 荀子가 말하기를 "참되게 축적하고 힘쓰기를 오래하면 그 경지로 들어간다."[7]라고 하였고, 杜預가 말하기를 "넉넉하게 기록해 편안하게 하여 스스로 뜻을 찾게 하고, 精髓를 기록해 만족하게 하여 스스로 나아가게 한다."[8]라고 하였고, 管子가 말하

6) 우러러볼수록……없었다 : ≪論語≫ 〈子罕〉에 보인다.
7) 참되게……들어간다 : ≪荀子≫ 〈勸學篇〉에 "학문은 어디에서 시작하여 어디에서 끝나는가. 그 數는 經을 외는 데서 시작하여 禮를 읽는 데서 끝나고, 그 義는 士가 되는 데서 시작하여 聖人이 되는 데서 끝난다. 참되게 축적하고 힘쓰기를 오래하면 그 경지로 들어가는데, 학문은 죽음에 이른 뒤에야 그친다.〔學惡乎始 惡乎終 曰 其數則始乎誦經 終乎讀禮 其義則始乎爲士 終乎爲聖人 眞積力久則入 學至乎沒而後止也〕"라고 하였다.
8) 넉넉하게……한다 : 杜預의 〈春秋左氏傳序〉에 "左丘明의 글은 완곡하고, 그 뜻은 심원하다. 배우는 자들로 하여금 사건의 시초를 헤아려 결과를 알게 하고, 지엽을 찾아서 궁극을 알게 한다. 넉넉하

기를 "생각하고 생각하며 또 거듭 생각하니, 생각하여도 통하지 않으면 귀신이 통하게 할 것이니, 이는 귀신의 힘이 아니라 精神의 지극함이다."[9]라고 하였다. 이 세 가지 말은 그 말을 따르면 모두 道에 들어갈 수 있으나 荀子, 管子, 杜預는 애초 그런 경지에 미치지 못하였다.

有學不至而言至者한대 循其言이면 亦可以入道라 荀子曰 眞積力久則入이라하고 杜預曰 優而柔之하여 使自求之하고 厭而飫之하여 使自趨之라하고 管子曰 思之思之하며 又重思之니 思之而不通이면 鬼神將通之니 非鬼神之力也요 精神之極也라 此三者는 循其言이면 皆可以入道나 而荀子管子杜預는 初不能及此라

12. 외부로부터 배워서 마음속에서 터득하는 것을 明이라 하고, 마음속으로부터 터득하여 외부를 겸하는 것을 誠이라 하니,[10] 誠과 明은 하나이다.

自其外者學之하여 而得於內者를 謂之明이요 自其內者得之하여 而兼於外者를 謂之誠이니 誠與明은 一也라

13. 듣고 보아서 아는 것은 德性의 앎이 아니다. 감각기관이 外物과 접촉하면 알게 되는 것은 마음속으로 터득하는 것이 아니니, 요즘 사람들이 이른바 博物多能(외물에 박식하고 재주가 많다)이라고 하는 것이 그것이다. 德性의 앎은 보고 듣는 것을 빌리지 않는다.

聞見之知는 非德性之知라 物交物則知之는 非內也니 今之所謂博物多能者가 是也라 德性之知는 不假見聞이라

14. 君子는 천하를 중시한다고 해서 자신을 경시하지 않으며, 또한 자신을 중시한다고 해서 천하를 경시하지도 않는다. 무릇 자신이 마땅히 해야 할 바를 극진히 하니, "벼슬

게 기록해 편안하게 하여 스스로 뜻을 찾게 하고, 精髓를 기록해 만족하게 하여 스스로 나아가게 한다. 강과 바다가 대지를 적셔 주고 이슬과 비가 만물을 윤택하게 하듯, 얼음이 녹듯 의문이 풀리고 자연스럽게 이치가 순해진 뒤에 터득하게 된다.〔其文緩 其旨遠 將令學者原始要終 尋其枝葉 究其所窮 優而柔之 使自求之 饜而飫之 使自趨之 若江海之浸 膏澤之潤 渙然冰釋 怡然理順 然後爲得也〕"라고 하였다.

9) 생각하고……지극함이다 : ≪管子≫ 〈內業〉에 보인다.

10) 외부로부터……하니 : 이는 ≪中庸≫의 "自誠明 謂之性 自明誠 謂之敎 誠則明矣 明則誠矣"를 해석한 말이다.

墨翟

할 만하면 벼슬한다."[11], "집안에 들어가서는 효도한다."[12]라는 것들이 그것이다. 이것은 孔子의 道이다. 천하와 자신에 가려져서 어느 하나만을 고집함이 있는 것은 楊朱와 墨翟의 道이다.

君子는 不以天下爲重而身爲輕이요 亦不以身爲重而天下爲輕이라 凡盡其所當爲者니 如可以仕則仕와 入則孝之類가 是也라 此는 孔子之道也라 蔽焉而有執者는 楊墨之道也라

15. 飮食·言語의 道를 능히 극진히 하면 去就의 道를 극진히 할 수 있고, 去就의 道를 능히 극진히 하면 死生의 道를 극진히 할 수 있다. 飮食·言語와 去就·死生은 크고 작은 형세가 한가지이다. 그러므로 君子의 학문은 은미한 것으로부터 드러나고, 작은 것으로부터 창성해진다.

能盡飮食言語之道면 則可以盡去就之道하고 能盡去就之道면 則可以盡死生之道라 飮食言語와 去就死生은 小大之勢가 一也라 故로 君子之學은 自微而顯이요 自小而彰이라

16. ≪周易≫에 "사특함을 막고 그 誠을 보존한다."[13]라고 하였으니, 사특함을 막으면 誠이 저절로 보존되며, 그 사특함을 막는 것은 곧 言語·飮食·進退 및 남과 교제할 때에 달려 있을 따름이다.

易曰 閑邪存其誠이라하니 閑邪면 則誠自存하며 而閑其邪者는 乃在於言語飮食進退與人交接

11) 벼슬할……한다 : ≪孟子≫ 〈公孫丑 上〉에 孟子가 "벼슬할 만하면 벼슬하며, 그만둘 만하면 그만두며, 오래 머물 만하면 오래 머물며, 빨리 떠날 만하면 빨리 떠난 분은 孔子이다.〔可以仕則仕 可以止則止 可以久則久 可以速則速 孔子也〕"라고 하였다.

12) 집안에……효도한다 : ≪論語≫ 〈學而〉에 "자제들은 집안에 들어가서는 효도하고 밖에 나와서는 공경하며, 행실을 삼가고 말을 미덥게 하며, 널리 사람들을 사랑하면서도 仁者를 친히 해야 하니, 이것을 행하고 남은 힘이 있으면 글을 배운다.〔弟子入則孝 出則弟 謹而信 汎愛衆 而親仁 行有餘力 則以學文〕"라고 하였다.

13) 사특함을……보존한다 : ≪周易≫ 乾卦 〈文言傳〉에 보인다.

之際而已矣라

17. 사람은 모두 聖人의 경지에 이를 수 있는데, 君子의 학문은 반드시 성인의 경지에 이른 뒤에야 그친다. 성인의 경지에 이르지 않았는데 그치는 것은 모두 자신을 버리는 것이다. 그가 마땅히 효도해야 할 사람에게 효도하고 그가 마땅히 공경해야 할 사람에게 공경하여, 이로부터 미루어나간다면 또한 성인일 따름이다.

人皆可以至聖人이로되 而君子之學은 必至於聖人而後已라 不至於聖人而後已者는 皆自棄也라 孝其所當孝하고 弟其所當弟하여 自是而推之면 則亦聖人而已矣라

18. 권력이 많은 자는 誠을 해치고, 功을 좋아하는 자는 義를 해치고, 명예를 취하는 자는 마음을 해친다.

多權者는 害誠이요 好功者는 害義요 取名者는 賊心이라

19. 임금은 明哲함을 귀하게 여기고 糾察하는 것을 귀하게 여기지 않으며, 신하는 正道를 귀하게 여기고 權道를 귀하게 여기지 않는다.

君貴明하고 不貴察하며 臣貴正하고 不貴權이라

20. 性의 善을 일컬어 道라고 하니, 道와 性은 한가지이다. 性의 善이 이와 같기 때문에 性善이라고 하는 것이다. 性의 本을 命이라 하고, 性의 자연스러움을 天이라 한다. 性의 형체가 있는 것으로 말하면 心이라 하고, 性의 움직임이 있는 것으로 말하면 情이라 한다. 무릇 이 몇 가지는 모두 한가지이다. 聖人은 일에 따라서 명칭을 제정하였다. 그러므로 명칭이 같지 않은 것이 이와 같다. 그러나 후세 학자들은 글자에 따라 의미를 분석하고 기이한 설을 추구하여 성인의 의도와는 거리가 멀어졌다.

稱性之善謂之道니 道與性은 一也라 以性之善如此라 故로 謂之性善이라 性之本을 謂之命이요 性之自然者를 謂之天이라 自性之有形者를 謂之心이요 自性之有動者를 謂之情이라 凡此數者는 皆一也라 聖人은 因事以制名이라 故로 不同若此라 而後之學者는 隨文析義하고 求奇異之說하여

而去聖人之意가 遠矣라

21. 性을 말미암아 행한 것은 모두 善하다. 聖人은 그 善을 인하였으니, 仁·義·禮·智·信으로 나누어 이름을 붙였다. 그 베풂이 같지 않기 때문에 다섯 가지로 나누어 구별한 것이다. 합하여 말하면 모두 道이고, 구별하여 말해도 모두 道이다. 이를 버리고서 행하는 것은 그 性을 거스르는 것이요, 그 道를 거스르는 것이다. 세상 사람들이 모두 性이니 道니 말하는 것은 이 다섯 가지와는 다르다. 그것은 또한 이 道를 배우지 않았기 때문이며, 그것은 또한 그 性을 체득하지 않았기 때문이며, 그것은 또한 道가 보존된 것을 알지 못하기 때문이다.

自性而行은 皆善也라 聖人은 因其善也니 則爲仁義禮智信以名之라 以其施之不同也라 故로 爲五者以別之라 合而言之면 皆道요 別而言之라도 亦皆道也라 舍此而行은 是悖其性也요 是悖其道也라 而世人皆言性也道也는 與五者異라 其亦弗學歟인저 其亦未體其性也歟인저 其亦不知道之所存歟인저

22. 道 가운데 무엇이 가장 큰가. 性이 가장 크다. 천 리의 먼 거리와 수천 년의 시일은 그 動靜하고 起居하는 바를 추급해도 따라갈 수 없을 듯하다. 그러나 때때로 생각해 보면 천 리의 먼 거리가 눈앞에 있고, 수천 년의 오랜 시간이 근래의 며칠과 다름이 없으니, 사람의 性은 또한 크다. 아! 사람이 스스로 작게 여기는 것은 또한 슬퍼할 만하다. 사람의 性은 하나인데, 세상 사람들이 모두 '내가 어찌 聖人이 될 수 있겠는가?'라고 하니, 이는 스스로 자신을 믿지 못하는 것이다. 그들은 또한 이 점을 살피지 못한 것이다.

道孰爲大아 性爲大라 千里之遠과 數千歲之日은 其所動靜起居를 隨若亡矣라 然이나 時而思之면 則千里之遠이 在於目前이요 數千歲之久가 無異數日之近이니 人之性則亦大矣라 噫라 人之自小者는 亦可哀也已라 人之性은 一也로되 而世之人이 皆曰吾何能爲聖人이라하니 是不自信也라 其亦不察乎인저

23. 스스로 이치를 터득한 자는 지키는 바가 굳세고, 스스로 자신을 믿는 자는 행하는 바를 의심하지 않는다.

自得者는 所守固요 而自信者는 所行不疑라

24. 배움은 信을 귀하게 여기니, 信은 誠에 달려 있다. 誠하면 信하게 되고, 信하면 誠해질 수 있다. 信하지 않으면 자립하지 못하며, 誠하지 않으면 실천하지 못한다.

學貴信이니 信在誠이라 誠則信矣요 信則誠矣라 不信이면 不立하고 不誠이면 不行이라

25. 혹자가 물었다.

"周公의 勳業은 사람이 할 수 없는 것입니다."

선생이 말하였다.

"그렇지 않다. 聖人이 행한 것은 사람이 마땅히 해야 할 바였다. 자기가 마땅히 해야 할 바를 극진히 하면 나의 훈업 또한 주공의 훈업과 마찬가지이다. 무릇 사람이 할 수 없는 것은 성인이 하지 않았다."

或問호되 周公勳業은 人不可爲也已니이다 曰 不然이라 聖人之所爲는 人所當爲也라 盡其所當爲면 則吾之勳業도 亦周公之勳業也라 凡人之弗能爲者는 聖人弗爲라

26. 君子의 학문은 자기가 돌아갈 곳을 구하는 것일 따름이다.

君子之學은 要其所歸而已矣라

27. 백성은 현명하게 해주어야지 어리석게 해서는 안 되며, 백성은 가르쳐야지 위력으로 다스려서는 안 되며, 백성은 순응하게 해야지 강요해서는 안 되며, 백성은 부려야지 속여서는 안 된다.

民은 可明也요 不可愚也며 民은 可敎也요 不可威也며 民은 可順也요 不可强也며 民은 可使也요 不可欺也라

28. 孔子가 말하기를 "申棖은 욕심이 있으니, 어찌 강직할 수 있겠는가."[14]라고 하였으니, 심하도다! 욕심이 사람을 해치는 것이여. 사람이 不善을 행하는 것은 욕심이 유혹

하기 때문이다. 욕심이 유혹하는데도 알지 못하면 天理가 무너져도 돌아볼 줄 모르는데 이르게 된다. 그러므로 눈은 사물을 보고자 하고, 귀는 소리를 듣고자 하는 것으로부터 코는 냄새를 맡고자 하고, 입은 맛을 보고자 하고, 몸은 편안하고자 하는 것에 이르기까지 이는 모두 욕심이 그렇게 시키는 바가 있는 것이다. 그렇다면 무엇으로써 그 욕심을 막을 것인가. 사색할 따름이다. 학문은 사색하는 것보다 더 귀한 것이 없으니, 오직 사색하여야 능히 욕심을 막는 일을 할 수 있다. 曾子의 三省[15]은 욕심을 막는 道이다.

孔子曰 棖也는 慾이어니 焉得剛이리오하니 甚矣라 慾之害人也여 人之爲不善은 欲誘之也일새라 誘之而弗知면 則至於天理滅而不知反이라 故로 目則欲色하고 耳則欲聲하고 以至鼻則欲香하고 口則欲味하고 體則欲安은 此皆有以使之也라 然則何以窒其欲이리오 曰 思而已矣라 學은 莫貴於思니 唯思라야 爲能窒欲이라 曾子之三省은 窒欲之道也라

29. 이기기를 좋아하는 자는 이치를 무너뜨리고, 욕심을 제멋대로 부리는 자는 常道를 어지럽힌다.

好勝者는 滅理요 肆欲者는 亂常이라

30. 벼슬할 만하면 벼슬하며, 그만둘 만하면 그만두며, 오래 머물 만하면 오래 머물며, 빨리 떠날 만하면 빨리 떠나니,[16] 이것이 모두 제때에 맞게 하는 것이다. 일찍이 中道에 맞지 않음이 없기 때문에 "君子로서 그때그때 中道에 맞게 한다."[17]라고 한 것이다.

---

14) 申棖은……있겠는가 : 孔子가 말하기를 "나는 아직 강직한 자를 보지 못하였다.〔吾未見剛者〕"라고 하자, 혹자가 "申棖입니다."라고 하였다. 공자가 말하기를 "신정은 욕심이 있으니, 어찌 강직할 수 있겠는가.〔棖也慾 焉得剛〕"라고 하였다.(≪論語≫ 〈公冶長〉)

15) 三省 : 曾子가 자신을 성찰한 세 조목으로, ≪論語≫ 〈學而〉에서 曾子가 "나는 날마다 세 가지로 내 몸을 살피니, 남을 위하여 도모할 적에 충성스럽지 않았던가. 벗과 사귈 적에 미덥지 못했던가. 전수받은 것을 익히지 않았던가.〔吾日三省吾身 爲人謀而不忠乎 與朋友交而不信乎 傳不習乎〕"라고 하였다. ≪遺書≫ 〈二先生語 八〉에서는 '傳不習乎'를 '지식을 익숙하게 하지 않고서 남에게 전해주는 것이다.'라고 하였다.

16) 벼슬할……떠나니 : ≪孟子≫ 〈公孫丑 上〉에서 孟子가 孔子에 대해 평가한 말이다.

17) 君子로서……한다 : ≪中庸≫에 "君子가 中庸을 행하는 것은 군자로서 그때그때 중도에 맞게 하는 것이며, 小人이 중용을 〈반대로〉 하는 것은 소인으로서 거리낌이 없는 것이다.〔君子之中庸也 君子而時中 小人之〈反〉中庸也 小人而無忌憚也〕"라고 하였다.

可以仕則仕하며 可以止則止하며 可以久則久하며 可以速則速하니 此皆時也라 未嘗不合中이라 故로 曰 君子而時中이라

31. "喜怒哀樂이 아직 발하지 않은 것을 中이라 한다."[18]라고 하였으니, 中이라는 것은 寂然히 動하지 않은 것[19]을 말한다. 그러므로 "天下의 큰 근본이다."라고 한 것이다. "喜怒哀樂이 발하여 절도에 맞은 것을 和라고 한다."라고 하였으니, 和라는 것은 감응하여 마침내 통한 것을 말한다. 그러므로 "천하의 두루 통하는 道이다."라고 한 것이다.

喜怒哀樂之未發을 謂之中이라하니 中也者는 言寂然不動者也라 故曰 天下之大本이라 發而皆中節을 謂之和라하니 和也者는 言感而遂通者也라 故曰 天下之達道라

32. 학문이란 사람으로 하여금 마음속에서 구하게 하는 것이다. 마음속에서 구하지 않고 외부에서 구하는 것은 聖人의 학문이 아니다. 무엇을 마음속에서 구하지 않고 외부에서 구하는 것이라 하는가. 文을 주로 하는 것이 그것이다. 학문이란 사람이 근본에서 구하도록 하는 것이다. 근본에서 구하지 않고 말단에서 구하는 것은 성인의 학문이 아니다. 무엇을 근본에서 구하지 않고 말단에서 구하는 것이라 하는가. 자세함과 간략함을 고찰하고 같음과 다름을 가리는 것이 그것이다. 이 두 가지는 모두 자신에게 유익함이 없어 君子는 배우지 않는다.

學也者는 使人求於內也라 不求於內而求於外는 非聖人之學也라 何謂不求於內而求於外오 以文爲主者가 是也라 學也者는 使人求於本也라 不求於本而求於末은 非聖人之學也라 何謂不求於本而求於末고 考詳略하고 採同異者가 是也라 是二者는 皆無益於身하여 君子弗學이라

33. 墨子의 덕이 지극하지만 君子는 배우지 않으니, 그는 正道를 버리고 다른 곳으로

18) 喜怒哀樂이……한다 : ≪中庸≫에 "喜怒哀樂이 아직 발하지 않은 것을 中이라 하고, 희로애락이 발하여 절도에 맞은 것을 和라고 한다. 中이라는 것은 천하의 큰 근본이고, 和라는 것은 천하의 두루 통하는 도이다.〔喜怒哀樂之未發 謂之中 發而皆中節 謂之和 中也者 天下之大本也 和也者 天下之達道也〕"라고 하였다.

19) 寂然히……것 : ≪周易≫ 〈繫辭傳 上〉에 "易은 생각이 없고 作爲함이 없어 寂然히 動하지 않다가 감응하여 마침내 천하의 일에 통하니, 천하의 지극히 신묘한 자가 아니면 그 누가 여기에 참여하겠는가.〔易 无思也 无爲也 寂然不動 感而遂通天下之故 非天下之至神 其孰能與於此〕"라고 한 데서 나왔다.

갔기 때문이다. 司馬相如와 司馬遷의 재주가 지극하지만 군자는 귀하게 여기지 않으니, 그들이 말하는 학문이란 것은 제대로 된 학문이 아니기 때문이다.

墨子之德이 至矣나 而君子弗學也니 以其舍正道而之他也일새라 相如太史遷之才가 至矣나 而君子弗貴也니 以所謂學者非學也일새라

34. 莊子는 聖人을 배반한 자인데, 세상 사람들은 모두 '당시의 폐해를 바로잡았다'고 말한다. 당시의 폐해를 바로잡았다는 것이 참으로 이와 같은가. 伯夷와 柳下惠는 당시의 폐해를 바로잡은 자인데, 그들에게 성인과 다른 점이 있는가. 아니면 다른 점이 없는가. 莊周・老聃은 伯夷・柳下惠와 같은가, 같지 않은가. 子夏가 말하기를 "비록 작은 道일지라도 반드시 볼 만한 것이 있으나 원대함에 이르는 데에는 구애될까 두렵다."[20]라고 하였고, 孔子가 말하기를 "異端을 專攻하면 해로울 뿐이다."[21]라고 하였다. 이는 이단에 취할 만한 점이 있더라도 바른 道가 아니라는 것을 말한 것이다.

莊子는 叛聖人者也로되 而世之人은 皆曰 矯時之弊라 矯時之弊가 固若是乎아 伯夷柳下惠는 矯時之弊者也인대 其有異於聖人乎아 抑無異乎아 莊周老聃은 其與伯夷柳下惠로 類乎아 不類乎아 子夏曰 雖小道나 必有可觀者焉이어니와 致遠恐泥라하고 子曰 攻乎異端이면 斯害也已라 此는 言異端有可取나 而非道之正也라

35. 君子는 앎을 근본으로 삼고 실천을 그 다음으로 삼는다. 지금 여기에 어떤 사람이 있는데 힘은 능히 행할 수 있으나 지식은 이치를 알기에 충분치 않다면 異端이 나왔을 적에 그는 장차 방탕한 데로 흘러가 돌아올 줄 모를 것이다. 안으로 好惡를 알지 못하고, 밖으로 是非를 알지 못하면 비록 尾生의 신의[22]나 曾參의 효성[23]이 있을지라도 나

---

20) 비록……두렵다 : ≪論語≫ 〈子張〉에 子夏가 말하기를 "비록 작은 道일지라도 반드시 볼 만한 것이 있으나 원대함에 이르는 데에는 구애될까 두렵다. 이 때문에 군자는 배우지 않는다.〔雖小道 必有可觀者焉 致遠恐泥 是以君子不爲也〕"라고 하였다.

21) 異端을……뿐이다 : ≪論語≫ 〈爲政〉에 보인다.

22) 尾生의 신의 : 춘추시대 魯나라의 尾生이 어떤 여자와 다리 밑에서 만나기로 약속을 하였다. 여자는 오지 않고 홍수로 물이 불어났는데도 피하지 않다가 다리 기둥을 붙잡은 채 익사하였다.(≪莊子≫ 〈盜跖〉) 신의를 굳게 지키는 사람, 또는 융통성 없이 우직하게 신의만을 지키는 사람을 비유한다.

23) 曾參의 효성 : 曾參은 孔子의 제자로, 효성으로 이름났다.

는 귀하게 여기지 않는다.

君子는 以識爲本하고 行次之라 今有人焉한대 力能行之나 而識不足以知之면 則有異端者出에 彼將流宕而不知反이라 內不知好惡(오)하고 外不知是非어든 雖有尾生之信과 曾參之孝라도 吾弗貴矣라

36. 학문은 남의 말을 잘 알아듣는 것보다 더 귀한 것이 없고, 道는 제때를 아는 것보다 더 귀한 것이 없고, 일은 요점을 아는 것보다 더 귀한 것이 없다. 듣는 것과 보는 것은 외적인 일이니, 나의 마음을 움직일 수 없다.

學은 莫貴於知言이요 道는 莫貴於識時요 事는 莫貴於知要라 所聞者와 所見者는 外也니 不可以動吾心이라

37. 孟子가 말하기를 "〈浩然之氣는〉 그 氣됨이 지극히 크고 지극히 강하여 정직하니, 이 기를 잘 기르면 해가 없다."[24]라고 하였으니, 이는 대개 浩然之氣는 지극히 크고 지극히 강하며 또 정직하니, 이 기를 잘 기르면 해가 없다는 말이다.

孟子曰 其爲氣也는 至大至剛以直하니 養而無害라하니 此蓋言浩然之氣는 至大至剛且直也하니 能養之면 則無害矣라

38. 伊尹은 有莘氏의 땅에서 농사를 짓고 있었고, 傅說은 傅巖에서 담장을 쌓고 있었다. 천하의 일은 하나하나 배우는 것이 아니고, 천하의 어진 인재는 하나하나 아는 것이 아니니, 자기에게 있는 것을 밝힐 따름이다.

伊尹之耕於有莘하고 傅說(열)之築於傅巖이라 天下之事는 非一一而學之요 天下之賢才는 非一一而知之니 明其在己而已矣라

39. 君子는 재주가 덕보다 지나치기를 바라지 않고, 이름이 실상보다 지나치기를 바라

24) 그……없다 : 《孟子》 〈公孫丑 上〉에 보인다. 朱熹는 "浩然之氣는 그 氣됨이 지극히 크고 지극히 강하니, 정직함으로써 잘 길러 해침이 없으면 天地 사이에 꽉 차게 된다.〔其爲氣也 至大至剛 以直養而無害 則塞于天地之間〕"라고 하였는데, 伊川은 달리 해석하였다.

지 않고, 문채가 바탕보다 지나치기를 바라지 않는다. 재주가 덕보다 지나친 경우는 상서롭지 못하며, 이름이 실상보다 지나친 경우는 재앙이 있으며, 문채가 바탕보다 지나친 경우는 더불어 성장함이 없다.

君子는 不欲才過德이요 不欲名過實이요 不欲文過質이라 才過德者는 不祥하며 名過實者는 有殃하며 文過質者는 莫之與長이라

40. 혹자가 물었다.

"顔子는 누추한 마을에 살면서도 자신의 즐거움을 고치지 않았다는데,[25] 이는 빈천하여 누추한 마을에 사는 자와 어떻게 다릅니까?"

선생이 말하였다.

"빈천하여 누추한 마을에 사는 자는 부귀함에 처하면 본래의 마음을 잃는다. 안자는 누추한 마을에 살아도 이와 같고, 부귀함에 처하여도 이와 같다."

或問호되 顔子는 在陋巷而不改其樂하니 與貧賤而在陋巷者로 何以異乎잇가 曰 貧賤而在陋巷者는 處富貴면 則失乎本心이라 顔子는 在陋巷猶是요 處富貴猶是라

41. 晝·夜의 道를 통하여 晝·夜, 死·生의 道를 안다.[26]

通乎晝夜之道하여 而知晝夜死生之道也라

42. 生의 道를 알면 死의 道를 알게 되고, 사람을 섬기는 道을 극진히 하면 귀신을 섬기는 道를 극진히 하게 된다. 死·生과 人·鬼는 하나이면서 둘이고, 둘이면서 하나이다.

知生之道면 則知死之道요 盡事人之道면 則盡事鬼之道라 死生人鬼는 一而二요 二而一者也라

---

25) 顔子는……않았다는데 : ≪論語≫ 〈雍也〉에 孔子가 말하기를 "어질도다, 顔回여! 한 대그릇의 밥과 한 표주박의 물로 누추한 골목에 사는 것을 남들은 그 근심을 견디지 못하는데, 안회는 그 즐거움을 고치지 않으니, 어질도다, 안회여!〔賢哉 顔回 一簞食 一瓢飮 在陋巷 人不堪其憂 回也 不改其樂 賢哉 顔回〕"라고 하였다.

26) 晝·夜의……안다 : ≪周易≫ 〈繫辭傳 上〉에 "天地의 조화를 일정한 범위로 정하여 지나치지 않게 하며, 만물을 곡진히 이루어 빠뜨리지 않으며, 晝夜의 道를 겸하여 안다. 그러므로 神은 일정한 방소가 없고 易은 일정한 體가 없다.〔範圍天地之化而不過 曲成萬物而不遺 通乎晝夜之道而知 故神无方而易无體〕"라고 하였다.

43. 孔子가 말하기를 "德이 있는 자는 반드시 훌륭한 말이 있다."[27]라고 한 것은 어째서인가. 和順이 마음속에 쌓여 英華가 외면에 드러난다.[28] 그러므로 말을 하면 문장이 되고, 행동하면 본보기가 된다.

孔子曰 有德者는 必有言이라함은 何也오 和順이 積於中하여 英華가 發於外也라 故로 言則成文하고 動則成章이라

44. 학문은 널리 아는 것을 귀하게 여기지 않고, 바른 것을 귀하게 여길 따름이다. 말은 많이 하는 것을 귀하게 여기지 않고, 마땅한 것을 귀하게 여길 따름이다. 정사는 상세한 것을 귀하게 여기지 않고 이치에 순응하는 것을 귀하게 여길 따름이다.

學은 不貴博이요 貴於正而已矣라 言은 不貴多요 貴於當而已矣라 政은 不貴詳이요 貴於順而已矣라

45. 사사로운 생각, 기필하는 마음, 집착하는 마음, '나'라고 하는 사사로운 의식[29]이 없어진 뒤에야 반드시 일삼는 바가 있게 된다. 이는 배우는 자가 마땅히 마음을 극진히 해야 할 바이다. 夜氣[30]가 보존된 것은 良知이며 良能이다. 만일 그것을 넓혀서 채우면 낮에 해친 바를 변화시켜 夜氣가 보존되는 것을 기를 수 있고, 그런 뒤에 聖人의 경지에 이를 수 있다.

意必固我旣亡之後에 必有事焉이라 此는 學者所宜盡心也라 夜氣之所存者는 良知也요 良能也라 苟擴而充之면 化旦晝之所害하여 爲夜氣之所存하고 然後에 可以至於聖人이라

46. 孟子가 말하기를 "그 마음을 극진히 하는 자는 그 性을 아니, 그 性을 알면 하늘을 알게 된다."[31]라고 하였다. 여기서 말한 心, 性, 天은 다름이 있지 않다.

---

27) 德이……있다 : ≪論語≫ 〈憲問〉에 孔子가 말하기를 "德이 있는 자는 반드시 훌륭한 말이 있지만, 훌륭한 말을 하는 자가 반드시 덕이 있지는 않다. 仁者는 반드시 용기가 있지만, 용기있는 자가 반드시 仁하지는 않다.〔有德者 必有言 有言者 不必有德 仁者 必有勇 勇者 不必有仁〕"라고 하였다.

28) 和順이……드러난다 : ≪禮記≫ 〈樂記〉에 "和順이 마음속에 쌓여 英華가 외면에 드러나니, 오직 음악은 거짓으로 할 수 없는 것이다.〔和順積中而英華發外 唯樂不可以爲僞〕"라고 하였다.

29) 사사로운 생각……의식 : 243쪽 각주 4번 참조.

30) 夜氣 : 사물을 접촉하지 않는 밤에 되살아나는 맑은 기운을 말한다.(≪孟子≫ 〈告子 上〉)

孟子曰 盡其心者는 知其性也니 知其性이면 則知天矣라 心也性也天也는 非有異也라

47. 사람은 모두 이 道를 가지고 있으나, 오직 君子라야 능히 체득하여 쓸 수 있다. 능히 체득하여 쓰지 못하는 자는 모두 스스로 자신을 버리는 것이다. 그러므로 孟子가 말하기를 "만일 능히 그것을 채운다면 족히 온 세상 사람들을 보호할 수 있고, 만일 능히 그것을 채우지 못한다면 부모도 섬길 수 없다."[32]라고 한 것이다. 채우고 채우지 않음은 모두 나에게 달려 있을 따름이다.

人皆有是道나 唯君子라야 爲能體而用之라 不能體而用之者는 皆自棄也라 故로 孟子曰 苟能充之면 足以保四海요 苟不能充之면 不足以事父母라 夫充與不充은 皆在我而已라

48. 德이 성대한 자는 外物이 어지럽힐 수 없어서 형체도 병들지 않는다. 형체가 병들지 않는 것은 외물이 어지럽힐 수 없기 때문이다. 그러므로 잘 배운 자는 死・生에 임하여도 안색이 변치 않고, 질병과 슬픔에도 마음이 동요되지 않으니, 평소의 수양을 말미암은 것이지, 하루아침이나 하루저녁의 힘이 아니다.

德盛者는 物不能擾而形不能病이라 形不能病은 以物不能擾也일새라 故로 善學者는 臨死生而色不變하고 疾痛慘戚而心不動하니 由養之有素也요 非一朝一夕之力也라

49. 마음이 조급한 자는 덥지 않은데도 답답해하며, 춥지 않은데도 벌벌 떨며, 미워할 바가 없는데도 노여워하며, 기뻐할 바가 없는데도 기뻐하며, 취할 바가 없는데도 일어난다. 君子는 자신의 氣를 바르게 하는 것보다 더 큰 일이 없다. 자신의 氣를 바르게 하

---

31) 그 마음을……된다 : ≪孟子≫ 〈盡心 上〉에 孟子가 말하기를 "그 마음을 극진히 하는 자는 그 性을 아니, 그 性을 알면 하늘을 알게 된다. 그 마음을 보존하여 그 性을 기름은 하늘을 섬기는 것이요, 요절하거나 장수함에 의심하지 않아 몸을 닦고 天命을 기다림은 命을 세우는 것이다.〔盡其心者 知其性也 知其性 則知天矣 存其心 養其性 所以事天也 殀壽不貳 修身以俟之 所以立命也〕"라고 하였다.

32) 만일……없다 : ≪孟子≫ 〈公孫丑 上〉에 "무릇 四端이 나에게 있는 것을 다 넓혀서 채울 줄 알면, 마치 불이 처음 타오르며 샘물이 처음 나오는 것과 같을 것이니, 만일 능히 그것을 채운다면 족히 四海의 사람들을 보호할 수 있고, 만일 능히 그것을 채우지 못한다면 부모도 섬길 수 없다.〔凡有四端於我者 知皆擴而充之矣 若火之始然 泉之始達 苟能充之 足以保四海 苟不充之 不足以事父母〕"라고 하였다.

고자 하면 자신의 心志를 바르게 하는 일 만한 것이 없다. 자신의 心志가 바르게 되면 더워도 답답해하지 않으며, 추워도 떨지 않으며, 노여워하는 바가 없으며, 기뻐하는 바가 없으며, 취하는 바가 없다. 去就도 이와 같고 死生도 이와 같으니, 이것을 일러 不動心이라 한다.

心之躁者는 不熱而煩하며 不寒而慄하며 無所惡(오)而怒하며 無所悅而喜하며 無所取而起라 君子는 莫大於正其氣라 欲正其氣어든 莫若正其志라 其志旣正이면 則雖熱不煩하며 雖寒不慄하며 無所怒하며 無所喜하며 無所取라 去就猶是하고 死生猶是니 夫是之謂不動心이라

50. 心志가 순조로운 경우는 氣가 거스르지 않고, 氣가 순조로우면 心志는 장차 저절로 바르게 된다. 心志가 순조로우면서 氣가 바른 것이 浩然之氣이다. 그렇다면 浩然之氣를 기르는 것은 곧 자신의 心志를 잡고 또 자신의 氣를 해치지 않는[33] 데 달려 있다.

志順者는 氣不逆하고 氣順이면 志將自正이라 志順而氣正이 浩然之氣也라 然則養浩然之氣也는 乃在於持其志無暴其氣耳라

51. ≪中庸≫에 "道는 잠시도 벗어날 수 없으니, 벗어날 수 있으면 道가 아니다."[34]라고 하고, 또 "道는 사람에게서 멀리 있지 않다."[35]라고 하였다. 이는 단지 聖人이 처음 배우는 자를 위해 말한 것일 뿐이다. 道의 지극함을 논한다면 벗어날 수 있다거나 벗어날 수 없다거나, 멀리 있다거나 가까이 있다고 하는 설이 어찌 있겠는가.

中庸曰 道는 不可須臾離也니 可離면 非道也라하고 又曰 道不遠人이라 此特聖人爲始學者言之耳라 論其極이면 豈有可離與不可離而遠與近之說哉리오

---

33) 자신의……않는 : ≪孟子≫ 〈公孫丑 上〉에 "志는 氣의 장수요, 氣는 몸에 가득 차 있는 것이니, 志가 지극한 것이고, 氣가 그 다음이다. 그러므로 말하기를 '그 志를 잘 잡고 또 그 氣를 해치지 말라.'고 한 것이다.〔夫志 氣之帥也 氣 體之充也 夫志至焉 氣次焉 故曰 持其志 無暴其氣〕"라고 하였다.

34) 道는……아니다 : ≪中庸≫에 "道라는 것은 잠시도 벗어날 수 없으니, 벗어날 수 있으면 道가 아니다. 그러므로 군자는 그 눈으로 보지 않는 바에서도 경계하고 삼가며, 그 귀로 듣지 않는 바에서도 두려워하고 두려워한다.〔道也者 不可須臾離也 可離 非道也 是故君子戒愼乎其所不睹 恐懼乎其所不聞〕"라고 하였다.

35) 道는……않다 : ≪中庸≫에 "孔子가 말하기를 '道는 사람에게서 멀리 있지 않으니 사람이 도를 행하되 사람에게서 멀어지면 도가 될 수 없다.〔道不遠人 人之爲道而遠人 不可以爲道〕"라고 하였다.

52. 배우는 것은 쉬우나 그것을 알기는 어렵다. 그것을 알기가 어려운 것이 아니라 체득하여 터득하는 것이 어렵다.

學爲易(이)나 知之爲難이라 知之非難也요 體而得之爲難이라

53. '致曲'[36]은 그 한 부분에 나아가 그것을 극진히 하는 것이다.

致曲者는 就其曲而致之也라

54. "사람마다 자기에게 귀함이 있다."[37]라고 하니, 이것이 사람이 모두 堯·舜이 될 수 있는 이유이다.

人人有貴於己者라하니 此其所以人皆可以爲堯舜이라

55. 배우는 자는 마땅히 ≪論語≫와 ≪孟子≫를 근본으로 삼아야 한다. ≪논어≫와 ≪맹자≫를 공부하고 나면 六經은 공부하지 않아도 환해진다. 독서는 마땅히 聖人이 經을 지은 의도, 성인이 마음을 쓴 바, 성인이 성인의 경지에 이른 이유와 내가 아직 그 경지에 이르지 못한 이유, 내가 아직 터득하지 못한 이유를 관찰하여 구절마다 그 점을 찾아서 낮에는 외우면서 음미하고 한밤중에는 사색하되, 마음을 화평하게 하고 기운을 편안하게 하고 의심스러운 것을 제쳐두면 성인의 의도를 알 수 있을 것이다.

學者는 當以論語孟子爲本이라 論語孟子를 旣治면 則六經은 可不治而明矣라 讀書者는 當觀聖人所以作經之意와 與聖人所以用心과 與聖人所以至聖人而吾之所以未至者와 所以未得者하여 句句而求之하여 晝誦而味之하고 中夜而思之호되 平其心하고 易(이)其氣하고 闕其疑면 則聖人之意를 見矣라

---

36) 致曲 : 전체 중에서 어느 한 부분을 극진히 하는 것으로, ≪中庸≫에서는 '至誠'의 다음은 '致曲'이라 하였다.

37) 사람마다……있다 : ≪孟子≫ 〈告子 上〉에 孟子가 말하기를 "존귀해지기를 바라는 것은 사람의 똑같은 마음이니, 사람마다 자기에게 귀함이 있건마는 그것을 생각하지 않을 뿐이다.〔欲貴者 人之同心也 人人有貴於己者 弗思耳〕"라고 하였다.

56. 사람이 태어나 어려서는 말달리고 주살질하고 사냥하는 것을 좋아하며 장성해서는 功名을 세우기를 좋아하니, 이는 모두 혈기의 왕성함이 그렇게 시키는 것일 뿐이다. 그러므로 사람이 쇠약할 적에는 부족한 기색이 있고, 병이 들었을 적에는 가련한 말을 한다. 사람의 性이 지극히 위대한데 形氣에 부림을 당하면서도 스스로 알지 못하니, 슬프도다!

人之生也에 小則好馳騁弋獵하며 大則好建立功名하니 此皆血氣之盛使之然耳라 故로 其衰也엔 則有不足之色하고 其病也엔 則有可憐之言이라 夫人之性이 至大矣로되 而爲形氣之所役使而不自知하니 哀哉라

57. 재물에 인색하면서도 善을 능히 행하는 자를 나는 보지 못하였으며, 誠하지 않은데도 善을 능히 행하는 자를 나는 보지 못하였다.

吾未見嗇於財而能爲善者也며 吾未見不誠而能爲善者也라

58. 君子의 학문은 먼저 안 사람으로 하여금 뒤에 아는 사람을 깨우치게 하며, 먼저 깨달은 사람으로 하여금 뒤늦게 깨닫는 사람을 깨우치게 하는[38] 것인데, 老子는 "〈옛날 道를 잘 행한 자는〉 백성을 현명하게 하는 것이 아니라, 그들을 어리석게 하려 하였다."[39] 라고 하였으니, 그는 또한 그의 性을 스스로 해친 것이다.

君子之學也는 使先知로 覺後知하며 使先覺으로 覺後覺이로되 而老子는 以爲非以明民하고 將以愚之라하니 其亦自賊其性矣라

59. 聖人이 되기를 구하는 지향이 있은 뒤에야 더불어 힘께 배울 수 있고, 배워서 사색을 잘한 뒤에야 더불어 道에 나아갈 수 있다. 사색하여 터득한 바가 있으면 더불어 道

38) 먼저……하는 : 伊尹이 말하기를 "하늘이 이 사람을 낳은 것은 먼저 안 사람으로 하여금 뒤에 아는 사람을 깨우치게 하며, 먼저 깨달은 사람으로 하여금 뒤늦게 깨닫는 사람을 깨우치게 한 것이다. 나는 하늘이 낸 사람 중에 먼저 깨달은 자이니, 내 장차 이 道로써 이 사람들을 깨우치게 할 것이다."라고 하였다.(≪孟子≫ 〈萬章 上〉, 〈萬章 下〉)

39) 백성을……하였다 : ≪道德經≫에 "옛날에 道를 잘 행한 자는 백성을 현명하게 하는 것이 아니라, 그들을 어리석게 하려 하였다.〔古之善爲道者 非以明民 將以愚之〕"라고 하였다.

의 경지에 설 수 있고, 道의 경지에 서서 化하면 더불어 權道를 행할 수 있다.[40)]

有求爲聖人之志然後에 可與共學이요 學而善思然後에 可與適道라 思而有所得이면 則可與立이요 立而化之면 則可與權이라

60. "禮가 아니면 보지 말며, 禮가 아니면 듣지 말며, 禮가 아니면 말하지 말며, 禮가 아니면 행동하지 말라."[41)]라고 하였다. 보고 듣고 말하고 행동하는 것이 한결같이 禮에 맞는 것을 仁이라 하니, 仁은 禮와 다름이 있지 않다. 孔子가 中弓에게 이르기를 "문을 나서서는 큰 손님을 뵙는 듯이 하며, 백성을 부릴 적에는 큰 제사를 받드는 듯이 하며, 자신이 원하지 않는 것을 남에게 베풀지 말아야 한다."[42)]라고 하였다. 君子가 능히 이와 같이 마음을 쓰고 능히 이와 같이 마음을 보존하면 어찌 不仁한 자가 있겠는가. 그러나 그 근본은 한 마디 말로써 포괄할 수 있으니, "생각에 사특함이 없다."[43)]라는 말이다.

非禮勿視하며 非禮勿聽하며 非禮勿言하며 非禮勿動이라 視聽言動一於禮之謂仁이니 仁之與禮로 非有異也라 孔子가 告仲弓曰 出門如見大賓하고 使民如承大祭하며 己所不欲을 勿施於人이라 夫君子가 能如是用心하고 能如是存心이면 則惡(오)有不仁者乎아 而其本은 可以一言而蔽之니 曰 思無邪라

61. 배움을 좋아하는 심지가 없으면 비록 聖人이 다시 태어나더라도 또한 유익함이 없

40) 聖人이……있다 : ≪論語≫ 〈子罕〉에 孔子가 말하기를 "더불어 함께 배울 수는 있어도 더불어 道에 나아갈 수는 없고, 더불어 道에 나아갈 수는 있어도 더불어 道의 경지에 설 수는 없고, 더불어 道의 경지에 설 수는 있어도 더불어 權道를 행할 수는 없다.〔可與共學 未可與適道 可與適道 未可與立 可與立 未可與權〕"라고 하였다.

41) 禮가……말라 : ≪論語≫ 〈顔淵〉에서 顔淵이 仁을 행하는 조목을 묻자, 孔子가 "禮가 아니면 보지 말며, 禮가 아니면 듣지 말며, 禮가 아니면 말하지 말며, 禮가 아니면 행동하지 마는 것이다.〔非禮勿視 非禮勿聽 非禮勿言 非禮勿動〕"라고 하였다.

42) 문을……한다 : ≪論語≫ 〈顔淵〉에서 仲弓이 仁을 묻자, 孔子가 "문을 나서서는 큰 손님을 뵙는 듯이 하며, 백성을 부릴 적에는 큰 제사를 받드는 듯이 하며, 자신이 원하지 않는 것을 남에게 베풀지 말아야 하니, 〈이렇게 하면〉 나라에 있어도 원망함이 없으며, 집안에 있어도 원망함이 없을 것이다.〔出門如見大賓 使民如承大祭 己所不欲 勿施於人 在邦無怨 在家無怨〕"라고 하였다.

43) 생각에……없다 : ≪論語≫ 〈爲政〉에 孔子가 말하기를 "≪詩經≫ 3백 편을 한 마디 말로써 포괄할 수 있으니, '생각에 사특함이 없다.'라는 말이다.〔詩三百 一言以蔽之 曰 思無邪〕"라고 하였다.

을 것이다. 그러나 성인이 앞 시대에 있으면 백성 중에 선한 자가 많은 것은 성인의 교화에 푹 젖은 것이 깊고도 멀리 미쳐 익숙히 들은 것이 오래되었기 때문이다.

無好學之志면 則雖有聖人復出이라도 亦無益矣라 然이나 聖人在上而民多善者는 以涵泳其教化深且遠也하여 習聞之久也일새라

62. ≪禮記≫에서 〈中庸〉과 〈大學〉을 제외하면 〈樂記〉가 매우 道에 가까우니, 배우는 자는 그 뜻을 깊이 사색하여 스스로 구해야 한다. ≪예기≫의 〈表記〉도 道에 가까우니, 그 말이 바르다.

禮記에 除中庸大學하면 唯樂記가 爲最近道니 學者는 深思自求之라 禮記之表記도 其亦近道矣乎인저 其言이 正이라

63. 배우는 자는 반드시 스승을 구해야 한다. 옛 글을 암기하여 남의 질문에 답이나 하고 문장을 잘 짓는 것으로는 족히 남의 스승이 될 수 없으니, 그것은 배우는 바가 외부에 있기 때문이다. 그러므로 스승을 구하는 것은 신중하지 않으면 안 된다. 이른바 스승이란 무엇인가. 理이고, 義이다.

學者는 必求其師라 記問文章은 不足以爲人師니 以所學者外也라 故로 求師는 不可不愼이라 所謂師者는 何也오 曰理也요 義也라

64. "어려서 성취하는 것은 천성과 같고, 익혀서 익숙한 것은 자연스러움을 성취한 것이다."[44]라고 하였으니, 聖人이 다시 나오더라도 이 말을 바꾸지 않을 것이다. 孔子가 말하기를 "性은 서로 비슷하나, 습관에 의해 서로 멀어진다."[45]라고 하였고, "上智와 下愚는 변화시킬 수 없다."[46]라고 하였으니, 下愚는 性 때문이 아니라, 자기의 재주를 극진히 하지 못하기 때문이다.

---

44) 어려서……것이다 : ≪孔子家語≫ 〈七十二弟子解〉에 "어려서 성취하는 것은 천성과 같고, 익혀서 익숙한 것은 자연스러움과 같다.〔少成則若性也 習慣若自然也〕"라고 하였다.

45) 性은……멀어진다 : ≪論語≫ 〈陽貨〉에 보인다.

46) 上智와……없다 : ≪論語≫ 〈陽貨〉에 보인다.

少成若天性하고 習慣成自然이라하니 雖聖人復出이라도 不易此言이라 孔子曰 性相近也나 習相遠也라하고 唯上智與下愚는 不移라하니 下愚는 非性也요 不能盡其才也일새라

65. 君子가 禽獸와 다른 까닭은 仁義의 性이 있기 때문이다. 만일 그 마음을 풀어놓고 돌이킬 줄 모른다면 또한 금수일 뿐이다.

君子所以異於禽獸者는 以有仁義之性也일새라 苟縱其心而不知反이면 則亦禽獸而已라

66. 形이 바뀌면 性이 바뀌는데, 性이 바뀌는 것이 아니고 氣가 그렇게 시키는 것이다.

形易이면 則性易이로되 性非易也요 氣使之然也라

67. "禮儀가 3백 가지요, 威儀가 3천 가지로다."[47]라고 한 것은 사람의 욕구를 끊고 불가능한 것을 사람들에게 강요한 것이 아니라, 그들의 욕심을 막고 그들의 사치를 경계하여 道로 들어가게 한 것이다.

禮儀三百이요 威儀三千이라함은 非絶民之欲而强人以不能也요 所以防其欲하고 戒其侈하여 而使之入道也라

68. "새와 짐승, 풀과 나무의 이름을 많이 알게 한다."[48]라는 것은 이치를 밝히는 것이다.

多識於鳥獸草木之名이라함은 所以明理也라

69. 지극히 드러나는 것은 일만 한 것이 없고 지극히 은미한 것은 이치만 한 것이 없으

47) 禮儀가……가지로다 : ≪中庸≫에 "위대하다, 聖人의 道여! 성대하게 만물을 發育하여 그 높이가 하늘에까지 닿았다. 넉넉하고 넉넉하여 위대하도다. 禮儀가 3백 가지요, 威儀가 3천 가지로구나.〔大哉 聖人之道 洋洋乎發育萬物 峻極于天 優優大哉 禮儀三百 威儀三千〕"라고 하였다.

48) 새와……한다 : 孔子가 말하기를 "너희들은 어찌하여 詩를 배우지 않느냐? 詩는 권선징악의 마음을 일으킬 수 있으며, 잘잘못을 살필 수 있으며, 여러 사람과 두루 화합할 수 있으며, 원망하되 노여워하지 않을 수 있으며, 가까이는 어버이를 섬길 수 있게 하며, 멀리는 임금을 섬길 수 있게 하고, 새와 짐승, 풀과 나무의 이름을 많이 알게 한다.〔小子 何莫學夫詩 詩可以興 可以觀 可以群 可以怨 邇之事父 遠之事君 多識於鳥獸草木之名〕"라고 하였다.(≪論語≫ 〈陽貨〉)

나, 일과 이치는 귀결처가 같고 은미함과 드러남은 근원이 하나이다. 옛날의 君子 중에 이른바 배우기를 잘하는 자는 여기에 능히 통달하였을 따름이다.

至顯者는 莫如事요 至微者는 莫如理나 而事理一致요 微顯一源이라 古之君子所謂善學者는 以其能通於此而已라

70. 君子의 학문은 專一함을 귀하게 여기니, 마음을 전일하게 하면 이치가 밝아지고, 이치가 밝아지면 공이 있게 된다.

君子之學은 貴乎一이니 一則明이요 明則有功이라

71. 덕이 성대한 자의 말은 후세에 전해지며, 문채가 성대한 자의 말도 후세에 전해진다.

盛德者言傳이요 文盛者言亦傳이라

72. 名數의 학문은 君子가 그것을 배우기는 하지만 그것으로 근본을 삼지는 않는다. 언어에 차례가 있는 것은 군자가 그것을 알기는 하지만 그것으로 시작을 삼지는 않는다.

名數之學은 君子學之而不以爲本也라 言語有序는 君子知之而不以爲始也라

73. 孔子의 道는 드러내어 실천을 하였다. 예컨대 ≪論語≫ 〈鄕黨〉에 실린 내용은 誠을 말미암아 明해진[49] 것이다. 〈향당〉에 실린 내용을 말미암아 배워서 孔子의 경지에 이르는 것은 明을 말미암아 誠해지는 것이다. 그러나 그 지극한 경지에 이르러서는 동일하다.

孔子之道는 發而爲行이라 如鄕黨之所載者는 自誠而明也라 由鄕黨之所載而學之하여 以至於孔子者는 自明而誠也라 及其至焉하얀 一也라

49) 誠을……明해진 : ≪中庸≫에 "誠을 말미암아 明해지는 것을 性이라 하며, 明을 말미암아 誠해지는 것을 敎라고 한다. 誠하면 明해지고, 明하면 誠해질 수 있다.〔自誠明 謂之性 自明誠 謂之敎 誠則明矣 明則誠矣〕"라고 한 데서 나왔다.

74. "善言을 들으면 절하였다."[50)]라는 것이 禹임금이 聖人이 된 까닭이고, "능하면서 능하지 못한 이에게 물으며, 학식이 많으면서 적은 이에게 물었다."[51)]라는 것이 顔子가 大賢이 된 까닭이다. 후세 학자들은 한 가지 선함만 있어도 스스로 만족하니, 슬프도다!

聞善言則拜라함이 禹所以爲聖人也요 以能問不能하며 以多問寡라함이 顔子所以爲大賢也라 後之學者는 有一善而自足하니 哀哉라

75. 학문을 하는 道는 반드시 사유에 근본한다. 사유하면 이치를 터득하고, 사유하지 않으면 터득하지 못한다. 그러므로 ≪書經≫에 "사유는 지혜를 말하고, 지혜는 성스러움을 낳는다"[52)]라고 하였다. 사유는 지혜로워지는 까닭이고, 지혜는 성스러워지는 까닭이다.

爲學之道는 必本於思라 思則得之요 不思則不得也라 故로 書曰 思曰睿하며 睿作聖이라 思는 所以睿요 睿는 所以聖也라

76. 배움은 앎을 근본으로 삼으며, 벗을 취하는 것이 그 다음이고, 실천하는 것이 그 다음이고, 말하는 것이 그 다음이다.

學은 以知爲本하며 取友次之요 行次之요 言次之라

77. 信이 誠을 극진히 하기에 부족한 것은 愛가 仁을 극진히 하기에 부족한 것과 같다.

---

50) 善言을……절하였다 : ≪孟子≫ 〈公孫丑 上〉에 "禹임금은 善言을 들으면 절하였다.〔禹 聞善言則拜〕"라고 하였다.

51) 능하면서……물었다 : ≪論語≫ 〈泰伯〉에 曾子가 말하기를 "능하면서 능하지 못한 이에게 물으며, 학식이 많으면서 적은 이에게 물으며, 있어도 없는 듯이 하고, 가득 차도 텅 빈 듯이 하며, 남이 침범해도 따지지 않는 것을 옛날 내 벗이 일찍이 이런 일에 종사하였다.〔以能問於不能 以多問於寡 有若無 實若虛 犯而不校 昔者 吾友嘗從事於斯矣〕"라고 하였는데, 여기서 말하는 '벗'은 顔回를 가리킨다.

52) 사유는……낳는다 : ≪書經≫ 〈洪範〉에 "두 번째 五事는, 첫 번째는 貌, 두 번째는 言, 세 번째는 視, 네 번째는 聽, 다섯 번째는 思라고 하는 것이다. 貌는 공손함〔恭〕을 말하고, 言은 순종함〔從〕을 말하고, 視는 밝게 봄〔明〕을 말하고, 聽은 밝게 들음〔聰〕을 말하고, 思는 지혜〔睿〕를 말한다. 공손함은 엄정함을 낳고, 순종함은 조리를 낳고, 밝게 봄은 명철함을 낳고, 밝게 들음은 헤아림을 낳고, 지혜는 성스러움을 낳는다.〔二五事 一曰貌 二曰言 三曰視 四曰聽 五曰思 貌曰恭 言曰從 視曰明 聽曰聰 思曰睿 恭作肅 從作乂 明作哲 聰作謀 睿作聖〕"라고 한 데서 나왔다.

信不足以盡誠은 猶愛不足以盡仁이라

78. 董仲舒가 말하기를 "그 의리를 바르게 하고 그 이익은 도모하지 않으며, 그 道를 밝히고 그 공은 따지지 않는다."[53]라고 하였다. 이것이 董子가 諸子보다 탁월한 까닭이다.

董仲舒曰 正其誼하고 不謀其利하며 明其道하고 不計其功이라 此董子所以度越諸子라

79. 堯·舜이 善을 행한 것과 桀·盜跖이 惡을 행한 것은 그들이 자신했다는 점에서 동일하다.

堯舜之爲善과 與桀跖之爲惡은 其自信이 一也라

80. 老子가 말하기를 "道를 잃은 후에 德이 생겨나고, 德을 잃은 후에 仁이 나타나고, 仁을 잃은 후에 義가 분명해지고, 義를 잃은 후에 禮가 행해진다."[54]라고 한 것은 道·德·仁·義·禮를 나누어서 다섯 가지로 본 것이다.

老子曰 失道而後德하고 失德而後仁하고 失仁而後義하고 失義而後禮라함은 則道德仁義禮를 分而爲五也라

81. 聖人은 優劣이 없다. 堯임금과 舜임금이 양위한 것, 禹임금의 공적, 湯임금과 武王의 征伐, 伯夷의 청렴함, 柳下惠의 조화로움, 伊尹의 自任, 周公이 위에 있어 道가 행해진 것, 孔子가 아래에 있어 道가 행해지지 못한 것은 그 道가 한가지이다.

聖人은 無優劣이라 堯舜之讓과 禹之功과 湯武之征伐과 伯夷之清과 柳下惠之和와 伊尹之任과 周公在上而道行과 孔子在下而道不行은 其道가 一也라

53) 그……않는다 : 董仲舒가 易王과 仁者에 대해 논하며 말하기를 "仁한 사람은 그 의리를 바르게 하고 그 이익은 도모하지 않으며, 그 道를 밝히고 그 공은 따지지 않습니다.〔夫仁人者 正其誼 不謀其利 明其道 不計其功〕"라고 하였다.(≪漢書≫ 卷56 〈董仲舒傳〉)

54) 道를……행해진다 : ≪道德經≫에 보인다.

82. 깊이 사색하지 않으면 道에 나아갈 수 없으며, 깊이 사색하지 않고 터득한 것은 그 얻은 바를 잃기 쉽다. 그러나 배우는 자가 어떤 사유나 사려가 없는데도 터득함이 있는 것은 어째서인가. 어떤 사유나 사려가 없는데도 터득한 것은 곧 깊이 사색하여 터득하였기 때문이다. 어떤 사유나 사려가 없는 것을 사색하지 않는 것으로 여기면서 스스로 터득하였다고 하는 경우는 있지 않다.

不深思면 則不能造於道며 不深思而得者는 其得易(이)失이라 然而學者有無思無慮而得者는 何也오 曰 以無思無慮而得者는 乃所以深思而得之也라 以無思無慮爲不思而自以爲得者는 未之有也라

83. 시작을 근원하면 그 끝을 알 수 있고, 끝을 돌이켜 구하면 그 시작을 알 수 있으니, 死生의 설이 이와 같을 따름이다.[55] 그러므로 봄을 시작으로 삼아 그것을 근원하면 거기에는 반드시 겨울이 있고, 겨울을 끝으로 삼아 돌이켜 구하면 거기에는 반드시 봄이 있다. 死生도 이와 같다.

原始則足以知其終하고 反終則足以知其始니 死生之說은 如是而已矣라 故로 以春爲始而原之어든 其必有冬하고 以冬爲終而反之어든 其必有春이라 死生者도 其與是로 類也라

84. "그 다음은 한 부분을 극진히 하는 것이다."[56]라는 것은 배운 뒤에 이치를 아는 것이지만, 그 이룩한 경지는 태어나면서부터 이치를 아는 것과 다름이 없다. 그러므로 君子는 배움보다 더 큰 것이 없으며, 한계를 긋는 것보다 더 해로운 것이 없으며, 스스로 만족하는 것보다 더 큰 병이 없으며, 스스로를 버리는 것보다 더 큰 죄가 없다. 배우면서 그치지 않는 것, 이것이 湯임금과 武王이 聖人이 된 까닭이다.

---

55) 시작을……따름이다 : 原始反終은 ≪周易≫ 〈繫辭傳 上〉에 "易은 天地와 같다. 그러므로 天地의 道를 두루 경륜할 수 있다. 우러러보아 天文을 관찰하고 굽어보아 地理를 살핀다. 이 때문에 幽明의 까닭을 안다. 시작을 근원하여 끝을 돌이켜 구한다. 그러므로 死生의 설을 안다. 精과 氣가 物이 되고 游魂이 變이 된다. 그러므로 鬼神의 情狀을 안다.〔易 與天地準 故能彌綸天地之道 仰以觀於天文 俯以察於地理 是故 知幽明之故 原始反終 故知死生之說 精氣爲物 游魂爲變 是故 知鬼神之情狀〕"라고 한 데서 나온 것이다.

56) 그……것이다 : 전체 중에서 어느 한 부분을 극진히 하는 것으로, ≪中庸≫에서는 '至誠'의 다음은 '致曲'이라 하였다.

其次致曲者는 學而後知之也로되 而其成也엔 與生而知之者로 不異焉이라 故로 君子는 莫大於學이요 莫害於畫이요 莫病於自足이요 莫罪於自棄라 學而不止가 此湯武所以聖也라

85. 옛날의 배우는 자들은 자신을 위한 실질적인 학문을 하여 끝내는 남을 이루어주는 데까지 이르렀는데, 오늘날 배우는 자들은 남에게 보이기 위한 학문을 하여 끝내는 자기를 잃어버리는 데에 이른다.

古之學者는 爲己하여 其終至於成物이러니 今之學者는 爲人하여 其終至於喪己라

86. 사람의 본성이 고리버들과 같다는 것[57]은 荀子의 설이고, 사람의 본성이 여울물과 같다는 것[58]은 楊子의 설이다.

杞柳는 荀子之說也요 湍水는 楊子之說也라

87. 聖人이 아는 바는 의당 지극하지 않음이 없고, 聖人이 행한 바는 의당 극진하지 않음이 없다. 그러나 ≪書經≫에서 堯·舜을 일컬을 적에 '형벌은 반드시 죄에 마땅하게 내리고, 상은 반드시 공에 마땅하게 내린다'고 하지 않고, "죄가 의심스러운 자는 가볍게 형벌을 내리고, 공이 의심스러운 자는 중하게 상을 내리며, 무고한 사람을 죽이기보다는 차라리 법도대로 하지 않는 실수를 범하였다."[59]라고 하였으니, 후세의 각박한 의론과는 다르다.

聖人所知는 宜無不至也요 聖人所行은 宜無不盡也라 然而書稱堯舜에 不曰 刑必當罪하고 賞必當功이라하고 而曰 罪疑는 惟輕하고 功疑는 惟重하며 與其殺不辜론 寧失不經이라하니 異乎後世刻核之論矣라

---

57) 사람의……것 : ≪孟子≫ 〈告子 上〉에 告子가 말하기를 "性은 고리버들과 같고, 義는 나무 그릇과 같으니, 사람의 본성으로 仁義를 행하는 것은 고리버들로 나무 그릇을 만드는 것과 같다.〔性 猶杞柳也 義 猶桮棬也 以人性爲仁義 猶以杞柳爲桮棬〕"라고 하였다.

58) 사람의……것 : ≪孟子≫ 〈告子 上〉에 告子가 말하기를 "性은 여울물과 같다. 동쪽으로 터놓으면 동쪽으로 흐르고, 서쪽으로 터놓으면 서쪽으로 흐르니, 人性에 善·不善의 구분이 없는 것은 물에 東·西의 구분이 없는 것과 같다.〔性 猶湍水也 決諸東方則東流 決諸西方則西流 人性之無分於善不善也 猶水之無分於東西也〕"라고 하였다.

59) 죄가……범하였다 : ≪書經≫ 〈虞書 大禹謨〉에 보인다.

88. 스스로 자만하는 자는 형벌에 가까워지고, 스스로 기뻐하는 자는 진보하지 못하고, 스스로 위대하게 여기는 자는 道와의 거리가 멀어진다.

自夸者는 近刑하고 自喜者는 不進하고 自大者는 去道遠이라

89. 君子의 학문은 반드시 날마다 새롭게 해야 하니,[60] 날마다 새롭게 한다는 것은 날마다 진보하는 것이다. 날마다 새롭게 하지 않는 자는 반드시 날마다 퇴보하니, 진보하지 않으면서 퇴보하지 않는 자는 있지 않다. 오직 聖人의 道라야 진보함도 퇴보함도 없으니, 그 조예가 지극하기 때문이다.

君子之學은 必日新이니 日新者는 日進也라 不日新者는 必日退하니 未有不進而不退者라 唯聖人之道라야 無所進退하니 以其所造者極也일새라

90. 윗사람을 섬기는 道는 忠만 한 것이 없고, 아랫사람을 대하는 道는 恕만 한 것이 없다.

事上之道는 莫若忠이요 待下之道는 莫若恕라

91. ≪中庸≫이라는 책은 배우는 자의 지극한 글이다. 그 시작에 "그 눈으로 보지 않는 바에서도 경계하고 삼가며, 그 귀로 듣지 않는 바에서도 두려워하고 두려워한다."라고 하였으니, 배우는 자는 誠에서 시작함을 말한 것이다.

中庸之書는 學者之至也라 而其始則曰 戒愼乎其所不睹하고 恐懼乎其所不聞이라하니 蓋言學者始於誠也라

楊子

92. 楊子는 자득함이 없는 자이다. 그러므로 그의 말은 장황하여 끊어지지 않고, 우유부단하여 결단이 없다. 그가 性을 논할 적에는 "사람의 性은 善과 惡이 혼재하여 선을 기르면 선한 사람이 되고, 악을 기르면 악한 사람이 된다."[61]

60) 날마다……하니 : ≪大學≫의 "苟日新 日日新 又日新"에서 나왔다.

라고 하였다.

荀子는 聖人을 거스른 자이다. 그러므로 十二子에 孟子를 나열하고,[62] 사람의 性은 악하다고 하였다. 性은 과연 악한가. 그렇다면 聖人은 어찌 능히 그 性을 회복하여 이러한 경지에 이르렀겠는가.

楊子는 無自得者也라 故로 其言은 蔓衍而不斷하고 優柔而不決이라 其論性則曰 人之性也는 善惡混하여 修其善則爲善人하고 修其惡則爲惡人이라 荀子는 悖聖人者也라 故로 列孟子於十二子하고 而謂人之性惡이라 性은 果惡邪아 聖人은 何能反其性以至於斯邪아

荀子

93. 聖人의 말씀은 심원하기가 하늘과 같고, 천근하기가 땅과 같다. 그 심원함은 미칠 수가 없을 듯하고, 그 천근함은 또한 행할 수가 있다. 楊子가 말하기를 "성인의 말씀은 심원하기가 하늘과 같고, 賢人의 말씀은 천근하기가 땅과 같다."[63]라고 하였는데, 이는 옳지 않다.

聖人之言은 遠如天하고 近如地라 其遠也는 若不可得而及이요 其近也는 亦可得而行이라 楊子曰 聖人之言은 遠如天하고 賢人之言은 近如地라한대 非也라

賈誼

94. 혹자가 賈誼[64]에 대해 물어 선생이 말하였다.

"賈誼의 말에 '〈陳涉은〉 孔子, 墨翟의 현명함이 있지 않았다.'[65]라고 하여 공자와 묵적을 동일하게 말하였으니, 그의

---

61) 사람의……된다 : ≪法言≫ 〈修身〉에 보인다.

62) 十二子에……나열하고 : 十二子는 곧 전국시대 사람 它囂・魏牟・陳仲・史鰌・墨翟・宋鈃・惠施・鄧析・愼到・田駢・子思・孟軻로, ≪荀子≫의 〈非十二子篇〉에서 이들을 비판하였다.

63) 성인의……같다 : ≪法言≫ 〈五百〉에 보인다.

64) 賈誼 : B.C. 200~B.C. 168. 河南 洛陽 사람으로, 前漢 때의 학자이다. 文帝의 총애를 받아 약관의 나이로 최연소 박사가 되었다. 1년 뒤 太中大夫가 되어 秦나라 때부터 내려온 律令과 官制, 禮樂 등의 제도를 개정하였다. 시기를 받아 長沙王의 太傅로 좌천되었다가 4년 뒤 복귀하였다. 문제의 막내아들 梁懷王의 태부가 되었지만 왕이 급서하자 애도한 나머지 33세의 나이로 세상을 떠났다.

식견은 보잘것없으며, 그는 또한 잘 배운 자가 아니다."

或問賈誼호되 曰 誼之言에 曰 非有孔子墨翟之賢이라하여 孔與墨을 一言之하니 其識末矣요 其亦不善學矣라

95. 井田을 기필하고, 封建을 기필하고, 肉刑을 기필하는 것은 聖人의 道가 아니다. 잘 다스리는 자는 井田을 버리고서 토지 분배를 하더라도 백성이 병들지 않고, 封建을 버리고서 백성을 부리더라도 백성이 수고롭지 않고, 肉刑을 버리고서 형벌을 쓰더라도 백성이 원망하지 않는다. 그러므로 잘 배우는 자는 성인의 의도를 터득하지, 성인이 행한 자취를 취하지 않는다. 성인의 자취란 성인이 한때의 이로움을 인하여 제정한 것이다.

必井田하고 必封建하고 必肉刑은 非聖人之道也라 善治者는 放井田而行之而民不病하고 放封建而使之而民不勞하고 放肉刑而用之而民不怨이라 故로 善學者는 得聖人之意而不取其迹也라 迹也者는 聖人因其一時之利而制之也라

96. 무릇 사람이 어려서 배울 적에는 장차 그것을 성취하고자 하고, 이미 성취하고 나면 장차 그것을 행하고자 한다. 배우고서도 능히 그 배움을 성취하지 못하고, 성취하고서도 능히 그 배운 바를 행하지 못하면 어찌 족히 귀하겠는가.

夫人幼而學之어든 將欲成之也요 旣成矣면 將以行之也라 學而不能成其學하고 成而不能行其學이면 則烏足貴哉리오

97. 남을 대할 적에 도리가 있으니, 의심하지 않아야 한다. 가령 '저 사람이 나를 해칠 마음이 있을까?'라고 의심하면, 비록 그것이 의심일지라도 그의 마음을 변화시킬 수 없다. 가령 '저 사람이 나를 해칠 마음이 없을까?'라고 의심하면 그런 의심은 안으로 자기의 덕을 손상하고 밖으로 남의 원한을 낳는다. 그러므로 의심하지 않으면 두 가지를 얻고, 의심하면 두 가지를 잃는다. 의심이 많으면서도 君子가 될 수 있는 사람은 있지 않다.

---

65) 孔子……않았다 : 賈誼의 ≪新書≫ 〈過秦 上〉에서 陳涉에 대해 "재능은 보통 사람에도 미치지 못했고, 仲尼 · 墨翟의 현명함이나 陶朱 · 猗頓의 부유함도 있지 않았다.〔材能不及中人 非有仲尼墨翟之賢 陶朱猗頓之富〕"라고 하였다.

待人有道하니 不疑而已라 使夫人有心害我邪아하면 雖疑라도 不足以化其心이라 使夫人無心害我邪아하면 疑則己德內損하고 人怨外生이라 故로 不疑則兩得之矣요 疑則兩失之矣라 而未有多疑能爲君子者也라

98. 옛날에 聖人이 사람의 道를 세운 것을 仁이라 하고 義라 하였다.[66] 孔子가 말하기를 "仁은 사람에게 있는 것이니 어버이를 친애하는 것이 중대하고, 義는 마땅하게 하는 것이니 어진 이를 존중하는 것이 중대하다."[67]라고 하였다. 능히 어버이를 친애하기 때문에 "우리 집 노인을 존경하고서 남의 집 노인을 존경하는 데 미치며, 우리 집 어린이를 사랑하고서 남의 집 어린이를 사랑하는 데 미친다."[68]라고 한 것이다. 능히 어진 이를 존중하기 때문에 "어진 자가 높은 자리에 있으며, 재능이 있는 자가 그 직책에 있다."[69]라고 한 것이다. 오직 仁과 義는 사람의 道를 극진히 한 것이니, 사람의 道를 극진히 하면 그를 聖人이라 한다.

昔者에 聖人立人之道 曰仁 曰義라 孔子曰 仁者는 人也니 親親이 爲大하고 義者는 宜也니 尊賢이 爲大라 唯能親親이라 故로 老吾老하여 以及人之老하며 幼吾幼하여 以及人之幼라 唯能尊賢이라 故로 賢者在位하며 能者在職이라 唯仁與義는 盡人之道니 盡人之道면 則謂之聖人이라

99. 배우는 자는 진실하지 않아서는 안 되니, 진실하지 않으면 善을 행할 길이 없고, 진실하지 않으면 君子가 될 수가 없다. 학문을 닦는 데 진실하지 않으면 학문이 잡되

---

66) 사람의……하였다 : ≪周易≫ 〈說卦傳〉에 "하늘의 道를 세운 것을 陰과 陽이라 하고, 땅의 道를 세운 것을 柔와 剛이라 하고, 사람의 道를 세운 것을 仁과 義라고 하니, 三才를 겸하여 두 차례 하였기 때문에 易이 여섯 획을 그어 卦를 이루었나.〔立天之道曰陰與陽 立地之道曰柔與剛 立人之道曰仁與義 兼三才而兩之 故易六畫而成卦〕"라고 하였다.

67) 仁은……중대하다 : ≪中庸≫에 보인다.

68) 우리……미친다 : ≪孟子≫ 〈梁惠王 上〉에 "우리 집 노인을 존경하고서 남의 집 노인을 존경하는 데 미치며, 우리 집 어린이를 사랑하고서 남의 집 어린이를 사랑하는 데 미치면 천하를 손바닥에 놓고 움직일 수 있다.〔老吾老 以及人之老 幼吾幼 以及人之幼 天下 可運於掌〕"라고 하였다.

69) 어진……있다 : ≪孟子≫ 〈公孫丑 上〉에 "만일 치욕을 싫어한다면 德을 귀하게 여기고 士를 존중하는 것만 한 일이 없으니, 어진 이가 지위에 있으며, 재능 있는 자가 직책에 있어서 국가가 한가하거든 이때에 미쳐 그 정치제도와 형벌을 밝힌다면, 비록 강대국이라도 반드시 그 나라를 두려워할 것이다.〔如惡之 莫如貴德而尊士 賢者在位 能者在職 國家閒暇 及是時 明其政刑 雖大國 必畏之矣〕"라고 하였다.

고, 일을 하는 데 진실하지 않으면 일이 실패한다. 자기를 위하여 도모하는 데 진실하지 않으면 이는 자기 마음을 속이고 자기의 지향을 스스로 버리는 것이며, 다른 사람과 사귈 적에 진실하지 않으면 이는 자기의 덕을 잃어버리고 남의 원망을 늘리는 것이다. 이제 小道와 異端도 반드시 진실한 뒤에야 얻으니, 군자가 되고자 하는 사람이야 더 말할 것이 있겠는가. 그러므로 "배우는 자는 진실하지 않아서는 안 된다."라고 한 것이다. 그렇지만 진실은 道의 근본을 알아서 자신을 진실하게 하는 데 달려 있다.

學者는 不可以不誠이니 不誠이면 無以爲善하고 不誠이면 無以爲君子라 修學不以誠이면 則學雜하고 爲事不以誠이면 則事敗라 自謀不以誠이면 則是欺其心而自棄其志요 與人不以誠이면 則是喪其德而增人之怨이라 今小道異端도 亦必誠而後得이니 而況欲爲君子者乎아 故曰 學者는 不可以不誠이라 雖然이나 誠者는 在知道本而誠之耳라

100. 옛날의 卜筮는 점을 쳐서 의심을 해결하려는 것이었다. 지금의 卜筮는 그렇지 않으니, 자기 命의 곤궁과 형통을 헤아리고 자기 몸의 현달과 비색을 따질 뿐이다. 아! 또한 미혹되었도다.

古者에 卜筮는 將以決疑也라 今之卜筮則不然이니 計其命之窮通하고 校其身之達否而已矣라 噫라 亦惑矣라

101. 사색하지 않기 때문에 의혹이 있고, 구하지 않기 때문에 터득함이 없고, 묻지 않기 때문에 알지 못한다.

不思故有惑하고 不求故無得하고 不問故不知라

102. 세상 사람 가운데 服食[70]하여 오래 살기를 바라는 자는 또한 크게 어리석은 자이다. 무릇 命이란 하늘에서 받아 늘어나거나 줄어들며 더하여 보탤 수 없는 것인데도 服食하여 오래 살기를 바라니, 슬프도다!

世之服食欲壽者는 其亦大愚矣라 夫命者는 受之於天하여 不可增損加益한대 而欲服食而壽하니

70) 服食 : 道家의 養生法 중 하나로, 丹藥을 먹는 것이다.

悲哉라

103. 攝生하는 자를 보고서 오래 사는 방법을 묻는 것을 大愚라고 하고, 점치는 자를 보고서 吉凶을 묻는 것을 大惑이라 한다.

見攝生者而問長生을 謂之大愚요 見卜者而問吉凶을 謂之大惑이라

104. 혹자가 性에 대해 물어 선생이 말하기를 "性에 순응하면 길하고, 性을 거스르면 흉하다."라고 하였다.

或問性하여 曰 順之則吉이요 逆之則凶이라

105. 孔子가 세상을 떠난 뒤 曾子의 道가 날로 더욱 光大해졌다. 공자가 세상을 떠난 뒤 공자의 道를 전한 사람은 증자뿐이다. 증자가 子思에게 전하였고 자사가 孟子에게 전하였다. 맹자가 죽자 그 전함을 얻을 수 없었으니, 맹자에 이르러 聖人의 도가 더욱 존귀해졌다.

孔子沒에 曾子之道가 日益光大라 孔子沒에 傳孔子之道者는 曾子而已라 曾子傳之子思하고 子思傳之孟子라 孟子死에 不得其傳하니 至孟子而聖人之道益尊이라

106. 孟子가 말하기를 "벼슬할 만하면 벼슬하며, 그만둘 만하면 그만두며, 오래 머물 만하면 오래 머물며, 빨리 떠날 만하면 빨리 떠난 분은 孔子이다."[71]라고 하고, "孔子는 聖人 중에서 그때에 맞게 하신 분이다."[72]라고 하였다. 그러므로 易을 아는 자는 맹자만 한 이가 없다. 맹자가 말하기를 "王者의 자취가 종식되어 詩가 없어졌으니, 詩가 없어진 뒤에 ≪春秋≫가 나왔다."[73]라고 하고, "≪춘추≫에는 의로운 전쟁이 없으니, 저쪽이 이쪽보다 나은 경우는 있다. 征은 윗사람이 아랫사람을 정벌하는 것이니, 대등한

71) 벼슬할……孔子이다 : ≪孟子≫ 〈公孫丑 上〉에 보인다.
72) 孔子는……분이다 : ≪孟子≫ 〈萬章 下〉에 "伯夷는 聖人 중에서 청렴한 분이요, 伊尹은 聖人 중에서 道를 自任한 분이요, 柳下惠는 聖人 중에서 和를 실천한 분이요, 孔子는 聖人 중에서 그때에 맞게 하신 분이다.〔伯夷 聖之淸者也 伊尹 聖之任者也 柳下惠 聖之和者也 孔子 聖之時者也〕"라고 하였다.
73) 王者의……나왔다 : ≪孟子≫ 〈離婁 下〉에 보인다.

나라끼리는 서로 정벌하지 않는다."[74]라고 하였다. 그러므로 ≪춘추≫를 아는 자는 맹자만 한 이가 없다.

孟子曰 可以仕則仕하며 可以止則止하며 可以久則久하며 可以速則速은 孔子也라하고 孔子는 聖之時者也라 故로 知易者는 莫若孟子라 孟子曰 王者之迹이 熄而詩亡하니 詩亡然後에 春秋作하니라 春秋에 無義戰하니 彼善於此는 則有之矣라 征者는 上伐下也니 敵國은 不相征也라 故로 知春秋者는 莫若孟子라

107. 禮의 근본은 사람의 감정에서 나왔으니, 聖人이 그것을 인하여 말하였을 뿐이다. 禮의 器用은 사람의 풍속에서 나왔으니, 성인이 그것을 인하여 品節하고 문채 나게 하였을 뿐이다. 성인이 다시 나와도 반드시 지금의 의복과 기용을 인하여 품절하고 문채 나게 할 것이다. 이른바 "근본을 귀하게 여기되 실용하는 것은 친근히 한다."[75]라는 것은 또한 당시의 王이 헤아려 줄이거나 더하는 데 달려 있다.

禮之本은 出於民之情이니 聖人因而道之耳라 禮之器는 出於民之俗이니 聖人因而節文之耳라 聖人復出하여도 必因今之衣服器用而爲之節文이라 其所謂貴本而親用者는 亦在時王斟酌損益之爾라

74) 춘추에는……않는다 : ≪孟子≫ 〈盡心 下〉에 보인다.

75) 근본을……한다 : ≪荀子≫ 〈禮論篇〉에 "大饗에 玄酒를 올리고 俎에 생선을 올리며 大羹을 먼저 올리는 것은 음식의 근본을 귀하게 여기는 것이다. 饗에 玄酒를 올리고서 酒醴를 쓰고 黍稷을 먼저 올리고서 稻粱을 먹으며, 祭에 大羹을 맛보고서 庶羞로 배를 채우는 것은 근본을 귀하게 여기되 실용을 친근히 하는 것이다. 근본을 귀하게 여기는 것을 文이라 하고, 실용을 친근히 하는 것을 理라 한다. 두 가지가 합하여 文理를 완성하여 태곳적 시절로 돌아가니, 이를 일러 大隆이라 한다.〔大饗 尙玄尊 俎生魚 先大羹 貴食飮之本也 饗 尙玄尊而用酒醴 先黍稷而飯稻粱 祭 齊大羹而飽庶羞 貴本而親用也 貴本之謂文 親用之謂理 兩者合而成文 以歸大一 夫是之謂大隆〕"라고 하였다.

二程全書 卷29

遺書 附錄

明 後學 嘉興 徐必達 校正

명도선생행장 明道先生行狀

伊川先生

선생의 증조부 希振은 尙書虞部 員外郎을 지냈고, 증조모는 高密縣君[1] 崔氏이다. 조부 遹은 開府儀同三司 吏部尙書에 추증되었고, 조모는 孝感縣太君[2] 張氏와 長安縣太君 張氏이다. 부친 珦은 太中大夫에 임명되었는데 致仕하였고, 모친은 壽安縣君 侯氏이다. 선생은 이름이 顥, 자는 伯淳, 성은 程氏이다. 선조는 喬伯이니, 周나라 때 大司馬가 되어 程 땅에 봉해졌는데, 나중에 드디어 그 지명으로 氏를 삼았다. 선생의 5대조 이상은 中山의 博野[3]에 거주하였다. 고조부는 太子少師에 추증된 羽니, 太宗朝에 왕을 보좌한 공으로 현달하였고, 京師에 집을 하사받아 2代가 살았다. 증조부 이하는 河南에 장사지내어 지금은 河南人이 되었다.

曾祖希振은 任尙書虞部員外郎하고 妣는 高密縣君崔氏라 祖遹(휼)은 贈開府儀同三司吏部尙書하고 妣는 孝感縣太君張氏와 長安縣太君張氏라 父珦은 見任太中大夫한대 致仕하고 母는 壽安縣君侯氏라 先生은 名이 顥요 字는 伯淳이요 姓은 程氏라 其先曰 喬伯이니 爲周大司馬하여 封於程한대 後遂以爲氏라 先生五世而上은 居中山之博野라 高祖는 贈太子少師 諱羽니 太宗朝에 以輔翊功顯하고 賜第於京師하여 居再世라 曾祖而下는 葬河南하여 今爲河南人이라

---

1) 縣君 : 宋나라 때 群臣의 모친에게 내린 封號이다.
2) 太君 : 宋나라 때 群臣의 모친에게 내린 封號이다.
3) 博野 : 지금의 河北省 保定市 博野縣이다.

선생은 태어나면서부터 정신과 기상이 빼어나고 맑아 평범한 아이와는 달랐다. 아직 말을 하기 전, 叔祖母[4] 太君 任氏가 선생을 안고 가다가 비녀가 떨어진 것을 알아차리지 못하였다. 며칠 뒤에 비녀를 찾는데 선생이 손으로 가리켜서 그 가리키는 곳을 따라가니 과연 비녀를 찾을 수 있었다. 사람들이 모두 놀라고 기이하게 여겼다. 너덧 살 때 ≪詩經≫・≪書經≫을 외는데, 기억력이 남들보다 뛰어났다. 10세에는 능히 詩賦를 지었다. 12~13세 때에는 여러 사람들과 학교에서 지냈는데, 노성한 사람과 같아 선생을 본 사람은 사랑하여 중히 여기지 않는 이가 없었다. 그러므로 戶部侍郎 彭思永 공이 客을 사절하고 學舍에 이르러 선생을 한 번 보고 남다르게 여겨 자기 딸을 시집보내기로 하였다.

先生은 生而神氣秀爽하여 異於常兒라 未能言에 叔祖母任氏太君이 抱之行이러니 不覺釵墜라 後數日에 方求之한대 先生이 以手指示하여 隨其所指而往하니 果得釵라 人皆驚異라 數歲에 誦詩書한대 强記過人이라 十歲엔 能爲詩賦라 十二三時엔 群居庠序中한대 如老成人하여 見者는 無不愛重이라 故로 戶部侍郎彭公思永이 謝客到學舍하여 一見異之하여 許妻以女라

약관이 지나 진사시에 합격하여 京兆府 鄠縣[5]의 主簿에 임명되었다. 현령은 선생이 연소하다는 이유로 선생의 총명함을 잘 알아보지 못하였다. 고을 백성 중에 자기 형의 집을 빌려 거처한 자가 있었는데, 땅 속에 묻어둔 돈을 발견하였다. 형의 아들이 호소하며 말하였다.

"부친이 묻어둔 것입니다."

현령이 말하였다.

"이 일은 증거가 없으니, 어떻게 해결하겠는가?"

선생이 말하였다.

"이는 변별하기가 쉽습니다."

선생이 형의 아들에게 물었다.

"너희 부친이 돈을 묻은 지가 얼마나 되었는가?"

"40년이 되었습니다."

---

4) 叔祖母 : 작은할머니를 가리킨다.
5) 鄠縣 : 지금의 陝西省 西安市 鄠邑區이다.

“저 사람이 너의 집을 빌려 거처한 지가 얼마나 되었는가?”

“20년이 되었습니다.”

즉시 아전을 보내 돈 1만 냥을 가져오게 하여 살펴보고, 집을 빌린 자에게 말하였다.

“지금 관청에서 주조한 돈은 5~6년도 되지 않아 곧 천하에 두루 퍼진다. 이 돈은 모두 네가 그 집에 살기 수십 년 전에 주조된 것이니, 어찌된 것인가?”

그 사람이 마침내 자복하였고, 현령은 선생을 대단히 기이하게 여겼다.

踰冠에 中進士第하여 調京兆府鄠縣主簿라 令은 以其年少로 未知之라 民有借其兄宅以居者한대 發地中藏錢이라 兄之子가 訴曰 父所藏也라하니 令曰 此無證左니 何以決之아 先生曰 此易(이)辨爾라하고 問兄之子曰 爾父藏錢幾何時矣아하니 曰 四十年矣라 彼借宅居幾何時矣아하니 曰 二十年矣라 卽遣吏取錢十千視之하고 謂借宅者曰 今官所鑄錢은 不五六年에 卽遍天下라 此錢은 皆爾未居前數十年所鑄니 何也오하니 其人遂服하고 令大奇之라

南山의 절에 石佛이 있었는데, 그 머리에서 빛을 발한다는 소문이 해마다 돌았다. 원근의 남녀가 모여들어 그것을 보느라 밤낮으로 뒤섞여 거처하였는데, 위정자가 그 신령스러움을 두려워하여 감히 금지하지 못하였다. 선생이 처음 부임하였을 적에 그 절의 승려에게 물었다.

“내가 듣자 하니 석불이 해마다 빛을 발한다고 하는데, 그런 일이 있는가?”

승려가 말하였다.

“그렇습니다.”

선생이 경계하며 말하였다.

“다시 빛이 나타나면 반드시 나에게 먼저 알리게. 직무로 갈 수 없으면 마땅히 그 머리를 떼어다 살펴볼 것이네.”

이로부터 다시는 석불에서 빛을 발하는 일이 없었다.

南山僧舍에 有石佛한대 歲傳其首放光이라 遠近男女聚觀하여 晝夜雜處한대 爲政者畏其神하여 莫敢禁止라 先生始至하여 詰其僧曰 吾聞石佛歲現光한대 有諸아하니 曰 然이라 戒曰 俟復見(현)하여 必先白吾하라 職事不能往이어든 當取其首하여 就觀之라 自是로 不復有光矣라

京兆府 경내가 수해를 입어 급하게 役事를 일으켰는데, 여러 고을은 모두 낭패하였으

나 선생이 다스리는 곳만은 음식과 숙소가 편안하지 않은 곳이 없었다. 당시는 한더위인지라 설사병이 크게 유행하여 사망자가 매우 많았으나, 鄠縣 사람만은 사망자가 없었다. 선생이 이르러 役事를 다스리는 곳은 사람들이 수고롭지 않고도 일이 이루어졌다. 선생은 항상 사람들에게 말하였다.

"내가 役事를 감독하는 것은 곧 군대를 다스리는 법이다."

府境水害하여 倉卒興役한대 諸邑率皆狼狽나 惟先生所部는 飮食茇舍가 無不安便이라 時盛暑로 泄痢大行하여 死亡甚衆이나 獨鄠人은 無死者라 所至治役은 人不勞而事集이라 常謂人曰 吾之董役은 乃治軍法也라

요직에 있는 사람이 선생을 천거하고자 하여 선생이 어떤 자리를 원하는지 자주 물었는데, 선생이 말하기를 "士를 천거하는 것은 그의 재주가 감당하는 바에 따라 천거해야지, 그가 어떤 자리를 원하는지 물어서는 안 된다."라고 하였다. 임기 2년째에 친족을 避嫌하여 사직하였는데, 다시 江寧府 上元縣[6] 主簿로 보임되었다. 고을의 田稅가 균등하지 않은 것이 다른 고을에 비하여 더욱 심하였는데 이는 강녕부 근처의 좋은 땅은 귀족과 부자가 후한 값으로 그 구실을 낮추어서 사들였기 때문이다. 힘없는 백성은 참으로 한때는 이롭지만 오랜 뒤에는 그 폐해를 감당할 수 없었다. 선생이 현령을 위하여 법을 정하니, 백성들이 동요하지 않고 온 고을의 전세가 크게 균등해졌다. 처음에는 부자들이 불편하게 여겨 근거 없는 말을 많이 지어내어 그 일을 흔들어 중지시키려 하였으나, 얼마 뒤에는 한 사람도 감히 복종하지 않는 자가 없었다. 뒤에 여러 고을에서 均稅法을 행하였는데, 邑官이 부족하여 다른 관리로 충당하였으나 세월이 지나고 시간이 흐를수록 서류가 산처럼 쌓이는데도 오히려 균등하지 못하다고 호소하는 자가 있었다. 그 인력을 헤아려보면 상원현에 비해 천백 배가 넘었다.

當路者가 欲薦之하여 多問所欲한대 先生曰 薦士는 當以才之所堪이요 不當問所欲이라 再朞에 以避親罷러니 再調江寧府上元縣主簿라 田稅不均이 比他邑尤甚한대 蓋近府美田은 爲貴家富室以厚價薄其稅而買之라 小民은 苟一時之利나 久則不勝其弊라 先生이 爲令畫法하니 民不知擾而一邑大均이라 其始에 富者不便하여 多爲浮論하여 欲搖止其事나 旣而요 無一人敢不服者라 後에 諸路行均稅法한대 邑官不足하여 益以他官이나 經歲歷時에 文案山積이로되 而尙有訴不均者라 計

6) 上元縣 : 지금의 江蘇省 南京市 일대에 있던 縣으로, 지금은 江寧縣에 편입되었다.

其力컨대 比上元不啻千百矣라

마침 현령이 파직되어 떠나서 선생이 邑事를 섭정하였다. 上元縣은 사무가 많은 고을인지라 소송이 날마다 2백 건 이하로 떨어지지 않았다. 위정자가 일을 살펴보는 데 지친다면 어느 겨를에 治道에 미치겠는가. 선생은 일을 처리하는 데 방책이 있어 한 달도 지나지 않아 백성들의 소송이 드디어 줄어들었다.

江南의 논은 저수지에 의지하여 물을 대었다. 한여름에 제방이 크게 무너졌는데, 헤아려보니 1천 명의 장정을 동원하지 않으면 막을 수 없었다. 법으로는 마땅히 그 일을 府에 보고하고, 府는 漕司[7)]에 품의한 뒤에야 일의 규모를 헤아려 役事를 조정하게 되어 있어서, 한 달이 지나지 않으면 공사를 일으킬 수 없었다. 선생이 말하기를 "이와 같이 한다면 곡식의 싹이 말라버린 지 오래일 것이니, 백성들이 장차 무엇을 먹겠는가. 백성을 구제하다가 죄를 얻는 것은 사양하지 않을 바이다."라고 하였다. 드디어 백성들을 동원하여 제방을 막았는데, 그 해는 크게 풍년이 들었다.

會令罷去하여 先生攝邑事라 上元은 劇邑이라 訴訟이 日不下二百이라 爲政者가 疲於省覽이면 奚暇及治道리오 先生은 處之有方하여 不閱月에 民訟遂簡이라 江南稻田은 賴陂塘以漑라 盛夏에 塘堤大決하여 計非千夫不可塞이라 法에 當言之府하고 府稟於漕司하여 然後에 計功調役하여 非月餘면 不能興作이라 先生曰 如此면 是苗稿久矣니 民將何食이리오 救民獲罪는 所不辭也라 遂發民塞之한대 歲則大熟이라

江寧府는 水運의 요충지에 해당하였다. 수군의 병졸 중에 병든 자는 잔류시켜 營을 만들어 거처하게 하였는데, 이들을 小營子라 하였다. 소영자가 해마다 수백 명 이하로 떨어지지 않았는데, 營에 오는 자는 번번이 죽었다. 선생이 그 연유를 살펴보니, 대개 그들이 營에 머물게 된 뒤에야 府에 給券을 청하여 식량을 얻을 수 있으니, 有司의 문서가 갖추어지려면 굶주림에 시달린 지 이미 며칠이나 지나기 때문이었다. 선생은 漕司에 아뢰어 배급미를 營中에 쌓아두고 營에 이르는 자에게 주어서 먹게 하니, 이때부터 살아서 온전해진 자가 태반이었다. 아주 사소한 부분에서 조처하였는데도 사람들이 이

7) 漕司 : 조세의 징수, 錢糧의 출납, 漕運 등의 일을 관장하던 관청이나 관원이다. 北宋 때는 轉運司, 남송 때는 漕司, 金·元·明 때는 漕運司라고 하였다.

미 은혜를 받았으니, 이와 같은 일이 선생이 이르는 곳마다 많았다. 선생은 항상 말하기를 "처음 벼슬자리에 임명된 말단 관리라도 진실로 남을 사랑하는 데에 마음을 두면 사람들에 대해 반드시 구제함이 있을 것이다."라고 하였다.

江寧은 當水運之衝이라 舟卒病者는 則留之爲營以處한대 曰小營子라 歲不下數百人이로되 至者輒死라 先生察其由하니 蓋旣留然後에 請於府給券하여 乃得食이니 比有司文具면 則困於饑已數日矣라 先生白漕司하여 給米貯營中하고 至者與之食하니 自是로 生全者太半이라 措置於纖微之間한대 而人已受賜하니 如此之比가 所至多矣라 先生은 常云호되 一命之士라도 苟存心於愛物이면 於人必有所濟라

仁宗이 승하하였는데, 遺制에는 관리들이 상복을 입으면 3일 만에 상복을 벗었다. 3일째 되던 날 아침에 府尹이 여러 관원을 거느리고 상복을 벗으려 하였다. 선생이 나아가 말하기를 "3일 만에 상복을 벗는 것은 遺詔에 명한 것이니 감히 어길 수 없습니다만 오늘이 다할 때까지 입기를 청합니다. 만약 아침에 상복을 벗는다면 상복을 입은 것이 이틀에 지나지 않습니다."라고 하였다. 부윤이 노여워하여 따르지 않자, 선생이 말하기를 "공은 벗으십시오. 저는 밤이 되지 않으면 감히 벗을 수 없습니다."라고 하였다. 온 府中 사람들이 서로 바라보며 감히 상복을 벗는 자가 없었다.

仁宗登遐한대 遺制에 官吏成服이면 三日而除라 三日之朝에 府尹이 率群官하여 將釋服이라 先生이 進曰 三日除服은 遺詔所命이니 莫敢違也로되 請盡今日하노이다 若朝而除之면 所服이 止二日爾라 尹怒不從하니 先生曰 公自除之하소서 某非至夜면 不敢釋也니이다 一府相視하여 無敢除者라

茅山[8]에 龍池가 있었는데, 그곳의 龍은 도마뱀과 같고 오색 빛깔을 띠었다. 祥符[9] 연간에 中使[10]가 용 두 마리를 잡았는데, 중도에 이르러 중사가 용 한 마리가 허공으로 날아서 달아났다고 아뢰었다. 용은 예로부터 엄숙히 받들어 神物로 여겼는데, 선생은 일찍이 그것을 잡아 포를 만들어 사람들로 하여금 미혹되지 않게 하였다. 선생이 처음 고을에 부임하였을 때 사람들이 길가에서 끈끈한 장대를 들고 날아가는 새를 잡는 것을

8) 茅山 : 지금의 江蘇省 句容縣에 있는 산으로, 道敎 上淸派의 발원지이다.
9) 祥符 : 大中祥符로, 宋 眞宗의 세 번째 연호이며 1008년부터 1016년까지 사용하였다.
10) 中使 : 궁중에서 파견한 使者로, 주로 宦官이 맡았다.

보았다. 그 장대를 가져다 꺾어버리고 그들을 가르쳐서 그런 일을 못하게 하였다. 파직되어 떠날 적에 배를 교외에 대었는데, 여러 사람들이 함께 말하기를 "주부께서 끈끈한 장대를 꺾어버린 뒤로는 鄕民의 자제들이 감히 새를 잡아 기를 수 없었습니다."라고 하였다. 엄하게 하지 않아도 명령이 행해지는 것이 대개 이와 같았다.

茅山有龍池한대 其龍은 如蜴蜥(척석)而五色이라 祥符中에 中使取二龍이라 至中途하여 中使奏一龍飛空而去라 自昔으로 嚴奉以爲神物한대 先生嘗捕而脯之하여 使人不惑이라 其始至邑할새 見人持竿道旁하여 以黏(점)飛鳥라 取其竿折之하고 教之使勿爲라 及罷官하여 艤舟郊外한대 有數人共語호되 自主簿折黏竿으로 鄕民子弟不敢畜禽鳥라하니라 不嚴而令行이 大率如此라

임기 2년째에 澤州 晉城[11]의 令으로 취임하였다. 택주 사람들은 순후하여 더욱 선생의 교화와 명령에 감복하였다. 백성 중에 일이 있어 읍치에 이르는 자에게는 반드시 孝悌忠信하여 집안에 들어가서는 父兄을 섬기고 나와서는 어른과 윗사람을 섬기라고 일러주었다. 鄕村의 遠近을 헤아려 伍保[12]를 만들어 力役에는 서로 돕고 환난에는 서로 구휼하여 간사함과 거짓이 용납할 곳이 없게 하였다. 무릇 외롭고 병든 자는 친척이나 향당에서 책임을 지게 하여 살 곳을 잃지 않게 하였다. 고을의 경내로 들어선 여행자는 병이 들면 모두 요양할 곳이 있었다. 여러 향리에 모두 학교를 두어, 여가에는 친히 이르러 父老들을 불러서 그들과 이야기를 나누고, 아동들이 읽는 책은 친히 구두를 바로잡아 주고, 가르치는 자가 잘하지 못하면 다른 사람으로 교체하였다. 풍속이 처음에는 심히 거칠어 학문을 할 줄 몰랐는데, 선생이 자제들 중 빼어난 자를 골라 모아서 가르치니, 선생이 고을을 떠난 지 10여 년 만에 儒服을 입은 자가 대략 수백 명이나 되었다.

再朞에 就移澤州晉城令이라 澤人淳厚하여 尤服先生教命이라 民以事至邑者는 必告之以孝弟忠信하여 入所以事父兄하고 出所以事長上이라 度(탁)鄕村遠近爲伍保하여 使之力役相助하고 患難相恤하여 而姦僞無所容이라 凡孤煢殘廢者는 責之親戚鄕黨하여 使無失所라 行旅出於其塗者는 疾病皆有所養이라 諸鄕에 皆有校하여 暇時에 親至하여 召父老而與之語하고 兒童所讀書는 親爲正句讀하고 教者不善이면 則爲易置라 俗始甚野하여 不知爲學한대 先生이 擇子弟之秀者하여 聚而

11) 晉城 : 지금의 山西省 晉城市이다
12) 伍保 : 五家를 伍라고 하는데, 다섯 집을 단위로 향촌 조직을 편성하여 서로 규찰하게 한 것을 가리킨다.

敎之하니 去邑纔十餘年하얀 而服儒服者가 蓋數百人矣라

향민으로 社會를 만들고 科條를 세워 善惡을 표창하고 분별하여 권면함과 부끄러움이 있게 하였다. 고을의 人家가 거의 1만 戶였는데, 3년 동안 강도나 싸우다 죽은 자가 없었다. 임기가 차서 교대할 자가 부임할 무렵, 아전이 밤에 문을 두드리며 사람을 죽인 자가 있다고 아뢰었다. 선생이 말하기를 "우리 고을에 어찌 이런 자가 있겠는가. 진실로 그런 자가 있다면 반드시 某村의 아무개일 것이다."라고 하였다. 물어보니 과연 그러하였다. 집안사람들이 놀라고 기이하게 여겨 어떻게 알았는지 묻자, 선생이 말하기를 "내 항상 이 사람은 불량한 행실을 고치지 못할 자라고 의심하였다."라고 하였다.

鄕民으로 爲社會하고 爲立科條하여 旌別善惡하여 使有勸有恥라 邑幾萬室이나 三年之間에 無强盜及鬪死者라 秩滿에 代者且至한대 吏夜叩門하여 稱有殺人者라 先生曰 吾邑에 安有此리오 誠有之어든 必某村某人也라 問之하니 果然이라 家人驚異하여 問何以知之하니 曰 吾常疑此人惡少之弗革者也라

河東은 財賦가 군색하여 관청에서 科買[13]하는 것이 해마다 백성들의 근심이 되었다. 지극히 값싼 물건일지라도 관청에서 그것을 취하게 되면 그 값이 뛰어올라 심한 경우에는 수십 배에 이르렀다. 선생은 항상 수요를 헤아려서 부유한 집에 미리 쌓아두게 하고서 그 값을 정하여 물건을 내놓게 하였다. 부유한 집은 두 배의 이윤은 보장받았고 백성들의 비용은 평상시와 비교하여 10분의 2~3에 불과하였다. 백성들의 세금은 항상 가까운 변경으로 옮겼는데, 수레에 실어서 가면 길이 멀고 곡식을 사들이면 값이 비쌌다. 선생은 부유한 백성 가운데 맡길 만한 자를 골라 변방의 고을에서 미리 곡식을 구입하게 하여 비용을 크게 줄이고 백성의 부담도 덜어주었다. 縣의 창고에는 雜納錢 수십만 냥이 있었는데, 항상 빌려주어 백성들의 힘을 보조하였다. 部의 使者가 이르자, 그에게 고하기를 "이 돈은 제가 알아서 쓰되 감히 사사로이 하지 않으니, 청컨대 아무것도 묻지 마십시오."라고 하였다. 사자가 여러 번 바뀌었으나 선생의 청을 따르지 않는 자가 없었다. 이보다 앞서 백성들은 差役[14]을 꺼려하여 차역이 미치면 서로 규명하

---

13) 科買 : 나라에서 필요로 하는 물건을 법에 따라 사들이는 것을 말한다.
14) 差役 : 宋代의 課役法으로, 백성을 빈부의 차이에 따라 9등급으로 나누어, 4등 이상에게만 徭役을

고 호소하여 향리의 이웃이 드디어 원수가 되었다. 선생은 백성들의 재산의 厚薄을 모두 알아보아 그 先後를 차례 짓고 장부를 살펴보고서 명을 내리니, 불만을 토로하는 자가 없었다.

河東은 財賦窘迫하여 官所科買가 歲爲民患이라 雖至賤之物이라도 至官取之면 則其價翔踴하여 多者엔 至數十倍라 先生은 常度(탁)所需하여 使富家預儲하여 定其價而出之라 富室은 不失倍息하고 而鄕民所費는 比常歲로 十不過二三이라 民稅는 常移近邊한대 載往則道遠하고 就糴則價高라 先生은 擇富民之可任者하여 預使購粟邊郡하여 所費大省(생)하고 民力用紓라 縣庫에 有雜納錢數百千한대 常借以補助民力이라 部使者至하니 則告之曰 此錢은 令自用而不敢私하니 請一切不問이라 使者屢更이나 無不從者라 先時에 民憚差役하여 役及하얀 則互相糾訴하여 鄕隣이 遂爲仇讐라 先生은 盡知民產厚薄하여 第其先後하여 按籍而命之하니 無有辭者라

河東의 義勇軍은 농한기에는 武事를 가르쳤으나 공문에 따라 숫자만 채울 뿐이었다. 선생이 부임해서는 晉城의 백성들이 드디어 정예병이 되었다. 진성의 풍속은 시신을 태우는 것을 숭상하여 孝子와 慈孫일지라도 습관이 되어 편안하게 여겼다. 선생이 가르치고 깨우쳐주어 금지하자 백성들이 비로소 믿고 받아들였다. 그러나 선생이 떠난 뒤에 郡官 중 모친이 사망한 자가 있었는데, 멀리 장사지내는 것을 꺼려 뜨거운 불속에 시신을 던졌다. 어리석고 속된 자들이 보고 배워 선생의 가르침이 드디어 폐지되니, 식자들이 한스러워하였다. 선생은 현령이 되어서는 백성 보기를 자식처럼 하였다. 어떤 일을 따지려고 하는 자가 간혹 訴狀을 소지하지 않고 곧장 뜰 아래로 와서 그 까닭을 말하면 선생은 조용히 일러주되 정성스럽게 하며 게을리하지 않았다. 고을에 재임한 3년 동안 백성들이 부모처럼 사랑하여, 선생이 떠나는 날에 울음소리가 들판을 진동하였다.

河東義勇은 農隙則敎以武事라 然이나 應文備數而已라 先生至하얀 晉城之民이 遂爲精兵이라 晉俗은 尙焚屍하여 雖孝子慈孫이라도 習以爲安이라 先生이 敎諭禁止하니 民始信入이라 而先生去後에 郡官有母死者한대 憚於遠致하여 以投烈火라 愚俗視效하여 先生之敎가 遂廢니 識者恨之라 先生爲令하얀 視民如子라 欲辨事者가 或不持牒하고 徑至庭下하여 陳其所以어든 先生은 從容告語로되 諄諄不倦이라 在邑三年에 百姓愛之如父母하여 去之日에 哭聲振野라

징발하고 5등 이하에게는 면제해 주는 제도이다.

천거를 받아 著作佐郎으로 자리를 바꾸었고, 이윽고 御史中丞 呂公著 공의 천거로 太子中允 權監察御史裏行에 제수되었다. 神宗은 평소 선생의 명성을 알아 召對하는 날 조용히 자문하고, 두세 번 만나보고서는 드디어 크게 쓸 것을 기약하였다. 알현하고 물러날 때마다 반드시 말하기를 "자주 대면하러 오라고 할 것이니, 항상 볼 수 있기를 바란다."라고 하였다. 어느 날 논의가 매우 길어지자 日官이 正午가 되었음을 아뢰었다. 선생이 급히 물러나기를 청하였는데, 뜰 가운데서 환관들이 서로 말하기를 "어사는 성상께서 아직 수라를 들지 않으신 것을 모르시는가?"라고 하였다.

전후로 진달한 말이 매우 많았는데, 큰 요점은 마음을 바르게 하고 욕심을 막고 현자를 구하고 인재를 기르는 것을 급선무로 삼는 것이었다. 선생은 말을 수식해 논변하지 않고 오직 성의로써 임금을 감동시켰다. 신종이 일찍이 선생으로 하여금 인재를 추천하게 하여 선생이 천거한 자가 수십 명이었는데, 부친의 외종 사촌 張載와 선생의 아우 程頤를 첫 번째로 삼았다. 임금에게 올린 章疏는 子姪들이 그 초고를 엿볼 수 없었다.

선생이 일찍이 말하기를 "임금은 마땅히 아직 싹트지 않은 욕심을 막아야 합니다."라고 하자, 신종이 몸을 숙여 손을 맞잡고 말하기를 "마땅히 경을 위해 경계하겠노라."라고 하였다. 인하여 인재를 논하며 말하기를 "폐하께서는 어찌하여 천하의 士人들을 경시하십니까?"라고 하자, 신종이 말하기를 "짐이 어찌 감히 그러하겠는가?"라고 하였다. 선생은 이에 대해 말하기를 두세 차례 하였다.

用薦者로 改著作佐郎이라 尋以御史中丞呂公公著薦으로 授太子中允權監察御史裏行이라 神宗은 素知先生名하여 召對之日에 從容咨訪하고 比二三見에 遂期以大用이라 每見(현)退에 必曰 頻求對來하리니 欲常相見爾라 一日에 論議甚久하여 日官報午正이라 先生이 遽求退한대 庭中에 中人이 相謂曰 御史는 不知上未食邪아 前後進說이 甚多로되 大要는 以正心窒欲求賢育材爲先이라 先生은 不飾辭辨하고 獨以誠意感動人主라 神宗이 嘗使推擇人才하여 先生所薦者가 數十人이러니 而以父表弟張載暨弟頤爲首라 所上章疏는 子姪不得窺其藁라 嘗言호되 人主當防未萌之欲이니이다하니 神宗이 俯身拱手曰 當爲卿戒之라 及因論人才曰 陛下는 奈何輕天下士이니잇가하니 神宗曰 朕何敢如是리오 言之至於再三이라

당시 荊公 王安石은 황제의 신용이 날로 더하였다. 선생은 나아가 알현할 때마다 반드시 神宗을 위해 君道를 진달하였는데, 至誠과 仁愛를 근본으로 삼았고 일찍이 功利를

언급한 적이 없었다. 신종이 처음에는 그 우활함을 의심하였으나 예우하는 것은 줄어들지 않았다. 일찍이 治道에 대해 극진히 아뢰자, 신종이 말하기를 "이는 堯·舜의 일이니, 짐이 어찌 감당할 수 있겠는가?"라고 하였다. 선생이 안색을 바꾸며 말하기를 "폐하의 이 말씀은 천하의 복이 아닙니다."라고 하였다.

형공이 차츰 자신의 설을 실행하였는데, 선생은 의견이 그와 대부분 맞지 않았다. 어떤 사안이 제출되면 반드시 논쟁하여 열거하니, 몇 달 사이에 상소를 수십 번 올렸다. 특히 극론한 것은 보좌하는 신하의 마음이 같지 않은 것, 小臣이 大計에 참여하는 것, 公論이 행해지지 않는 것, 靑苗法[15]으로 이자를 취하는 것, 祠部의 공문서를 파는 것, 提擧官을 파견할 적에 대부분 적임자가 아닌 것과 封駁[16]을 거치지 않는 것, 京東의 轉運司가 백성을 수탈하여 총애를 바라는데도 견책하지 않는 것, 이익을 꾀하는 신하가 날로 진출하는 것, 德을 숭상하는 풍도가 점차 쇠퇴하는 것 등 10여 가지 일이었다.

형공은 선생과 道가 같지 않을지라도 일찍이 선생을 忠信하다고 일컬었다. 선생은 그와 더불어 일을 논할 때마다 마음을 화평하게 하고 기운을 온화하게 하였는데, 형공이 그 때문에 감동할 때가 많았다. 직언하기를 좋아하는 言路에 있는 자들은 반드시 선생을 힘써 공격하여 이기고자 하였으니, 이로 말미암아 더불어 언쟁한 자들은 적이 되었다.

時에 王荊公安石이 日益信用이라 先生은 每進見(현)에 必爲神宗陳君道한대 以至誠仁愛爲本이요 未嘗及功利라 神宗이 始疑其迂로되 而禮貌不衰라 嘗極陳治道하니 神宗曰 此는 堯舜之事니 朕何敢當이리오 先生愀然曰 陛下此言은 非天下之福也니이다 荊公이 浸行其說한대 先生은 意多不合이라 事出에 必論列하니 數月之間에 章數十上이라 尤極論者는 輔臣不同心과 小臣與大計와 公論不行과 青苗取息과 賣祠部牒과 差提擧官에 多非其人及不經封駁과 京東轉運司가 剝民希寵이어늘 不加黜責과 興利之臣日進과 尙德之風浸衰等十餘事라 荊公은 與先生으로 雖道不同이라도 而嘗謂先生忠信이라 先生은 每與論事할새 心平氣和한대 荊公이 多爲之動이라 而言路好直者는 必欲力攻取勝하니 由是로 與言者는 爲敵矣라

선생은 간언이 행해지지 않자 지방관으로 나가기를 간절히 청하였다. 神宗은 오히려 선생이 떠나는 것을 신중히 여겨, 상소를 올리고 대면하여 청한 것이 십수 차례에 이르

15) 靑苗法 : 송나라 때 王安石이 제정한 新法 중 하나로 봄에 常平倉의 곡식을 백성에게 빌려주었다가 추수한 뒤에 이자를 붙여 받아들이던 제도이다.
16) 封駁 : 임금이 부당한 詔令을 내렸을 경우에 신하가 이를 봉하여 돌려보내고 논박하는 것을 말한다.

렸으나 허락하지 않아 드디어 闔門에서 待罪하였다. 신종은 여러 사람들의 말을 물리치고 執政(王安石)에게 명하여 선생을 監司에 제수하여 임시로 京西路提點刑獄으로 파견하려고 하였다. 그러자 다시 상소를 올려 "신의 말이 옳다면 원컨대 행하시고, 만일 그것이 망령된 말이라면 마땅히 공개적인 질책을 내리십시오. 죄를 청하였는데 직책을 바꾸어 주는 것은 형벌과 상이 뒤섞인 것입니다."라고 하였다. 그 직책에서 물러나길 여러 차례 청하자, 얼마 뒤 신종이 손수 비답을 내려 동료의 죄를 폭로하였으나, 오직 선생은 질책을 하지 않고 簽書 鎭寧軍 節度判官事로 바꾸어 차임하였다.

先生은 言旣不行하여 懇求外補라 神宗은 猶重其去하여 上章及面請이 至十數나 不許라 遂闔門待罪라 神宗은 將黜諸言者하고 命執政하여 除先生監司하여 差權發遣京西路提點刑獄이라 復上章曰 臣言是어든 願行之하시고 如其妄言이어든 當賜顯責하소서 請罪而獲遷은 刑賞混矣니이다 累請得罷하여 旣而요 神宗手批하여 暴白同列之罪나 獨於先生無責하고 改差簽書鎭寧軍節度判官事라

그곳의 수령이 된 자는 엄하고 각박하며 꺼리는 것이 많아서 通判 이하는 감히 그와 더불어 일을 논변하지 못했다. 그 수령은 처음에 선생이 일찍이 臺憲[17]을 지냈으니 반드시 맡은 일에 힘을 다하지 않을 것이라 생각하고, 또 자기를 업신여길 것이라 염려하였다. 얼마 뒤 선생이 그를 섬기기를 매우 공손하게 하고, 창고를 관리하는 사소한 일일지라도 마음을 다하지 않는 것이 없으며, 일이 조금이라도 온당하지 않으면 반드시 그와 더불어 논변하니, 드디어 따르지 않는 것이 없었고 서로 함께하며 매우 기뻐하였다. 중대한 옥사를 여러 차례 재조사하여 죽지 않게 된 자가 전후로 대략 십수 명이었다.

爲守者는 嚴刻多忌하여 通判而下는 莫敢與辨事라 始意先生嘗任臺憲하니 必不盡力職事하고 而又慮其慢己라 旣而요 先生은 事之甚恭하고 雖筦庫細務라도 無不盡心하며 事小未安이면 必與之辨하니 遂無不從者하고 相與甚歡이라 屢平反重獄하여 得不死者가 前後蓋十數라

河清[18]의 병졸은 법에 다른 부역을 하지 않게 되어 있었다. 당시 환관 程昉이 外都水丞이 되었는데, 세도를 믿고 州郡을 멸시하여 여러 고을의 埽兵[19]을 모두 취하여 二股

17) 臺憲 : 御史臺의 관원을 가리킨다.
18) 河淸 : 지금의 河南省 洛陽市 吉利區內에 있던 縣이다.
19) 埽兵 : 하천이나 제방의 정비를 담당하는 병졸을 가리킨다.

河[20]를 다스리고자 하였다. 선생이 법을 근거로 거절하였으나, 정방이 조정에 청하자 8백 명을 그에게 주라고 명하였다. 날씨가 바야흐로 크게 추워지고 정방이 멋대로 병졸들을 잔학하게 대하자, 많은 사람들이 달아나 집으로 돌아갔다.

州의 관원이 새벽에 성문에 모였는데, 아전이 河淸의 병졸들이 흩어져 집으로 돌아가느라 성안으로 들어가려 한다고 보고하였다. 여러 관원이 서로 바라보며 정방을 두려워하여 그들을 성안으로 들이지 않으려 하였다. 선생이 말하기를 "이들은 죽음을 피하여 스스로 돌아가는 것이니, 성안으로 들이지 않으면 반드시 난을 일으킬 것입니다. 정방이 무슨 말을 하면 내가 감당하겠습니다."라고 하고, 곧장 몸소 가서 문을 열어 그들을 위무하고 타일러 3일 동안 집에 돌아가서 쉬었다가 노역장으로 돌아가기를 약속하자, 병졸들이 환호하며 성안으로 들어갔다. 그 사실을 상세히 갖추어 보고하여 병졸을 다시 파견하지 않을 수 있었다.

나중에 정방이 일을 상주하느라 州를 지날 적에 선생을 만나보았는데, 말은 듣기 좋게 하였으나 풀이 죽어 있었다. 얼마 뒤 사람들에게 말을 퍼뜨리기를 "澶州[21]의 병졸들이 흩어진 것은 곧 程中允이 유도한 것이니, 내가 반드시 성상께 호소할 것이다."라고 하였다. 선생의 동료가 이를 알려주자, 선생이 웃으며 말하기를 "저 사람은 나를 두려워하니, 어찌 그렇게 할 수 있겠는가?"라고 하였다. 정방은 과연 감히 간언하지 못했다.

河淸卒은 於法에 不他役이라 時中人程昉이 爲外都水丞한대 怙勢하여 蔑視州郡하여 欲盡取諸埽兵治二股河라 先生이 以法拒之로되 昉請於朝하니 命以八百人與之라 天方大寒하고 昉肆其虐하니 衆逃而歸라 州官이 晨集城門한대 吏報河淸兵潰歸하여 將入城이라 衆官相視하며 畏昉欲弗納이라 先生曰 此逃死自歸니 弗納이면 必爲亂이라 昉有言이어든 某自當之라하고 卽親往하여 開門撫諭하여 約歸休三日復役하니 衆歡呼而入이라 具以事上聞하여 得不復遣이라 後에 昉奏事過州할새 見先生한대 言甘而氣慴이라 旣而요 揚言於衆曰 澶卒之潰는 乃程中允誘之니 吾必訴於上하리라 同列以告하니 先生笑曰 彼方憚我하니 何能爾也리오 果不敢言이라

20) 二股河 : 宋代 黃河 東流의 별칭이다. 宋 慶曆 8년(1048) 황하가 澶州(현 河南省 濮陽市)의 商胡埽에서 제방이 터져 물길이 북쪽으로 바뀌었는데, 이를 北流라고 하였다. 嘉祐 5년(1060) 北流가 다시 魏縣(현 河北省 魏縣) 경내의 第六埽(현 河南省 南樂縣 부근)에서 제방이 터져 동쪽으로 흐르는 물길이 새로 만들어졌는데, 이를 東流 또는 二股河라고 하였다.

21) 澶州 : 지금의 河南省 濮陽市이다.

마침 曹村[22]의 제방이 무너졌다. 당시 선생은 한창 小吳[23]의 사람들을 구호하고 있었는데, 두 곳의 거리가 1백 리였다. 州帥 劉渙 공이 사태가 급박함을 알리자, 선생은 하룻밤 만에 말을 달려 이르렀다. 주수가 河橋에서 기다렸는데, 선생이 주수에게 말하기를 "조촌이 무너지면 京城도 근심스럽습니다. 신하의 도리로 볼 때 온몸으로 막을 수 있다면 또한 그렇게 해야 합니다. 청컨대 모든 廂兵[24]을 저에게 붙여주십시오. 일이 혹 성공하지 않으면 공이 친히 禁兵을 거느리고 뒤를 이어주셔야 합니다."라고 하였다.

주수는 義烈之士인지라 드디어 本鎭의 官印을 선생에게 주며 말하기를 "그대가 알아서 사용하라."라고 하였다. 선생은 관인을 얻자, 성안에 들어가 어버이를 살펴볼 겨를도 없이 곧장 무너진 제방으로 달려가 사졸들을 효유하며 말하기를 "조정이 너희들을 기른 것은 바로 위급한 일을 위해서이다. 너희들은 조촌이 무너지면 京城으로 물이 쏟아질 것을 아는가? 나와 너희들은 온몸으로 그것을 막아야 한다."라고 하니, 병졸들이 모두 감격하여 온 힘을 다하였다.

논하는 자들은 모두 형세상 막을 수 없으니 사람을 수고롭게 할 뿐이라고 생각하였다. 선생은 헤엄을 잘 치는 자에게 명하여 가느다란 끈을 가지고 물을 건너게 하였는데, 무너진 제방 입구에서 물이 막 쏟아져 언덕에 도착한 자가 100명 중 1명꼴이었다. 마침내 능히 굵은 끈을 끌고 물을 건너자, 군중이 양쪽 언덕에서 밤낮으로 쉬지 않고 함께 둑을 쌓아나가 며칠 만에 제방을 다 쌓았다. 양쪽 둑을 합하려 할 적에 큰 나무가 중류에서 떠내려 왔다. 선생이 군중을 돌아보며 말하기를 "저 큰 나무가 비스듬히 떠내려 와 입구로 들어온다면 우리의 일이 성공할 것이다."라고 하였다. 말이 끝나자마자 나무가 드디어 비스듬히 떠내려 오니, 군중은 지극한 정성이 이루어 낸 일이라고 여겼다. 그 뒤 조촌의 하류가 다시 무너져 오랫동안 막지 못하게 되자, 여러 지방 사람들이 동요하며 불안해하여 크게 조정의 근심거리가 되었다. 사람들은 "만일 선생이 관직에 있었다면 어찌 이런 일이 있었겠는가."라고 하였다.

會曹村埽決이라 時先生方救護小吳한대 相去百里라 州帥劉公渙이 以事急告하니 先生은 一夜馳至라 帥俟於河橋한대 先生謂帥曰 曹村決이면 京城可虞라 臣子之分으로 身可塞이면 亦爲之라 請盡以廂兵見付하소서 事或不集이면 公當親率禁兵以繼之니이다 帥는 義烈士라 遂以本鎭印授

22) 曹村 : 澶州에 있던 마을이다.
23) 小吳 : 上同.
24) 廂兵 : 宋初에 각 州에 머물면서 훈련에 참가하지 않고 노역에만 충당되었던 군사를 가리킨다.

先生하고 曰 君自用之라 先生得印하여 不暇入城省親하고 徑走決堤하여 諭士卒曰 朝廷養爾輩는 正爲緩急爾라 爾知曹村決則注京城乎아 吾與爾曹는 以身捍之라하니 衆皆感激自效라 論者는 皆以爲勢不可塞이니 徒勞人爾라 先生은 命善泅者하여 運細繩以渡한대 決口에 水方奔注하여 達者百一이라 卒能引大索(삭)以濟하니 衆이 兩岸竝進하여 晝夜不息하여 數日而合이라 其將合也에 有大木自中流而下라 先生이 顧謂衆曰 得彼巨木橫流入口면 則吾事濟矣라 語纔已에 木遂橫하니 衆以爲至誠所致라 其後에 曹村之下復決하여 遂久不塞하니 數路困擾하여 大爲朝廷憂라 人以爲使先生在職이면 安有是也라

郊祀 때 성은을 성대하게 내리자, 선생이 말하기를 "나의 죄가 씻겼으니, 떠날 수 있겠구나."라고 하고서 드디어 어버이 봉양의 편의를 이유로 監局[25]을 청하여 사직하고 귀향하였다. 이때부터 正道를 미워하는 자들이 선생이 新法을 회피한다는 설을 앞다투어 떠벌렸다. 1년여 뒤에 監西京洛河竹木務가 되었다. 천거한 자가 말하기를 "그는 일찍이 여러 해 동안의 공로를 인정받지 못했으니, 승진시켜 주시기를 청합니다."라고 하여, 특별히 太常丞으로 자리를 옮겼다. 神宗은 여전히 선생을 생각하였다. 마침 ≪三經義≫[26]를 수찬할 적에 執政(王安石)에게 말하기를 "程顥를 기용할 만하다."라고 하였는데, 집정이 대답하지 않았다. 또 일찍이 登對하는 어떤 자가 洛陽으로부터 京師에 이르렀는데, 신종이 그에게 묻기를 "정호가 그곳에 있는가?"라고 하고, 이어서 "그는 아름다운 선비이다."라고 하였다.

그 뒤 혜성이 翼星과 軫星[27] 사이에서 나타나자 詔書를 내려 직언을 구하였는데, 선생이 조서에 응대하여 조정의 정사를 논한 것이 지극하고 간절하였다. 조정에 돌아오자, 집정이 여러 차례 注擬를 올렸으나 신종이 모두 허락하지 않았다. 얼마 뒤 신종이 손수 비답을 내려 開封府의 知縣을 맡겨 知扶溝縣事로 차임하였다. 선생이 집정에게 찾아가 다시 監當官[28]이 되기를 청하자, 집정이 성상의 생각은 바꿀 수 없다고 설득하였다. 몇 달 만에 右府가 함께 천거하여 判武學에 제수되었다. 어떤 신진 관료가, 新法을 시행하던 초기에 선생이 앞장서서 반대 의견을 주장했다고 말하여, 파직되어 다시 옛

25) 監局 : 어떤 일이나 부서를 관리 감독하는 관직을 말한다.
26) 三經義 : 北宋 神宗 때 집정 王安石이 ≪周禮≫, ≪詩經≫, ≪書經≫ 등을 새롭게 해석하여 찬술한 책이다.
27) 翼星과 軫星 : 모두 南方에 있는 별자리이다.
28) 監當官 : 宋代에 차·소금·술 등의 세금 징수나 철물의 주조 등에 관한 일을 관장하던 지방관이다.

임지로 돌아갔다.

郊祀霈恩하니 先生曰 吾罪滌矣니 可以去矣라하고 遂求監局하여 以便親養으로 得罷歸라 自是로 醜正者가 競揚避新法之說이라 歲餘에 得監西京洛河竹木務라 薦者가 言호되 其未嘗敍年勞하니 丐遷秩이라하여 特改太常丞이라 神宗은 猶念先生이라 會修三經義할새 嘗語執政曰 程某를 可用이라한대 執政不對라 又嘗有登對者自洛至한대 問曰 程某는 在彼否아하고 連言호되 佳士라 其後에 彗見翼軫間하여 詔求直言한대 先生이 應詔하여 論朝政極切이라 還朝에 執政이 屢進擬로되 神宗皆不許라 旣而요 手批與府界知縣하여 差知扶溝縣事라 先生이 詣執政하여 復求監當하니 執政이 諭以上意不可改也라 數月에 右府同薦하여 除判武學이라 新進者가 言其新法之初에 首爲異論하여 罷復舊任이라

선생은 고을을 다스릴 적에 오로지 寬厚함을 숭상하고 敎化를 우선으로 여겼다. 매우 우활한 듯하였으나, 백성이 실제로 감화되었다. 扶溝縣[29]은 본래 도둑이 많아 풍년일 때에도 강도가 10여 건 이상 발생하였는데, 선생이 知縣으로 재임하자 거의 1년이나 강도가 없게 되었다. 廣濟河와 蔡河가 부구현의 경내에서 흘러나가는데, 강가에 사는 불량한 사람들이 다시는 생업을 다스리지 않고 오로지 뱃사람의 물건을 갈취하는 것을 일삼아, 해마다 반드시 십수 척의 배를 불태워 위세를 떨쳤다. 선생이 처음 부임했을 적에 한 사람을 체포하고, 그로 하여금 그 무리를 유인하게 하여 수십 명을 잡았다. 예전에 저지른 악행에 대해서는 너무 가혹하게 처벌하지 않고 땅을 나누어 주어 그곳에 살게 하여 배를 끌어당기는 것을 생업으로 삼게 하고, 또 악행을 저지르는 자를 살피게 하였다. 이때부터 고을 경내에 배를 불태우는 근심이 없어졌다.

先生爲治할새 專尙寬厚하고 以敎化爲先이라 雖若甚迂나 而民實風動이라 扶溝는 素多盜하여 雖樂歲라도 强盜不減十餘發이러니 先生在官에 無强盜者가 幾一年이라 廣濟蔡河가 出縣境한대 瀕河不逞之民이 不復治生業하고 專以脇取舟人物爲事하여 歲必焚舟十數以立威라 先生始至에 捕得一人하고 使引其類하여 得數十人이라 不復根治舊惡하고 分地而處之하여 使以挽舟爲業하고 且察爲惡者라 自是로 邑境에 無焚舟之患이라

畿邑은 田稅가 무거웠는데, 조정에서는 해마다 세금을 면제해주어 혜택을 베풀었다.

29) 扶溝縣 : 지금의 河南省 周口市이다.

그러나 선량한 백성들은 독촉을 두려워하여 먼저 납부하니, 세금을 포탈하고 면제를 받는 자는 모두 완악한 백성들이었다. 선생은 규약을 만들고 면제받은 자를 미리 헤아려 이번에는 반드시 약정한 기한대로 채우게 하니, 이에 혜택이 처음으로 균등해졌다. 司農이 건의하기를 천하 사람들이 役錢을 납부하는 것은 四等戶까지 부과하는데, 畿內는 유독 三等戶까지만 부과하니 畿內도 四等戶까지 적용할 것을 청하였다. 선생이 불가함을 힘써 아뢰자, 사농이 奏議를 올려 선생은 반드시 죄를 받아야 한다고 하였다. 그러나 神宗은 선생의 말을 옳다고 여겨 畿邑은 모두 면제를 받았다.

畿邑은 田稅重한대 朝廷歲常蠲除以爲惠澤이라 然而良善之民은 憚督責而先輸하니 逋負獲除者는 皆頑民也라 先生爲約하고 前料獲免者하여 今必如期而足하니 於是에 惠澤始均이라 司農建言호되 天下輸役錢은 達戶四等이나 而畿內는 獨止第三하니 請亦及第四라 先生이 力陳不可하니 司農奏其議하여 謂必獲罪로되 而神宗是之하여 畿邑皆得免이라

선생은 정사를 할 적에 항상 곡식의 가격을 헤아려 매우 높아지거나 매우 낮아지지 않게 하였다. 마침 크게 가뭄이 들어 보리의 싹이 마르려고 하자, 선생이 사람들로 하여금 우물을 파서 물을 대게 하였다. 우물 하나를 파는 데 몇 명의 工人밖에 필요하지 않았지만 여러 전답에 물을 대는 것은 온 경내가 여기에 의지하였다. 수해로 백성이 굶주리자 선생은 곡식을 방출해 빌려줄 것을 청하였는데, 이웃 고을에서도 청하였다. 司農이 노하여 使者를 보내 실상을 살펴보게 하였는데, 사자가 이웃 고을에 이르자 수령이 다급히 스스로 해명하기를 "곡식이 잘 익어가니, 빌려주지 않아도 괜찮습니다."라고 하였다. 사자가 선생의 고을에 이르러 "선생은 어찌하여 스스로 해명하지 않는가?"라고 하자, 선생은 이웃 고을 수령처럼 스스로 해명하려 하지 않았다. 사자가 결국 곡식을 빌려줄 수 없다고 하자, 선생은 백성이 굶주리고 있다고 힘써 말하고 빌려주기를 청하여 마지않았다. 드디어 곡식 6천 석을 얻어 굶주린 자를 구제하였다. 사농이 더욱 노하여 곡식을 빌려준 장부에 民戶는 등급이 같으나 빌려준 곡식이 같지 않은 것을 보고 縣에 檄文을 보내 主吏를 杖刑에 처하였다. 선생이 말하기를 "굶주린 자를 구제하는 것은 마땅히 식구의 많고 적음을 기준으로 삼아야지, 民戶의 높고 낮음을 기준으로 삼아서는 안 됩니다. 또 제가 실제로 그렇게 한 것이지, 아전의 죄가 아닙니다."라고 하자, 비로소 그만두었다.

先生爲政할새 常權穀價하여 不使至甚貴甚賤이라 會大旱하여 麥苗且枯하니 先生이 教人掘井以溉라 一井不過數工이나 而所灌數畝는 闔境賴焉이라 水災民饑하니 先生請發粟貸之한대 隣邑亦請이라 司農怒하여 遣使閱實한대 使至隣邑이어늘 而令遽自陳穀且登하니 無貸라도 可也라 使至하여 謂先生盍亦自陳고하니 先生不肯이라 使者遂言不當貸라하니 先生力言民饑하고 請貸不已라 遂得穀六千石하여 饑者用濟라 而司農益怒하여 視貸籍戶同等而所貸不等하고 檄縣杖主吏라 先生言호되 濟饑는 當以口之衆寡요 不當以戶之高下라 且令實爲之요 非吏罪라하니 乃得已라

內侍都知 王中正이 保甲[30)]을 돌아다니며 검열하였는데, 권세와 총애가 지극히 성대하여 이르는 곳마다 縣官을 능멸하였다. 여러 고을에서 연회용 장막을 제공하였는데, 앞 다투어 화려하게 꾸미고 기쁜 마음으로 그를 받들었다. 主吏가 그렇게 하기를 청하자, 선생이 말하기를 "우리 고을은 가난하니, 어찌 다른 고을을 본받을 수 있겠는가. 또 백성에게서 취하는 것은 법에 금지된 것이다. 지금 오래된 푸른색 장막이 있으니, 쓸 수 있을 것이다."라고 하였다. 선생이 고을에 재임한 1년여 동안 왕중정은 縣의 경계를 오가면서도 끝내 들어오지 않았다.

이웃 고을에 원통한 일이 있어 府에 호소하였는데, 선생이 해결해 주기를 원하는 일이 전후로 5~6건이었다. 사소한 도둑질을 범한 자가 있어, 선생이 말하기를 "네가 능히 행실을 고친다면 나는 너의 죄를 가볍게 해줄 것이다."라고 하였다. 도둑이 머리를 조아리며 스스로 새로운 사람이 되기를 원하였다. 몇 달 뒤 다시 도둑질을 하여 捕吏가 문에 이르자, 도둑이 그의 아내에게 이르기를 "내가 太丞과 다시는 도둑질하지 않기로 약속을 하였는데, 이제 무슨 면목으로 뵙겠는가."라고 하며 끝내 스스로 목을 매어 죽었다.

內侍都知王中正이 巡閱保甲한대 權寵至盛하여 所至淩慢縣官이라 諸邑供帳한대 競務華鮮하여 以悅奉之라 主吏以請하니 先生曰 吾邑貧하니 安能效他邑이리오 且取於民은 法所禁也라 今有故青帳하니 可用之라 先生在邑歲餘에 中正往來境上이로되 卒不入이라 隣邑有冤訴府한대 願得先生決之者가 前後五六이라 有犯小盜者하여 先生謂曰 汝能改行이면 吾薄汝罪하리라하니 盜叩首願

30) 保甲 : 10家를 1保, 5保를 1大保, 10大保를 1都保로 편제하여 농한기에는 유사시를 대비하여 군사훈련을 하고, 평상시에는 윤번으로 순찰하며 치안을 유지하는 자치 경찰제도이다. 王安石의 新法 중 하나이다.

自新이라 後數月에 復穿窬하여 捕吏及門하니 盜告其妻曰 我與太丞으로 約不復爲盜러니 今何面目見之邪아하고 遂自經이라

官制가 바뀌어 奉議郎에 제수되었다. 조정에서 관리를 보내 牧地를 총괄하게 하니, 民田 중에 몰수해야 할 것이 1천 頃이었다. 종종 여러 대에 걸친 契券을 가지고 와서 스스로 해명하였으나, 모두 소용이 없었다. 여러 고을은 이미 정해졌는데 扶溝縣의 백성은 오직 복종하지 않았다. 드디어 조정의 명령이 내려와 稅를 租로 바꾸어 다시 추가로 부과하지 않고, 私田처럼 매매하는 것을 허락하였다. 백성들은 독촉하는 것에 지치고, 또한 세금을 추가로 부과하는 것이 없어서 곧 모두 복종하였으나, 선생은 불가하다고 여겼다. 토지를 총괄하는 관리가 이르러 선생에게 말하기를 "백성들이 복종하기를 원하는데도 그대가 불허하는 것은 어째서인가?"라고 하였다. 선생이 말하기를 "백성들은 단지 오늘 추가로 부과하지 않는 줄만 알고, 훗날 租를 늘려 땅을 빼앗으면 생업을 잃고 살아갈 길이 없는 것을 알지 못합니다."라고 하고서, 인하여 그들을 위해 仁厚한 道를 말하였다. 그 사람이 감동하여 사죄하며 말하기를 "견책을 받을지언정 감히 공의 말을 어길 수 없소."라고 하고서 드디어 다른 고을로 떠났다.

한 달이 되지 않아 선생이 파직되어 떠나갔다. 그 사람이 다시 이르러 섭정하는 현령에게 말하기를 "程奉議가 떠났는데, 너는 다시 누구를 믿고 감히 조정의 명령을 지체하며 어기느냐?"라고 하였다. 독촉하는 것이 매우 급하여 며칠 만에 일이 이루어졌다. 이웃 고을의 백성이 도둑질을 하여 縣의 감옥에 갇혀 있다가 달아났는데, 얼마 뒤 사면되었다. 선생이 이 일에 연좌되어 特旨에 의해 파직되었다. 고을 사람들이 선생이 파직될 것을 알고서 府와 司農에 찾아가 선생을 그대로 있게 해달라고 청하는 자가 수십 명이었다. 선생이 떠나는 날 사람들이 모르게 하였는데도 노인과 어린이 수백 명이 縣의 경계까지 쫓아와 만류하며 울부짖으니, 그들을 보내도 떠나가지 않았다.

官制改하여 除奉議郎이라 朝廷遣官하여 括牧地하니 民田當沒者가 千頃이라 往往持累世契券以自明이나 皆弗用이라 諸邑已定한대 而扶溝民은 獨不服이라 遂有朝旨하여 改稅作租하여 不復加益하고 及聽賣易如私田이라 民은 旣倦於追呼하고 又得不加賦하여 乃皆服이로되 先生은 以爲不可라 括地官至하여 謂先生曰 民願服而君不許는 何也오 先生曰 民은 徒知今日不加賦하고 而不知後日增租奪田이면 則失業無以生矣라하고 因爲言仁厚之道라 其人感動하여 謝曰 寧受責이언정 不

敢違公이라하고 遂去之他邑이라 不踰月에 先生罷去라 其人이 復至하여 謂攝令者曰 程奉議가 去矣로되 爾復何恃而敢稽違朝旨아 督責甚急하여 數日而事集이라 隣邑民犯盜하여 繫縣獄而逸한대 旣又遇赦라 先生이 坐是以特旨罷라 邑人이 知先生且罷하고 詣府及司農하여 丐留者十數라 去之日에 不使人知어늘 老穉數百이 追及境上하여 攀挽號泣하니 遣之不去라

어버이가 연로하다는 이유로 인근 고을의 監局을 청하여 監汝州酒稅가 되었다. 今上이 즉위한 뒤 큰 은혜를 내려 承議郎으로 자리를 옮겼다. 선생은 비록 말단 관직에 있었지만 어진 사대부들은 선생의 進退를 보고 흥망과 성쇠를 점쳤다. 聖上의 政事가 바야흐로 새로워져 어진 덕을 가진 자들이 등용되었는데, 선생은 특히 당시의 촉망을 받았기 때문에 임금의 부름을 받아 宗正寺 丞이 되었다. 그런데 부임하기도 전에 병으로 세상을 떠나니, 元豐 8년(1085) 6월 15일이었다. 향년 54세이다. 사대부로서 선생을 아는 자와 알지 못하는 자 모두 슬퍼하며 조정과 백성을 위해 한탄하고 애석해하지 않는 이가 없었다.

以親老로 求近鄕監局하여 得監汝州酒稅라 今上嗣位하여 覃恩으로 改承議郎이라 先生은 雖小官이나 賢士大夫가 視其進退하여 以卜興衰라 聖政方新하여 賢德登進한대 先生은 特爲時望所屬하여 召爲宗正寺丞이라 未行에 以疾終하니 元豐八年六月十五日也라 享年五十有四라 士大夫識與不識이 莫不哀傷하며 爲朝廷生民恨惜이라

선생은 자품이 이미 남달랐는데도 덕을 확충하여 기르는 데 방도가 있었다. 순수함은 정제한 금과 같고 온화함은 좋은 옥과 같으며, 너그러우면서도 절제함이 있고 화합하면서도 휩쓸리지 않으며, 忠誠은 金石을 관통하고 孝悌는 神明에 통하였다. 그 안색을 보면 남들과 접할 적에 봄볕의 따사함과 같고, 그 말소리를 들으면 사람에게 받아들여질 적에 단비가 적셔주는 것과 같았다. 가슴속의 회포가 환히 트여 꿰뚫어 봄에 빈틈이 없었으나, 그 온축된 것을 헤아려 보면 끝이 없는 푸른 바다처럼 넓고, 그 덕을 지극히 표현해 보면 아름다운 말로도 충분히 형용할 수 없다.

先生은 資稟旣異로되 而充養有道라 純粹如精金하고 溫潤如良玉하며 寬而有制하고 和而不流하며 忠誠貫於金石하고 孝悌通於神明이라 視其色이면 其接物也에 如春陽之溫하고 聽其言이면 其入人也가 如時雨之潤이라 胸懷洞然하여 徹視無間이로되 測其蘊이면 則浩乎若滄溟之無際하고 極其德이면

美言蓋不足以形容이라

선생의 몸가짐은 안으로는 敬을 위주로 하고 恕로써 행하며, 남의 善을 보면 자기에게서 나온 것처럼 여기고, 자기가 원하지 않는 것을 남에게 베풀지 않으며, 넓은 집(仁)에 거처하고 大道(義)를 행하며, 말에는 실질이 있고 행동에는 常道가 있었다.

先生行己는 內主於敬而行之以恕하며 見善에 若出於己하고 不欲을 勿施於人하며 居廣居而行大道하고 言有物而動有常이라

선생이 학문을 한 것은, 15~16세 때부터 汝南의 周茂叔(周敦頤)이 道를 논한다는 말을 듣고 드디어 과거 시험을 위한 공부를 싫어하고 감개하여 道를 구하려는 지향을 가졌다. 그러나 그 요점을 알지 못하여 諸家를 두루 살피고 老·佛에 출입한 지 거의 10년이었는데, 六經에서 돌이켜 구한 뒤에 그 요령을 터득하였다. 여러 사물에 밝고 人倫을 살펴서, 性을 극진히 하여 天命에 이르는 것은 반드시 孝悌에 근본하고 神明을 궁구하여 造化을 아는 것은 禮樂에 통해야 함을 알았다. 異端의 옳은 듯하면서도 그른 점을 분변하여 百代 동안 밝히지 못했던 의혹을 열었으니, 秦·漢 이후로 이 이치에 이른 자가 없었다.

先生爲學은 自十五六時로 聞汝南周茂叔論道하고 遂厭科擧之業하고 慨然有求道之志라 未知其要하여 泛濫於諸家하고 出入於老釋者가 幾十年이러니 返求諸六經而後得之라 明於庶物하고 察於人倫하여 知盡性至命은 必本於孝弟하고 窮神知化는 由通於禮樂이라 辨異端似是之非하여 開百代未明之惑하니 秦漢而下로 未有臻斯理也라

선생은 "孟子가 세상을 떠난 뒤로 聖學이 전해지지 못하였다."라고 하고서 斯文을 흥기시키는 것을 자기의 임무로 삼았다. 선생이 말하기를 "道가 밝아지지 않은 것은 異端이 해치기 때문이다. 옛날의 폐해는 천근하여 알기가 쉬웠는데, 지금의 폐해는 심원하여 분별하기 어렵다. 옛날에 사람을 미혹시키는 것은 그들의 혼미함을 틈탔으나, 지금 사람에게 들어감은 그들의 고명함을 인한다. 스스로 神明을 궁구하여 造化를 안다고 말하지만 만물의 이치를 훤히 알아 일을 행하여 공을 이루기에 부족하며, 말은 두루 미치

지 않음이 없다고 하지만 실상은 倫理에서 벗어나며, 심원한 것을 궁구하고 은미한 것을 지극히 하지만 堯·舜의 道로 들어갈 수 없다. 천하의 학문은 천박하고 비루하며 고집스럽고 답답하지 않으면 반드시 이단으로 들어가니, 道가 밝아지지 못한 뒤로부터 거짓되고 요망한 설이 앞다투어 일어나 백성의 귀와 눈을 가려, 천하를 더럽고 혼탁한 데에 빠뜨렸다. 비록 높은 재주와 밝은 지혜를 가진 자일지라도 見聞에 구애되어 아무 의미 없이 혼몽한 상태로 살면서도 스스로 깨닫지 못한다. 이는 모두 正路의 무성한 잡초이자 聖門의 꽉 막힌 장벽이니, 이것을 연 뒤에야 道에 들어갈 수 있다."라고 하였다.

謂孟子沒而聖學不傳이라하고 以興起斯文爲己任이라 其言曰 道之不明은 異端害之也라 昔之害는 近而易(이)知러니 今之害는 深而難辨이라 昔之惑人也는 乘其迷暗이로되 今之入人也는 因其高明이라 自謂之窮神知化로되 而不足以開物成務하며 言爲無不周遍이로되 實則外於倫理하며 窮深極微로되 而不可以入堯舜之道라 天下之學은 非淺陋固滯면 則必入於此니 自道之不明也로 邪誕妖異之說이 競起하여 塗生民之耳目하고 溺天下於汙濁이라 雖高才明智라도 膠於見聞하여 醉生夢死하여 不自覺也라 是皆正路之蓁蕪요 聖門之蔽塞이니 闢之而後可以入道라

선생은 나아가서는 장차 사람들을 깨우치고 물러나서는 장차 책에서 그것을 밝히고자 하였는데, 불행히도 일찍 세상을 떠나 모두 이루지 못하였다. 精微하게 辨析한 것이 조금이나마 세상에 보이는 것은 선생에게 배운 자들이 전한 것이다. 선생의 문하에 배우는 자가 많았다. 선생의 말씀은 평이하여 알기가 쉬워서 어진 이와 어리석은 이가 모두 그 유익함을 얻었으니, 마치 여러 사람이 河水에서 물을 마실 적에 각각 자기 양껏 마시는 것과 같았다.

先生은 進將覺斯人하고 退將明之書한대 不幸早世하여 皆未及也라 其辨析精微가 稍見於世者는 學者之所傳爾라 先生之門에 學者多矣라 先生之言은 平易(이)易知하여 賢愚皆獲其益하니 如群飮於河에 各充其量이라

선생은 남을 가르칠 적에 致知로부터 知止에 이르며, 誠意로부터 平天下에 이르며, 물 뿌리고 비질하고 응대하고 대답하는 것으로부터 이치를 궁구하고 性을 극진히 하는 것에 이르러 차근차근 순서가 있었다. 세상의 학자들이 천근한 것을 버리고 심원한 것을 향해 달려가며, 낮은 데에 처했으면서도 고원한 것을 엿보아 경솔하게 스스로를 대

단하게 여기지만 끝내 터득함이 없는 것을 병통으로 여겼다.

先生教人에 自致知로 至於知止하고 誠意로 至於平天下하고 灑掃應對로 至於窮理盡性하여 循循有序라 病世之學者捨近而趨遠하고 處下而窺高하여 所以輕自大而卒無得也라

선생은 남을 접할 적에 논변하여도 틈이 생기지 않고, 공감하여 능히 마음이 통하였다. 남을 가르치면 사람들이 쉽게 따르고, 남에게 노여워하여도 사람들이 원망하지 않았다. 어진 자와 어리석은 자, 선한 자와 악한 자가 모두 그 마음을 알아, 교활하고 거짓된 자가 정성을 바치고, 포악하고 거만한 자가 공경을 다하며, 풍도를 들은 자는 진실로 감복하고, 덕스러운 모습을 본 자는 심취하였다. 비록 小人이 趨向이 다르다는 이유로 利害를 돌아보고 때때로 선생을 배척하였지만, 물러나 그들의 사생활을 살펴보면 선생을 君子라고 여기지 않는 이가 없었다.

先生接物에 辨而不間하고 感而能通이라 教人而人易(이)從하고 怒人而人不怨이라 賢愚善惡이 咸得其心하여 狡僞者가 獻其誠하고 暴慢者가 致其恭하며 聞風者誠服하고 覿德者心醉라 雖小人이 以趨向之異로 顧於利害하여 時見排斥이라도 退而省其私어든 未有不以先生爲君子也라

선생은 정사를 할 적에 관대함으로써 惡을 다스리고, 번다함에 처하여도 여유로웠다. 법령이 번거롭고 치밀한 때를 당해서는 일찍이 대중을 따라 條文에 응하고 책임을 회피하는 일이 없었다. 사람들이 모두 구애되는 것을 괴로워하였으나 선생은 여유롭게 대처하였고, 사람들이 근심하여 매우 어렵게 여겼으나 선생은 시원스럽게 행하였다. 갑작스러운 일을 당할지라도 음성과 안색을 바꾸지 않았다. 바야흐로 監司들이 앞다투어 엄하고 급박하게 재촉할 때에도 그들이 선생을 대하는 것은 모두 너그럽고 후하여 일을 시행할 적에 힘입은 바가 있었다. 선생이 행한 綱領과 條目의 법도는 사람들이 본받아서 행할 수 있지만, 선생이 인도하면 따르고 고무시키면 화합하며 남에게 구하지 않아도 남이 응하고 신의를 베풀지 않아도 백성이 믿는 점은 남들이 미칠 수 없다.

先生爲政에 治惡以寬하고 處煩而裕라 當法令繁密之際하여 未嘗從衆爲應文逃責之事라 人皆病於拘礙로되 而先生處之綽然하고 衆憂以爲甚難이로되 而先生爲之沛然이라 雖當倉卒이라도 不動聲色이라 方監司競爲嚴急之時라도 其待先生은 率皆寬厚하여 設施之際에 有所賴焉이라 先生所

爲綱條法度는 人可效而爲也나 至其道之而從하고 動之而和하며 不求物而物應하고 未施信而民信하얀 則人不可及也라

彭夫人은 仁和縣君에 봉해졌다. 엄정하고 禮貌가 있었으며, 효성으로 시아버지를 섬긴다고 소문이 났고, 그 친족과 잘 화목하였다. 선생보다 1년 먼저 세상을 떠났다. 아들 端懿는 蔡州 汝陽縣의 主簿이고, 端本은 진사시를 위해 학업을 닦고 있다. 딸은 假承務郎 朱純之에게 시집갔다. 금년 10월 을유일로 날을 정해 伊川의 선영에 장사지낼 예정이다. 집안의 世系, 행실과 학업, 벼슬 경력, 정사를 한 것의 대략을 삼가 기록하여 作者에게 墓誌銘을 구한다.

삼가 행장을 쓰다.

元豐 8년(1085) 8월 일 아우 程頤가 쓰다.

彭夫人은 封仁和縣君이라 嚴正有禮하며 事舅以孝稱하고 善睦其族이라 先一年卒이라 ①子②曰端懿는 蔡州汝陽縣主簿요 曰端本은 治進士業이라 ③女는④ 適假承務郎朱純之라 卜以今年十月乙酉하여 葬於伊川先塋이라 謹書家世行業及歷官行事之大槪하여 以求誌於作者라 謹狀하다 元豐八年八月日弟頤狀이라

① 어떤 판본에는 '五'자가 있다.[31]
　一有五字.
② 어떤 판본에는 '三早卒'자가 있다.[32]
　一有三早卒字.
③ 어떤 판본에는 '四'자가 있다.[33]
　一有四字.
④ 어떤 판본에는 '三夭' 두 글자가 있다.[34]
　一有三夭二字.

31) 어떤……있다 : "아들 다섯이 있었다.〔五子〕"라는 말이다.
32) 어떤……있다 : "셋은 일찍 죽었다.〔三早卒〕"라는 말이다.
33) 어떤……있다 : "딸 넷이 있었다.〔四女〕"라는 말이다.
34) 어떤……있다 : "셋은 요절하였다.〔三夭〕"라는 말이다.

명도선생의 문인과 벗들이 서술한 글을 차례로 배열함
明道先生門人朋友敍述序

伊川先生

先兄 明道先生의 장례 때 내가 그의 行狀을 지어 墓誌銘을 구하고, 또 훗날 史氏가 採錄할 수 있도록 갖추어 두었다. 얼마 뒤 門人과 벗들이 글을 지어 선형의 事迹을 서술하고 선형의 道學을 기술한 것이 매우 많았다. 그들이 선형을 추존하고 도덕을 칭송하고 찬미한 의도는 사람마다 각자 자기가 아는 바로써 서술하였기 때문에 아마도 같지 않겠지만, 孟子 이후로 聖人의 道를 전한 사람은 선형 한 사람뿐이라고 여겼으니, 이 점은 동일하다. 글이 많아 모두 취할 수 없으나, 행장에서 언급하지 못한 것을 보완하는 글 몇 편을 취하여 행장 뒤에 붙인다.

先兄明道之葬에 頤가 狀其行하여 以求誌銘하고 且備異日史氏採錄이라 旣而요 門人朋友가 爲文以敍其事迹하고 述其道學者가 甚衆이라 其所以推尊稱美之意는 人各用其所知하여 蓋不同也로되 而以爲孟子之後로 傳聖人之道者는 一人而已니 是則同이라 文多하여 不能盡取나 取其有補於行狀之不及者數篇하여 附於行狀之後라

河間의 劉立之[1]가 말하였다.

"선생은 어릴 적에 특별한 자질이 있었고, 총명하고 지혜로워 사람들을 놀라게 하였으며, 너덧 살 때에 곧바로 成人의 풍도가 있었다. 일찍이 〈酌貪泉〉이라는 시를 지어 '마음속이 본디 견고하다면 外物이 어찌 옮길 수 있겠는가.'라고 하니, 당시의 덕행과 학문이 뛰어난 선배들이 그의 지조를 이야기하였다. 장성해서는 호기로운 용기를 스스로

1) 劉立之 : 자는 宗禮이며, 河間 사람이다. 어려서 고아가 되었는데, 부친과 친분이 있던 二程의 집에서 성장하였다. 二程의 문하에서 수학하였으며, 二程의 숙부 程琉의 딸에게 장가들었다. 晉城의 관리가 되어 承議郎을 지냈다.

떨쳐 유행하는 습속에 빠지지 않았다. 汝南의 周茂叔(周敦頤)을 따라 묻고 배웠는데, 性命의 이치를 궁구하여 性을 따라 道를 깨닫고, 道를 체득하여 德을 이루고, 孔子와 孟子의 出處를 본받아 조용히 처신하며 인위적으로 힘쓰지 않았다. 약관이 넘어서는 京師에 가서 과거 시험에 응시하였는데, 명성이 자자하여 老儒·宿學이 모두 선생에게 미치지 못한다고 스스로 여겼고, 문 앞에 찾아가 교제하기를 원하지 않는 이가 없었다.

周敦頤

河間劉立之가 曰 先生은 幼[①]有奇[②]質하고 明慧驚人하며 年數歲에 卽有成人之度라 嘗賦酌貪泉詩曰 中心如自固면 外物豈能遷이리오하니 當世先達이 說其志操라 及長하얀 豪勇自奮하여 不溺於流俗이라 從汝南周茂叔問學이로되 窮性命之理하여 率性會道하고 體道成德하고 出處孔孟하여 從容不勉이라 踰冠하얀 應書京師로되 聲望藹(애)然하여 老儒宿學이 皆自以爲不及하고 莫不造門願交라

① 文集에는 '而'자가 있다.
集有而字.
② 〈奇는〉 어떤 판본에는 '異'로 되어 있다.
一作異.

처음 벼슬길에 나아가 永興軍 鄠縣의 主簿가 되었다. 永興의 帥府에는 出守[2)]한 자들이 모두 禁密大臣이었는데, 선생을 대할 적에는 禮를 극진히 하지 않는 이가 없었다. 선생이 晉城의 수령이 되었는데, 그곳의 풍속이 순박하고 고루하며 백성들이 배움을 알지 못해서 몇백 년 동안 과거에 급제한 자가 없었다. 선생이 그중 빼어나고 남다른 자들을 뽑아, 그들을 위해 學舍와 양식과 문방구를 갖추어 두고 그들을 모아서 가르쳤다. 아침저녁으로 독려해 배우는 자들을 인도하여 학문의 길로 나아가게 하니, 초목이 바람에 휩쓸리듯 일고 성대해졌다. 熙寧·元豐 연간에 과거 시험에 응시한 자가 수백 명에 이르렀고, 급제한 자가 10여 명이나 되었다.

선생은 정사를 행할 적에 법규가 정밀하였으나 誠心으로써 그 일을 주관하였다. 진성

2) 出守 : 京官이 지방관으로 나가는 것을 가리킨다.

의 백성은 선생의 교화에 감복하여 사납고 흉악한 자제들이 부끄러움을 알아 악행을 범하지 않는 데 이르렀다. 선생이 떠날 때까지 3년 동안 호적에 편입된 가구가 수만 호에 이르렀는데도 죄가 극형에 해당되는 자는 겨우 1명뿐이었다. 그러나 고을에서는 오히려 敎令을 따르지 않는 것을 심히 부끄럽게 여겼다. 熙寧 7년(1074)에 내가 진성에서 수령을 하게 되었으니, 선생이 떠난 지 이미 10여 년이 지난 뒤였다. 내가 고을의 인구가 많은데도 분열되어 이견을 제시하지 않는 것을 보고 그 까닭을 물으니, '程公의 교화를 지키는 것입니다.'라고 하였다. 선생이 성심으로 사람들을 감화시킨 것이 이와 같았다.

釋褐하여 主永興軍鄠縣簿라 永興帥府는 其出守가 皆禁密大臣이로되 待先生은 莫不盡禮라 爲令晉城한대 其俗朴陋하고 民不知學하여 中間幾百年에 無登科者라 先生이 擇其秀異하여 爲置學舍糧(且)〔具〕[3]하고 聚而教之라 朝夕督厲하여 誘進學者하니 風靡日盛이라 熙寧元豐間에 應書者至數百하고 登科者十餘人이라 先生爲政①할새 條教精密하되 而主之以誠心이라 晉城之民은 被服先生之化하여 暴桀子弟가 至有恥不犯이라 迄先生去토록 三年間에 編戶數萬衆이어늘 罪入極典者는 纔一人이라 然鄉閭猶以不遵教令②으로 爲深恥라 熙寧七年에 立之가 得官晉城하니 距先生去로 已十餘年이라 見民有聚口衆而不析異者하고 問其所以하니 云守程公之化③也라 其誠心感人이 如此라

① 文集에는 '爲政' 두 글자가 없다.
集無爲政二字.
② 文集에는 '令'자가 없다.
集無令字.
③ 文集에는 '者'자가 있다.
集有者字.

선생은 천거로 御史가 되었다. 神宗이 선생을 불러 대면하고 어사직을 수행할 방도를 묻자, 선생이 대답하기를 '신으로 하여금 임금의 부족한 부분을 보완하고 조정을 돕게 한다면 그런 일은 할 수 있으나, 신으로 하여금 신하들의 장단점을 주워 모아 정직하다는 명성을 얻게 한다면 그런 일은 할 수 없습니다.'라고 하였다. 신종이 감탄하고 칭찬하며 어사의 체통을 얻었다고 하였다. 신종은 정사에 온 힘을 쏟았는데, 王荊公(王安石)

3) (且)〔具〕: 底本에는 '且'로 되어 있으나, 一蓑古本에 의거하여 '具'로 바로잡았다.

이 정권을 잡아 법령을 논의하여 바꾸었다. 언관들이 그를 공격하는 데 매우 힘써, 성을 내고 함부로 욕을 하여 하지 않는 말이 없었다. 선생은 홀로 至誠으로써 임금과 재상의 마음을 열어 받아들이게 하였다. 상소를 올리면 곧바로 초고를 없애 자질들에게도 보여주지 않았다. 항상 말씀하기를 '자기를 드러내어 사람들에게 자랑하는 것은 내가 하지 않는 일이다.'라고 하였다. 일찍이 임금의 부름을 받고 中堂에 나아가 정사를 논의하였는데, 형공이 바야흐로 간언하는 자에게 노하여 안색을 사납게 하고서 그를 대하였다. 선생이 차분히 말하기를 '천하의 일은 한 집안의 사사로운 논의가 아니니, 원컨대 공은 기운을 평온하게 하여 들으십시오.'라고 하였다. 형공이 그 때문에 부끄럽고 위축되어 말을 부드럽게 하였다.

薦爲御史라 神宗이 召對하여 問所以爲御史한대 對曰 使臣으로 拾遺補闕하고 裨贊朝廷이면 則可하나 使臣으로 掇拾臣下短長하여 以沽直名이면 則不能이니이다 神宗歎賞하며 以爲得御史體라 神宗은 厲精求治한대 王荊公執政하여 議法改令이라 言者가 攻之甚力한대 至有發憤肆罵하여 無所不至者라 先生은 獨以至誠으로 開納君相이라 疏入輒削藁하여 不以示子姪이라 常曰 揚己矜衆은 吾所不爲라 嘗被旨赴中堂議事한대 荊公方怒言者하여 厲色待之라 先生이 徐曰 天下之事는 非一家私議니 願公平氣以聽이라 荊公이 爲之愧屈善談이라

부친 太中公이 崇福宮을 다스리기를 청하여, 선생은 어버이 봉양의 편의를 위해 折資監當을 청하였다. 洛陽으로 돌아와 집에서 조용히 지내며 날마다 독서하고 학문을 권면하는 것을 일삼았다. 선생은 經術이 환하게 밝고 義理가 정미하며 가르치기를 즐거워하여 게을리하지 않았다. 사대부 중에 선생을 따르며 강학하는 자들이 밤낮으로 문에 가득하였는데, 텅 빈 채로 왔다가 가득 채워 돌아가니 사람들은 원하는 것을 얻었다.

太中公이 得請領崇福하여 先生은 求折資監當以便養이라 歸洛하여 從容親庭하며 日以讀書勸學爲事라 先生은 經術通明하고 義理精微하며 樂告不倦이라 士大夫從之講學者가 日夕盈門한대 虛往實歸하니 人得所欲이라

선생이 御史로 있을 적에 남쪽 고을의 士人 중에 執政의 문하에서 식객 노릇을 한 자가 있었다. 그가 남쪽 고을에서 돌아올 때 아직 도성에 이르기도 전에 견강부회한 설이 먼저 도성에 유포되었다. 또한 그 사람은 평소 온전하지 못한 것을 의론하여 선생이 그

의 행실을 上奏하여 아뢴 적이 있었다. 나중에 선생이 判武學에 임명되었을 적에 그 사람은 이미 지위가 높아 현달하였는데, 선생이 다시 진언할 것을 두려워하여 이에 황제에게 글을 올리기를, 선생은 新法을 시행하던 초기에 앞장서서 異論을 주장하였다고 하였다. 선생은 웃으며 '이 사람이 어찌 나를 무함하였겠는가.'라고 말하고 다시 어버이 봉양의 편의를 위해 汝州監局을 청하였다. 선생은 높은 재주로 사업을 원대하게 하였으나 미관말직에 그쳤다. 사람들이 선생을 위해 탄식하였으나, 선생은 직무를 처리할 적에 삼가고 부지런하며 게을리하지 않으며 '일을 맡은 자가 어찌 삼가지 않을 수 있겠는가.'라고 말하였다.

先生이 在御史할새 有南士遊執政門者라 方自南還할새 未至①하여 而附會之說이 先布都下라 且其人은 素議虧闕하여 先生이 奏言其行이라 後에 先生被命判武學에 其人已位通顯이로되 懼先生復進하여 乃抗章言호되 先生은 新法之初②에 首爲異論이라 先生이 笑曰 是豈誣我邪아 復以便親으로 乞汝州監局이라 先生은 高才遠業이나 淪屈卑冗이라 人爲先生歎息이로되 而先生處之恪勤匪懈하고 曰 執事가 安得不謹이리오

① 文集에는 '未至' 두 글자가 없다.
集無未至二字.
② 文集에는 '行'자가 있다.
集有行.

지금의 황제가 즉위하여 宗正寺 丞으로 선생을 불렀다. 조정에서는 바야흐로 선생을 기용하려 하였으나, 대궐에 이르기도 전에 병을 얻어 세상을 떠났다. 선생은 천하 사람들의 중망을 받았으니, 士民이 선생의 出處로써 시대의 흥망을 점쳤다. 부고를 들은 날 선생을 아는 자와 알지 못하는 자 모두 눈물을 흘리지 않는 이가 없었다.

今皇帝卽位하여 以宗正丞召라 朝廷方且用之로되 未赴闕에 得疾以終이라 先生은 有天下重望하니 士民이 以其出處로 卜時隆汚라 聞訃之日에 識與不識이 莫不隕涕라

孟子가 세상을 떠난 뒤로 聖學이 전함을 잃어, 배우는 자들이 망령된 일에 천착하여 德에 들어가는 법을 알지 못하였다. 선생이 우뚝하게 천 년 뒤에 자립하여, 더러운 습속을 제거하고 本原을 열어 보여 聖人의 뜰과 집 안으로 밝게 들어갈 수 있었으니, 學

士와 大夫가 비로소 지향할 곳을 알게 되었다. 그러나 높은 자질을 가진 이가 세상에 드물어 능히 선생의 울타리와 문 안으로 나아갈 수 있는 자가 대체로 적었으니, 하물며 마루 위의 높은 경지로 나아간 자는 말해 무엇하랴.

自孟軻沒로 聖學失傳하여 學者가 穿鑿妄作하여 不知入德이라 先生이 傑然自立於千載之後하여 芟闢榛穢하고 開示本原하여 聖人之庭戶에 曉然可入하니 學士大夫가 始知所向이라 然이나 高才世希[①]하여 能[②]造其藩閾[③]者가 蓋[④]鮮하니 況堂奧乎아

①〈世希는〉 文集에는 '希世'로 되어 있다.
集作希世.
②〈能은〉 文集에는 '得'으로 되어 있다.
集作得.
③〈閾은〉 文集에는 '闐'으로 되어 있다.
集作闐.
④ 文集에는 '蓋'자가 없다.
集無蓋字.

선생은 德性이 충만하고 완전하여 순수하고 온화한 기상이 얼굴과 등에 넘쳐흘렀으며, 화락하고 평이하며 많이 너그러워 종일토록 즐거워하고 기뻐하였다. 내가 선생을 따르던 30년 동안 일찍이 성내거나 사나운 모습을 본 적이 없었다. 남들을 대할 적에는 온화하여 어진 자와 불초한 자 구분 없이 모두 정성스럽고 친절하며 스스로 극진히 하게 하였다. 남의 한 가지 선한 점을 들으면 감탄하며 장려하고 위로하여 오직 그가 그 점을 독실히 하지 못할까를 염려하였고, 미치지 못하는 사람이 있으면 열어서 인도하고 이끌어 도와주어 오직 그가 그 경지에 이르지 못할까를 염려하였다. 그러므로 흉포하고 거만하며 공손하지 못한 자일지라도 선생을 보면 감격하고 기뻐하여 감화되고 복종하지 않는 자가 없었다. 풍도가 고매하고 겉치레를 일삼지 않았으나 저절로 법도가 있었다. 선생의 용모와 안색을 바라보고 선생의 말씀과 가르침을 들으면 방종한 마음과 사특한 기운이 마음속에서 다시는 싹트지 않았다.

先生은 德性充完하여 粹和之氣가 盎於面背하며 樂易多恕하여 終日怡悅이라 立之從先生三十年에 未嘗見其[①]忿厲之容이라 接人溫然하여 無賢不肖하고 皆使之[②]款曲自盡이라 聞人一善이면 咨嗟獎勞하여 惟恐其不篤하고 人有不及이면 開導誘掖하여 惟恐其不至라 故로 雖桀傲不恭이라도

見先生이어든 莫不感悅而化服이라 風格高邁하고 不事標飾이로되 而自有畦畛이라 望其容色하고 聽其言教면 則放心邪氣가 不復萌於胸中이라

① 어떤 판본에는 '有'자가 있다.
一有有字.
② 文集에는 '之'자가 없다.
集無之字.

부친 太中公이 연로함을 고하고서 귀향하였는데, 집안이 본래 청빈하여 洛城에 집을 빌려 살았다. 선생이 녹봉으로 봉양하였는데 가족이 많고 먹는 양이 많아 콩과 조로 겨우 충족하였는데도 노인과 어린이 모두 매우 기뻐하였다. 집 안팎의 어린 고아와 곤궁하여 의탁할 곳이 없는 자를 모두 거두어 길렀는데, 어루만져 보살피고 가르치고 인도하여 완성된 사람이 되기를 기대하였다. 딸을 시집보내고 며느리를 들일 적에도 모두 고아를 우선시한 뒤에 자기 자식에게 미쳤다. 음식은 고기를 과하게 먹지 않았고, 의복은 여벌을 겸비하지 않았다. 장녀가 혼기를 넘기자 폐물 없이 시집보내기도 하였다.

太中公이 告老而歸한대 家素淸窶하여 僦居洛城이라 先生이 以祿養할새 族大食衆하여 菽粟僅足이로되 而老幼各盡其懽이라 中外幼孤窮無託者는 皆收養之한대 撫育誨導하여 期於成人이라 嫁女娶婦도 皆先孤遺而後及己子라 食無重肉하고 衣無兼副라 女長過期어늘 至無貲以遣이라

선생은 정사를 돌보는 데 통달하여 仁愛로써 근본을 삼았다. 그러므로 이르는 곳마다 백성들이 선생을 부모처럼 추대하였다. 내가 일찍이 선생에게 백성을 대하는 법을 묻자, 선생이 말하기를 '백성으로 하여금 각자 그 진정을 말할 수 있게 하는 것이다.'라고 하였다. 또 관리를 다스리는 법을 묻자, 선생이 말하기를 '자기를 바르게 하여 남에게 이르는 것이다.'라고 하였다. 비록 어리석고 불초한 자일지라도 선생의 가르침을 가슴에 새겨 감히 잊거나 태만히 하지 않았다.

先生은 達於從政하여 以仁愛爲本이라 故로 所至에 民戴之如父母라 立之가 嘗問先生以臨民하니 曰 使民①各得輸其情이라 ②問御吏하니 曰 正己以③格物이라 雖愚不肖라도 佩服先生之訓하여 不敢忘怠④라

①〈民은〉 文集에는 '人'으로 되어 있다.
集作人.
② 文集에는 '又嘗' 두 글자가 있다.
集有又嘗二字.
③ 文集에는 '以'자가 없다.
集無以字.
④〈怠는〉 文集에는 '忽'로 되어 있다.
集作忽.

선생은 經世濟民할 큰 기량을 가지고 있었으며, 만물의 이치를 밝혀 천하의 일을 성취할 재주가 있었다. 비록 당시에 쓰이지 못했지만 至誠이 천하의 일에 있어서 오직 一物이라도 제자리를 얻지 못하는 것을 염려하였고, 백성들의 고통을 보면 마치 그 고통이 자기에게 있는 것처럼 여겼다. 조정의 사업이 조금이라도 실패한 것을 들으면 근심이 안색에 드러났다. 일찍이 임금을 堯・舜처럼 되게 하고 세속을 成・康[4]의 시대처럼 만들고자 하는 생각을 논하였는데, 그 언사가 감격스러워 사람들을 감동시켰다. 1천 5백 년 만에 한 번 이런 사람을 낳았는데도 시대의 운명이 맞지 않은 것이 이와 같아, 아름다운 지향이 행해지지 못하고 이로운 은택이 베풀어지지 못하였으니, 애석하도다.

先生은 抱經濟大器하며 有開物成務之才라 雖不用於時나 然至誠在天下하여 惟恐一物不得其所하고 見民疾苦면 如在諸己라 聞朝廷興作小失이면 則憂形顔色이라 嘗論所以致君堯舜하고 措俗成康之意한대 其言이 感激動人이라 千五百年에 一生斯人이로되 時命不會如此하여 美志不行하고 利澤不施하니 惜哉로다

우리 집안은 선생의 집안과 여러 대에 걸친 오랜 교분이 있었다. 선친은 고상한 자질에 특별한 절조가 있어 선생과 우호관계가 더욱 친밀하였다. 선친이 일찍 세상을 떠나셨을 적에 나는 바야흐로 너덧 살이었는데, 선생 형제분이 나를 데리고 가서 子姪처럼 가르치고 길러주어 마침내 그 門戶를 세워주었다. 말세의 습속이 야박하고 붕우간의 도리가 쇠퇴하였으나, 선생의 풍도를 들으면 의당 부끄러움이 있을 것이다.

4) 成・康 : 周나라 成王과 康王을 일컫는 말로, 두 임금은 당시 나라를 잘 다스려 태평성세를 이루었다.

立之家[①]는 與先生으로 有累世之舊라 先人은 高爽有奇操하여[②] 與先生[③]好尤密이라 先人早世에 立之方數歲러니 先生兄弟取以歸하여 敎養視子姪하여 卒立其門戶라 末世俗薄하고 朋友道衰로되 聞先生之風이면 宜有愧恥라[④]

① 文集에는 '家'자가 없다.
　集無家字.
② 文集에는 이 위의 다섯 글자가 없다.
　集無此上五字.
③ 文集에는 '情'자가 있다.
　集有情字.
④ 文集에는 이 위의 43자가 없다.
　集無此上四十三字.

나는 선생을 따른 것이 매우 오래되었고, 선생의 가르침을 들은 것이 매우 많았고, 선생이 일을 행한 바를 얻어들은 것이 매우 상세하였다. 선생이 세상을 떠났을 적에 나는 북쪽 변방에서 관직에 매여 있느라 상복을 입은 대열에서 애통하게 곡하는 데에 참여할 수 없었다. 부고를 받고 슬피 울부짖으니 마음이 찢어지는 듯하였다. 선생의 큰 절개와 높은 의리는 천하사람 중에 듣지 못한 이가 없다. 선생의 세부적이고 소소한 일과 한 마디 말이나 한 가지 행동이 후세에 본보기가 되기에 충분한데도 사람들이 미처 알지 못하니, 그것이 인멸되어 전해지지 않아 門人의 부끄러움이 될 것을 크게 두려워하여 문득 내가 아는 바를 기록하여 군자가 취할 수 있도록 갖추어 둔다."

立之는 從先生이 最久요 聞先生敎가 最多요 得先生行事가 爲最[①]詳이라 先生終에 繫官朔陲하여 不得與於行服之列과 哭泣之哀라 承訃悲號하니 摧裂肝膈이라[②] 先生의 大節高誼는 天下莫不聞이라 至於[③]委曲纖細[④]와 一言一行이 足以垂法來世어늘 而人所不及知者하야 大懼堙沒不傳하여 以爲門人羞하여 輒書所知하여 以備採摭이라

① 文集에는 이 '最'자가 없다.
　集無此最字.
② 文集에는 이 위의 27자가 없다.
　集無此上二十七字.
③〈於는〉 文集에는 '乎'로 되어 있다.

集作乎.

④〈細는〉 文集에는 '悉'로 되어 있다.

集作悉.

沛國의 朱光庭[5)]이 말하였다.

"아! 道가 밝혀지지 않고 행해지지 않은 지가 오래되었다. 子思가 그 도를 책에 기록한 뒤로는 그 후대에 孟軻가 그 도를 창도하였다. 맹가가 죽자 그 도를 전할 자를 얻지 못하였으니, 韓退之(韓愈)의 말[6)]이 참으로 옳다. 대저 선생의 학문은 誠으로 근본을 삼았다. 하늘을 우러러보면 청명하고 아득하니 日月의 운행과 陰陽의 변화가 그러한 까닭은 誠일 따름이다. 땅을 굽어보면 광활하게 만물을 실어주니 山川의 형성과 초목의 번식이 그러한 까닭은 誠일 따름이다. 사람이 天地 사이에 있으면서 天地의 도에 참여하고 합하여 틈이 없어 순일하고 또 그치지 않는 것[7)]은 그 이유가 이 誠에 있다. 대개 誠은 天德이다. 聖人은 誠을 말미암아 善을 밝히니,[8)] 고요할 적에는 연못처럼 잔잔하고 움직일 적에는 귀신처럼 신속하다. 天地가 제자리를 잡은 까닭과 萬物이 길러지는 까닭이 어찌 이 道를 말미암지 않겠는가.

沛國朱光庭이 日 嗚呼라 道之不明不行也가 久矣라 自子思筆之於書로 其後孟軻倡之라 軻死而不得其傳하니 退之之言이 信矣라 大抵先生之學은 以誠爲本이라 仰觀乎天이면 清明穹窿하니 日

5) 朱光庭 : 1037~1094. 자는 公掞이며, 偃師 사람이다. 二程에게 수학하였고, 1057년 진사가 되어 左正言・給事中 등을 지냈다.

6) 韓退之의 말 : 〈原道〉에 "이 도는 무슨 도인가? 이는 우리가 말하는 도이지, 앞에 말한 老子와 佛家의 도가 아니다. 堯임금은 이것을 舜임금에게 전했고, 순임금은 이것을 禹임금에게 전했고, 우임금은 이것을 湯임금에게 전했고, 탕임금은 이것을 文王・武王・周公에게 전했고, 문왕・무왕・주공은 이것을 孔子에게 전했고, 공자는 이것을 孟軻에게 전했으니, 맹가가 죽자 그 전함을 얻지 못하였다.〔曰 斯道也 何道也 曰 斯吾所謂道也 非向所謂老與佛之道也 堯以是傳之舜 舜以是傳之禹 禹以是傳之湯 湯以是傳之文武周公 文武周公傳之孔子 孔子傳之孟軻 軻之死 不得其傳焉〕"라고 하였다.

7) 순일하고……것 : ≪中庸≫에 "≪詩經≫의 시에 '하늘의 命은, 아! 심원하여 그치지 않네.'라고 하였으니, 이는 대개 하늘이 하늘 된 이유를 말한 것이요, '아! 드러나지 않는가, 文王의 덕의 純一함이여.'라고 하였으니, 이는 대개 문왕이 文이라는 시호를 받게 된 이유가 순일하고 또 그치지 않았기 때문임을 말한 것이다.〔詩云 維天之命 於穆不已 蓋曰天之所以爲天也 於乎不顯 文王之德之純 蓋曰文王之所以爲文也 純亦不已〕"라고 한 데서 나왔다.

8) 誠을……밝히니 : ≪中庸≫에 "誠을 말미암아 善이 밝혀지는 것을 性이라 하며, 善을 밝힌 것을 말미암아 자신을 誠하게 하는 것을 敎라고 하니, 자신이 誠하면 저절로 善이 밝혀지고, 善을 밝히면 자신을 誠하게 할 수 있다.〔自誠明 謂之性 自明誠 謂之敎 誠則明矣 明則誠矣〕"라고 한 데서 나왔다.

月之運行과 陰陽之變化가 所以然者는 誠而已라 俯察乎地하면 廣博載持하니 山川之融結과 草木之蕃殖이 所以然者는 誠而已라 人居天地之中하여 參合無間하여 純亦不已者는 其在玆乎인저 蓋誠者는 天德也라 聖人은 自誠而明하니 其靜也는 淵停이요 其動也는 神速이라 天地之所以位와 萬物之所以育이 何莫由斯道也리오

선생은 聖人의 誠을 얻은 분이다. 처음 배울 때부터 德을 이룰 때까지 타고난 자질이 빼어나게 밝고 동년배보다 훨씬 뛰어났지만 탁월하고 요약된 식견은 한결같이 誠에 근본하였다. 그러므로 그것을 미루어나가 어버이를 섬길 적에는 성의를 다해 효도하였고, 임금을 섬길 적에는 성의를 다해 충성하였고, 형제에게 우애할 적에는 너그러워 여유가 있었고, 벗에게 신의 있게 할 적에는 오래된 약속을 잊지 않았고, 자신을 수양하고 행실을 신중히 할 적에는 은밀한 곳에서도 부끄러운 짓을 하지 않았고, 정사에 임하고 백성을 사랑할 적에는 어린아이를 보호하듯이 하였다. 聖人의 誠을 얻지 않았다면 누가 능히 이런 데에 참여할 수 있겠는가.

재주가 만물에 두루 미쳤는데도 스스로 재주가 높다고 여기지 않았고, 학문이 三才[9]에 이르렀는데도 스스로 만족하지 않았고, 행동이 神明을 관통하였는데도 스스로 기이하게 여기지 않았고, 식견이 古今을 비추어 보았는데도 스스로 터득하였다고 여기지 않았다. 六經의 심오한 의미와 百家의 異說에 대해서는 끝까지 연구하고 찾아서 드러내어 마음속으로 판단하였다. 천하의 일이 비록 만 가지로 변화하여 눈앞에서 교차하더라도 그것을 밝혀서 아주 사소한 것이라도 놓치지 않고, 그것을 헤아려서 輕重을 잃지 않았다. 무릇 貧賤・富貴・死生은 모두 선생의 마음을 동요시킬 수 없었으니, 참으로 대장부라 할 만하다. 터득한 바가 깊고 수양한 바가 두텁지 않다면 어찌 능히 이런 경지에 이를 수 있겠는가.

先生은 得聖人之誠者也라 自始學으로 至於成德히 雖天資穎徹하고 絶出等夷라도 然卓約之見은 一本於誠이라 故로 推而事親則誠孝하고 事君則誠忠하고 友於兄弟則綽綽有裕하고 信於朋友則久要不忘하고 修身愼行則不愧於①屋漏하고 臨政愛民則如保乎②赤子라 非得夫聖人之誠이면 孰能與於斯리오 才周萬物而不自以爲高하고 學際三才而不自以爲足하고 行貫神明而不自以爲異하고 識照古今而不自以爲得이라 至於六經之奧義와 百家之異說하얀 研窮搜抉하여 判然胸中이라 天下

9) 三才 : 天・地・人을 말한다.

之事가 雖萬變交於前이라도 而燭之不失毫釐하고 權之不失輕重이라 凡貧賤富貴死生은 皆不足以動其心이니 眞可謂大丈夫者③라 非所得之深하고 所養之厚면 能至於是歟아

① 文集에는 '於'자가 없다.
集無於字.
② 文集에는 '乎'자가 없다.
集無乎字.
③ 文集에는 '與'자가 있다.
集有與字.

아! 하늘이 이 사람을 낳아 그로 하여금 천하를 平治하게 하였으니, 그 功德이 어찌 작은 보탬이겠는가. 바야흐로 聖政이 날로 새로워지고 賢者들이 함께 진출하여 이 道로써 이 백성들을 깨우칠 수 있는 때에 거의 이르렀는데, 하늘이 그를 속히 빼앗아 갔으니 매우 불행한 일이라고 할 만하다. 孔子가 말하기를 '아침에 道를 들으면 저녁에 죽어도 괜찮다.'[10]라고 하였다. 孟軻 이래로 1천여 년 만에 先王의 大道가 선생을 얻은 뒤에 전해졌으니, 선생이 天地의 功을 도운 것이 성대하다 할 만하다. 높은 지위를 얻어 천하에 은택을 베풀지는 못했을지라도 이 道로써 사람들을 창도한 것이 또한 이미 환하게 드러났다. 그 사이에서 보고 알아서 오히려 능히 그와 같이 한다면 선생은 돌아가지 않은 사람이 될 것이다."

嗚呼라 天之生斯人하여 使之平治天下하니 功德이 豈小補哉리오 方當聖政日新하고 賢者彙進하여 殆將以斯道覺斯民이어늘 而天奪之速하니 可謂不幸之甚矣라 孔子曰 朝聞道면 夕死라도 可矣라 自孟軻以來로 千有餘歲에 先王大道가 得先生而後傳이니 其補助天地之功이 可謂盛矣라 雖不得高位以澤天下라도 然而以斯道倡之於人이 亦已較著라 其間에 見而知之하여 尙能似之면 先生爲不亡矣리라

河間의 邢恕[11]가 말하였다.

---

10) 아침에……괜찮다 : ≪論語≫ 〈里仁〉에 보인다.
11) 邢恕 : 자는 和叔이며, 陽武 사람이다. 진사에 급제하고 천거를 받아 崇文院校書가 되었고, 著作佐郎·職方員外郎·御史中丞 등을 역임하였다. 司馬光의 客이 되었다가, 이어 章惇·蔡京에게 붙어 舊法黨을 탄압하였다. 程顥의 문하에 출입하며 명성을 얻었으나, 나중에 스승 및 동문을 핍박하

"선생은 덕성이 남보다 뛰어나 밖으로는 온화하고 안으로는 굳세며, 외모는 맑고 준엄하며 목소리는 쩌렁쩌렁하였다. 나는 일찍부터 선생의 아우를 따라 배웠는데, 磁州[12]에서 선생을 처음 뵈었다. 선생의 기상과 용모는 맑고 밝고 평탄하고 순수하였으며, 남을 대할 때에는 온화하여 용납함이 있었으며, 義를 결단할 적에는 강직하면서도 남을 침범하지 않았으며, 사색은 미묘하여 정밀한 의리에 나아갔으며, 말씀은 천근하면서도 헤아리는 것이 더욱 심원하였다. 나는 처음에 황홀히 정신을 잃고서 천하에 成德君子가 있는 것을 알았으니, 이른바 '완전한 사람〔完人〕'이란 선생 같은 분이 이런 사람일 것이다.

河間邢氏恕曰 先生은 德性絶人하여 外和內剛하며 眉目淸峻하고 語聲鏗然이라 恕는 早從先生之弟學한대 初見先生於磁州라 其氣貌는 淸明夷粹하며 其接人은 和以有容하며 其斷義는 剛而不犯하며 其思索은 ①妙造精義하며 其言은 近而測之益遠이라 恕는 蓋始恍然自失而知天下有成德君子하니 所謂完人者는 若先生是已라

① 文集에는 '微'자가 있다.
集有微字.

선생은 澶州의 幕官을 지냈는데, 1년 만에 파직되어 귀향하였다. 내가 훗날 단주를 지나가다가 村民에게 물어보니, 선생을 칭찬하며 감탄하지 않는 이가 없었다. 이는 선생이 정사에 종사한 것이 백성 보기를 자식처럼 여기고 공무를 근심하기를 집안일처럼 여겼기 때문일 것이다. 선생이 성심으로 남을 감동시킨 것은, 비록 郡의 僚佐가 되고 또 1년 만에 떠났을지라도 田父와 野人이 모두 선생의 姓名을 알고 또 선생의 어짊을 칭탄하게 만들었다. 그러니 가령 선생이 한 郡을 다스렸다면 또 어떠했겠으며, 가령 선생의 성사가 천하에 행해졌다면 또 어떠했겠는가.

先生은 爲澶州幕官한대 歲餘罷歸라 恕가 後過澶州하여 問村民하니 莫不稱先生하며 咨嗟歎息이라 蓋先生之從政이 其視民如子하고 憂公如家일새라 其誠心感人은 雖爲郡僚佐하고 又止歲餘而去라도 至使田父野人皆知其姓名하고 又稱歎其賢이라 使先生爲一郡이면 又如何哉며 使先生行乎天下면 又如何哉리오

였다.

12) 磁州 : 지금의 河北省 邯鄲市 磁縣이다.

이미 조정에 기용되지 못하자, 어버이를 봉양한다는 이유로 筦庫에서 祿仕하면서 어버이를 봉양하였다. 洛陽에 사는 10년 동안 道德과 性命의 관계에서 心을 탐구하여 스스로 그 성대하고 충만한 덕을 길렀는데 반드시 법도에 합치됨이 있었다. 대개 참으로 顔氏(顔回)와 같은 부류이니, 안회 같다고 알려진 黃憲[13]・劉迅[14]의 무리도 말하기에 부족하다.

낙양은 실로 특별한 도읍이었으니, 바로 士人이 많은 구역이다. 관직에 있는 자들은 모두 선생을 사모하고 감화되어 선생을 따르면서 의심나는 것을 질문하여 의혹을 해결하였으며, 고을의 사대부들은 모두 선생을 높이 추앙하여 종유하기를 즐거워하였으며, 學士들은 모두 선생을 宗師로 삼아 道를 강론하고 義를 권면하였으며, 봇짐을 지고 왕래하면서 낙양을 지나는 자들은 참으로 명성을 알고 알아봄이 있어 반드시 선생의 문에 나아가 텅 빈 채로 왔다가 가득 채워 돌아갔으니, 심취하여 옷깃을 여미고서 진실로 감복하지 않는 이가 없었다. 이에 선생은 몸이 조정에서 더욱 물러나고 지위가 더욱 낮아졌으나 명성은 천하에서 더욱 높아졌다.

既不用於朝廷하여 而以奉親之故로 祿仕於筦庫以爲養이라 居洛幾十年에 玩心於道德性命之際하여 有以自養其渾浩沖融이로되 而①必合②乎規矩準繩이라 蓋眞顔氏之流니 黃憲劉迅之徒도 不足道也라 洛은 實別都니 乃士人之區藪라 在仕者皆慕化之하여 從之質疑解惑하며 閭里士大夫皆高仰之하여 樂從之游하며 學士皆宗師之하여 講道勸義하며 行李之往來過洛者는 苟知名有識하여 必造其門하여 虛而往하고 實而歸하니 莫不心醉斂衽而誠服이라 於是에 先生은 身益退하고 位益卑로되 而名益高於天下라

① 文集에는 '而'자가 없다.
集無而字.

②〈合은〉 文集에는 '由'로 되어 있다.
集作由.

---

13) 黃憲 : 黃憲은 자가 叔度이며, 汝南 愼陽 사람이다. 後漢 때 荀淑이 당시 14세였던 黃憲을 만나보고 기이하게 여겨 며칠 동안 이야기를 나누고서 袁閎에게 "그대 고을에 顔子가 있으니, 알고 있는가?〔子國有顔子 寧識之乎〕"라고 하자, 원굉이 "우리 숙도를 보았는가?〔見吾叔度邪〕"라고 하였다는 고사가 있다.(≪後漢書≫ 卷83〈黃憲傳〉)

14) 劉迅 : 劉迅은 唐나라 때 사람으로, 자는 捷卿이다. 陳郡의 殷寅은 인물을 잘 알아보는 것으로 이름이 났는데, 劉迅을 보고 탄식하기를 "지금의 황숙도이다.〔今黃叔度也〕"라고 하였다.(≪新唐書≫ 卷132〈劉迅列傳〉)

지금의 황제가 즉위하여 太皇太后가 함께 정사를 듣고 판단하니, 무릇 정사의 이로운 점은 남고 해로운 점은 사라졌다. 司馬君實(司馬光) 공을 다시 기용하여 門下侍郎으로 삼았고, 呂晦叔(呂公著) 공을 등용하여 尙書左丞으로 삼았으며, 선생 또한 宗正寺 丞으로 불렀다. 執政은 날마다 선생이 오기를 기다리며 장차 크게 기용하고자 하였다. 부고가 京師에 이르자 諸公이 모두 탄식하며 조정을 위해 애석해하였고, 사대부 이하 布衣・諸生에 이르기까지 그 소식을 듣고 서로 조문하지 않는 이가 없었으며, 哲人이 세상을 떠났다고 생각하였다.

今皇帝卽位하여 太皇太后同聽斷하니 凡①政事之利者存이요 害者去라 復起司馬公君實하여 以爲門下侍郎하고 用呂公(誨)〔晦〕[15]叔하여 爲尙書左丞하며 而先生亦以宗正丞召라 執政은 日須其來하며 將大②用之라 訃至京師하니 諸公人人歎嗟하며 爲朝廷惜하고 士大夫下至布衣諸生聞之하고 莫不相弔하며 以爲哲人云亡也라

① 文集에는 '凡'자가 없다.
集無凡字.
② 〈大는〉 文集에는 '白'으로 되어 있다.
集作白.

아! 선생은 곧은 道로써 정사를 진달하였으나 뜻이 합치되지 않아 국정에서 물러난 지 17년이 되었다. 지금 太母는 정사를 통제하고 명령을 내리는 것이 閨房을 벗어나지 않는데도 천하가 참으로 편안하다. 바야흐로 정사의 득실을 크게 강구하여 치우친 것을 구제하고 굽은 것을 바로잡아 人材에 힘입어 治功을 이룩하려는 때에, 선생 같은 인재는 大小・左右・內外 어디에 기용해도 마땅하지 않음이 없었다. 대개 선생이 아는 바는 위로 堯・舜・三代 帝王의 정치에 지극한 것이었으니, 그 포함하는 바는 광대하고 유구하고 자세하여 上下로 天地와 함께 유행하며, 그 교화는 제때 내리는 비와 같다는 점을 선생은 참으로 이미 묵묵히 알고 있었다. 禮樂・制度・文物을 일으켜 만든 것과 그 이하 行師・用兵・戰陣의 법에 이르기까지 강구하지 않은 것이 없어 모두 그 극치에 나아갔으며, 밖으로 夷狄의 情狀과 山川・道路의 險易와 邊鄙・防戍・城寨・斥堠・控帶의 요점을 연구하여 알지 못하는 것이 없었으며, 관리의 일을 결단하는 것과 법규에 맞게 문서를

15) (誨)〔晦〕: 底本에는 '誨'로 되어 있으나, 四庫全書本에 의거하여 '晦'로 바로잡았다.

작성하는 일 또한 모두 정밀하고 자세히 익혔다. 선생 같은 분은 통달한 儒者요, 완전한 인재라고 할 만하다. 그러나 그 만분의 일도 시험해보지 못하고 또 수명이 고령에 이르지도 못했으니, 이것이 뜻이 있는 士人이 통곡하며 눈물을 흘리는 까닭이다."

嗚呼라 惟先生은 以直道言事不合하여 去國十有七年이라 今太母는 制政下令이 不出房闥이로되 天下固已晏然이라 方大講求政事之得失하여 救偏矯枉하여 資人材以成治功之時에 如先生之材는 大小左右內外에 用之無不宜라 蓋其所知는 上極堯舜三代帝王之治하니 其所以包涵博大悠遠纖悉하여 上下與天地同流하고 其化之如時雨者를 先生固已默而識之라 至於興造禮樂制度文爲와 下至行師用兵戰陣之法하얀 無所不講하여 皆造其極하며 外之夷狄情狀과 山川道路之險易(이)와 邊鄙防戍城寨斥堠控帶之要를 靡不究知하며 其吏事操決文法簿書는 又皆精密詳練이라 若先生은 可謂通儒全才矣라 而所有不試其萬一하고 又不究於高年하니 此有志之士所以慟哭而流涕也라

成都의 范祖禹가 말하였다.

"선생은 사람됨이 맑고 밝으며 단정하고 개결하며 내면은 곧고 외면은 방정하였다. 선생의 학문은 誠意와 正心에 근본을 두어, 聖賢의 학문은 반드시 이를 수 있다고 여겨 힘써 행하는 데 용감하였고, 공허한 글을 짓지 않았다. 선생이 조정에 있을 적에는 道에 따라 행하거나 멈추었고, 忠信을 주로 하였고, 헛된 명성을 숭상하지 않았다. 선생이 정사를 할 적에는 백성 보기를 자식처럼 여겨 마음 아파하고 가르치고 사랑하는 것이 至誠에서 나왔고, 이로운 것을 세우고 해로운 것을 제거하였고, 하고자 한 것은 반드시 해내었다. 그러므로 선생이 이르는 곳은 백성들이 선생을 부모처럼 의지하였고, 떠난 지 오래되어도 선생을 생각하며 잊지 않았다. 선생이 일찍이 말하기를 '縣의 정사는 천하에 통할 수 있으니, 한 邑은 천하의 본보기이다.'라고 하였다.

成都范祖禹가 曰 先生은 爲人淸明端潔하며 內直外方이라 其學은 本於誠意正心하여 以聖賢之學은 可以必至라하여 勇於力行하고 不爲空文이라 其在朝廷할새 與道行止하고 主於忠信하고 不崇虛名이라 其爲政은 視民如子하여 惨怛教愛가 出於至誠하고 建利除害하고 所欲必得이라 故로 先生所至에 民賴之如父母하고 去久[①]而思之不忘이라 先生이 嘗言호되 縣之政은 可達於天下니 一邑者는 天下之式也라

① 文集에는 '久'자가 없다.
集無久字.

선생은 어버이가 연로하다는 이유로 한가한 관직에 나아가기를 구하였다. 낙양에 산 지 거의 10여 년 동안 아우 伊川先生과 더불어 집에서 강학하여 교화가 향당에 행해졌다. 집안이 가난하여 거친 음식을 먹으며 혹 끼니를 거르기도 하였으나, 어버이를 섬길 적에는 그 心志를 봉양하는 데 힘썼고, 族人을 구휼할 적에는 반드시 그 힘을 다하였다. 선생을 따르며 배우는 士人들이 관사에 끊이지 않았으며, 천 리 길을 멀다 여기지 않고 찾아오는 이들이 있었다.

선생은 經書에 대해 풀이하고 분석하여 기예를 자랑하는 글을 짓는 데 힘쓰지 않았으며, 그 쓰임이 자기에게 있고 하늘의 이치를 아는 데에 밝기를 구하였다. 선생이 사람을 가르칠 적에 말하기를 '孔子의 道가 아니면 배워서는 안 된다.'라고 하였다. 대개 孟子가 세상을 떠난 뒤로 中庸의 학문이 전해지지 않아 후세의 士人들이 그 근본을 따르지 않고 말단에 마음을 썼다. 그러므로 더불어 堯·舜의 道에 들어갈 수 없었다. 선생은 빼어난 지혜로 중용의 도를 자득하여 聖人이 떠난 지 1천여 년 뒤에 그 關鍵을 발명하고 심오한 경지를 곧바로 목도하여 天地의 이치에 전일하고 事物의 변화에 극진하였다. 그러므로 그 용모가 엄숙하면서도 기상이 온화하였고, 지향이 정해졌으면서도 말이 엄격하였고, 멀리서 바라보면 두려워할 만하나 가까이 다가가면 친애할 만하였다. 질문하는 자가 끊이지 않았으나 차근차근 응답해 주었다. 선생이 드러내는 것은 더욱 새로웠으니, 참으로 배우는 자들의 스승이었다. 인재를 성취시킨 것이 이때 매우 많았다. 비록 조정을 떠난 지 오래되었으나 사람들은 항상 선생의 出處로써 시대의 通塞을 가늠하였다. 宗正寺 丞에 제수되자 천하 사람들은 선생이 소성에 들어가기를 날마다 바랐고, 또한 크게 기용될 것이라고 생각하였다. 선생이 세상을 떠났다는 소식을 듣자, 위로는 公卿으로부터 아래로는 여항의 士民에 이르기까지 애통해하지 않는 이가 없었으며, '시대의 불행이니, 운명이로다.'라고 하였다."

先生은 以親老로 求爲閒官이라 居洛陽殆十餘[1]年에 與弟伊川先生으로 講學於家하여 化行鄕黨이라 家貧하여 疏食或不繼로되 而事親務養其志하고 賙贍族人은 必盡其力이라 士之從學者가 不絶於館하며 有不遠千里而至者라 先生은 於經에 不務解析爲技詞하며 要其用在己而明於知天이라 其敎人曰 非孔子之道면 不可學也라 蓋自孟子沒而中庸之學不傳하여 後世之士가 不循其本而用心於末이라 故로 不可與入堯舜之道라 先生은 以獨智自得하여 去聖人千有餘歲에 發其關鍵하고 直睹堂奧하여 一天地之理하고 盡事物之變이라 故로 其貌肅而氣和하고 志定而言厲하고 望之可畏나 卽之可親이라 叩之者無窮이나 從容以應之라 其出愈新하니 眞學者之師也라 成就人

才가 於時爲多라 雖久去朝廷이라도 而人常以其出處로 爲時之通塞이라 既除宗正丞하여 天下日望先生入朝하고 以爲且大用이라 及聞其亡하얀 上自公卿으로 下至閭巷士民히 莫不哀之하며 曰 時不幸也니 其命矣夫인저

① 文集에는 '餘'자가 없다.
集無餘字.

行狀 뒤에 쓰다　書行狀後

游酢

建安의 游酢[1]가 말하였다.

"선생의 道德의 높은 경지, 經綸의 원대한 도모, 進退의 큰 절개는 아우 伊川先生과 문하의 高弟가 그 실상을 이미 논하였으니, 내가 다시 무슨 말을 하겠는가. 삼가 선생의 遺事를 수습하여 군자가 採錄하도록 갖추어 둘 뿐이다.

建安 游酢가 曰 先生의 道德之高致와 經綸之遠圖와 進退之大節은 伊川季先生與門人高弟가 旣論其實矣니 酢復何言이리오 謹拾其遺事하여 備採錄云이라

선생은 태어나면서부터 신묘한 기질이 있어 매우 이른 나이에 道를 들었다. 약관이 넘자 明誠夫子 張子厚(張載)가 벗하면서 스승으로 여겼다. 자후는 젊을 적에 스스로 자기의 재주를 기뻐하여 이르기를 '기마병 수만 명을 이끌고서 匈奴 사이를 제멋대로 내달릴 수 있다.'라고 하였으니, 叛羌[2]을 쉽게 겨룰 수 있는 상대로 보았다. 그러므로 그와 종유하는 사림 중에는 변방의 일을 능히 말하는 자가 많았다. 얼마 뒤 선생의 논의를 듣고서 곧바로 돌아가 그의 무리와 사절하고 그가 옛날 배웠던 것을 모두 버리고서 道에 종사하였다. 그가 선생을 대우한 것은 비록 外從兄弟의 아들일지라도 허심탄회하게 유익함을 구하려는 생각으로 간절하게 미치지 못한 듯이 하였다. 선생이 관지에 나아가자 오히려 扈[3]에 편지를 보내 定性이 動하지 않을 수 없다는 내용을 가지고 질문

---

1) 游酢 : 1053~1123. 자는 定夫·子通, 호는 廌山·廣平, 시호는 文肅으로, 建陽 사람이다. 游潛의 아들이고, 游醇의 동생이다. 1083년 진사가 되었다. 太學博士·監察御史 등을 지냈다. 和州知州로 나갔다가 漢陽軍과 舒州, 濠州 등지를 다스렸다. 二程에게 수학하였고, 謝良佐·楊時·呂大臨과 함께 程門四先生으로 일컬어졌다.

2) 叛羌 : 羌은 중국 靑海省 부근에 살던 티베트계 유목민으로, 송나라 때는 羌의 일족인 탕구트〔黨項〕족이 西夏를 세워 송나라와 대립하였다.

3) 扈 : 鄠縣을 가리킨다. 夏나라 때 有扈氏의 나라가 鄠 땅에 있었다.

하였다. 선생이 그 의혹을 설파하여 內外動靜으로 하여금 道와 통하여 하나가 되게 하였는데, 그 편지를 읽어보면 고찰하여 알 수 있다.

先生은 生而有妙質하여 聞道甚早라 年逾冠에 明誠夫子張子厚가 友而師之라 子厚는 少時에 自喜其才하여 謂提騎卒數萬하여 可橫行匈奴라하여 視叛羌爲易與耳라 故로 從之游者는 多能道邊事라 既而요 得聞先生論議하고 乃歸謝其徒하고 盡棄其舊學하여 以從事於道라 其視先生은 雖外兄弟之子라도 而虛心求益之意로 懇懇如不及이라 逮先生之官하얀 猶以書抵扈하여 以定性未能不動致問이라 先生이 爲破其疑하여 使內外動靜으로 道通爲一하니 讀其書어든 可考而知也라

그 뒤 자후의 학문이 완성되고 덕이 높아져 식자들이 孟子와 견줄 수 있다고 하였다. 그러나 자후는 오히려 그의 학문을 숨기고서 남들을 위해 강론하는 일이 많지 않았다. 그의 의도는 '비록 다시 많이 듣더라도 덕을 기르는 데 힘쓰지 않으면 한갓 입과 귀를 선하게 하는 것일 따름이다.'라는 것이었다. 그러므로 남과 더불어 그것을 말하는 것을 달갑게 여기지 않았다.

선생이 그에게 말하기를 '道가 천하에 밝혀지지 않은 지 오래되었습니다. 사람들은 그들이 익힌 바를 좋게 여기면서 매우 만족한다고 스스로 말하며, 반드시 孔子 문하의 「발분하지 않으면 그 의미를 열어주지 않고, 답답해하지 않으면 그 표현을 드러내주지 않는다.」[4]라는 것처럼 하고자 하니, 스승의 본분과는 거리가 있어 先王의 道가 거의 없어질 수 있습니다. 지금의 시대에 나아가 또한 마땅히 그 자질을 따라서 인도하면 비록 식견에 밝고 어두운 차이가 있고 지향에 깊고 얕은 차이가 있더라도 각자 터득함이 있어 堯·舜의 道를 점점 이룩할 수 있을 것입니다.'라고 하였다. 자후는 그 말을 받아들였다. 그리하여 關中의 학자들이 몸소 실천하는 바가 많아져서 洛陽의 사람들과 어깨를 나란히 하였다. 그 말미암은 바를 미루어 선생이 계발한 것이다.

其後에 子厚學成德尊하여 識者謂與孟子比라 然이나 猶秘其學하여 不多爲人講之라 其意는 若曰 雖復多聞이라도 不務畜德이면 徒善口耳而已라 故로 不屑與之言이라 先生이 謂之曰 道之不明於天下가 久矣라 人善其所習하고 自謂至足하며 必欲如孔門不憤不啓하고 不悱不發하니 則師資勢

4) 발분하지……않는다 : ≪論語≫ 〈述而〉에 孔子가 말하기를 "발분하지 않으면 그 의미를 열어주지 않으며, 답답해하지 않으면 그 표현을 드러내주지 않는다. 한 모서리를 들어 보여주었는데 이것을 가지고 나머지 세 모서리를 반증하지 못하면 다시 가르쳐주지 않는다.〔不憤不啓 不悱不發 擧一隅 不以三隅反 則不復也〕"라고 하였다.

隔하여 而先王之道가 或幾乎熄矣라 趣今之時하여 且當隨其資而誘之면 雖識有暗明하고 志有淺深이라도 亦各有得焉하여 而堯舜之道를 庶可馴致라 子厚用其言이라 故로 關中學者가 躬行之多하여 與洛人竝이라 推其所自하여 先生發之也라

御史에 발탁되자 임금의 총애가 더욱 두터워져 자주 德音을 받들었다. 임금에게 아뢰는 말은 반드시 經術에 근거하였고, 일은 항상 미리 분변하되 점진적으로 이루어지도록 유의하였다. 하루는 神宗이 이야기를 하다가 말이 辭命[5]에 미쳤다. 선생이 말하기를 '人主의 학문은 오직 마땅히 힘써야 할 일을 급선무로 삼아야지, 辭命은 우선시할 바가 아닙니다.'라고 하니, 신종이 이 때문에 안색을 바꾸었다. 마침 同天節[6]에 궁녀들이 앞다투어 기교를 바쳐 천자의 萬壽를 빌었다. 선생은 조정에 이 일을 말하고 나서 또 執政을 돌아보고 말하여 이 일을 경계하였다. 집정이 말하기를 '궁녀들이 실로 한 일이고 성상의 뜻이 아니니, 무엇이 해롭겠습니까.'라고 하자, 선생이 말하기를 '淫巧를 행하여 성상의 마음을 방탕하게 하니, 해로운 바가 많습니다. 공의 말씀은 옳지 않습니다.'라고 하였다. 집정이 핑계를 대다가 드디어 승복하였다. 이때 함께 臺官의 반열에 있던 사람이 있었는데, 지향이 반드시 같지는 않았으나 마음으로 선생의 사람됨을 사모하여 일찍이 사람들에게 말하기를 '다른 이의 현명함에 대해서는 그래도 논의할 거리가 있지만, 伯淳 같은 사람은 아름다운 옥과 같으니 반복하여 살펴보면 안과 밖이 서로 통하여 흠결을 찾아볼 수 없다.'라고 하였다.

擢爲御史하여 睿眷甚渥하여 亟承德音이라 所獻納은 必據經術하고 事常辨早而戒於漸이라 一日에 神宗縱言이라가 及於辭命이라 先生曰 人主之學은 唯當務爲急이요 辭命은 非所先也니이다하니 神宗이 爲之動顔이라 會同天節에 宮嬪爭獻奇巧하여 爲天子壽라 先生은 旣言於朝하고 又顧謂執政戒之라 執政曰 宮嬪實爲요 非上意也니 庸何傷이리오 先生曰 作淫巧하여 以蕩上心하니 所傷多矣라 公之言은 非是라 執政辭遂屈이라 是時에 有同在臺列者한대 志未必同이나 然心慕其爲人하여 嘗語人曰 他人之賢者는 猶可得而議也어니와 乃若伯淳은 則如美玉然이니 反復視之면 表裏洞徹하여 莫見疵瑕라

5) 辭命 : 외교 문서를 가리킨다.
6) 同天節 : 神宗의 생일이다.

선생은 평소 남과 사귈 적에 실정을 숨김이 없었고, 노복에게도 반드시 忠信으로써 부탁하였다. 그러므로 사람들도 선생을 차마 속이지 못하였다. 일찍이 澶淵에서 노복을 보내 돈을 가지고 京師에 가서 사용할 물건을 사오게 하였는데, 돈의 액수를 헤아려 보니 2백 꿰미[7]에 상당하였다. 그 노복은 부모와 처자식이 없었다. 선생의 동료들이 그 일을 듣고 놀라며 나무라지 않는 이가 없었다. 얼마 뒤 노복이 물건을 가지고 기약한 날에 돌아오니 사람들이 비로소 탄복하였다. 대개 誠心이 마음속에서 발하여 四肢에 드러나서 보는 자들은 믿고 사모하며 섬기는 자들은 마음을 고치는 것이 대체로 이와 같았다.

先生은 平生與人交에 無隱情하고 雖僮僕이라도 必託以忠信이라 故로 人亦不忍欺之라 嘗自澶淵遣奴하여 持金詣京師貿用物한대 計金之數하니 可當二百千이라 奴는 無父母妻子라 同列聞之하고 莫不駭且誚라 旣而요 奴持物如期而歸하니 衆始歎服이라 蓋誠心發於中하여 暢於四支하여 見之者信慕하고 事之者革心이 大抵類此라

선생은 젊어서나 늙어서나 어버이를 모셨는데, 혹시라도 다치실까 염려하듯이 섬겼다. 또 기상이 맑고 탁월하며 쇄락하게 속세의 밖에 있는 듯하여 수고를 감당하지 못할 듯하였으나, 일을 만나게 되면 매번 천한 자들과 기거와 음식을 동일하게 하였고, 남들은 그 어려움을 견디지 못했으나 선생은 대처하는 것이 여유로웠다. 일찍이 役事를 감독할 적에 매우 추운 날이라도 갖옷을 껴입지 않고 매우 더운 날이라도 일산을 쓰지 않아서 때때로 순행하는 곳에서는 선생이 이르는 것을 사람들이 예측하지 못하였다. 그 때문에 사람들이 스스로 힘을 다하여 항상 기일보다 먼저 일을 마쳤다.

어느 날 인부들이 한밤중에 소란을 피웠다. 한 사람이 혹 놀라면 모든 사람이 다투어 일어나니, 틈을 타 도둑질을 하는 간사한 자들을 이루 다 셀 수 없었다. 선생은 군대의 규율로써 그들을 처리하여 드디어 선생이 떠날 때까지 소란을 피우는 자가 없었다. 역사를 마치고 인부들이 해산할 때에도 대열은 오히려 평소와 같이 엄숙하였다.

先生은 少長親闈로되 視之如傷이라 又氣象淸越하며 灑然如在塵外하여 宜不能勞苦나 及遇事면 則每與賤者로 同起居飮食하고 人不堪其難이나 而先生處之裕如也라 嘗董役할새 雖祁寒烈日이라도 不擁裘하고 不御蓋하여 時所巡行에 衆莫測其至라 故로 人自致力하여 常先期畢事라 異時에 夫伍가

7) 꿰미 : 원문의 二百千의 千은 一千錢을 끈으로 꿴 꿰미를 가리킨다.

中夜多譁라 一夫或怖어든 萬夫競起하니 姦人乘虛爲盜者를 不可勝數라 先生은 以師律處之하여 遂訖去無譁者라 及役罷夫散하얀 部伍猶肅整如常이라

처음 鄠縣에 이르렀을 때 酒稅를 감독하는 자가 있었는데, 뇌물을 받는다고 소문이 자자하였다. 그러나 힘을 믿고 몸에 문신을 하고 능히 사람을 죽일 수 있다고 스스로 말하여 사람들이 모두 그를 두려워하니, 監司와 州將일지라도 감히 그의 악행을 적발하지 못하였다. 선생이 이르러 장차 그와 일을 함께 하게 되었는데, 그 사람은 마음이 저절로 편안하지 않아 문득 선생에게 말하기를 '외부 사람들은 내가 官錢을 훔쳤으니 새로 오신 主簿께서 그 일을 적발할 것이라고 말합니다. 나는 형세가 곤궁해지면 반드시 사람을 죽입니다.'라고 하였다.

말이 끝나기도 전에 선생이 웃으며 말하기를 '사람의 말이 이 지경에 이르렀단 말인가! 그대는 임금의 녹을 먹는 사람인데 어찌 도둑질을 하려 하는가. 만에 하나라도 도둑질을 한다면 장차 죽음에서 목숨을 건지는 데도 겨를이 없을 것인데, 어찌 사람을 죽일 수 있겠는가.'라고 하였다. 그 사람은 입을 다문 채 감히 말을 하지 못하였다. 나중에 자기가 훔친 것을 사적으로 보상하고 마침내 선해졌다.

州의 從事官 중에 고아로서 조모의 상을 당한 자가 있었는데, 몸은 嫡孫이지만 아직 承重孫이 되지 못하였다. 선생이 그를 위해 典法의 의미를 미루어 매우 자세히 알려주니, 그 사람이 그 말을 따랐다. 지금은 드디어 그것이 定令이 되어 천하의 고관들도 비로소 익혀 常道로 삼는다. 대개 선생이 小人을 다스려 법에 걸리지 않게 하고 君子를 도와 반드시 그의 아름다움을 이루게 한 것이 또한 대체로 이와 같았다.

初至鄠에 有監酒稅者로되 以賄播聞이라 然이나 怙力文身하고 自號能殺人하여 衆皆憚之하니 雖監司州將이라도 未敢發이라 先生至하여 將與之同事한대 其人은 心不自安하여 輒爲言曰 外人이 謂호되 某自盜官錢하니 新主簿가 將發之라 某勢窮이면 必殺人이라 言未訖에 先生笑曰 人之爲言이 一至於此아 足下는 食君之祿이어늘 詎肯爲盜아 萬一有之어든 將救死不暇러니 安能殺人이리오 其人이 默不敢言이라 後에 亦私償其所盜하고 卒以善去라 州從事有旣孤而遭祖母喪者한대 身爲嫡孫이나 未果承重이라 先生이 爲推典法意하여 告之甚悉하니 其人從之라 至今遂爲定令하여 而天下縉紳始習爲常이라 蓋先生御小人使不麗於法하고 助君子使必成其美가 又大抵類此라

선생은 비록 기용되지 못했으나 일찍이 하루도 조정을 잊은 적이 없었다. 그러나 오랫동안 은거할 때의 지조는 바위처럼 확고하였고, 가슴속의 기상은 화락하였다. 선생이 이르는 곳에서는 사대부들 중에 관직을 버리고 선생을 따라 배우는 이들이 많았는데, 아침에 찾아뵙고 저녁에 돌아가며 그 온화함을 배우고 그 실행을 따라서, 오래되어도 떠나가지 못했다. 그 무리 중에 가난한 자가 있었는데, 옷 한 벌로 겨울을 보내며 몇 년이 지나도 지향이 변하지 않고 몸을 굽히지 않았다. 이는 대개 선생의 가르침이 자기를 위한 학문을 하는 데서 나오게 하였기 때문이다.

선생의 문하에서 종유한 士人들은 배운 바가 모두 마음이 자득하는 데 이르러 외부에서 구함이 없었다. 이런 까닭에 매우 가난한 자는 배고픔과 추위를 잊었고, 이미 출사한 자는 작록을 잊었고, 노둔하고 굼뜬 자는 민첩해졌고, 엄격하고 세심한 자는 여유로워졌고, 의지가 강한 자는 이치를 거스르지 않았고, 신중한 자는 의지를 세워 자신을 수양할 수 있었고, 집안사람들을 공평히 대할 수 있었고, 나라를 다스리고 천하를 평치할 수 있었다. 그러니 망령되이 허망한 것을 생각하고 옛사람의 糟粕을 따라 읊조리면서도 몸은 거기에 참여하지 못하고 사업을 조처하는 데 이르러서는 갈팡질팡하며 근거할 바가 없을 뿐인 세상의 士人들과는 같지 않았다.

先生은 雖不用이나 而未嘗一日忘朝廷이라 然이나 久幽之操는 確乎如石하고 胸中之氣는 沖如也라 所至에 士大夫多棄官從之學한대 朝見而夕歸하며 飲其和하고 茹其實하여 既久而不能去라 其徒有貧者한대 以單衣御冬하며 累年而志不變하고 身不屈이라 蓋先生之教가 要出於爲己일새라 而士之游其門者는 所學皆心到自得하여 無求於外라 以故로 甚貧者忘饑寒하고 已仕者忘爵祿하고 魯重者敏하고 謹細者裕하고 强者無拂理하고 愿者有立志하여 可以修身하고 可以齊家하고 可以治國平天下라 非若世之士가 妄意空無하고 追詠昔人之糟粕이로되 而身不與焉하고 及措之事業하얀 則倀然無據而已也라

바야흐로 조정에서 참된 儒者를 임명하여 천하에 혜택을 베풀 것을 도모하였다. 천하의 식견 있는 자들은 선생이 가서 장차 크게 쓰일 것이라고 말하였는데, 불행히도 선생이 세상을 떠났다. 아! 道가 행해지고 폐지됨은 과연 사람의 힘으로 할 수 있는 바가 아니로구나. 슬프도다! 곡을 하며 선생을 위해 贊하기를 '天地의 마음은 太一의 體이며, 天地의 조화는 太和의 運이다. 명확하게 높고 밝아 만물이 그 아래 덮여 있고, 유순하

게 넓고 두터워 만물이 그 위에 실려 있는 것은 그것이 전일하기 때문이 아니겠는가. 陽이 이로부터 펴지고 陰이 이로부터 응결되어 사라지고 자라나며 가득 차고 텅 비어 그 형체를 드러내지 않는 것은 그것이 조화롭기 때문이 아니겠는가. 夫子의 德은 마음에 무르녹아 사려를 씻어내어 묵묵히 이에 합치되었도다. 그렇지 않다면, 어찌 덕이 심원하여 그치지 않고 혼연하여 끝이 없어서, 말을 잘하는 士人도 충분히 그 아름다운 덕을 칭송하지 못할 정도였겠는가. 아! 이 道가 아직 시행되지 않고 이 백성이 아직 깨닫지 못했는데 선각자가 떠났다고 누가 말했는가. 百世 이후에 夫子를 상상해 보아도 볼 수 없는 자가 있다면 또한 天地 사이에서 살펴볼 수 있을 것이다.'라고 하였다."

方朝廷圖任眞儒하여 以惠天下라 天下有識者는 謂先生行且大用矣러니 不幸而先生卒이라 嗚呼라 道之行與廢는 果非人力所能爲也로라 悲夫라 哭而爲之贊曰 天地之心은 其太一之體歟인저 天地之化는 其太和之運歟인저 確然高明하여 萬物覆焉하고 隤然博厚하여 萬物載焉은 非以其一歟아 陽自此舒하고 陰自此凝하여 消息滿虛하여 莫見其形은 非以其和歟아 夫子之德은 其融心滌慮하여 默契於此歟인저 不然이면 何穆穆不已하고 渾渾無涯하여 而能言之士도 莫足以頌其美歟아 嗟乎라 孰謂此道未施하고 此民未覺이로되 而先覺者逝歟아 百世之下에 有想見夫子而不可得者어든 亦能觀諸天地之際歟인저

애사 哀詞

呂大臨

아! 聖人과의 거리가 멀어지니 斯文이 없어졌도다. 先王의 流風과 善政은 민멸되어 볼 수가 없고, 밝은 스승과 어진 제자가 전수한 학문은 단절되어 들을 수가 없다. 章句와 訓詁로써 성현이 남긴 經을 능히 궁구한다고 여기고 儀章과 度數로써 儒術을 능히 극진히 한다고 여겨, 성인의 道로 하여금 腐儒가 송독하는 여운 속에서 희롱당하고 백성이 날마다 쓰는 말단에 의지하게 하였다. 그리하여 자기에게 돌이켜 구하는 것은 멍하니 터득함이 없고, 천하에 시행하는 것은 행할 수 없을 듯하다. 異端이 각축하는 데도 오히려 그것을 인정하지 않는다.

嗚呼라 去聖遠矣에 斯文喪矣라 先王之流風善政은 泯沒而不可見하고 明師賢弟子傳授之學은 斷絶而不得聞이라 以章句訓詁로 爲能窮遺經하고 以儀章度數로 爲能盡儒術하여 使聖人之道로 玩於腐儒諷誦之餘하고 隱於百姓日用之末이라 反求諸己는 則罔然無得하고 施之於天下는 則若不可行이라 異端爭衡이어늘 猶不與此라

선생은 특별히 뛰어난 재주를 타고난 데다 큰 학문의 요점을 알아서, 글을 널리 읽고 잘 기억하며 몸소 실천하고 힘써 연구하여, 인륜을 살피고 사물의 이치를 밝혀 그 그칠 바를 궁구하였는데, 환하게 마음이 트여 道體를 꿰뚫어 보았다. 선생이 道의 핵심에 나아간 점은 비록 事變의 감응이 한가지가 아닐지라도 이 마음으로 응하면 곤궁하지 않음을 알았고, 천하의 이치가 지극히 많을지라도 자기 몸에 돌이키면 스스로 만족함을 알았다. 선생이 전일한 경지에 나아간 점은 異端과 함께 서 있더라도 지향을 옮길 수 없었고, 성인이 다시 나오더라도 의지를 바꿀 수 없었다. 그 수양이 완성된 점은 온화한 기운이 충만하여 목소리와 얼굴에 드러났으나 바라보면 높고 깊어서 함부로 대할 수 없었고, 일을 만나면 여유롭게 행하여 자연스럽고 급박하지 않았으나 誠心이 간절하여 내버려두지

못하였다. 도를 自任한 것이 중한 점은 차라리 성인을 배우다가 이르지 못할지언정 한 가지 善으로써 명성을 이루려 하지 않았고, 차라리 一物이 은택을 입지 못한 것을 자기의 병통으로 삼을지언정 한때의 이로움을 자기의 공로로 삼으려 하지 않았다. 도를 스스로 믿은 것이 돈독한 점은 나의 지향이 행해질 수 있으면 그 去就를 구차하게 개결하게 하지 않았고, 나의 의리가 편안하면 비록 작은 관직이라도 개의치 않는 바가 있었다.

先生은 負特立之才하고 知大學之要하여 博文强識(지)하고 躬行力究하여 察倫明物하여 極其所止한대 渙然心釋하여 洞見道體라 其造於約也는 雖事變之感不一이라도 知應以是心而不窮하고 雖天下之理至衆이라도 知反之吾身而自足이라 其致於一也는 異端竝立而不能移하고 聖人復起而不與易이라 其養之成也는 和氣充浹하여 見(현)於聲容이나 然望之崇深하여 不可慢也요 遇事優爲하여 從容不迫이나 然誠心懇惻하여 弗之措也라 其自任之重也는 寧學聖人而未至언정 不欲以一善成名하고 寧以一物不被澤爲己病이언정 不欲以一時之利爲己功이라 其自信之篤也는 吾志可行이면 不苟潔其去就하고 吾義所安이면 雖小官이라도 有所不屑이라

天地를 제자리 잡게 하여 만물을 생육하는 것은 道이며, 이 道를 전하는 것은 斯文이며, 이미 추락한 文을 진작하고 아직 행해지지 않은 道를 통달하게 한 것은 선생이며, 학문을 끝까지 전하지 않고 지향을 끝까지 행하지 않아 이런 극한 상황에 이르게 한 것은 하늘이다. 선생의 덕은 형용할 수 있는 것은 오히려 말할 수 있으나, 그 빼어난 지혜로 자득하여 天道에 합하고 先聖에 합한 것은 말할 수 없다.

元豐 8년(1085) 6월 명도선생이 졸하였다. 문인 학자들이 모두 자득한 바로써 선생의 덕을 형용하였고, 선생의 덕 중에 쉽게 형용할 수 없는 것은 또한 각자 자기의 心志를 펼쳤다.

夫位天地하여 育萬物者는 道也며 傳斯道者는 斯文也며 振已墜之文하고 達未行之道者는 先生也며 使學不卒傳하고 志不卒行하여 至於此極者는 天也라 先生之德은 可形容者는 猶可道也요 其獨智自得하여 合乎天하고 契乎先聖者는 不可得而道也라 元豐八年六月에 明道先生이 卒이라 門人學者가 皆以所自得者로 名先生之德하고 先生之德未易(이)名也는 亦各伸其志爾라

汲郡의 呂大臨이 쓰다.

汲郡呂大臨이 書하다

명도선생묘표　明道先生墓表

伊川先生

大宋 明道先生 程君 伯淳의 묘이다.

大宋明道先生程君伯淳之墓라

宋나라 太師로 致仕한 潞國公 文彦博이 題號하다.

宋太師致仕潞國公文彦博이 題하다

선생은 이름이 顥, 자는 伯淳으로, 伊川에 장사 지냈다. 潞國太師가 그의 묘비에 題號하기를 '明道先生'이라 하였다. 아우 頤가 그 까닭을 서술하고 비석에 다음과 같이 새겼다. "周公이 세상을 떠나자 聖人의 道가 행해지지 않았고, 孟子가 세상을 떠나자 성인의 학문이 전해지지 않았다. 도가 행해지지 않아 百世 동안 선한 정치가 없었고, 학문이 전해지지 않아 千年 동안 참된 儒者가 없었다. 선한 정치가 없으면 士人이 오히려 선한 정치의 道를 밝혀서 사람들을 착하게 하고 후세에 전할 수 있거니와, 참된 유자가 없으면 천하가 깜깜하여 갈 곳을 알지 못해 人欲이 기승을 부리고 天理가 없어진다. 선생이 1천 4백 년 뒤에 태어나 성인이 남긴 經에서 전해지지 않은 학문을 터득하여 장차 이 道로써 이 백성을 깨우치는 데 뜻을 두었다. 하늘이 이 사람을 남겨두려 하지 않아 哲人이 일찍 세상을 떠났다. 고을 사람들과 사대부들이 서로 의론하기를 '道가 밝혀지지 않은 지가 오래되었다. 선생이 나와서 聖學을 드러내 사람들에게 보여주고, 異端을 변별하고 邪說을 물리쳐서 오랫동안 침체되어 혼미했던 길을 열어주었다. 성인의 도가 선생을 얻어 다시 밝아졌으니, 功을 세운 것이 위대하다.'라고 하였다. 이에 황제의 스승인 太師가 중론을 모아 선생을 위해 칭송하여 그 墓에 '明道先生'이라고 제호하였다. 배우는 자들이 道에 대해 지향할 바를 알게 된 뒤에야 이 사람이 세운 공을 볼 수 있을 것이며, 도달할 바를 알게 된 뒤에야 明道先生이라는 이름이 실정에 부합한다는 것을 볼 수 있을 것이다. 산은 평평해질 수 있고 골짜기는 묻힐 수 있겠지만 明道의 이름은 만세토록 길이 남을 것이니, 묘소 옆의 돌에 새겨 후세 사람들에게 고하노라."

先生은 名이 顥요 字는 伯淳으로 葬於伊川이라 潞國太師가 題其墓하여 曰 明道先生이라 弟頤가 序其所以하고 而刻之石曰 周公沒에 聖人之道不行하고 孟軻死에 聖人之學不傳이라 道不行하여 百世無善治하고 學不傳하여 千載無眞儒라 無善治면 士猶得以明夫善治之道하여 以淑諸人하고 以傳諸後어니와 無眞儒면 天下貿貿焉莫知所之하여 人欲肆而天理滅矣라 先生이 生千四百年之後하여 得不傳之學於遺經하여 志將以斯道覺斯民이라 天不憖(은)遺하여 哲人早世라 鄕人士大夫가 相與議曰 道之不明也가 久矣라 先生出하여 揭聖學以示人하고 辨異端闢邪說하여 開歷古之沈迷라 聖人之道가 得先生而復明하니 爲功大矣라 於是에 帝師采衆議而爲之稱以表其墓라 學者之於道에 知所嚮然後에 見斯人之爲功하며 知所至然後에 見斯名之稱情이라 山可夷요 谷可湮이로되 明道之名은 亘萬世而長存하리니 勒石墓傍하여 以詔後人하노라

元豐 을축년(1085) 10월 무자일에 쓰다.

元豐乙丑十月戊子에 書하다

이천선생연보 伊川先生年譜

晦翁

선생은 이름이 頤, 자는 正叔이며, 明道先生의 아우이다. 어릴 적부터 높은 식견이 있었고, 禮가 아니면 움직이지 않았다. 나이 14~15세에 명도선생과 함께 春陵[1]의 周茂叔(周敦頤) 선생에게 학업을 배웠다. 皇祐 2년(1050)에 18세의 나이로 황제에게 글을 올려 王道로 마음을 삼을 것, 백성들을 생각할 것, 세속의 논의를 물리칠 것, 비상한 공적을 기약할 것을 仁宗에게 권면하였다. 또 배운 바를 직접 진언하고자 召對를 청하였는데, 응답이 없었다.

胡瑗

한가로이 太學에 유학하고 있었는데, 이때 海陵[2]의 胡翼之(胡瑗) 선생이 바야흐로 教導를 주관하였다. 일찍이 '顔子가 좋아한 것은 무슨 학문인가?'라는 논제로써 여러 생도들을 시험하였는데, 선생의 시험 답안을 보고 크게 놀라 즉시 불러서 만나보고 學職을 맡겼다. 呂希哲 原明이 선생과 서재를 이웃하였는데 가장 먼저 스승의 예로써 선생을 섬겼다. 얼마 뒤 선생과 종유하는 사방의 士人들이 날로 더욱 많아졌다. 擧進士[3]로서 嘉祐 4년(1059) 廷試[4]에서 탈락하자 드디어 다시는 과거에 응시하지 않았다. 부친 太中公은 여러 번 任子恩[5]을 얻었으나 번번이 족인을 추천하였다. 治平·熙寧[6] 연간에 近臣이

1) 春陵 : 湖南省 寧遠縣 서북쪽에 있던 고을이다.
2) 海陵 : 지금의 江蘇省 泰州市이다.
3) 擧進士 : 進士試의 최종시험인 殿試에 나아갈 수 있는 자격을 획득한 과거 응시생을 가리킨다.
4) 廷試 : 進士試의 최종시험인 殿試를 말한다.
5) 任子恩 : 父兄의 공적에 의하여 아들을 관직에 등용하는 은전을 가리킨다.
6) 治平·熙寧 : 治平은 宋나라의 제5대 황제 英宗 때의 연호로, 1064년부터 1067년까지 사용하였다. 熙寧은 제6대 황제 神宗 때의 연호로, 1068년부터 1077년까지 사용하였다.

여러 차례 선생을 천거하였으나 스스로 학문이 부족하다고 여기고서 벼슬하기를 원하지 않았다.

先生은 名이 頤요 字는 正叔이며 明道先生之弟也라[①] 幼有高識하고 非禮不動이라[②] 年十四五에 與明道로 同受業於舂陵周茂叔先生이라[③] 皇祐二年에 年十八로 上書闕下하여 勸仁宗以王道爲心과 生靈爲念과 黜世俗之論과 期非常之功이라 且乞召對하여 面陳所學한대 不報라 間游太學한대 時海陵胡翼之先生이 方主教導라 嘗以顏子所好何學論으로 試諸生이러니 得先生所試하고 大驚하여 卽延見하고 處以學職이라[④] 呂希哲原明이 與先生隣齋한대 首以師禮事焉이라 旣而요 四方之士從游者가 日益衆이라[⑤] 擧進士로 嘉祐四年에 廷試報罷어늘 遂不復試라 太中公은 屢當得任子恩이나 輒推與族人이라[⑥] 治平熙寧間에 近臣屢薦이나 自以爲學不足하고 不願仕也라[⑦]

① 明道는 明道 元年 임신년(1032)에 태어났고, 伊川은 明道 2년 계유년(1033)에 태어났다.
明道生於明道元年壬申, 伊川生於明道二年癸酉.

② 語錄에 보인다.
見語錄.

③ ≪哲宗實錄≫과 ≪徽宗實錄≫에 보인다.
見哲宗・徽宗實錄.

④ 文集에 보인다.
見文集.

⑤ ≪呂氏童蒙訓≫에 보인다.
見呂氏童蒙訓

⑥ ≪涪陵記善錄≫에 보인다.
見涪陵記善錄.

⑦ 文集에 보인다. 또 呂申公(呂公著)의 家傳을 살펴보면 "공이 太學을 맡았을 적에 여러 博士들에게 명하여 선생의 거처에 나아가 太學 正이 되어주기를 간청하게 하였다. 선생이 굳게 사양하자, 공이 즉시 길을 나서 선생의 집으로 갔다."라고 되어 있다. 또 雜記에 "治平 3년(1066) 9월 공이 蔡州[7] 知事가 되어 장차 길을 나설 적에 말하였다. '엎드려 보건대 南省[8] 進士 程頤는 나이가 34세로, 특별히 우뚝한 지조와 출중한 자질이 있습니다. 嘉祐 4년(1059)에 이미 殿試에 참여하였으나, 그 뒤로 관직에 나아가려는 뜻을 끊었습니다. 太學을 왕래할 적에는 여러 생도들이 스승으로 삼기를 원하였습니다. 신이 바야흐로 國子監

7) 蔡州 : 지금의 河南省 汝南縣이다.
8) 南省 : 尙書省을 일컫는 말로, 여기에서 주관하는 시험을 南省試라고 하였다. 합격한 자에게 殿試에 응시할 자격을 주었다.

의 領事가 되어 몸소 찾아가 간청하였으나, 끝내 뜻을 굽힐 수 없었습니다. 신이 일찍이 그와 더불어 이야기를 해보았는데, 經術에 환히 밝고 古今의 治亂의 요점에 통달하여 실로 세상을 경영하고 백성을 구제할 재주가 있었으니, 구차한 士人과 바르지 않은 儒者가 한갓 치우친 장점만 있는 것과는 같지 않았습니다. 그를 조정에 있게 하면 반드시 나라의 큰 인재가 될 것입니다. 엎드려 바라건대 특별히 차서를 따지지 말고 등용하십시오.'"라고 하였다. 明道의 행장에 이르기를 "神宗이 일찍이 선생으로 하여금 인재를 추천하게 하여 선생이 천거한 자가 수십 명이었는데, 부친의 외종 사촌 張載와 선생의 아우 程頤를 첫 번째로 일컬었다."라고 하였다.

見文集. 又按呂申公家傳云 "公判太學, 命衆博士卽先生之居, 敦請爲太學正. 先生固辭, 公卽命駕過之." 又雜記 "治平三年九月, 公知蔡州, 將行, 言曰 '伏見南省進士程頤, 年三十四, 有特立之操, 出群之資. 嘉祐四年, 已與殿試, 自後絶意進取. 往來太學, 諸生願得以爲師. 臣方領國子監, 親往敦請, 卒不能屈. 臣嘗與之語, 洞明經術, 通古今治亂之要, 實有經世濟物之才, 非同拘士曲儒, 徒有偏長. 使在朝廷, 必爲國器. 伏望特以不次旌用.'" 明道行狀云 "神宗嘗使推擇人材, 先生所薦數十人, 以父表弟張載暨弟頤爲稱首."

元豐 8년(1085) 哲宗이 제위를 이어받았다. 門下侍郎 司馬光 공과 尙書左丞 呂公著 공과 西京留守 韓絳 공이 선생의 행실과 의리에 대해 조정에 글을 올렸다. 11월 정사일에 汝州 團練推官과 西京 國子監 敎授에 제수되었다. 선생은 거듭 사직하였으나, 이윽고 임금의 부름을 받아 대궐에 나아갔다.

元豐八年에 **哲宗嗣位**라 **門下侍郞司馬公光**과 **尙書左丞呂公公著**와 **及西京留守韓公絳**이 **上其行義於朝**라[①] **十一月丁巳**에 **授汝州團練推官**과 **西京國子監敎授**라[②] **先生再辭**로되 **尋召赴闕**이라

① ≪哲宗實錄≫과 ≪徽宗實錄≫에 보인다. ≪司馬溫公集≫을 살펴보니, 呂申公(呂公著)과 공동으로 올린 箚子에 이르기를 "臣 등이 河南의 處士 程頤를 가만히 보니, 힘써 배우고 옛것을 좋아하며, 가난을 편안히 여기고 절개를 지키며, 말은 반드시 忠信하게 하며, 행동은 禮義를 따르며, 나이가 50이 넘었는데도 관직에 나아가기를 구하지 않으니, 참으로 儒者의 고상한 행보이며 聖世의 逸民입니다. 엎드려 바라건대 특별히 그를 부르는 명을 내려 차서를 따지지 말고 발탁하면 족히 士類에게 본보기가 되어 교화를 도와 이롭게 할 것입니다."라고 하였다.

또 胡文定公(胡安國)의 文集을 살펴보면 "이때에 諫官 朱光庭이 또 말하기를 '程頤는 道德이 순수하고 완비되었으며, 학문이 깊고 넓으며, 재질이 굳세고 바르며, 中道에 서서 치우침 없는 풍도가 있습니다. 식견과 사려가 명철하고, 기미를 아는 것이 신묘한 경지에

이르렀으며, 말과 행실이 서로 돌아보아 가릴 것이 없으며, 仁義가 몸에 있어도 자랑하지 않습니다. 만약 이 사람을 등용하여 勸講[9]을 맡게 하면 반드시 聖德을 도와서 기르고, 天聽을 열어서 인도하고, 임금의 마음을 한결같이 바르게 하여 천하의 복이 되게 할 수 있을 것입니다.'라고 하였다.

또 말하기를 '程頤는 先王이 온축한 것을 궁구하고 當世의 일에 통달하였으니, 곧 天民의 선각자요, 聖代의 참된 유자입니다. 그로 하여금 날마다 경연에서 임금을 모시게 하면 족히 聖人의 가르침을 떨칠 수 있을 것이며, 아울러 학교를 관장하게 하면 족히 斯文을 크게 변화시킬 수 있을 것입니다.'라고 하였다.

또 논하기를 '祖宗 때 陳摶[10]과 种放[11]을 기용하자, 높은 풍도와 개결한 지조가 천하에 알려졌습니다. 程頤의 어짊을 헤아려보면 진단과 충방은 반드시 정이를 능가할 수 없을 것이며, 정이의 道는 진단과 충방이 미처 알 수 없는 바가 있습니다. 그가 배운 바를 보면 참으로 聖人의 전함을 얻어 사색을 극진히 하고 실천을 힘써 하루아침에 축적한 것이 아니니, 천하를 경륜하여 다스릴 재주가 있으며 禮樂을 제정할 기량이 있습니다. 청컨대 그의 지극한 말과 바른 의론을 물어보아 천하를 평치하는 바의 도로 삼으십시오.'라고 하였다.

또 말하기를 '程頤는 道를 말하자면 三才[12]를 관통하여 털끝 하나만큼의 틈도 없고, 德을 말하자면 여러 아름다움을 아울러 포괄하여 하나의 善도 빠뜨림이 없고, 학문을 말하자면 古今에 널리 통달하여 一物도 알지 못함이 없고, 재주를 말하자면 만물의 이치에 밝아 그 일을 행해 공을 이룩하되 하나의 이치도 총괄하지 못함이 없습니다. 이 때문에 聖人의 道가 이 사람에 이르러 전해진 것입니다. 하물며 天子가 학문에 나아가는 처음에 참된 유자로 하여금 경연을 전담하게 한다면 어찌 성대하지 않겠습니까.'라고 하였다."라고 되어 있다.

見哲宗·徽宗實錄. 按溫公集, 與呂申公同薦箚子曰 "臣等切見河南處士程頤, 力學好古, 安貧守節, 言必忠信, 動遵禮義, 年逾五十, 不求仕進, 眞儒者之高蹈, 聖世之逸民. 伏望特加召命,

---

9) 勸講 : 임금을 모시고 經典을 강의하는 것을 가리킨다.

10) 陳摶 : 871~989. 자는 圖南, 호는 扶搖子·白雲先生·希夷先生으로, 易學者이자 道士이다. 武當山과 華山 등지에 은거하면서 修道하였다. 그의 명성을 듣고서 后周 世宗은 그를 諫議大夫로 임명했지만 사양하자 白雲先生이라는 호를 하사하였고, 宋 太宗은 그를 불러서 만나보고는 希夷先生이라는 호를 하사하였다.

11) 种放 : 955~1015. 자는 明逸, 호는 雲溪이며, 洛陽 사람이다. 終南山에 은거하여 학문에 전념하며 후학을 양성하였는데, 배우는 자들이 많았다. 宋 太宗이 불렀으나 모친 봉양을 이유로 나아가지 않다가, 모친이 별세한 뒤 황제의 부름을 받고 나아가 左司諫에 제수되었으며, 工部侍郎을 지냈다. 어느 날 제자들을 불러 모은 뒤 자신이 저술한 글을 불사르고 술을 몇 순배 돌린 뒤 숨을 거두었다.

12) 三才 : 天·地·人을 말한다.

擢以不次, 足以矜式士類, 裨益風化." 又按胡文定公文集云 "是時諫官朱光庭又言, '頤道德純備, 學問淵博, 材質勁正, 有中立不倚之風. 識慮明徹, 至知幾其神之妙, 言行相顧而無擇, 仁義在躬而不矜. 若用斯人, 俾當勸講, 必能輔養聖德, 啓道天聰, 一正君心, 爲天下福.' 又謂'頤究先王之蘊, 達當世之務, 乃天民之先覺, 聖代之眞儒. 俾之日侍經筵, 足以發揚聖訓, 兼掌學校, 足以丕變斯文.' 又論'祖宗時起陳摶・种放, 高風素節, 聞於天下. 揆頤之賢, 摶放未必能過之, 頤之道, 則有摶・放所不及知者. 觀其所學, 眞得聖人之傳, 致思力行, 非一日之積, 有經天緯地之才, 有制禮作樂之具. 乞訪問其至言正論, 所以平治天下之道.' 又謂'頤, 以言乎道, 則貫徹三才而無一毫之或間, 以言乎德, 則幷包衆美而無一善之或遺, 以言乎學, 則博通古今而無一物之不知, 以言乎才, 則開物成務而無一理之不總. 是以聖人之道, 至此而傳. 況當天子進學之初, 若俾眞儒得專經席, 豈不盛哉.'"

② 實錄에 보인다.
見實錄.

元祐 元年(1086) 3월에 京師에 이르렀다. 宣德郎으로 秘書省 校書郎에 제수되었다. 선생이 사직하며 말하기를 "神宗 때 布衣로서 부름을 받았으니, 본래 前例가 있습니다. 지금 신은 아직 들어가 알현하지 못했으니, 감히 명을 받들 수 없습니다."라고 하였다. 이에 召對하여 太皇太后가 직접 효유하시고 장차 崇政殿 說書로 삼으려 하였다. 선생이 사양하였으나 받아들여지지 않아 비로소 西京 國子監에 제수하는 명을 받았다.

또 上奏하여 經筵의 세 가지 일을 논하였다. 그 첫째는 성상은 나이가 어리시니 輔養하는 것을 급선무로 여겨 의당 어질고 덕이 있는 사람을 뽑아 講官으로 채우고, 그들로 하여금 곁에서 모시고 숙직하면서 道義를 아뢰도록 하여 기질을 함양하고 덕성을 훈도하게 하는 것이었다. 그 둘째는 성상의 좌우 內侍와 宮人들은 모두 노성하고 중후한 사람을 뽑아서 사치스러운 물건과 천박한 말이 성상의 이목에 닿지 않게 하고, 經筵에 祗應內臣[13] 10인을 두어 그들로 하여금 성상이 궁중에 계실 때의 거동을 살펴서 講官에게 말하게 하여 혹시라도 사소한 어김이나 잘못이 있으면 일에 따라 바로잡아 간언할 수 있기를 청하였다. 그 셋째는 講官으로 하여금 앉아서 강론하게 하여 임금이 儒者를 존중하고 道를 중시하는 마음과 공경하고 두려워하는 덕을 기르기를 청하였다. 그리고서 말하기를 "만약 행할 수 있다고 말씀하신다면 감히 관직에 나아가지 않을 수 있겠습니까. 만일 저의 말을 쓸 수 없으시다면 원컨대 사직하는 것을 들어주십시오."라고 하

13) 祗應內臣 : 심부름을 하는 관원을 가리킨다. 祗候라고도 한다.

였다. 얼마 뒤 황명이 내려와 通直郎으로 崇政殿 說書가 되었다. 선생은 재차 사양한 뒤에 명을 받았다.

元祐元年三月에 至京師라① 除宣德郎秘書省校書郎이라 先生辭曰 神宗時에 布衣被召하니 自有故事니이다 今臣未得入見(현)하니 未敢祗命이로소이다② 於是召對하여 太皇太后面喩하고 將以爲崇政殿說書라 先生辭不獲하여 始受西監之命이라 且上奏하여 論經筵三事라 其一은 以上富於春秋하니 輔養爲急하여 宜選賢德하여 以備講官하고 因使陪侍宿直하여 陳說道義하여 所以涵養氣質하고 薰陶德性이라 其二는 請上左右內侍宮人은 皆選老成厚重之人하여 不使侈靡之物과 淺俗之言이 接於耳目하고 仍置經筵祗應內臣十人하여 使伺上在宮中動息하여 以語講官하여 其或小有違失이어든 得以隨事規諫이라 其三은 請令講官坐講하여 以養人主尊儒重道之心과 寅畏祗懼之德이라 而曰 若言可行이면 敢不就職이리잇가 如不可用이면 願聽其辭하소서③ 旣而命下하여 以通直郎充崇政殿說書라④ 先生再辭而後受命이라

① 王巖叟[14)]가 아뢰기를 "엎드려 보건대 程頤는 학문은 聖人의 정미함을 극진히 하고, 행실은 君子의 순수함을 지극히 하여 일찍이 그의 형 程顥와 더불어 모두 德으로써 명성이 당시에 드러났습니다. 폐하께서 다시 정이를 일으켜 등용하여 정이가 부름을 받고 와서 대궐 아래에서 詔命을 기다리면 사방의 뛰어나고 의로운 자들이 고개를 들고 살피면서 조정에서 그를 대우하는 것이 어떠한지, 그를 처우하는 것이 마땅한지를 관찰하여 장차 그것을 의론하지 않는 이가 없을 것입니다. 그렇다면 폐하의 이번 거조는 천하 사람들의 마음을 사로잡는 것입니다. 신은 원컨대 폐하께서 그를 대우하는 禮를 더하고 그를 처우하는 방법을 가려서 高明한 賢人이 폐하의 극진한 등용을 받는다면 소득이 정이 한 사람뿐만이 아니고 빛을 감추고 덕을 숨긴 四海의 士人들이 모두 서로 부르며 조정을 위해 나올 것입니다."라고 하였다.

王巖叟奏云 "伏見程頤, 學極聖人之精微, 行至君子之純粹, 早與其兄顥, 俱以德名顯於時. 陛下復起頤而用之, 頤趣召以來, 待詔闕下, 四方俊義, 莫不翹首向風, 以觀朝廷所以待之者如何, 處之者當否, 而將議焉. 則陛下此擧, 繫天下之心. 臣願陛下加所以待之之禮, 擇所以處之之方, 而使高賢得爲陛下盡其用, 則所得不獨頤一人而已, 四海潛光隱德之士, 皆將相招而爲朝廷出矣."

② 王巖叟가 아뢰기를 "신이 엎드려 듣건대 성상의 은혜로 특별히 程頤를 京官에 제수하고 또 校書郎을 내리셨다고 하니, 폐하께서 고명한 현인을 예우하여 천하 사람들로 하여금 성대한 덕에 마음을 귀의하게 하였음을 충분히 볼 수 있습니다. 그러나 신의 간절한 마음으로는 여전히 폐하를 위해 드릴 말씀이 있습니다. 원컨대 폐하께서 그를 한번 불러서 보시고

14) 王巖叟 : 1044~1094. 자는 彦霖, 시호는 恭簡으로, 大名 淸平 사람이다. 1061년 明經科에 장원급제하여 監察御使・樞密院直學士 등을 지냈다. 寧智先을 사사하였고, 程顥와 從遊하였다.

한마디 말로써 시험하여 나라를 다스리는 요점을 물으신다면 폐하의 지극한 밝음으로 드디어 그 사람을 저절로 살펴볼 수 있을 것입니다. 신이 생각하기에 정이는 道를 품고 德을 기른 지가 오래되고, 신묘함을 감추고 사려를 축적한 功力이 깊으며, 고요히 처하여 천하의 의리를 본 것이 많아서 반드시 聖聽을 새롭게 할 嘉言이 있을 것이니, 이것이 신이 간절히 정이를 추천하는 까닭입니다. 그러나 이는 정이를 위함이 아니라 폐하의 아름다움을 이루고자 함일 뿐입니다. 폐하께서 한번 만나보신 뒤에 관직을 명하신다면 정이는 그것을 맡으면서도 부끄러움이 없을 것이고, 폐하께서는 그에게 관직을 주어도 후회가 없을 것이니, 주고받는 사이에 양쪽이 모두 만족스러울 것입니다."라고 하였다.

王巖叟奏云 "臣伏聞聖恩特除程頤京官, 仍與校書郎, 足以見陛下優禮高賢, 而使天下之人歸心於盛德也. 然臣區區之誠, 尙有以爲陛下言者. 願陛下一召見之, 試以一言, 問爲國之要, 陛下至明, 遂可自觀其人. 臣以頤抱道養德之日久, 而潛神積慮之功深, 靜而閱天下之義理者多, 必有嘉言以新聖聽, 此臣所以區區而進頤. 然非爲頤也, 欲成陛下之美耳. 陛下一見而後命之以官, 則頤當之而無愧, 陛下與之而不悔, 援受之間, 兩得之矣."

③ 箚子에 올린 세 가지 도리는 文集에 보인다. 또 살펴보건대, 劉忠肅公(劉摯)의 문집에 章疏가 있는데, 선생이 낮은 관직을 사양하고 높은 관직을 바라며 임금의 명을 받기도 전에 먼저 일을 논한 것을 논핵하여 옳지 않다고 하였다. 이는 대개 선생이 出處와 語默의 사이에서 그 의리가 참으로 정미하였음을 알지 못한 것이다.

箚子三道, 見文集. 又按劉忠肅公文集有章疏, 論先生辭卑居尊, 未被命而先論事爲非是. 蓋不知先生出處語默之際, 其義固已精矣.

④ 실록에 보인다.

見實錄.

4월에 관례대로 무더위로 인해 講을 파하였다. 선생이 아뢰기를 "어린 임금을 보좌하여 인도하는 것은 이와 같이 소략해서는 안 됩니다."라고 하고, 講官으로 하여금 六參[15]하는 날에 大殿에 올라 起居를 문안하고, 이를 인하여 조용히 가르침을 아뢰어 성상의 덕을 돕게 할 것을 청하였다.

5월에 孫覺, 顧臨 및 國子監의 長貳(長官과 次官)와 함께 차출되어 국자감의 條制를 자세히 살펴보았다. 선생이 정한 바는, 대개 학교는 禮義를 서로 앞세우는 곳인데도 매월 경쟁하게 하는 것은 가르치고 기르는 道가 전혀 아니니, 청컨대 시험을 매월의 課題

15) 六參 : 한 달에 여섯 차례 朝參하는 일을 가리킨다. 宋代에는 望參이라고도 하였다. 各司의 朝官 이상이 참여하였다.

로 고쳐서 수준이 이르지 못한 자가 있으면 學官이 그를 불러서 가르치고 다시 高下를 상고하여 정하지 않게 하며, 또 尊賢堂을 지어 천하의 道德之士를 맞이하며, 鄕貢進士[16]의 수를 줄여 이익으로 유혹하는 제도를 없애며, 번잡한 문건을 줄여 가르치는 일을 오로지 맡기며, 行檢을 장려하여 風教를 순후하게 하며, 待賓齋와 吏師齋를 설치하고 觀光法[17]을 세우기를 청하니, 이와 같은 것이 또한 수십 조목이었다.

四月에 例以暑熱罷講이라 先生이 奏言호되 輔導少主는 不宜疏略如此라 乞令講官以六參日上殿問起居하고 因得從容納誨하여 以輔上德이라① 五月에 差同孫覺顧臨及國子監長貳하여 看詳國子監條制라② 先生所定은 大概以爲學校禮義相先之地로되 而月使之爭은 殊非教養之道니 請改試爲課하여 有所未至면 則學官召而教之하고 更不考定高下하며 制尊賢堂하여 以延天下道德之士하며 鐫解額하여 以去利誘하며 省繁文하여 以專委任하며 勵行檢하여 以厚風教하며 及置待賓吏師齋하고 立觀光法하니 如是者가 亦數十條라③

① 文集에 보인다.
見文集.
② 實錄에 보인다.
見實錄.
③ 文集에 보인다. 舊實錄에 이르기를 "禮部尙書 胡宗愈가 '先帝께서는 학문으로써 士人들을 모으고, 經으로써 사람들을 가르치셨습니다. 三舍[18]의 科條가 참으로 이미 정밀하니, 일체 옛 과조를 그대로 따라야 합니다.'라고 하였다. 이 일로 인해 선생을 매우 비난하며 조정에 두어서는 안 된다고 하였다."라고 하였다.
見文集. 舊實錄云 "禮部尙書胡宗愈謂先帝聚士以學, 教人以經. 三舍科條固已精密, 宜一切仍舊. 因是深詆先生謂不宜使在朝廷."

6월에 太皇太后에게 상소를 올려 말하기를 "오늘날 지극히 중대하고 지극히 급한 일은 종묘사직과 백성을 장구하게 할 계획을 세우는 것이니, 오직 성상의 德을 輔養하는 것일 뿐입니다. 성상의 덕을 보양하는 道는 단지 典籍을 섭렵하며 古今의 일을 열람하는 것뿐만 아니요, 반걸음이라도 바른 사람의 곁을 떠나지 않아야 이에 함양하고 훈도

16) 鄕貢進士 : 각 고을에서 선발해 올려 進士試에 합격한 사람을 가리킨다.
17) 觀光法 : 宋나라 哲宗의 명에 따라 程頤가 제정한 常制의 하나로, 천하의 선비들로 하여금 太學에 가서 儀禮와 講說 등을 참관하게 하는 법을 말한다.
18) 三舍 : 太學의 外舍, 內舍, 上舍를 가리킨다. 三學이라고도 하였다.

하여 聖德을 성취할 수 있습니다. 요사이 하루에 한 차례만 講하여 문장 몇 줄을 해석할 뿐이니, 보탬이 되는 것이 적습니다. 또 4월에 講을 파한 뒤로부터 中秋에 이를 때까지 줄곧 儒臣들을 접하지 않으시니, 옛사람이 아침저녁으로 받들어 보필하던 의미[19]가 결코 아닙니다. 청컨대 초가을이 되면 즉시 講官으로 하여금 날을 번갈아 入侍하여 義理를 아뢰게 하고, 이어 신료들의 집에서 11~12세의 자제 3인을 선발하여 성상을 모시고 학업을 익히게 하십시오. 또 邇英閣[20]은 좁고 더워 성상의 옥체에 마땅하지 않은 듯하고, 講日에 宰臣과 史官이 모두 들어와 성상으로 하여금 편안하고 즐겁지 못하게 합니다. 청컨대 지금부터 한 달에 두 번은 崇政殿에서 講하고, 그렇게 한 뒤에 宰臣과 史官이 입시하게 하십시오. 그 외의 날에는 延和殿에서 講하니, 後楹에 발을 드리우고 태황태후께서 때때로 한 번씩 임하십시오. 이는 주상께서 학업에 나아가는 것을 성찰하는 것일 뿐만 아니라, 태후의 德에 있어서도 반드시 도움이 없지 않을 것입니다. 또 講官으로 하여금 할 말이 있을 경우에 쉽게 아뢰게 하는 것은 관계된 바가 더욱 큽니다. 또 講官이 官例에 따라 다른 직책을 겸하는 것을 청컨대 그만두게 하여 그들로 하여금 誠意를 쌓아 성상의 마음을 감동시킬 수 있게 하십시오."라고 하였다. 그러나 모두 응답을 받지 못하였다.

六月에 上疏太皇太后하여 言호되 今日至大至急은 爲宗社生靈長久之計니 惟是輔養上德이니이다 而輔養之道는 非徒涉書史覽古今而已요 要使跬步不離正人이라야 乃可以涵養薰陶하고 成就聖德이니이다 今間에 日一講하여 解釋數行하니 爲益旣少로소이다 又自四月罷講으로 直至中秋히 不接儒臣하니 殆非古人旦夕承弼之意니이다 請俟初秋하여 卽令講官輪日入侍하여 陳說義理하고 仍選臣僚家十一二歲子弟三人하여 侍上習業하소서 且以邇英迫隘暑熱로 恐於上體非宜하고 而講日宰臣史官皆入하여 使上不得舒泰悅懌이니이다 請自今으로 一月再講於崇政殿하고 然後에 宰臣史官入侍하소서 餘日講於延和殿이니 則後楹垂簾하고 而太皇太后時一臨之하소서 不惟省察主上進業이요 其於后德에 未必無補니이다 且使講官欲有所言易(이)以上達은 所繫尤大니이다 又講讀官

19) 옛사람이……의미 : 《書經》 〈冏命〉에 "옛날 文王·武王은 총명하고 공경하며 성스러우셨는데 크고 작은 신하들이 모두 忠良하기를 생각하며, 곁에서 모시는 僕從들이 바른 사람이 아닌 이가 없었다. 아침저녁으로 임금을 받들어 순종하고 보필하였으므로, 출입하고 기거함에 공경하지 않음이 없으며 호령을 낼 적에 不善함이 없으니, 下民들이 공경하여 순종하며 萬邦이 모두 아름다웠다.〔昔在文武 聰明齊聖 小大之臣 咸懷忠良 其侍御僕從 罔匪正人 以旦夕 承弼厥辟 出入起居 罔有不欽 發號施令 罔有不臧 下民祗若 萬邦咸休〕"라고 한 데서 나왔다.
20) 邇英閣 : 宋나라 때 禁苑에 있던 궁전으로, 英才를 가까이한다는 뜻을 취하여 이름을 붙였다.

例兼他職을 請亦罷之하여 使得積誠意以感上心하소서 皆不報라

8월에 차임되어 判登聞鼓院[21]을 겸임하였다. 선생은 앞서 말한 것을 인용하고, 또 들어가서 道德을 담론하고 나가서 訴訟을 다스리게 하는 것은 인재를 쓰는 체통이 아니라고 말하고 재차 사직하였으나, 받아들여지지 않았다.

八月에 差兼判登聞鼓院이라 先生은 引前說하고 且言入談道德하고 出領訴訟은 非用人之體라하고 再辭나 不受라①

① 文集에 보인다. 楊時가 말하기를 "道에 종사하는 것과 녹봉을 받고 벼슬살이하는 것은 같지 않다. 常夷甫(常秩)가 布衣로서 조정에 들어오자 神宗이 그의 녹봉을 넉넉히 주고 싶어 鼓院·染院과 같은 여러 관서의 관직을 겸하게 하였는데 夷甫는 모두 받았다. 伊川先生이 講官이 되자 조정에서 또 다른 직책을 겸하게 하고자 하니, 선생이 굳게 사양하였다. 대개 예전에 벼슬하지 않은 까닭은 道를 위해서였으니, 오늘 벼슬하는 것은 그 관직이 道를 행하기에 충분하였기 때문에 받을 수 있었던 것이고, 그렇지 않으면 구차하게 녹봉만 받는 것이다. 그러나 후세의 道學이 밝지 않아 군자가 사양하고 받고 취하고 버리는 것을 아는 이가 드물었다. 그러므로 常公이 겸직을 받은 것을 사람들은 그르다고 여기지 않고, 선생이 겸직을 사양한 것을 사람들은 또한 옳다고 여기지 않았다."라고 하였다.
見文集. 楊時曰 "事道與祿仕不同. 常夷甫以布衣入朝, 神宗欲優其祿, 令兼數局如鼓院染院之類, 夷甫一切受之. 及伊川先生爲講官, 朝廷亦欲使兼他職, 則固辭. 蓋前日所以不仕者爲道也, 則今日之仕, 須其官足以行道乃可受, 不然是苟祿也. 然後世道學不明, 君子辭受取舍, 人鮮知之. 故常公之受, 人不以爲非, 而先生之辭, 人亦不以爲是也."

元祐 2년(1087) 또 상소를 올려 延和殿에서 講讀할 적에 발을 드리우는 일을 논하였고, 또 때때로 講官을 불러 드리운 발 앞에 이르게 하여 성상이 학문에 나아가는 차례를 하문하기를 청하였다. 또 아뢰어 邇英閣이 더우니 崇政殿과 연화전, 혹은 다른 넓고 시원한 곳으로 가서 강독할 것을 청하였다. 給事中 顧臨이 大殿에서 강독하는 것을 불가하다고 하자, 詔旨를 내려 이영각을 수리하여 넓히게 하였다. 선생이 다시 상소를 올려 "이영각을 수리하여 넓힌다면 신의 간청이 이루어지는 것입니다. 그러나 祖宗 이래로 모두 大殿에서 앉아 講하였고, 仁宗 때부터 비로소 이영각에 나아가 講官이 서서 강

21) 判登聞鼓院 : 登聞鼓院은 宋代에 臣民의 奏章을 관장하던 관청이다.

하였으니, 대개 한때의 편의를 따른 것일 뿐이지 고림의 의견과는 같지 않습니다. 지금 고림의 의견은 임금을 높이는 것으로써 설을 삼는 데 불과하지, 임금을 높이는 도리를 알지 못한 것입니다. 만약 그의 말을 옳다고 여기신다면 주상의 知見을 그르칠 것입니다. 신의 직분은 마땅히 성상을 보좌하여 인도하는 것이니, 분별하지 않을 수 없습니다."라고 하였다.

二年에 又上疏論延和講讀垂簾事하고 且乞時召講官至簾前하여 問上進學次第라 又奏邇英暑熱하니 乞就崇政延和殿과 或他寬涼處講讀이라 給事中顧臨이 以殿上講讀爲不可하니 有旨修展邇英閣이라 先生復上疏하여 以爲修展邇英이면 則臣所請遂矣니이다 然이나 祖宗以來로 竝是殿上坐講하고 自仁宗으로 始就邇英하여 而講官立侍하니 蓋從一時之便耳요 非若臨之意也니이다 今臨之意는 不過以尊君爲說이요 而不知尊君之道니이다 若以其言爲是면 則誤主上知見이니이다 臣職當輔導니 不得不辨이니이다

선생이 經筵官으로 있을 적에 매번 進講을 맡으면 반드시 재계하고 미리 경계하여 차분히 생각하고 성심을 보존하여 성상의 마음을 감동시키기를 바랐으며, 진강하는 말은 항상 文義의 밖에서 반복해 미루어 밝혀 임금에게 귀결하였다. 어느 날 ≪論語≫의 "顔子는 그의 즐거움을 고치지 않았다."[22]라는 章의 講을 맡자, 門人 중 혹자가 이 장에는 임금의 일이 있지 않은데 장차 무엇을 가지고 진언을 할 것인지 의문을 가졌다. 講을 하게 되자, 文義의 설명을 마친 뒤 다시 아뢰기를 "陋巷의 士人도 仁義가 자신에게 있으면 그 빈천함을 잊습니다. 임금은 숭고하여 봉양이 완비되고 지극하니, 만일 학문을 알지 못하면 어찌 부귀 때문에 마음이 옮겨가지 않을 수 있겠습니까. 또 안자는 왕을 보좌할 만한 재주가 있는데도 한 대그릇의 밥과 한 표주박의 물로 생활하였고, 季氏는 魯나라의 좀과 같은 존재인데도 周公보다 부유하였습니다. 노나라 임금이 인재를 쓰고 버린 것이 이와 같았으니, 후세에 경계로 삼을 바가 아니겠습니까."라고 하였다. 선생의 말을 들은 자들은 탄복하였고, 哲宗도 누차 그의 말에 수긍하였다. 선생을 알지 못하는 자가 산혹 자세하게 설명하는 것이 너무 심하다고 비난하니, 선생이 말하기를 "진강에

---

22) 顔子는……않았다 : ≪論語≫ 〈雍也〉에 孔子가 말하기를 "어질도다, 顔回여! 한 대그릇의 밥과 한 표주박의 물로 누추한 골목에 사는 것을 남들은 그 근심을 견디지 못하는데, 안회는 그 즐거움을 고치지 않으니, 어질도다, 안회여!〔賢哉 顔回 一簞食 一瓢飮 在陋巷 人不堪其憂 回也 不改其樂 賢哉 顔回〕"라고 하였다.

마음을 극진히 하고 힘을 다하지 않으면 어느 곳에 하겠는가."라고 하였다.

성상께서 간혹 약을 복용하시면 바로 그날 醫官에게 가서 성상의 기거를 물어보았다. 그러나 入侍할 적에는 용모를 지극히 장엄하게 하였다. 이때 文潞公(文彦博)이 太師平章重事로서 간혹 侍立하여 종일토록 나태하지 않았는데, 성상께서 조금 쉬라고 하였으나 그는 자리를 떠나지 않았다. 어떤 사람이 선생에게 묻기를 "그대의 엄숙함을 潞公의 공경함과 비교해보면 누가 더 낫습니까?"라고 하자, 선생이 말하기를 "노공은 네 조정을 섬긴 대신이니, 어린 임금을 섬김에 공손하지 않을 수 없습니다. 나는 布衣로서 임금을 보좌하여 인도하는 직책을 맡았으니, 또한 감히 자중하지 않을 수 있겠습니까."라고 하였다.

일찍이 성상이 궁중에서 걸어가거나 양치할 적에 반드시 땅강아지와 개미를 피한다는 것을 듣고서 청하기를 "이런 일이 있으셨습니까?"라고 하자, 성상이 "그러하다. 진실로 그것을 해칠까 염려했을 뿐이다."라고 하였다. 선생이 말하기를 "원컨대 폐하께서 이 마음을 미루어 四海에 미치신다면 천하 사람들에게 매우 다행일 것입니다."라고 하였다.

先生在經筵할새 每當進講이어든 必宿齋預戒하여 潛思存誠하여 冀以感動上意하며[①] 而其爲說은 常於文義之外에 反復推明하여 歸之人主라 一日에 當講顔子不改其樂章하니 門人或疑此章非有人君事也로되 將何以爲說이라 及講하얀 旣畢文義하고 乃復言曰 陋巷之士라도 仁義在躬이면 忘其貧賤이니이다 人主崇高하여 奉養備極하니 苟不知學이면 安能不爲富貴所移리잇가 且顔子는 王佐之才也나 而簞食瓢飮하고 季氏는 魯國之蠹也나 而富於周公이니이다 魯君用捨如此하니 非後世之監乎아 聞者歎服하고[②] 而哲宗亦常首肯之라[③] 不知者가 或誚其委曲已甚하니 先生曰 不於此盡心竭力하고 而於何所乎아 上或服藥하면 卽日就醫官問起居나[④] 然入侍之際에 容貌極莊이라 時文潞公이 以太師平章重事로 或侍立終日不懈어늘 上雖喩以少休나 不去也라 人或以問先生曰 君之嚴을 視潞公之恭이면 孰爲得失고하니 先生曰 潞公은 四朝大臣이니 事幼主에 不得不恭이요 吾는 以布衣職輔導하니 亦不敢不自重也라[⑤] 嘗聞上在宮中起行漱水할새 必避螻蟻하고 因請之曰 有是乎잇가 上曰 然이라 誠恐傷之耳라 先生曰 願陛下推此心以及四海면 則天下幸甚이로소이다[⑥]

① 文集에 보인다.
見文集.

② ≪胡氏論語詳說≫에 보인다.
見胡氏論語詳說.

③ 文集에 보인다.

見文集.

④ 語錄에 보인다.

見語錄.

⑤ ≪邵氏見聞錄≫에 보인다.

見邵氏見聞錄.

⑥ 語錄에 보인다.

見語錄.

어느 날 講을 마치고 아직 물러나지 않았는데, 성상이 문득 일어나 난간에 기대어 장난삼아 버드나무 가지를 꺾었다. 선생이 나아가 말하기를 "바야흐로 봄기운이 생명을 싹 틔우니, 까닭 없이 꺾어서는 안 됩니다."라고 하니, 성상이 기뻐하지 않았다.

강론하는 책에 '容'자가 있었는데, 中人이 황색 종이로 글자를 덮고서 말하기를 "성상께서 藩邸[23]에 계실 때의 嫌名[24]입니다."라고 하였다. 선생은 講을 마치고 나아가 말하기를 "임금의 권세는 높지 않음을 근심하지 않고 신하가 임금을 높임이 지나치게 심하여 교만한 마음이 생기는 것을 근심합니다. 이는 모두 가까이서 모시는 친근한 무리들이 양성하니, 경계하지 않으면 안 됩니다. 청컨대 지금부터 舊名과 嫌名을 모두 다시는 避諱하지 마십시오."라고 하였다.

이때 神宗의 喪이 아직 끝나지 않았는데도 백관이 冬至를 축하하는 表文을 올렸다. 선생은 節氣가 변하여 時思[25]가 바야흐로 절실함을 말하고 축하〔賀〕를 고쳐 위문〔慰〕으로 바꾸기를 청하였다. 喪이 끝나자 有司가 또 음악을 연주하고 연회를 베풀고자 하였다. 선생은 또 연회를 그만둘 것을 주청하며 말하기를 "喪이 끝나고 吉禮를 쓸 적에는 일에 따라 음악을 쓰는 것이 옳습니다. 지금 특별히 연회를 베풀면 喪이 끝난 것을 기뻐하는 것입니다."라고 하였다.

일찍이 後苑에 금으로 만든 물통이 있다는 말을 듣고 묻자 "崇慶宮[26]의 물건입니다."라고 하였다. 선생이 말하기를 "만약 성상께서 사용하시는 것이라면 내가 감히 간언하

---

23) 藩邸 : 임금이 왕위에 오르기 전에 거처하던 집을 가리킨다. 潛邸라고도 한다.

24) 嫌名 : 높이는 사람의 이름자와 음이 비슷하여 피휘하는 글자를 말한다.

25) 時思 : ≪孝經≫ 〈親喪章〉에 보이는 '以時思之'를 줄여 쓴 말로, 봄에 비가 내려 초목이 싹틀 때와 가을에 서리가 내려 초목이 시들 때 돌아가신 부모님이 그립고 추모하는 마음이 간절해진다는 뜻이다.

26) 崇慶宮 : 宣人太后가 거처하던 궁이다.

지 않을 수 없다."라고 하였다.

재직한 지 여러 달이 되어도 녹봉을 언급하지 않자, 관리도 녹봉을 지급하지 않았다. 얼마 뒤 여러 공들이 그것을 알고 戶部로 하여금 특별히 지급하게 하였다. 또 아내를 위해 邑封을 요구하지 않았다. 혹자가 묻자 선생이 말하기를 "나는 초야에서 일어나 세 번 사양한 뒤에 命을 받았으니, 오늘 아내를 위해 封爵을 구할 수 있겠는가."라고 하였다. 經筵의 承受官 張茂則이 일찍이 여러 講官을 초대하여 차를 마시고 그림을 감상하였다. 선생이 말하기를 "나는 평소에 차를 마시지 않고, 그림도 알지 못한다."라고 하고서 끝내 가지 않았다.

文潞公(文彦博)이 일찍이 呂公著, 范祖禹 등 여러 공들과 經筵에 참석하였는데, 선생의 講說을 듣고는 물러나 서로 감탄하며 말하기를 "참된 侍講이다."라고 하였다. 한때 선생의 문하에 귀의하는 인사들이 매우 많았는데, 선생은 또한 천하의 일로써 자임하여 의론하고 포폄하는 데 회피함이 없었다. 이로 말미암아 함께 조정에 있던 士人들 중 문장으로 세상에 이름난 자들이 선생을 원수처럼 미워하여 그 黨類와 더불어 교묘하게 비방을 하였다.

一日에 講罷未退한대 上忽起憑檻하여 戲折柳枝라 先生이 進曰 方春發生하니 不可無故摧折이니이다하니 上不悅이라① 所講書에 有容字한대 中人이 以黃覆之하고 曰 上藩邸嫌名也라 先生이 講罷하고 進言曰 人主之勢는 不患不尊이요 患臣下尊之過甚而驕心生爾니이다 此皆近習輩養成之니 不可以不戒니이다 請自今으로 舊名嫌名을 皆勿復避하소서② 時神宗之喪未除로되 而百官以冬至賀表라 先生은 言節序變遷하여 時思方切하고 請改賀爲慰라 及除喪하얀 有司가 又將以開樂致宴이라 先生이 又奏請罷宴曰 除喪而用吉禮는 則因事用樂이 可矣라 今特設宴이면 是喜之也니이다③ 嘗聞後苑以金製水桶하고 問之하니 曰 崇慶宮物也라 先生曰 若上所御면 則吾不敢不諫이라 在職累月에 不言祿하니 吏亦弗致라 旣而요 諸公知之하여 俾戶部로 特給焉이라 又不爲妻求邑封이라 或問之하니 先生曰 某起於草萊하여 三辭不獲而後受命하니 今日乃爲妻求封乎아④ 經筵承受張茂則이 嘗招諸講官하여 啜茶觀畫라 先生曰 吾平生不啜茶하고 亦不識畫라하고 竟不往이라⑤ 文潞公이 嘗與呂范諸公으로 入侍經筵한대 聞先生講說하고 退相與歎曰 眞侍講也라 一時人士歸其門者甚盛한대 而先生亦以天下自任하여 論議褒貶에 無所顧避라 由是로 同朝之士有以文章名世者가 疾之如讐하여 與其黨類로 巧爲詆謗이라⑥

① 馬永卿이 편찬한 ≪劉諫議語錄≫에 보인다. 또한 "溫公(司馬光)이 그것을 듣고 또한 기뻐하지 않았다."라고 하였고, 혹자는 "아마도 이런 일은 없었던 듯하다."라고 하였다.

見馬永卿所編劉諫議語錄. 且云 "溫公聞之, 亦不悅." 或曰 "恐無此事."

② 語錄에 보인다.

見語錄.

③ 文集에 보인다.

見文集.

④ 語錄에 보인다.

見語錄.

⑤ ≪龜山語錄≫에 보인다. 혹자는 "아마도 이런 일은 없었던 듯하다."라고 하였다.

見龜山語錄. 或云 "恐無此事."

⑥ ≪龜山語錄≫, ≪王公繫年錄≫, 呂申公(呂公著)의 家傳 및 先生의 아들 程端中이 지은 文集序에 보인다. 또 蘇軾의 奏狀을 살펴보면 또한 스스로 말하기를 "신은 평소에 程頤의 간사함을 미워하여 일찍이 말과 안색을 너그러이 한 적이 없습니다."라고 하였다. 또 살펴보건대, 侍御史 呂陶가 말하기를 "明堂에서 赦免을 내려 신료가 稱賀를 마치고 兩省[27]의 관원들이 司馬光에게 致奠하러 가고자 하였다. 이때 정이가 말하기를 '「孔子는 이날 곡을 하면 노래를 부르지 않았다.」[28]라고 하였으니, 어찌 사면을 축하하는 일이 끝나자마자 도리어 조문하러 갈 수 있겠는가.'라고 하였다. 座客이 힐난하며 말하기를 '「공자는 이날 곡을 하면 노래를 부르지 않았다.」라는 것은 곧 노래하면 곡하지 않았다는 말은 아니오. 지금 사면을 축하하는 일이 이미 끝났으니, 조문하러 가는 것은 禮에 해로울 것이 없소.'라고 하였다. 소식이 드디어 비속한 말로 정이를 희롱하자 사람들이 모두 크게 웃었다. 원한을 맺은 단서가 대개 여기에서 시작되었다."라고 하였다.

또 語錄에 이르기를 "國忌日에 분향하면 伊川은 素饌을 올리게 하였다. 子瞻(蘇軾)이 그것을 힐난하여 말하기를 '正叔은 불교를 좋아하지 않으면서 어찌하여 素食을 하는가?'라고 하였다. 선생이 말하기를 '禮에 居喪 중에는 술을 마시지 않고 고기를 먹지 않는다고 하였다. 忌日은 喪의 남은 절차이다.'라고 하였다. 자첨이 肉食을 차리게 하고서 말하기를 '劉氏를 위하여 왼쪽 어깨를 벗겠다.'[29]라고 하였다. 이에 范醇夫(范祖禹)의 무리는 素食을 하고, 秦觀과 黃庭堅의 무리는 肉食을 하였다."라고 하였다.

---

27) 兩省 : 尙書省과 中書省이다.

28) 孔子는……않았다 : ≪論語≫ 〈述而〉에 "孔子는 喪事가 있는 자의 곁에서 음식을 먹을 적에 일찍이 배부르게 먹은 적이 없었다. 공자는 이날 곡을 하면 노래를 부르지 않으셨다.〔子食於有喪者之側 未嘗飽也 子於是日 哭則不歌〕"라고 하였다.

29) 劉氏를……벗겠다 : 편을 가르는 일을 말한다. 呂太后가 죽은 뒤 呂氏들을 숙청하기 위해 太尉 周勃이 황제의 칙명을 사칭하여 北軍에 들어가 "여씨를 위하는 자는 오른쪽 어깨를 벗고, 劉氏를 위하는 자는 왼쪽 어깨를 벗어라."라고 하니, 군사들이 모두 왼쪽 어깨를 벗어 유씨를 따르고자 한 고사에서 나왔다.(≪史記≫ 卷9 〈呂太后本紀〉)

또 鮮於綽의 ≪傳信錄≫에 이르기를 "舊例에 분향한 뒤의 齋筵에서 兩制[30] 以上 및 臺諫의 관원은 모두 蔬饌을 제공하였다. 그러나 음식이 거칠어서 드디어 돌아가며 食會를 만들어 모두 肉食을 하였다. 元祐 초에 崇政殿 說書 程正叔(程頤)이 고기를 먹는 것은 옳지 않다고 하며 素食할 것을 의론하였으나, 사람들이 대부분 따르지 않았다. 어느 날 門人 范醇夫(范祖禹)가 음식 차리는 일을 담당하면서 마침내 蔬饌을 차렸는데, 內翰 蘇子瞻(蘇軾)이 이로 인해 비속한 말로 正叔을 희롱하였다. 정숙의 문인 朱公掞(朱光庭)의 무리가 원망을 품고 마침내 적으로 여겼다. 이후 蔬饌 또한 행해지지 않았다."라고 하였다.

또 語錄에 이르기를 "이때 呂申公(呂公著)이 재상이 되었는데, 모든 일에 의문이 있으면 반드시 伊川에게 질문하였다. 그래서 인재를 등용하는 일에 대해 二蘇[31]는 이천에게 힘이 있다고 의심하였다. 그러므로 극도로 그를 비방하였다."라고 하였다. 또 "조정에서 游酢를 어떤 관직에 임명하려 하였는데, 蘇右丞(蘇軾)이 저지하여 폄훼함이 伊川에게까지 미쳤다. 그러자 재상 蘇子容(蘇頌)이 말하였다. '공은 이와 같이 해서는 안 됩니다. 내가 그의 문하를 드나드는 자들을 살펴보니, 공경하지 않음이 없었습니다.'"라고 하였다.

또 劉諫議(劉安世)의 ≪盡言集≫을 살펴보니 또한 異論이 있었다. 劉諫議는 蘇軾의 黨이 아니니, 아마도 서로 알지 못해서 그런 말을 했을 것이다.

見龜山語錄・王公繫年錄・呂申公家傳, 及先生之子端中所撰集序. 又按蘇軾奏狀, 亦自云"臣素疾程某之姦, 未嘗假以辭色." 又按侍御史呂陶言"明堂降赦, 臣僚稱賀訖, 而兩省官欲往奠司馬光. 是時, 程頤言曰 '子於是日哭則不歌, 豈可賀赦才了, 却往弔喪?' 坐客有難之曰 '子於是日哭則不歌, 卽不言歌則不哭. 今已賀赦了, 却往弔喪, 於禮無害.' 蘇軾遂以鄙語戲程頤, 衆皆大笑. 結怨之端, 蓋自此始." 又語錄云"國忌行香, 伊川令供素饌. 子瞻詰之曰 '正叔不好佛, 胡爲食素?' 先生曰 '禮, 居喪不飮酒, 不食肉. 忌日, 喪之餘也.' 子瞻令具肉食曰 '爲劉氏者左袒.' 於是范醇夫輩食素, 秦・黃輩食肉." 又鮮於綽傳信錄云"舊例, 行香齋筵, 兩制以上及臺諫官, 竝破[32]蔬饌. 然以粗糲, 遂輪爲食會, 皆用肉食矣. 元祐初, 崇政殿說書程正叔以食肉爲非是, 議爲素食, 衆多不從. 一日, 門人范醇夫當排食, 遂具蔬饌, 內翰蘇子瞻因以鄙語戲正叔. 正叔門人朱公掞輩銜之, 遂立敵矣. 是後蔬饌亦不行." 又語錄云"時呂申公爲相, 凡事有疑, 必質於伊川. 進退人才, 二蘇疑伊川有力, 故極詆之." 又曰"朝廷欲以游酢爲某官, 蘇右丞沮止, 毁及伊川. 宰相蘇子容曰 '公未可如此, 頌觀過其門者, 無不肅也.'" 又按劉諫議盡言集, 亦有異論. 劉非蘇黨, 蓋不相知耳.

---

30) 兩制 : 內制와 外制. 즉 翰林學士로 내제를 맡게 하고, 知制誥로 외제를 맡게 하였다.
31) 二蘇 : 蘇軾, 蘇轍 형제를 가리킨다.
32) 破 : 底本과 一簑古本, 國中本에는 모두 '破'로 되어 있고, 中華書局本은 '設'로 되어 있다. 원문의 '破'자는 '사용하다' 또는 '안배하다'는 의미로 쓰인 듯하다.

하루는 講筵에 나아갔는데, 마침 성상께서 피부병이 나서 앉지 못한 지가 이미 여러 날이 되었다. 선생이 물러나 宰臣에게 가서 "성상께서 大殿에 임어하지 못하시는 것을 알고 계십니까?"라고 하자, "몰랐습니다."라고 하였다. 선생이 말하기를 "二聖[33]이 조정에 임해야 하니, 성상께서 대전에 임어하지 못하시면 태황태후께서 홀로 대전에 앉아 계시는 것은 마땅하지 않습니다. 또한 임금에게 질환이 있는데도 대신이 알지 못하는 것이 옳은 일입니까?"라고 하였다. 다음 날 宰臣이 선생의 말로 주청하여 질환에 대해 물었다. 이로 인해 대신들도 대부분 선생을 달가워하지 않자, 諫議大夫 孔文仲이 이 일을 인하여 아뢰기를 "程頤는 더럽고 간교하여 본디 향촌에서의 행실이 없으며, 經筵에서 아뢰는 말은 참람하여 분수를 잊었으며, 貴臣을 두루 만나보고 臺諫을 차례대로 찾아다니며, 입을 놀려 이간하여 어지럽혀 은혜와 원수를 갚아서 市井에서 五鬼[34]의 우두머리로 지목하게 되었으니, 청컨대 田里로 추방하여 典刑을 보이십시오."라고 하였다.

一日赴講한대 會上瘡疹하여 不坐已累日이라 先生이 退詣宰臣하여 問上不御殿을 知否아하니 曰不知라 先生曰 二聖臨朝어늘 上不御殿하면 太皇太后不當獨坐라 且人主有疾이로되 而大臣不知가 可乎아 翌日에 宰臣이 以先生言으로 奏請問疾이라 由是로 大臣亦多不悅이어늘 而諫議大夫孔文仲이 因奏호되 先生은 汙下憸巧하여 素無鄕行하며 經筵陳說은 僭橫忘分하며 遍謁貴臣하고 歷造臺諫하며 騰口間亂하여 以償恩讐하여 致市井目爲五鬼之魁니 請放還田里하여 以示典刑하소서

8월에 管勾西京國子監에 차임되었다. 선생은 관직에 나아간 뒤 재차 上奏하여 田里로 돌아가기를 청하며 말하기를 "신은 본래 布衣였으나 說書가 됨으로 인해 조정의 관원이 되었습니다. 지금 죄를 얻어 파직되었으니, 제수하신 관직은 받아서는 안 됩니다."라고 하였다.

元祐 3년(1088)에 또 사직을 청하였으나 모두 허락을 받지 못하여, 이에 致仕하기를 재차 청하였으나 또 허락을 받지 못하였다. 元祐 5년(1090) 정월에 부친 太中公의 상을 당해 관직에서 떠났다.

八月에 差管勾西京國子監이라① 先生은 既就職하고 再上奏乞歸田里曰 臣本布衣로되 因說書

---

33) 二聖 : 哲宗과 宣人太后를 가리킨다.

34) 五鬼 : 다섯 사람의 간사스러운 자로, 宋나라 때의 五鬼는 보통 王欽若·丁謂·林特·陳彭年·劉承珪를 지칭하지만, 孔文仲은 程頤·歐陽棐·畢仲游·楊國寶·孫朴을 五鬼로 지목하였다.

得朝官이니이다 今以罪罷하니 則所授官은 不當得이니이다 三年에 又請한대 皆不報하여 乃乞致仕至再한대 又不報라 五年正月에 丁太中公憂하여 去官이라

① 舊實錄에 보인다. 또 〈孔文仲傳〉에 呂申公(呂公著)의 말이 실려 있는데, "文仲은 蘇軾에게 회유와 협박을 받아, 그가 일을 논하는 것은 모두 소식의 의도대로였다."라고 하였다. 또 呂申公의 家傳에도 그가 呂大防, 劉摯, 王存과 더불어 문중이 朱光庭의 일을 논한 것을 함께 반박한 것이 실려 있는데, 말이 매우 격절하였다. 또 말하기를 "문중은 본래 강직함으로써 일컬어졌으나, 미련하여 일에 밝지 못해 부박한 무리의 사주를 받아 선량한 사람을 해쳤다. 만년에야 小人들에게 속임을 당한 것을 스스로 알고 분하고 답답해하다가 피를 토하고 죽었다."라고 하였다. 살펴보건대, 舊實錄은 참으로 허망한 말이 많으나, 이런 것들은 또한 근거가 없지 않다. 新實錄은 그것을 모두 삭제하여 그 실상을 잃어버렸다.

또 范太史(范祖禹)의 家傳에 이르기를 "元祐 9년(1094)에 다음과 같이 아뢰었다. '신이 엎드려 보건대, 元祐 초에 폐하께서 程頤를 불러 便殿에서 대면하시고 布衣 신분의 사람에게 崇政殿 說書를 제수하자 천하의 士人들이 모두 인재를 얻었다고 하였으니, 실로 보기 드문 아름다운 일이었습니다. 그러나 겨우 한 해 만에 곧 사람들의 말로 인해 파직되었습니다. 정이의 經術과 行誼는 천하 사람들이 모두 아는 바입니다. 司馬光과 呂公著는 모두 정이와 서로 안 지 20여 년이 되었는데, 그런 뒤에야 그를 천거하였습니다. 이 두 사람은 기망하여 聖聽을 그르칠 자들이 아닙니다. 정이가 경연관으로 있을 적에는 황제 폐하의 학문을 진보시키는 데에 간절하였으므로 그의 講說은 말이 항상 번다하였습니다. 초야에 있던 사람이 하루아침에 조정에 들어와 남들과 서로 접할 적에 경계하지 않고 아직 조정의 事體를 익히지도 못했는데, 논핵하는 자들은 「정이는 대단히 아첨하고 대단히 사특하여 탐욕스럽게 청구하고 분주하게 교분을 맺는다.」라고 하였습니다. 또 「정이는 옛 교분으로 大臣을 위태롭게 하고 意氣로 臺諫을 부리고자 하니, 그의 말은 모두 誣罔하여 사실이 아니다.」라고 하였습니다. 대개 당시 臺諫의 관원인 王巖叟, 朱光庭, 賈易은 모두 평소 정이의 經術을 推服하였습니다. 그러므로 알지 못하는 자들이 그들을 지목하여 정이의 黨이라고 한 것입니다. 폐하께서는 經筵官을 신중히 선택하시되 정이와 같이 현명한 자를 택하시면 족히 聖學을 도와 인도할 것입니다. 신과 같은 무리가 외람되이 講職을 차지하고 있으나, 실로 정이에게 감히 비교할 수 없습니다. 신은 오랫동안 정이를 위해 한 마디 하고자 하여 그 마음을 여러 해 동안 품고 있었으나, 망설이며 실행하지 못하여 정이로 하여금 공정한 조정에서 무고한 비방을 받게 하였으니, 신은 생각할 때마다 부끄러움이 없지 않습니다. 지금 신은 이미 사직을 청하였으니, 만약 정이를 다시 불러 進講을 권하면 반드시 聖明에 보탬이 있을 것입니다. 신은 비록 궁궐 밖에서 노년을 마치더라도 유감이 없을 것입니다.'"라고 하였다.

見舊實錄. 又文仲傳載呂申公之言曰 "文仲爲蘇軾所誘脅, 其論事皆用軾意." 又呂申公家傳亦載其與呂大防・劉摯・王存同駁文仲所論朱光庭事, 語甚激切. 且云 "文仲本以抗直稱, 然惷不曉事, 爲浮薄輩所使, 以害善良. 晩乃自知爲小人所紿, 憤鬱嘔血而死." 按舊錄固多妄, 然此類亦不爲無據. 新錄皆刪之, 失其實矣. 又范太史家傳云 "元祐九年, 奏曰 '臣伏見元祐之初, 陛下召程頤對便殿, 自布衣除崇政殿說書, 天下之士, 皆謂得人, 實爲稀闊之美事, 而纔及歲餘, 卽以人言罷之. 頤之經術行誼, 天下共知. 司馬光・呂公著皆與頤相知二十餘年, 然後擧之. 此二人者, 非爲欺罔以誤聖聰也. 頤在經筵, 切於皇帝陛下進學, 故其講說語常繁多. 草茅之人, 一旦入朝, 與人相接, 不爲關防, 未習朝廷事體, 而言者謂頤大佞大邪, 貪黷請求, 奔走交結. 又謂頤欲以故舊傾大臣, 以意氣役臺諫, 其言皆誣罔非實也. 蓋當時臺諫官王巖叟・朱光庭・賈易皆素推服頤之經術. 故不知者指以爲頤黨. 陛下愼擇經筵之官, 如頤之賢, 乃足以輔導聖學. 至如臣輩, 叨備講職, 實非敢望頤也. 臣久欲爲頤一言, 懷之累年, 猶豫不果, 使頤受誣罔之謗於公正之朝, 臣每思之, 不無愧也. 今臣已乞去職, 若復召頤勸講, 必有補於聖明. 臣雖終老在外, 無所憾矣.'"

元祐 7년(1092) 부친상을 마치고 直秘閣 判西京國子監에 제수되었다. 선생은 재차 사직하고 儒者가 進退하는 道를 극론하였는데, 監察御史 董敦逸이 상주하여 '원망하고 조급한 말이 있다.'고 하였다. 5월에 管勾崇福宮에 고쳐 제수되었다. 아직 사은숙배를 하지도 못했는데 병이 나서 의원을 찾았다.

七年에 **服除**하고 **除直秘閣判西京國子監**이라① **先生再辭**하고 **極論儒者進退之道**한대② **而監察御史董敦逸**이 **奏以爲有怨望輕躁語**라 **五月**에 **改授管勾崇福宮**이라③ **未拜**에 **以疾尋醫**라

① ≪王公繫年錄≫에 이르기를 "元祐 7년(1092) 3월 4일 延和殿에서 정사를 아뢸 적에 三省[35]이 進呈하여, 程頤가 부친상을 마쳤으니 그에게 館職인 判檢院을 주고자 하였다. 太皇太后는 그가 안정되지 않았다는 이유로 단지 西京 國子監을 주게 하여, 드디어 直秘閣 判西京國子監에 제수되었다. 처음에 정이가 經筵官으로 있을 적에 그의 문하에 귀의한 자들이 매우 성대하였고, 蘇軾이 翰林으로 있을 적에 또한 그에게 부화뇌동하는 자들이 많아서, 드디어 洛黨과 蜀黨의 의론이 있게 되었다. 두 黨은 道가 같지 않아 서로 비방하였는데, 정이는 끝내 蜀黨에게 배척당하였나. 시금 또 마침 蘇軾의 아우 蘇轍이 정권을 잡아 進稟하면서 '그가 마음을 진정시키려 하지 않을까 염려됩니다.'라고 하자, 태황태후가 그 말을 받아들였다. 그러므로 정이는 다시 부름을 받지 못하였다."라고 하였다.

35) 三省 : 中書省, 門下省, 尙書省을 말한다.

王公繫年錄云 "元祐七年三月四日, 延和奏事, 三省進呈, 程頤服除, 欲與館職判檢院. 簾中以其不靖, 令只與西監, 遂除直秘閣, 判西京國子監. 初頤在經筵, 歸其門者甚盛, 而蘇軾在翰林, 亦多附之者, 遂有洛黨蜀黨之論. 二黨道不同, 互相非毁, 頤竟爲蜀黨所擠. 今又適軾弟轍報政, 纔進稟, 便云 '但恐不肯靖.' 簾中入其說. 故頤不復得召."

② 文集에 보인다.
見文集.

③ 舊實錄에 보인다.
見舊錄.

元祐 9년(1094) 哲宗이 비로소 親政하여 直秘閣 判西京國子監에 임명하는 명을 거듭 내렸다. 선생은 재차 사직하고 나아가지 않았다. 紹聖 연간에 黨論으로 인해 추방되어 田里로 돌아왔다.

元祐九年에 哲宗初親政하여 申秘閣西監之命이라 先生은 再辭不就라① 紹聖間에 以黨論으로 放歸田里라

① 文集에 보인다.
見文集.

紹聖 4년(1097) 11월 涪州[36]로 보내져 編管[37]되었다. 門人 謝良佐가 말하기를 "이번 유배는 제가 그 이유를 알겠으니, 곧 族子 程公孫과 邢恕 때문일 것입니다."라고 하였다. 선생이 말하기를 "族子는 지극히 어리석으니 책망할 것도 없고, 故人은 정이 두터우니 감히 의심할 수 없다. 孟子는 이미 天命을 알았으니, 어찌 臧氏를 허물했겠는가?[38]"

36) 涪州 : 지금의 四川省 重慶市 涪陵區이다.

37) 編管 : 宋나라 때 관리가 죄를 지으면 먼 지방에 유배하여 그 지방의 호적에 편입시키고, 그 지방 관리의 통제를 받게 하던 형벌이다.

38) 孟子는……허물했겠는가 : 魯나라 平公이 孟子를 만나려 하자, 嬖人 臧倉이 맹자는 어머니의 상을 아버지의 상보다 후하게 지냈으니 만나지 말 것을 청하여 평공이 그렇게 하였다. 맹자의 제자인 樂正子가 그 사실을 고하자, 맹자가 말하기를 "행하는 것이 혹 누가 시켜서이기도 하고, 멈추는 것이 혹 누가 막아서이기도 하지만, 행하고 멈추는 것은 사람이 할 수 있는 것이 아니다. 내가 노나라 임금을 만나지 못한 것은 하늘의 뜻이니, 臧氏의 아들이 어떻게 나로 하여금 임금을 만나지 못하게 할 수 있겠는가.〔行 或使之 止 或尼之 行止 非人所能也 吾之不遇魯侯 天也 臧氏之子焉能使予不遇哉〕"라고 하였다.(≪孟子≫ 〈梁惠王 下〉)

라고 하였다.

四年十一月에 送涪州編管이라① 門人謝良佐曰 是行也는 良佐知之니 乃族子公孫與邢恕之爲爾니이다 先生曰 族子至愚하니 不足責이요 故人情厚하니 不敢疑라 孟子旣知天하니 焉用尤臧氏리오②

① 實錄에 보인다.
見實錄.
② 語錄에 보인다.
見語錄.

元符 2년(1099) 정월에 ≪易傳≫이 완성되어 序文을 썼다. 元符 3년(1100) 정월에 徽宗이 즉위하여 峽州로 유배지를 옮겼다. 4월에 恩赦로 다시 宣德郎이 되었고, 편한 대로 거주하게 하여 洛陽으로 돌아왔다. 10월에 다시 通直郎으로 權判西京國子監이 되었다. 선생은 命을 받자 곧장 휴가를 청하여 시간을 끌며 의원을 찾아다니려고 하였다. 이윽고 직무를 수행하자 門人 尹焞이 깊이 의심하였다. 선생이 말하기를 "성상이 즉위하신 초기에 내가 제일 먼저 큰 성은을 입었으니, 이와 같이 하지 않는다면 어떻게 德意를 우러러 받들겠는가. 그러나 내가 벼슬살이에 능하지 못한 것은 이미 결정된 것이다. 한 달 치의 녹봉을 받고, 그런 뒤에는 오직 내가 하고자 하는 것을 할 뿐이다."라고 하였다.

建中靖國 2년(1102) 5월 회복한 관직을 삭탈하자 예전처럼 致仕하였다.

元符二年正月에 易傳成而序之라 三年正月에 徽宗卽位하여 移峽州라 四月에 以赦로 復宣德郎하고 任便居住하여① 還洛이라② 十月에 復通直郎權判西京國子監이라 先生旣受命에 卽謁告하여 欲遷延爲尋醫計라 旣而供職하니 門人尹焞이 深疑之라 先生曰 上初卽位하여 首被大恩하니 不如是면 則何以仰承德意리오 然이나 吾之不能仕는 蓋已決矣라 受一月之俸焉하고 然後에 唯吾所欲爾라③ 建中靖國二年五月에 追所復官하여 依舊致仕④라

① 제도가 ≪曲阜集≫에 보인다.
制見曲阜集.
② ≪記善錄≫에 이르기를 "선생이 涪州에서 돌아왔는데, 기상과 용모와 안색과 수염과 모발이 모두 예전보다 나아졌다."라고 하였다.
記善錄云 "先生歸自涪州, 氣貌容色髭髮, 皆勝平昔."

③ 文集과 語錄에 보인다. 또 劉忠肅公(劉摯)의 家私記에 이르기를 "이번 제수는 곧 李邦直과 范彝叟(范純禮)의 의도에 의한 것이다."라고 하였다.
見文集・語錄. 又劉忠肅公家私記云 "此除乃李邦直・范彝叟之意."
④ 이전에 致仕한 적이 없는데, '예전처럼 致仕하였다.'라고 한 것은 아마도 西京 國子監을 맡은 것이 오래되지 않아서 곧바로 일찍이 치사하였다고 여겼기 때문인 듯하다. 그러나 자세하지 않다.
前此未嘗致仕, 而(去)〔云〕[39)]依舊致仕, 疑西監供職不久, 卽嘗致仕也. 未詳.

崇寧 2년(1103) 4월 언관이 논핵하기를 "그는 본래 姦黨의 논의로 천거되어 관직을 얻었으니, 일찍이 罪罰을 분명하고 바르게 하였더라도 서용하여 복직한 것이 지나치게 너그러웠습니다. 지금 다시 책을 저술하여 조정을 비난하니, 이에 詔旨를 내려 出身한 이후의 문자를 지우고, 그가 저술한 책은 監司로 하여금 적발하여 査察하게 하십시오."라고 하였다. 선생은 이에 龍門 남쪽으로 거처를 옮기고 사방의 학자들을 거절하면서 말하기를 "여러분들은 들은 것을 드높이고 아는 것을 실천하면 되니, 나의 집에 찾아올 필요가 없습니다."라고 하였다.

崇寧二年四月에 言者가 論호되 其本因姦黨論薦得官이니 雖嘗明正罪罰이라도 而敍復過優라[①] 今復著書하여 非毁朝政하니 於是에 有旨追毁出身以來文字하고 其所著書는 令監司覺察하소서[②] 先生은 於是에 遷居龍門之南하고 止四方學者曰 尊所聞하고 行所知면 可矣니 不必及吾門也라[③]

① 이미 회복한 관직을 삭탈하였는데, 또 '서용하여 복직한 것이 지나치게 너그러웠다.'라고 하였으니, 또한 자세하지 않다.
已追所復官, 又云敍復過優, 亦未詳.
② 語錄에 이르기를 "范致虛가 말하기를 '程頤는 사특한 설과 편벽된 행동으로 여러 사람들을 미혹시키고 어지럽혔는데, 尹焞과 張繹이 그의 羽翼이 되었다.'라고 하였다. 사안을 河南府로 내려 보내 직접 조사하여 學徒들을 모두 내쫓고 다시 黨籍에 예속시켰다."라고 하였다.
語錄云 "范致虛言'程某以邪說詖行, 惑亂衆聽, 而尹焞・張繹爲之羽翼.' 事下河南府體究, 盡逐學徒, 復隷黨籍."
③ 語錄에 보인다.
見語錄.

39) (去)〔云〕: 底本에는 '去'로 되어 있으나, 四庫全書本에 의거하여 '云'으로 바로잡았다.

崇寧 5년(1106) 다시 宣義郎이 되었는데 致仕하였다. 이때 ≪易傳≫이 책으로 완성된 지 이미 오래되었으나, 배우는 자들이 전해 받을 수 없었다. 혹자가 전해 받기를 청하자 선생이 말하기를 "스스로 헤아려보건대 내 정력이 아직 쇠하지 않아 오히려 조금 소견이 진전됨이 있기를 바라서이다."라고 하였다. 그 뒤 병으로 눕게 되자 비로소 尹焞과 張繹에게 전수하였다.

五年에 復宣義郎한대 致仕라① 時에 易傳成書已久로되 學者莫得傳授라 或以爲請하니 先生曰 自量컨대 精力未衰하여 尙覬有少進耳라 其後寢疾하여 始以授尹焞張繹이라②

① 實錄에 보인다.
見實錄.

② 尹焞이 말하기를 "선생은 ≪周易≫의 이치를 실천하여 이미 극진히 하였으니, 선생이 ≪易傳≫을 지은 것은 단지 그것을 인하여 글로 옮겨 완성한 것일 뿐이다. 익숙하게 읽고 자세히 음미하면 곧 이치를 알 수 있을 것이다."라고 하였다. 또 "선생이 평생 마음을 쓴 곳은 오직 ≪역전≫에 있었으니, 선생의 학문을 알고자 한다면 이 책을 살펴보면 충분할 것이다. 語錄과 같은 책은 배우는 자들이 기록한 것에서 나와 소견에 淺深이 있다. 그러므로 기록한 바에 工拙의 차이가 있으니, 아마 잘못이 없을 수 없을 듯하다."라고 하였다. 語錄에 보인다.
尹焞曰 "先生踐履盡易, 其作傳只是因而寫成. 熟讀詳味, 卽可見矣." 又云 "先生平生用意, 惟在易傳, 求先生之學, 觀此足矣. 語錄之類, 出於學者所記, 所見有淺深. 故所記有工拙, 蓋未能無失也." 見語錄.

大觀 元年(1107) 9월 경오일에 집에서 졸하였으니, 향년 75세이다. 병이 심해졌을 적에 門人이 나아가 말하기를 "선생께서 평소 학문하신 것을 바로 오늘 쓰셔야 합니다."라고 하자, 선생이 병을 무릅쓰고 눈을 겨우 떠서 말하기를 "쓴다고 말하면 옳지 않다."라고 하였다. 그 사람이 寢門을 나서기도 전에 선생이 돌아가셨다.

大觀元年九月庚午에 卒於家하니 年七十有五라① 於疾革(극)에 門人進曰 先生平日所學을 正今日要用이니이다하니 先生力疾微視曰 道著用이면 便不是라 其人未出寢門而先生沒이라②

① 實錄에 보인다.
見實錄.

② 語錄에 보인다. 어떤 판본에는 '門人은 郭忠孝이다.'라고 되어 있다. 尹子(尹焞)가 말하기

를 "그렇지 않다. 충효는 黨事가 일어난 뒤로부터 선생과 왕래하지 않았다. 선생이 돌아가셨을 적에도 致奠하지 않았다."라고 하였다.
見語錄. 一作門人郭忠孝. 尹子云 "非也. 忠孝自黨事起, 不與先生往來. 及卒, 亦不致尊."

처음 明道先生이 일찍이 선생을 두고 말하기를 "훗날 능히 사람들로 하여금 師道를 존엄히 여기도록 할 자는 나의 아우이다. 그러나 후학들을 인도하여 사람의 재질에 따라 성취하게 하는 것은 내가 그에게 양보할 수 없다."라고 하였다. 선생이 세상을 떠났을 적에 옛날의 門人과 高弟들은 모두 먼저 세상을 떠나고 없어, 선생의 아름다운 德을 형용할 수 있는 사람이 없었다. 그러나 선생은 일찍이 문인 張繹에게 말하기를 "내가 옛날에 明道先生의 행장을 지었으니, 나의 道는 대개 明道와 같다. 훗날 나를 알고자 하는 자는 이 글에서 구하면 될 것이다."라고 하였다.

初에 明道先生嘗謂先生曰 異日에 能使人尊嚴師道者는 吾弟也라 若接引後學하여 隨人材而成就之는 則予不得讓焉이라① 先生旣沒에 昔之門人高弟는 多已先亡하여 無有能形容其德美者라 然이나 先生嘗謂張繹曰 我昔狀明道先生之行하니 我之道는 蓋與明道로 同이라 異時에 欲知我者는 求之於此文이면 可也라②

① 語錄에 보인다. 侯仲良이 말하기를 "朱公掞(朱光庭)이 汝州에서 明道를 만나 뵙고 한 달 뒤에 돌아가 사람들에게 고하기를 '나는 한 달 동안 봄바람 속에 앉아 있었다.'라고 하였다. 游定夫(游酢)와 楊中立(楊時)이 伊川을 찾아와 만나 뵈었다. 어느 날 선생이 앉아서 눈을 감고 있자, 두 사람은 모시고 서서 감히 자리를 떠나지 않았다. 한참 뒤에 선생이 돌아보며 말하기를 '두 사람은 아직도 여기에 있었는가? 날이 저물었으니 우선 숙사로 가게나.' 라고 하였다. 두 사람이 물러나니 문 밖에 쌓인 눈의 깊이가 한 자도 더 되었다. 그 엄숙함이 이와 같았다. 만년에 배우는 자들을 접할 적에는 평이하게 바뀌었으니, 대개 선생의 학문이 이미 지극한 경지에 도달했기 때문일 것이다. 다만 聖人의 기상에 비해 자연스러움이 조금 부족하였다. 명도는 이미 자연스러웠으나 일찍 세상을 떠나 기용되지 못한 것이 애석하니, 만일 元祐 연간에 기용되었다면 오늘날의 사태가 생기는 데 이르지는 않았을 것이다."라고 하였다.
見語錄. 侯仲良曰 "朱公掞見明道於汝州, 踰月而歸, 告人曰 '光庭在春風中坐了一月.' 游定夫・楊中立來見伊川. 一日先生坐而瞑目, 二子立侍, 不敢去. 久之, 先生乃顧曰 '二子猶在此乎? 日暮矣, 姑就舍.' 二子者退, 則門外雪深尺餘矣. 其嚴厲如此. 晩年接學者, 乃更平易(이), 蓋其學已到至處, 但於聖人氣象差少從容爾. 明道則已從容, 惜其早死, 不及用也, 使及用於元

祐間, 則不至有今日事矣."

② 文集序에 보인다. 尹焞이 말하기를 "선생의 학문은 至誠에 근본하여 그 말과 행동, 일과 행위의 사이에서 드러난 것이 中道에 처하여 常道가 있었고, 소통이 간결하였고, 거짓되고 기이한 행위를 하지 않았고, 지나치게 고집을 부리지 않았고, 너그러움과 엄격함은 합당하게 하였고, 장중하여 체통이 있었다. 혹자가 말하기를 '선생은 기어가서 조문하고 ≪孝經≫을 암송하면서 고인의 명복을 빌었다'고 하는데, 이런 일은 모두 없었다. 의복은 비록 흰 명주로 만들었으나 의관은 반드시 정제하였으며, 음식은 비록 간소하고 검소하였으나 蔬飯은 반드시 정결하였다. 부친 太中公이 연로하자 좌우에서 봉양하며 뜻을 어김이 없었고, 집안일을 스스로 맡아서 힘을 다해 경영하고 사소한 일도 반드시 몸소 하였으며, 내외 친족 80여 명을 넉넉하게 부양하였다."라고 하였다. 또 말하기를 "선생은 읽지 않은 책이 없었고, 능하지 못한 일이 없었다."라고 하였다.

謝良佐가 말하기를 "伊川은 재주가 커서 큰일에 처하여도 반드시 음성과 안색을 동요하지 않았고, 일을 직접 지휘하면서 해내었다."라고 하였다. 혹자가 말하기를 "사람들이 말하기를, 이천은 正道를 지키는 것은 극진하나 변통함이 부족하다고 하니, 그대가 이처럼 말하는 것은 어째서인가?"라고 하자, 사양좌가 말하기를 "陝右錢을 철로 주조하는 것은 옛날 방식이니, 구리로 바꾸어 주조하자고 의론하는 자가 있었다. 얼마 뒤 새로 만든 돈이 원래의 돈보다 가치가 적음을 알고서 이익이 없다고 말하여 드디어 중지하였다. 이천이 그것을 듣고 말하기를 '이는 곧 국가의 큰 이익이다. 이익이 많고 비용이 줄어들면 사사로이 돈을 주조하는 자가 많아질 것이고, 비용이 많이 들고 이익이 적으면 몰래 주조하는 자가 사라질 것이다. 백성들이 감히 몰래 주조할 수 없으면 권리가 公上[40]으로 돌아가니, 국가의 큰 이익이 아니겠는가?'라고 하였다. 또 解鹽[41]의 값을 올리자고 의론하는 자가 있자, 이천이 말하기를 '값이 싸면 소금이 쉽게 유통되어 사람들이 먹을 수 있으며, 쌓아두고서 팔지 않는 일이 없어져 歲入이 반드시 두 배가 될 것이다. 그러나 가격을 올리면 이와 반대가 될 것이다.'라고 하였는데, 얼마 뒤 과연 그렇게 되었다. 司馬公(司馬光)이 재상이 되자마자 이천을 천거하여 기용하였는데, 이천이 말하기를 '장차 남에게 누를 끼칠 것이니, 만일 韓琦[42]와 富弼[43]이 국정을 담당할 때라면 내가 오히려 행할 바가 있었을

40) 公上 : 조정이나 관청을 일컫는다.
41) 解鹽 : 解池에서 생산된 소금이다. 解池는 山西省 運城縣 남쪽에 있는 유명한 소금 생산지이나.
42) 韓琦 : 1008~1075. 자는 稚圭, 호는 贛叟, 시호는 忠獻이며, 安陽 사람이다. 약관에 진사가 되어 知州按撫使로서 四川 지방의 飢民 190만 명을 구제하였고, 范仲淹과 함께 西夏의 침입을 격퇴하여 변경을 방비하였다. 30살에 이미 文武로 명성을 떨쳐 樞密副使가 되었다. 慶曆新政 실패 후 한동안 지방관을 역임하였다. 1056년 三司使가 되었고, 1058년에는 재상에 올라 약 10년간 국정을 다스렸다. 神宗 때 王安石의 靑苗法을 비난하고 거란의 영토 할양 요구에 반대하는 등 왕안석과 대립하다가 관직에서 물러났다.

것입니다.'라고 하였다. 사마공이 熙寧・元豐[44]의 정치를 크게 변화시켜 옛 祖宗의 정치를 회복하자, 이천이 말하기를 '役法은 마땅히 토론해야 하니, 가벼이 고칠 수 없습니다.' 라고 하였다. 사마공이 그렇게 하지 않자, 얼마 뒤 몇 년 동안 의론이 분분하여 정할 수 없었다. 이를 말미암아 살펴보면 또한 그 대략을 알 수 있다."라고 하였다.

見集序. 尹焞曰 "先生之學, 本於至誠, 其見於言動事爲之間, 處中有常, 疏通簡易, 不爲矯異, 不爲狷介, 寬猛合宜, 莊重有體. 或說匍匐以弔喪, 誦孝經以追薦, 皆無此事. 衣雖紬素, 冠襟必整, 食雖簡儉, 蔬飯必潔. 太中年老, 左右致養無違, 以家事自任, 悉力營辦, 細事必親, 贍給內外親族八十餘口." 又曰 "先生於書, 無所不讀, 於事, 無所不能." 謝良佐曰 "伊川才大, 以之處大事, 必不動聲色, 指顧而集矣." 或曰 "人謂伊川守正則盡, 通變不足, 子之言若是, 何也?" 謝子曰 "陝右錢以鐵, 舊矣, 有議更以銅者. 已而會所鑄子不踰母, 謂無利也, 遂止之. 伊川聞之曰 '此乃國家之大利也. 利多費省, 私鑄者衆, 費多利少, 盜鑄者息. 民不敢盜鑄, 則權歸公上, 非國家之大利乎?' 又有議增解鹽之直(치)者, 伊川曰 '價卑則鹽易洩, 人人得食, 無積而不售者, 歲入必倍矣. 增價則反是.' 已而果然. 司馬公卽相, 薦伊川而起之. 伊川曰 '將累人矣. 使韓・富當國時, 吾猶可以有行也.' 及司馬公大變熙・豐, 復祖宗之舊, 伊川曰 '役法當討論, 未可輕改也.' 公不然之, 旣而數年紛紛不能定. 由是觀之, 亦可以見其梗概矣."

---

43) 富弼 : 1004~1083. 자는 彦國, 시호는 文忠이며, 洛陽 사람이다. 范仲淹에게 수학하였다. 1030년 茂才로 천거되었다. 1042년 知制誥가 되어 거란으로 사신을 가 영토 할양을 요구하는 일을 강력히 항의하고, 대신 歲幣를 늘리는 것으로 합의하였다. 이듬해 樞密使로 옮겨 范仲淹 등과 함께 慶曆新政을 추진하고, 河北 수비에 대한 12가지 대책을 올렸다. 1055년에 文彦博과 더불어 재상이 되었고, 1069년에 다시 재상이 되어 王安石의 變法을 반대하였다. 文彦博・韓琦와 함께 宋代의 명재상으로 이름났다.

44) 熙寧・元豐 : 熙寧은 제6대 황제 神宗의 첫 번째 연호로, 1068년부터 1077년까지 사용하였다. 元豐은 神宗의 두 번째 연호로, 1078년부터 1085년까지 사용하였다.

제문 祭文

張繹

아! 利害는 몸에서 생겨나고 禮義는 마음에 근본을 하니, 이 마음이 利害에서 상실되면 禮義가 허망하게 됩니다. 그러므로 선생이 외로이 이 세상에서 홀로 그 道를 행하였으나, 사람들은 우활하다고 여겼습니다. 오직 德을 숭상하는 자는 뛰어난 행실이라 여기고, 忠信한 자는 미덥다 여기고, 義를 확립한 자는 범할 수 없다 여기고, 權道에 통달한 자는 구속할 수 없다 여겼습니다. 우리 선생에게 어찌 의도가 있었겠습니까. 마음과 道가 합치되어 말끔히 끝이 없으셨습니다. 선생은 구속될 만한 사욕이 없었으니 자신의 사욕을 극복한 자는 그 어려움을 알 것이며, 의도를 갖고 말을 하지 않았으니 남의 말을 잘 알아듣는 자는 그 요점을 알 것입니다. 德은 가볍기가 터럭과 같으나, 터럭은 오히려 비교할 만한 등급이 있습니다. 지극한 덕은 소리도 없고 냄새도 없으니,[1] 어찌 가까이 할 수 있겠습니까.

아! 선생의 도는 이름을 붙일 수 없습니다. 그래서 말하는 자들이 도리어 병통으로 여기니, 이 마음은 끝내 형용할 수 없기 때문입니다. 오직 泰山처럼 높다 여기고, 日月처럼 밝다 여기며, 봄바람처럼 온화하다 여기고, 찬 서리처럼 맑다 여길 뿐입니다.

嗚呼라 利害生於身이요 禮義根於心이니 伊此心喪於利害면 而禮義以爲虛也라 故로 先生이 踽踽獨行斯世①로되 而衆乃以爲迂也라 惟尙德者는 以爲卓絶之行하고 而忠信者는 以爲孚也요 立義者는 以爲不可犯하고 而達權者는 以爲不可拘也라 在吾先生에 曾何有意리오 心與道合②하여 泯然無際라 無欲可以縶羈兮니 自克者는 知其難也요 不立意以爲言兮니 知言者는 識其要也라 德輶如毛나 毛猶有倫이라 無聲無臭하니 夫何可親이리오 嗚呼라 先生之道는 不可得而名也③다 伊言者가 反以爲病兮니 此心은 終不得而形也일새라 惟泰山④以爲高兮요 日月以爲明也며 春風以爲

1) 德은……없으니 : ≪中庸≫에 "≪詩經≫에 '德은 가볍기가 터럭과 같다.'라고 하였으나 터럭은 오히려 비교할 만한 등급이 있으니, ≪시경≫의 시에 '上天의 일은 소리도 없고 냄새도 없다.'라고 한 데에 이르러야 지극한 것이다.〔詩云 德輶如毛 毛猶有倫 上天之載 無聲無臭 至矣〕"라고 하였다.

和兮요 嚴霜以爲淸也라

①〈斯世는〉 어떤 판본에는 '於世'로 되어 있다.
一作於世.
②〈道合은〉 어떤 판본에는 '道會'로 되어 있다.
一作道會.
③〈不可得而名也는〉 어떤 판본에는 '某等不得而名也(저희들이 이름을 붙일 수 없습니다.)'로 되어 있다.
一作某等不得而名也.
④'惟'는 어떤 판본에는 '維'로 되어 있다.
惟一作維.

예전에 여러 儒者들이 각자 그 지향을 실천하여 數에서 터득하기도 하고 禮에서 살펴보기도 하였는데, 배우는 자들이 그것을 추종하여 대대로 그 아름다움을 이룩하였습니다. 유독 우리 선생은 담담하게 아무 맛이 없는 듯하였으나, 참된 의미를 터득하여 돌아가신 뒤에야 그만두었습니다.

在昔諸儒가 各行其志하여 或得於數하고 或觀於禮한대 學者趣之[①]하여 世濟其美라 獨吾先生은 淡乎無味로되 得味之眞하여 死其乃已라

①〈趣之는〉 어떤 판본에는 '趨之'로 되어 있다.
一作趨之.

제가 선생을 뵌 지 이제 7년이 되었는데, 품어서 가르치고 길러주셔서 무성하게 자라났습니다. 天地가 저를 용납하고 父母가 저를 낳았으며, 임금과 부모가 저에게 임하시고 선생께서 저를 이루어 주셨습니다. 보답하고자 하는 마음을 어느 날인들 잊겠습니까. 선생께서 하신 말씀이 문자에 드러난 것에는 七分의 마음이 있고, 丹青에 그려진 것에는 七分의 위의가 있습니다. 七分의 위의는 참으로 더할 수 없으나, 七分의 마음은 오히려 혹시라도 미루어 볼 수 있습니다. 지금 이후로 伊水와 洛水의 물가에 집을 짓고 선생의 묘소를 바라보며 저의 이번 생애를 마치고자 합니다.

自某之見(현)[①]으로 七年於玆로되 含孕化育하여 以蕃其滋라 天地其容我兮요 父母其生之며 君

親其臨我兮요 夫子其成之라 欲報之心을 何日忘之리오 先生有言[②]이 見(현)於文字者는 有七分之心하고 繪於丹青者는 有七分之儀라 七分之儀는 固不可益이나 七分之心은 猶或可推라 而今而後로 將築室於伊雒之濱하고 望先生之墓하여 以畢吾此生也[③]리라

①〈自某之見은〉 어떤 판본에는 '某等受教(저희들이 가르침을 받은 지)'라고 되어 있다.
一作某等受教.
② 어떤 판본에는 〈'先生有言'〉 위에 '昔'자가 있다.
一本上有昔字.
③ 어떤 판본에는 '吾'자가 없다.
一無吾字.

아! 선생께서 세상을 떠나자 은미한 말씀이 끊어졌으니, 참으로 얻어 들을 수가 없습니다. 그러나 하늘이 말하지 않아도 四時가 행해지고, 땅이 말하지 않아도 만물이 자라나니, 몇몇 동학들과 마음을 씻고 사사로운 지혜를 버리며 사물의 이치에 이르고 사사로운 생각을 버리고서 묵묵히 이 道에 합치되기를 기약한다면 선생께서는 돌아가시지 않은 것이 될 것입니다.

아! 여러 제자들의 지향은 남을 기다리지 않아도 훗날 드러날 것이며, 선생의 행실은 제문을 기다리지 않아도 훗날 징험될 것입니다. 그러나 산이 무너지고 들보가 꺾였으니, 무엇으로써 이 심정을 표현하겠습니까. 차가운 바람에 한 잔 술을 올리고 뜰에서 공경히 제사지내니, 백 년의 한을 이와 함께 기울입니다.

嗚呼라 夫子沒而微言絕하니 則固不可得而聞也[①]라 然이나 天不言而四時行하고 地不言而百物生하니 惟與二三子[②]로 洗心去智하고 格物去意하여 期默契斯道면 在先生爲未亡也라 嗚呼라 二三子之志[③]는 不待物而後見(현)하며 先生之行은 不待誄而後徵이라 然而山頹梁壞하니 何以寄情이리오 凄風一奠하고 敬祀於庭하니 百年之恨을 併此以傾이라

① 어떤 판본에는 〈'固不可得而聞也'〉 위에 '某等'자가 있다.
一本上有某等字.
② 어떤 판본에는 이 다섯 글자가 없고, '益當'자가 있다.
一本無此五字, 有益當字.
③〈二三子之志는〉 어떤 판본에는 '某等之志'로 되어 있다.
一作某等之志.

尹子(尹焞)가 말하였다.

"선생의 장례 때 洛陽 사람들은 黨에 편입될까 두려워하여 감히 葬送하는 자가 없었다. 그러므로 祭文에 이름을 올린 사람은 張繹, 范域, 孟厚와 나까지 4인이었다. 乙夜[2]에 상복을 입고 흰 말을 타고 온 자가 있어 살펴보니 邵溥였다. 곧 제문에 이름을 올렸다. 아마 소부 또한 두려워하는 마음이 있어 저물녘에 성을 나섰고, 이 때문에 늦은 듯하다. 또 語錄을 살펴보니, 선생이 ≪易傳≫을 門人에게 전수하며 말하기를 '내가 단지 七分만 말하였으니, 배우는 자들은 더욱 스스로 체득하고 궁구해야 한다.'라고 하였다. 그러므로 제문에 七分이라는 말이 있는 것이다."

尹子曰 先生之葬에 洛人畏入黨하여 無敢送者라 故로 祭文은 惟張繹范域孟厚及焞四人이라 乙夜에 有素衣白馬至者하여 視之하니 邵溥也라 乃附名焉이라 蓋溥亦有所畏而薄暮出城하여 是以後라 又按語錄云 先生이 以易傳授門人曰 只說得七分하니 學者更須自體究라 故로 祭文有七分之語云이라

2) 乙夜 : 하룻밤을 다섯으로 나눈 그 둘째로, 밤 9시부터 11시 사이를 가리킨다. 二更이라고도 한다.

주장 奏狀 節略

胡安國

엎드려 보건대, 元祐 초 宰臣 司馬光과 呂公著가 정권을 잡고 국정을 담당하였는데, 인재를 얻는 것을 급선무로 여겨 河南의 處士 程頤를 제일 먼저 천거하고, 그를 부르는 명을 내려 차서를 따지지 말고 발탁하기를 청하여, 마침내 韋布[1]의 지위에서 일으켜 등급을 뛰어넘어 經筵官에 임명하였습니다. 勸講을 맡은 뒤로는 분변하는 말을 하지 않고 글의 뜻을 해석하였으니, 성의를 쌓아 성상의 마음에 感通한 것은 참으로 얻어 들을 수 없는 것이었습니다. 관직을 맡아 행하게 되어서는 거동하는 것이 반드시 禮를 말미암았고, 몸을 받들어 떠날 적에는 나아가고 물러나는 것이 반드시 義에 합치되었습니다. 그가 몸을 닦고 법을 집행한 것은 법도가 여러 儒者들 중에서도 특출하여 門人과 高弟도 계승하지 못하였습니다.

崇寧 연간에 그의 저술이 부당하게 막히고 금지당했지만 배우는 자들이 그를 추향하여 사사로이 서로 전수하고 익히는 것을 막을 수 없었습니다. 그 뒤 程頤의 문인 중 楊時, 劉安節, 許景衡, 馬伸, 吳給 등이 점점 진출하여 등용되자 이에 사대부들이 앞다투어 서로 면려하였는데, 그 사이에 利祿을 지향하는 자들이 정이의 설을 가탁하여 자신을 팔았기에, 배우는 자들이 그 眞僞를 분별할 수 없어 河·洛의 학문이 거의 끊어졌습니다.

伏見컨대 元祐之初에 宰臣司馬光呂公著가 秉政當國한대 急於得人하여 首薦河南處士程頤하고 乞加召命하여 擢以不次하여 遂起韋布하여 超居講筵이니이다 自司勸講으로 不爲辨辭하고 解釋文義하니 所以積其誠意하여 感通聖心者는 固不可得而聞也니이다 及當官而行하얀 擧動必由乎禮하고 奉身而去하얀 進退必合乎義니이다 其修身行法은 規矩準繩이 獨出諸儒之表하여 門人高弟도 莫獲繼焉이니이다 雖崇寧間에 曲加防禁이나 學者向之하여 私相傳習을 不可遏也니이다 其後에 頤之門人에 如楊時劉安節許景衡馬伸吳給等이 稍稍進用하니 於是에 士大夫가 爭相淬礪어늘 而

1) 韋布 : 가죽띠와 베옷으로, 벼슬하지 않은 사람이나 미천한 지위의 사람이 착용하는 복장이다.

其間志於利祿者가 託其說以自售하여 學者莫能別其眞僞하여 而河洛之學이 幾絶矣니이다

임자년(1132)에 臣이 일찍이 行闕에 이르렀는데, 仲弁이라는 자가 伊川의 학문이 근래에 성행한다고 말하여 신이 그에게 말하기를 "이천의 학문은 가느다란 실처럼 끊어지지 않아서 고립되었다고 할 만한데, 성행한다고 하는 것은 어째서인가? 그 설이 문에 가득하며 사람들마다 전하여 베끼며 귀로 듣고 입으로 말하는 것을 가지고 어찌 성행한다고 하겠는가."라고 하였습니다. 이로부터 儒冠을 쓴 자들이 이천의 문인이라고 함부로 자신을 내세웠으나 士人의 마음을 굴복시킬 수 없었습니다. 그러므로 衆論이 흉흉하여 깊이 비난을 하였습니다. 伊洛의 학문을 한다고 하는 자들은 모두 그 무리를 물리쳐서 끊고 곧장 위로 이천에게 미치고자 하니, 신은 지나치다고 생각합니다.

壬子年에 臣嘗至行闕한대 有仲弁者가 言伊川之學이 近日盛行이라하여 臣語之曰 伊川之學은 不絶如線하여 可謂孤立이로되 而以爲盛行은 何也오 豈以其說滿門하며 人人傳寫하며 耳納口出로 而以爲盛乎아하니이다 自是로 服儒冠者가 以伊川門人으로 妄自標榜이로되 無以屈服士人之心이니이다 故로 衆論洶洶하여 深加詆誚이니이다 夫有爲伊洛之學者는 皆欲屛絶其徒하고 而乃上及於伊川하니 臣竊以爲過矣니이다

聖人의 道가 만세에 교훈을 드리운 것은 中庸 아닌 것이 없기 때문이니, 매우 고원하여 실천하기 어려운 설은 있지 않습니다. 이는 신실로 바꿀 수 없는 至論입니다. 그러나 중용의 의리가 밝혀지지 않은 지 오래되었는데, 程頤 형제가 처음 발명한 뒤에야 그 의리를 사색하여 터득할 수 있었습니다. 그렇지 않았다면 혹 高明은 자기를 처신하는 방법이고 中庸은 남을 접하는 것이라고 여겨, 本末과 上下가 나누어져 두 갈래가 되어 그 의리가 더욱 밝혀지지 않았을 것입니다. 사대부의 학문은 의당 孔子와 孟子를 스승으로 삼아야 거의 言行이 서로 걸맞게 되어 당시의 쓰임에 도움이 될 수 있습니다. 이 또한 바꿀 수 없는 至論입니다. 그러나 공자와 맹자의 道가 전해지지 않은 지 오래되었는데, 정이 형제가 처음 발명한 뒤에야 그 道를 배워서 이를 수 있었습니다. 그렇지 않았다면 혹 六經, ≪論語≫, ≪孟子≫의 책을 가지고 귀로 듣고 입으로 외워대며 세상의 재물을 취하고 利祿을 달게 여겨 더욱 성인의 문을 따라 들어갈 수 없었을 것입니다. 지금 배우는 자들로 하여금 中庸을 따르고 공자와 맹자를 스승으로 삼게 하고자 하면서

도 정이의 학문을 금지하여 따를 수 없게 하는 것은 방으로 들어가면서 문을 말미암지 않게 하는 격이니, 또한 잘못이 아니겠습니까.

夫聖人之道가 所以垂訓萬世는 無非中庸이니 非有甚高難行之說이니이다 此誠不可易之至論也니이다 然이나 中庸之義가 不明久矣러니 自頤兄弟始發明之然後에 其義可思而得이니이다 不然이면 則或謂高明所以處己하고 中庸所以接物하여 本末上下가 析爲二途하여 而其義愈不明矣니이다 士大夫之學은 宜以孔孟爲師라야 庶幾言行相稱하여 可濟時用이니이다 此亦不可易之至論也니이다 然이나 孔孟之道가 不傳久矣러니 自頤兄弟始發明之로 而後其道可學而至也니이다 不然이면 則或以六經語孟之書로 資口耳하며 取世資하고 而甘利祿하여 愈不得從門而入矣니이다 今欲使學者蹈中庸하고 師孔孟이어늘 而禁使不得從頤之學은 是入室而不由戶也니 不亦誤乎잇가

程頤의 글은 《周易》에 대해서는 이치를 인하여 象을 밝혀서 體와 用이 하나의 근원임을 알며, 《春秋》에 대해서는 여러 行事를 보고서 聖人의 大用을 알며, 여러 경서와 《論語》·《孟子》에 대해서는 그 本旨를 발명해서 仁을 구하는 방법과 德으로 들어가는 차례를 알게 합니다. 그러하니 미친 말과 괴이한 말과 간사한 설과 비루한 비유가 어찌 그의 글이겠습니까. 정이의 행실은, 그가 자신을 실천하고 남을 접한 것은 忠誠이 州里의 사람들을 감동시켰으며, 그가 어버이를 섬기고 형을 따른 것은 孝悌가 가정에 드러났으며, 그가 사양하고 받고 취하고 버린 것은 그 道義가 아니면 하나라도 남과 주고받지 않았으니, 千鐘의 祿일지라도 반드시 돌아보지 않음이 있었습니다. 그 나머지는 또한 남들과 같았습니다. 그러하니 幅巾[2]을 쓰고 소매가 큰 옷을 입고서 높은 곳을 바라보며 활보하는 것이 어찌 그의 행실이겠습니까.

夫頤之文은 於易엔 則因理以明象하여 而知體用之一源하며 於春秋엔 則見諸行事하여 而知聖人之大用하며 於諸經語孟엔 則發明其旨하여 而知求仁之方과 入德之序이니이다 然則狂言怪語와 淫說鄙喩가 豈其文也哉리잇가 頤之行은 其行己接物은 則忠誠動於州里하며 其事親從兄은 則孝弟顯於家庭하며 其辭受取捨는 非其道義면 則一介不以取與諸人하니 雖祿之千鍾이라도 有必不顧也니이다 其餘는 則亦與人同爾니이다 然則幅巾大袖와 高視闊步가 豈其行也哉리잇가

2) 幅巾 : 검은 천으로 만든 두건으로, 處士나 隱者가 주로 착용하였다.

옛날 伯夷와 柳下惠 같은 어진 이들도 仲尼가 아니라면 西山의 굶주린 사내와 魯나라의 쫓겨난 신하였을 것입니다. 本朝는 嘉祐[3] 이래로 西都에는 邵雍과 程顥 및 그의 아우 程頤가 있었고, 關中에는 張載가 있었습니다. 이 네 사람은 모두 道學과 德行으로 당세에 이름났으나, 때마침 王安石이 정권을 잡고 거듭하여 蔡京이 정권을 잡아 부당하게 배척을 당했습니다. 그러므로 백이와 유하혜 같은 困阨이 있었습니다. 그들의 道가 행해지지 않은 것은 깊이 애석해 할 만합니다.

昔者에 伯夷柳下惠之賢으로도 微仲尼면 則西山之餓夫와 魯國之黜臣爾니이다 本朝는 自嘉祐以來로 西都有邵雍程顥及弟頤하고 關中有張載이니이다 此四人者는 皆道學德行으로 名於當世로되 會王安石當路하고 重以蔡京得政하여 曲加排抑이니이다 故로 有西山東國之阨이니이다 其道不行은 深可惜也니이다

지금 邵雍의 저술로는 ≪皇極經世書≫가 있고, 張載의 저술로는 ≪正蒙≫이 있고, 程頤의 저술로는 ≪易傳≫과 ≪春秋傳≫이 있습니다. 程顥는 비록 저술을 남기지는 못했으나 문하의 제자들이 질의하고 가르침을 청하고 문답한 말들이 세상에 남아 있는 것이 매우 많습니다. 또한 書·疏·銘·詩가 있어 세상에 함께 유행하지만, 전수한 자들은 그 참된 뜻을 잃은 것이 많습니다. 어리석은 신이 엎드려 폐하께 바라건대, 특별히 지시를 내려 禮官에게 故事를 검토하게 하여 이 네 사람에게 封號를 내리고 祀典[4]에 실어, 聖世가 비록 포악함을 금지하여 亂을 일으킨 자를 주벌하고 詞命을 받들어 죄를 지은 자를 토벌하는 때를 당했지만 오히려 유학을 숭상하고 道를 중시하고 德을 존숭하고 義를 즐거이 여기는 의사가 있음을 보이십시오. 또한 館閣에 詔書를 내려 네 사람이 남긴 글을 모아 관원에게 校正을 맡기고 성상의 재가를 받아 시행하여 배우는 자들이 전수받아 익히는 데 편하게 하십시오. 六經을 보위하여 仲尼와 孟子의 道

邵雍

3) 嘉祐 : 宋 仁宗의 아홉 번째 연호이며 1056년부터 1063년까지 사용하였다.
4) 祀典 : 나라에서 공식적으로 행하는 각종 제사에 관한 규범이나 규정을 가리킨다.

를 미루어 존숭하고 간사한 논설을 펴는 자로 하여금 틈을 타서 일어날 수 없게 하여 천하의 道術이 정해지게 된다면 어찌 작은 도움이라고 하겠습니까.

今雍所著에 有皇極經世書하고 載有正蒙書하고 頤有易春秋傳이니이다 顥는 雖未及著述이나 而門弟子質疑請益答問之語가 存於世者甚多이니이다 又有書疏銘詩하여 竝行於世로되 而傳者多失其眞이니이다 臣愚伏望陛下컨대 特降指揮하여 下禮官討論故事하여 以此四人加之封號하고 載在祀典하여 以見聖世雖當禁暴誅亂奉詞伐罪之時라도 猶有崇儒重道尊德樂義之意하소서 仍詔館閣裒集四人之遺書하여 委官校正하고 取旨施行하여 便於學者傳習하소서 羽翼六經하여 以推尊仲尼孟子之道하고 使邪說者不得乘間而作하여 而天下之道術定이면 豈曰小補之哉리잇가

〔附 錄〕

1. ≪二程全書 3≫ 圖版目錄

1)〈孟子〉, 未詳, ≪至聖先賢像≫ / 37
2)〈司馬光〉, 田琦(朝鮮) 畫, ≪萬古際會圖像≫ / 40
3)〈王安石〉, 上官周(淸) 畫, ≪晩笑堂竹莊畫傳≫ / 46
4)〈顔淵〉, 未詳, ≪至聖先賢像≫ / 48
5)〈蕭何〉, 田琦(朝鮮) 畫, ≪萬古際會圖像≫ / 56
6)〈王通〉, 未詳(明) 撰, ≪歷代古人像讚≫ / 67
7)〈魏徵〉, 田琦(朝鮮) 畫, ≪萬古際會圖像≫ / 67
8)〈韓愈〉, 田琦(朝鮮) 畫, ≪萬古際會圖像≫ / 68
9)〈諸葛亮〉, 田琦(朝鮮) 畫, ≪萬古際會圖像≫ / 69
10)〈張載〉, 田琦(朝鮮) 畫, ≪萬古際會圖像≫ / 72
11)〈莊子〉, 田琦(朝鮮) 畫, ≪萬古際會圖像≫ / 74
12)〈文彦博〉, 田琦(朝鮮) 畫, ≪萬古際會圖像≫ / 74
13)〈子貢〉, 未詳, ≪至聖先賢像≫ / 112
14)〈西狩獲麟〉, 未詳, ≪孔子聖蹟圖≫ / 126
15)〈子夏〉, 未詳, ≪至聖先賢像≫ / 130
16)〈曾子〉, 未詳, ≪至聖先賢像≫ / 131
17)〈管仲〉, 田琦(朝鮮) 畫, ≪萬古際會圖像≫ / 137
18)〈伊尹〉, 田琦(朝鮮) 畫, ≪萬古際會圖像≫ / 195
19)〈韓信〉, 田琦(朝鮮) 畫, ≪萬古際會圖像≫ / 197
20)〈董仲舒〉, 狩野常信(日本) 畫, ≪賢哲肖像≫ / 206

21)〈周公〉, 田琦(朝鮮) 畫, ≪萬古際會圖像≫ / 214

22)〈墨翟〉, 王世貞(明) 輯, ≪列仙全傳≫ / 246

23)〈楊子〉, 未詳, ≪至聖先賢像≫ / 268

24)〈荀子〉, 未詳, ≪至聖先賢像≫ / 269

25)〈賈誼〉, 顧沅(淸) 撰, ≪古聖賢像傳略≫ / 269

26)〈周敦頤〉, 田琦(朝鮮) 畫, ≪萬古際會圖像≫ / 300

27)〈胡瑗〉, 呂維祺(明) 畫, ≪聖賢像贊≫ / 328

28)〈邵雍〉, 呂維祺(明) 畫, ≪聖賢像贊≫ / 361

2. ≪二程全書≫ 解題

QR코드를 스캔하면 ≪二程全書≫ 解題를 보실 수 있습니다.

• 집필 : 최석기(경상대학교 한문학과 명예교수)

3. ≪二程全書≫ 總目次

QR코드를 스캔하면 ≪二程全書≫ 總目次를 보실 수 있습니다.

4. 二程 年譜

QR코드를 스캔하면 程顥와 程頤의 年譜를 보실 수 있습니다.

責任飜譯

崔錫起

강원도 원주시 지정면에서 출생
성균관대학교 한문교육과 졸업
성균관대학교 대학원 한문학과 문학박사
민족문화추진회 국역연수원 연수부 및 상임연구원 졸업
민족문화추진회 국역실 전문위원 역임
한국경학학회 회장 역임
경상대학교 인문대학 한문학과 명예교수

論著 및 譯書

論著 ≪星湖 李瀷의 學問精神과 詩經學≫, ≪韓國經學家 事典≫,
≪조선시대 大學圖說≫(공저) 등
譯書 ≪大學≫, ≪中庸≫, ≪王夫之의 대학 읽기≫, ≪星湖 詩經疾書≫,
≪南冥集≫(공역), ≪王夫之의 중용 읽기≫(공역), ≪유교경전과 경학≫(공역) 등

共同飜譯

姜導顯

경남 함양군 함양읍에서 출생
경상대학교 한문학과 졸업
경상대학교 대학원 한문학과 박사과정 수료
경상대학교 경남문화연구원 인문한국(HK) 연구보조원
한국고전번역원 권역별 거점연구소 협동번역사업 연구보조원

論著 및 譯書

論著 ≪조선시대 大學圖說≫
譯書 ≪선인들의 지리산 유람록≫(공역), ≪남명 조식의 문인들≫(공역),
≪19세기 경상우도 학자들≫(공역), ≪澗松集≫(공역), ≪謙齋集≫(공역)

東洋古典譯註叢書 115

譯註 二程全書 3　　37,000원

2020년 12월 20일 초판 발행
2025년 12월 31일 초판 4쇄

著　者　程顥・程頤

責任飜譯　崔錫起
共同飜譯　姜導顯
企劃編輯　東洋古典飜譯編輯委員會
常任原文校閱　吳圭根
潤　文　南賢熙
校　訂　金曉東 李孝宰

發行人　金 炫
發行處　社團法人 傳統文化研究會

서울 종로구 삼봉로 81 두산위브파빌리온 1332호
전화 : (02)762-8401　전송 : (02)747-0083
전자우편 : juntong@juntong.or.kr
홈페이지 : juntong.or.kr
사이버書院 : hm.cyberseodang.or.kr
온라인서점 : book.cyberseodang.or.kr
등록 : 1989. 7. 3. 제1-936호
총판 : 한국출판협동조합(070-7119-1750)

ISBN 979-11-5794-279-4 94820
978-89-85395-71-7 (세트)

※ 이 책은 2020년도 교육부 고전문헌 국역지원사업 지원비에 의해 초판(비매품) 간행.

전통문화연구회 도서목록

新編 基礎漢文教材·漢文讀解捷徑

新編 四字小學·推句 고전교육연구실 편역 11,000원
新編 啓蒙篇·童蒙先習 고전교육연구실 편역 11,000원
新編 明心寶鑑 이지곤·원주용 역주 15,000원
新編 擊蒙要訣 함현찬 역주 12,000원
新編 註解千字文 이충구 역주 12,000원
新編 原文으로 읽는 故事成語 원주용 편역 15,000원
新編 唐音註解選 권경상 역주 22,000원
(개정판) 漢文독해기본패턴 이지곤 外 저 20,000원
한문독해첩경 文學篇 박상수·이화춘 外 저 17,000원
한문독해첩경 史學篇 박상수·이화춘 外 저 17,000원
한문독해첩경 哲學篇 박상수·이화춘 外 저 17,000원
논어독해 첫걸음 이지곤 外 저 17,000원
맹자독해 첫걸음 이지곤 外 저 17,000원

五書五經讀本

論語集註 上·下 정태현 역주 合 49,000원
孟子集註 上·下 전병수·김동주 역주 合 60,000원
大學·中庸集註 이광호·전병수 역주 15,000원
小學集註 上·下 이충구 外 역주 合 50,000원
詩經集傳 上·中·下 박소동 역주 合 90,000원
書經集傳 上·中·下 김동주 역주 合 90,000원
周易傳義 元·亨·利·貞 최영진 外 역주 合 120,000원
詳說 古文眞寶大全後集 上·下 이상하 外 역주 合 64,000원
春秋左氏傳 上·中·下 허호구 外 역주 合 109,000원
禮記 上·中·下 성백효 外 역주 合 90,000원

東洋古典國譯叢書

大學·中庸集註 - 개정증보판 성백효 역주 12,000원
論語集註 - 개정증보판 성백효 역주 30,000원
孟子集註 - 개정증보판 성백효 역주 30,000원
詩經集傳 上·下 성백효 역주 合 70,000원
書經集傳 上·下 성백효 역주 合 66,000원
周易傳義 上·下 성백효 역주 合 80,000원
小學集註 성백효 역주 32,000원
古文眞寶 後集 성백효 역주 32,000원

東洋古典譯註叢書

〈經部〉

十三經注疏
周易正義 1~4 성백효 外 역주 合 147,000원
尙書正義 1~7 김동주 역주 合 241,000원
毛詩正義 1~8〔全15〕 박소동 外 역주 合 288,000원
禮記正義 1~3, 中庸·大學〔全20〕 이광호 外 역주 合 117,000원
論語注疏 1~3 정태현 外 역주 合 117,000원
孟子注疏 1~5 최채기 外 역주 合 157,000원
孝經注疏 정태현 外 역주 35,000원
周禮注疏 1~4〔全15〕 김용천 外 역주 合 132,000원
春秋左傳正義 1~2〔全18〕 허호구 外 역주 合 59,000원
春秋公羊傳注疏 1〔全7〕 송기채 外 역주 合 37,000원
春秋左氏傳 1~8 정태현 역주 合 262,000원
禮記集說大全 1~6〔全10〕 신승운 外 역주 合 211,000원
東萊博議 1~5 정태현 外 역주 合 172,000원
韓詩外傳 1~2 허경진 外 역주 合 65,000원
說文解字注 1~6〔全20〕 이충구 外 역주 合 207,000원

〈史部〉

思政殿訓義 資治通鑑綱目 1~23〔全39〕 신승운 外 역주 合 719,000원
通鑑節要 1~9 성백효 역주 合 316,000원
唐陸宣公奏議 1~2 심경호 外 역주 合 88,000원
貞觀政要集論 1~4 이충구 外 역주 合 109,000원
列女傳補注 1~2 최병준 外 역주 合 68,000원
歷代君鑑 1~4 홍기은 外 역주 合 140,000원

〈子部〉

孔子家語 1~2 허경진 外 역주 合 79,000원
管子 1~4〔全5〕 이석명 外 역주 合 130,000원
近思錄集解 1~3 성백효 역주 合 106,000원
老子道德經注 김시천 역주 45,000원
大學衍義 1~5〔全7〕 신승운 外 역주 合 151,000원
墨子閒詁 1~7 이상하 外 역주 合 282,000원
說苑 1~2 허호구 역주 合 50,000원
世說新語補 1~5 김진옥 外 역주 合 181,000원
荀子集解 1~7 송기채 역주 合 247,000원
心經附註 성백효 역주 46,000원
顔氏家訓 1~2 정재서 外 역주 合 59,000원
揚子法言 1~2 박승주 역주 52,000원
列子鬳齋口義 최병준·공근식·권헌준 역주 40,000원

二程全書 1~7〔全8〕 최석기 외 역주 合 253,000원
莊子 1~4 안병주·전호근 역주 合 143,000원
政經·牧民心鑑 홍기은·전백찬 역주 27,000원
韓非子集解 1~5 허호구 外 역주 合 202,000원
武經七書直解
孫武子直解·吳子直解 성백효 外 역주 45,000원
六韜直解·三略直解 성백효 外 역주 26,000원
尉繚子直解·李衛公問對直解 성백효 外 역주 26,000원
司馬法直解 성백효 外 역주 26,000원

〈集部〉

古文眞寶 前集 성백효 역주 30,000원
唐詩三百首 1~3 송재소 外 역주 合 127,000원
唐宋八大家文抄 韓愈 1~3 정태현 역주 合 78,000원
〃 柳宗元 1~2 송기채 역주 合 44,000원
〃 歐陽脩 1~7 이상하 外 合 220,000원
〃 王安石 1~2 신용호·허호구 역주 合 45,000원
〃 曾鞏 송기채 역주 25,000원
〃 蘇洵 이장우·노장시·장세후 역주 25,000원
〃 蘇軾 1~5 성백효 역주 合 110,000원
〃 蘇轍 1~3 김동주 역주 合 64,000원
明淸八大家文鈔 1 歸有光·方苞 이상하 外 역주 35,000원
〃 2 劉大櫆·姚鼐 이상하 外 역주 35,000원
〃 3 梅曾亮·曾國藩 이상하 外 역주 38,000원
〃 4 張裕釗·吳汝綸 이상하 外 역주 50,000원

東洋古典新譯

당시선 송재소·최경렬·김영죽 편역 24,000원
손자병법 성백효 역주 14,000원
장자 안병주·전호근·김형석 역주 15,000원
고문진보 후집 신용호 번역 28,000원
노자도덕경 김시천 역주 15,000원
고문진보 전집 上·下 신용호 번역 合 44,000원
신식 비문척독 박상수 번역 25,000원
쉽게 배우는 안씨가훈 김창진 편역 23,000원

문화문고

경전으로 본 세계종교 그리스도교 이정배 편저 10,000원
〃 도교 이강수 편역 13,000원
〃 천도교 윤석산 외 편저 10,000원
〃 힌두교 길희성 편역 10,000원
〃 유교 이기동 편저 10,000원
〃 불교 김용표 편저 22,000원
〃 이슬람 김영경 편역 13,000원
논어·대학·중용 조수익·박승주 공역 13,000원
맹자 조수익·박승주 공역 10,000원
소학 박승주·조수익 공역 10,000원
십구사략 1~2 정광호 저 合 24,000원
무경칠서 손자병법·오자병법 성백효 역 13,000원
〃 육도·삼략 성백효 역 10,000원
〃 사마법·울료자·이위공문대 성백효 역 10,000원
당시선 송재소·최경렬·김영죽 편역 10,000원
한문문법 이상진 저 20,000원
한자한문전통교재 조수익·이성민 공역 18,000원
士小節 선비 집안의 작은 예절 이동희 편역 13,000원
儒學이란 무엇인가 이동희 저 18,000원
동아시아의 유교와 전통문화 이동희 저 13,000원
현대인, 동양고전에서 길을 찾다 이동희 저 10,000원
100자에 담긴 한자문화 이야기 김경수 저 12,000원
우리 설화 1~2 김동주 편역 合 20,000원
대한민국 국무총리 이재원 저 10,000원
백운거사 이규보의 문학인생 신용호 저 14,000원

한자한문교육총서

수진본 기초한문교재 편집부 15,000원
수진본 논어·대학·중용 편집부 15,000원
수진본 맹자 편집부 15,000원
수진본 시경 편집부 15,000원
수진본 서경 편집부 15,000원
수진본 주역 편집부 15,000원
원문 논어집주 편집부 27,000원
원문 맹자집주 편집부 29,000원
원문 대학·중용장구 편집부 11,000원
임용전공어휘완전정복 - 고전산문편 원주용 外 저 25,000원
한문正譚 - 교과서 속의 단문 산문 한문 원주용 外 저 25,000원
알쏭달쏭한자 박상수 편저 25,000원

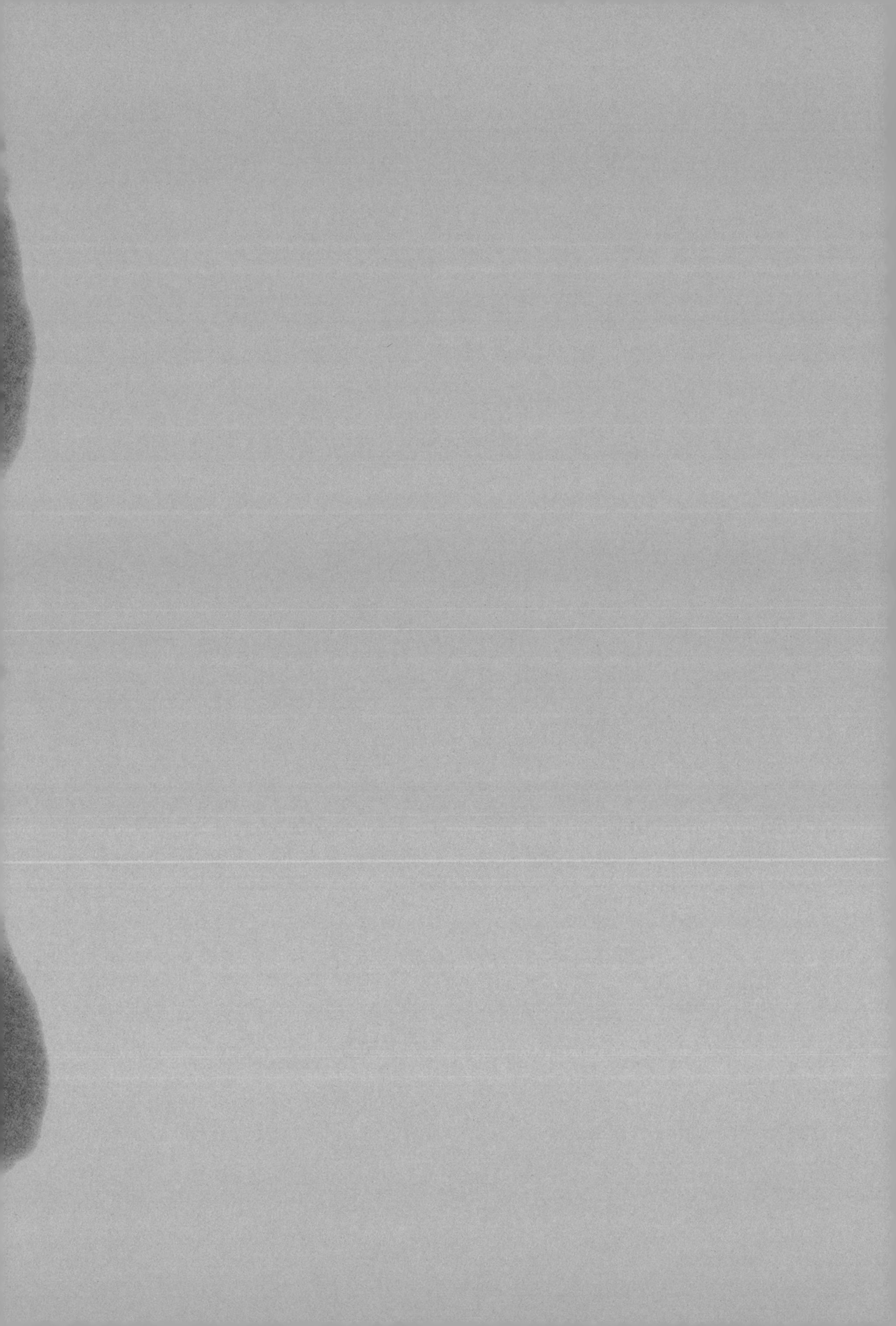